Romy Robst

Sentiero della Pace

Auf dem Friedensweg vom Vinschgau in die Dolomiten

45 Etappen

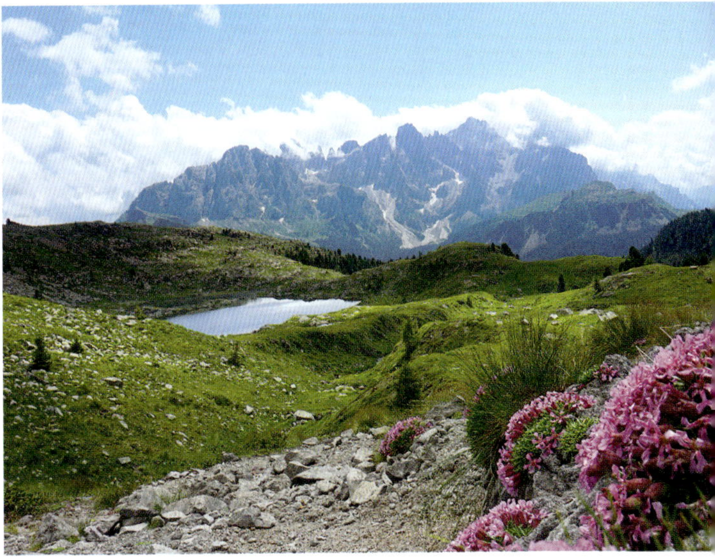

ROTHER
BERGVERLAG

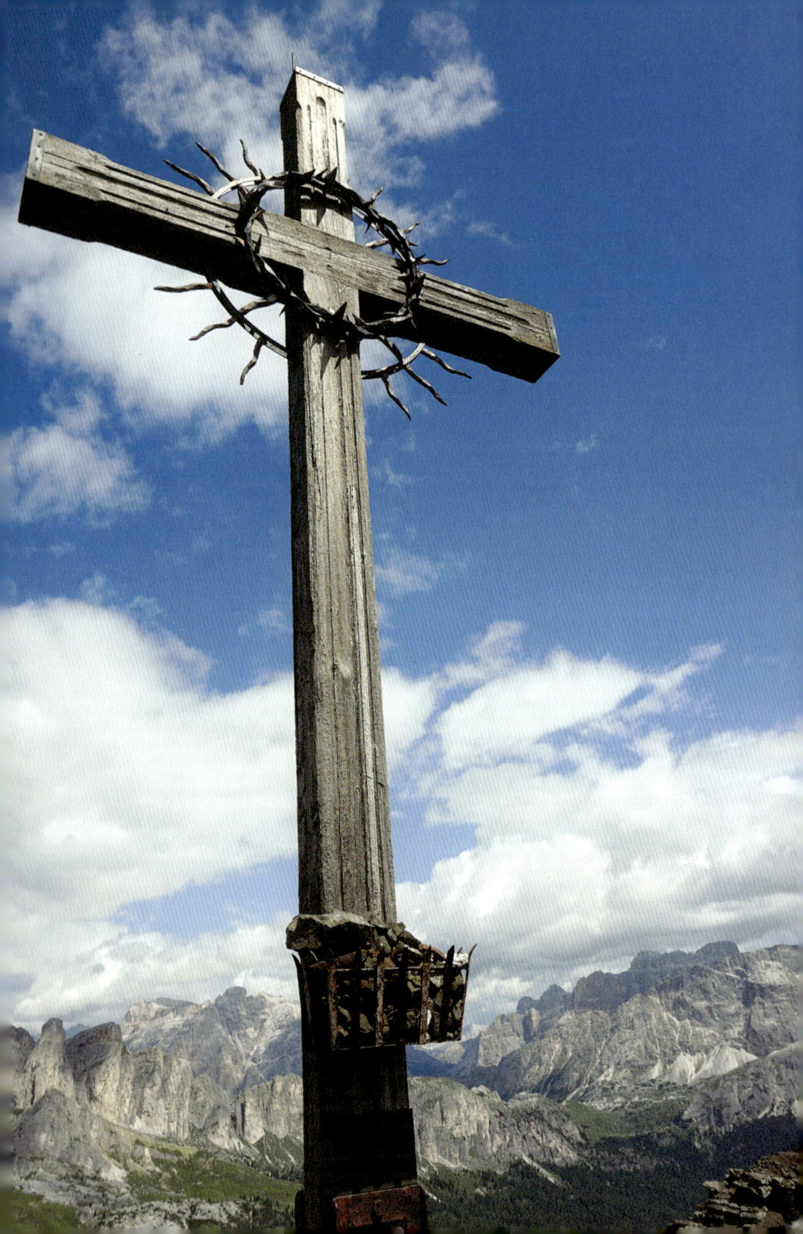

VORWORT

Der Sentiero della Pace (SdP, ital. = Weg des Friedens/Friedensweg) ist ein etwa 700 Kilometer langer Fernwanderweg vom Stilfser Joch im Vinschgau bis nach Sexten in den Dolomiten. Er überquert somit die italienischen Alpen von der heutigen Grenze der Schweiz bis nach Österreich. Dabei führt er nicht nur durch beeindruckende Alpenlandschaften, sondern auf Kriegspfaden entlang der Frontlinie des Ersten Weltkriegs, wo 1915–1918 Italiener und Österreicher einen in der europäischen Geschichte unvergleichbaren Gebirgskrieg austrugen.

Die alten Kriegspfade wurden zwischen 1986 und 1996 saniert und markiert. Seither scheint der SdP bei den Verantwortlichen aber immer mehr in Vergessenheit zu geraten. Nicht, dass den Weg niemand kennt, im Gegenteil: Vor allem im Trentino trifft man kaum jemanden, der noch nichts von dem Weg gehört hat. Aber die Markierungen, zuweilen auch die Wege selbst, erwecken den Anschein, als könnte der ebenso sinnhafte wie spektakuläre Erinnerungsweg in den nächsten Jahrzehnten von den Landkarten verschwinden. Dieser Wanderführer ist auch deshalb erschienen, damit dies nicht passiert. Zudem unterscheidet sich dieses alpenweit einzigartige Wegenetz, das unsere Urgroßväter erschufen, von unzähligen anderen Weitwanderwegen der Alpen: Wer auf dem SdP entlangwandert, kann sich nicht nur an der traumhaften, zuweilen unberührten Bergnatur zwischen 70 und 3343 Metern Höhe erfreuen, er wird auch zwangsläufig nachdenken, verstehen und emotional ergriffen sein.

Warum nun schreibt eine junge – nicht einmal besonders geschichtsinteressierte – Frau einen Wanderführer über den SdP? Ich bin sicher, mir ist es ergangen wie vielen anderen, die diesen Weg nun auf ihrer »Bucket List« haben. Als passionierter Fernwanderer stößt man in den Alpen zwangsläufig irgendwann einmal auf Spuren des Gebirgskrieges. In meinem Fall stolperte ich bei einer Wanderung am Gardasee über SdP-Beschilderungen. Seither hat mich dieser Weg gefesselt und ich suchte leidenschaftlich – aber mitunter vergeblich – nach Informationen. Nachdem ich nun den gesamten Friedensweg gewandert bin, ist mir die spärliche Informationslage noch unbegreiflicher geworden. Ein solch außergewöhnlich abwechslungsreicher Weg mit famosen Aussichten, spektakulären Bergen, unberührter Natur und bewegender Historie darf nicht in Vergessenheit geraten!

Viele Menschen, die den SdP oder Teile davon wandern, verbindet im Anschluss eines: Der Weg, vor allem aber seine Geschichte, lässt einen nicht mehr los. Dazu ist er landschaftlich spektakulär, verspricht Bergmomente abseits der Touristenmassen und tagelange Einsamkeit.

Ramlingen, im Frühjahr 2022 — Romy Robst

Das Gipfelkreuz des halb weggesprengten Col di Lana, Sinnbild für den Gebirgskrieg.

INHALTSVERZEICHNIS

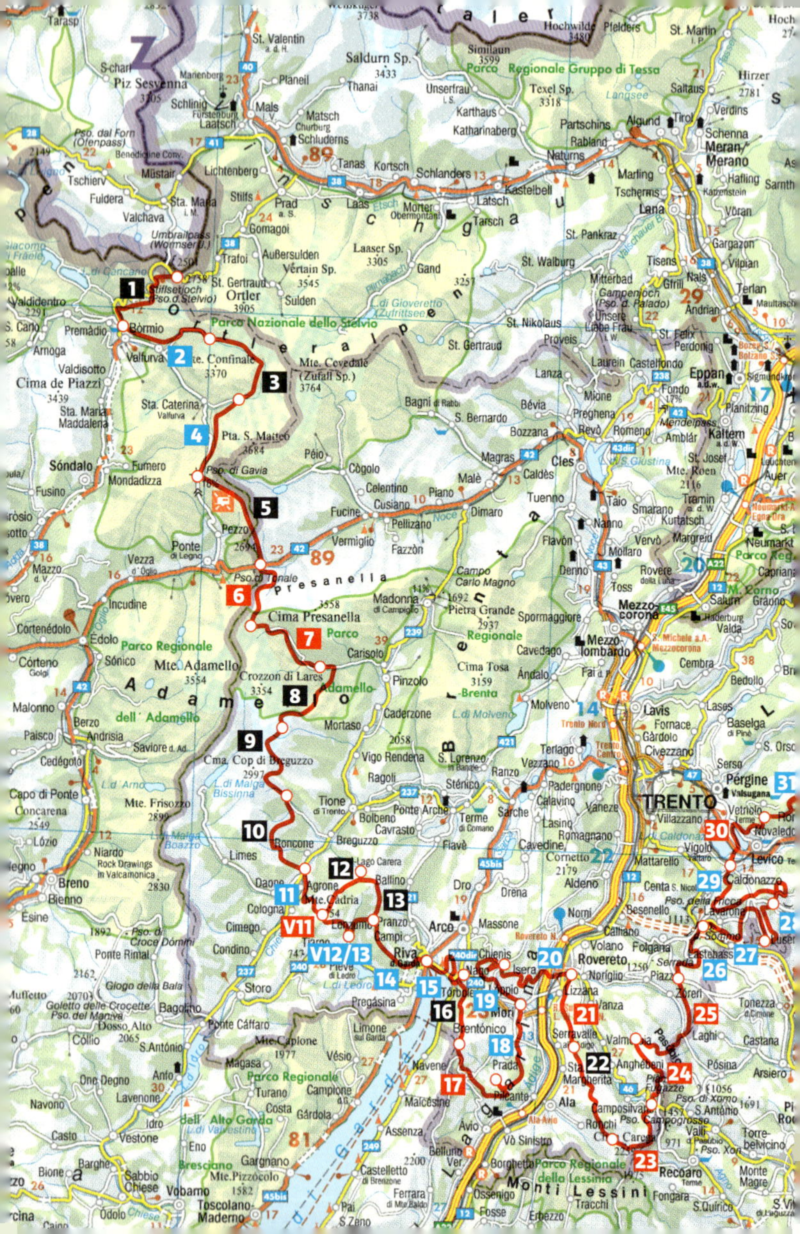

Piz Sesvenna
Schlinig
Mals
Schluderns
Glurns
St. Valentin a. d. H.
Salurn Sp.
Similaun
Parco Regionale Gruppo di Tessa
Texel Sp.
Hochwilde
St. Martin
Hirzer
Meran/Merano
Schenna
Algund
Tirol
Partschins
Rabland
Naturns
Karthaus
Katharinaberg
Unserfrau
Tanas
Kortsch
Schlanders
Kastelbell
Latsch
Laas
Morter
Tarsch
Marling
Tscherms
Lana
Hafling
Sarnthein
Vöran
Gargazon
Vilpian
Terlan
Nals
Andrian
Tisens
St. Pankraz
St. Walburg
Mitterbad
Gampenjoch (Pso. d. Palado)
Unsere Liebe Frau
St. Felix
Perdonig
Bozen/Bolzano
Eppan
Kaltern
Planitzing
Tramin
Kurtatsch
Margreid
Neumarkt
Auer
Pso. dal Forn (Ofenpass)
Müstair
Tschierv
Fuldera
Valchava
Sta. Maria
Umbrailpass (Wormser J.)
Lichtenberg
Stilfs
Prad
Gomagoi
Trafoi
Außersulden
Vertain Sp.
Sulden
St. Gertraud
Ortler
Laaser Sp.
Gand
Stilfserjoch (Pso. d. Stelvio)
Parco Nazionale dello Stelvio
L. di Cancano
Valdidentro
Bormio
Premadio
Valfurva
Mte. Confinale
Mte. Cevedale (Zufall Sp.)
St. Gertraud
St. Nikolaus
Proveis
Laurein
Castelfondo
Fondo
Mendelpass
Cima de Piazzi
Valdisotto
Sta. Maria Maddalena
Sta. Caterina Valfurva
Pta. S. Matteo
Sóndalo
Fumero
Mondadizza
Psо. di Gavia
Péio
Bagni di Rabbi
S. Bernardo
Bévia
Bozzana
Magras
Malè
Caldès
Cles
Romeno
Amblar
Revò
Tuenno
Dimaro
Piano
Cógolo
Celentino
Cusiano
Fucine
Pellizano
Vermiglio
Fazzon
Pezzo
Ponte di Legno
Pso. di Tonale
Presanella
Cima Presanella
Vezza d'Oglio
Incudine
Cortenédolo
Édolo
Sónico
Córteno Golgi
Mte. Adamello
Adamello
Parco Regionale dell'Adamello
Crozzon di Lares
Carisolo
Pinzolo
Madonna di Campiglio
Campo Carlo Magno
Pietra Grande
Cima Tosa
Brenta
Spormaggiore
Cavedago
Ándalo
Molveno
L. di Molveno
Mezzocorona
Mezzolombardo
Lavis
Trento
Pergine
Malonno
Berzo
Paisco
Andrista
Saviore d. Ad.
Cedegolo
Capo di Ponte
Mte. Frisozzo
Cma. Cop di Breguzzo
L. di Malga Bissina
Mortaso
Caderzone
Vigo Rendena
S. Lorenzo in Banale
Ragoli
Tione di Trento
Bolbeno
Breguzzo
Roncone
Limes
Daone
Agrone
Mte. Cadria
Lago Carera
Ballino
Pranzo
Campi
Riva d. Garda
Arco
Dro
Drena
Sarche
Terme di Comano
Padergnone
Vezzano
Cavedine
Vigolo Vattaro
Levico Terme
Caldonazzo
Calliano
Rovereto
Isera
Mori
Brentónico
Nago
Tórbole
Loppio
Prada
Navene
Malcésine
Avio
Ala
Serravalle
Sta. Margherita
Valmorbia
Pasubio
Anghebeni
Pian delle Fugazze
Camposilvano
Pso. Campogrosso
Recoaro Terme
Breno
Bienno
Esine
Niardo
Lózio
Pso. di Croce Dómini
Ponte Rimal
Cimego
Condino
Storo
Pieve di Ledro
L. di Ledro
Tiarno
Pregásina
Bagolino
Ponte Cáffaro
Limone sul Garda
Mte. Caplone
Parco Regionale dell'Alto Garda Bresciano
Vobarno
Toscolano-Maderno
Gargnano
Idro
L. d'Idro
Vestone
Sabbio Chiese
Lago di Garda
Monti Lessini
Parco Regionale della Lessinia
1
2
3
4
5
6
7
8
9
10
11
12
13
14
15
16
17
18
19
20
21
22
23
24
25
26
27
28
29
30
31
V11
V12/13

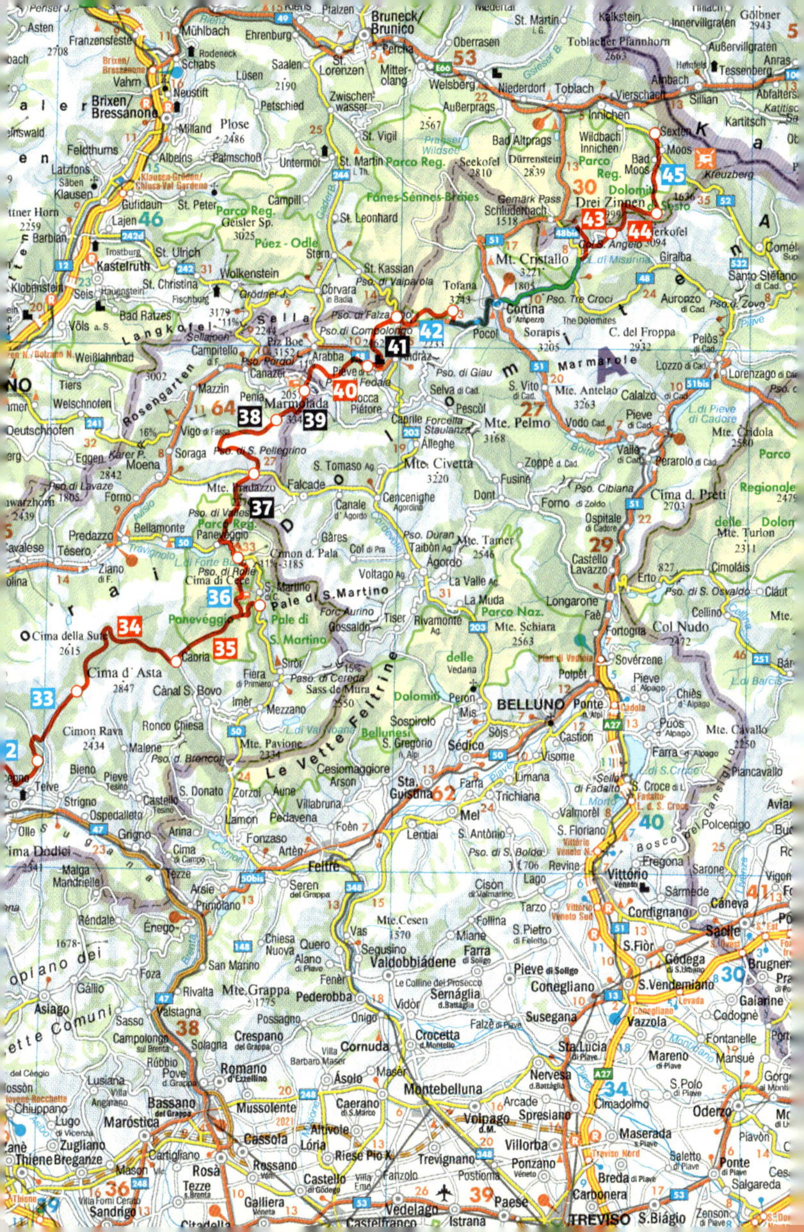

Brixen/Bressanone
Bruneck/Brunico
Mühlbach
Franzensfeste
Schabs
Neustift
Lüsen
Olang
Welsberg
Niederdorf
Toblach
Innichen
Sexten
Moos
Kreuzberg
St. Vigil
St. Martin i. Th.
Parco Reg. Fanes-Sennes-Braies
Seekofel 2810
Dürrenstein 2839
Schluderbach
Drei Zinnen 2999
Parco Reg. Dolomiti di Sesto
Misurina
Col S. Angelo
Mte. Cristallo 3221
Cortina d'Ampezzo
Pso. Tre Croci
Auronzo di Cad.
Santo Stéfano di Cad.
Klausen
Lajen
Gufidaun
St. Peter
Parco Reg. Puez - Odle
Geisler Sp. 3025
St. Ulrich
Kastelruth
St. Christina
Wolkenstein
Seis
Völs a. S.
Langkofel
Sella
Corvara in Badia
St. Kassian
Pso. di Valparola
Pso. di Falzarego
Tofana 3243
Pocol
Piz Boè 3152
Arabba
Pso. Pordoi
Pso. di Campolongo
Campitello di F.
Canazei
Pieve
Pso. di Fedaia
Rocca Piétore
Marmolada 3343
Penia
Mazzin
Rosengarten
Vigo di Fassa
Soraga
Moena
Karer P.
Pso. di Lavazè
Predazzo
Tésero
Cavalese
Ziano di F.
Bellamonte
Paneveggio
Parco Reg. Paneveggio Pale di S. Martino
Pso. di Valles
Pso. di Rolle
Cimon d. Pala 3185
Cima di Cece
S. Martino di C.
Pale di S. Martino
Pso. di S. Pellegrino
Falcade
Mte. Civetta 3220
Alleghe
Caprile
Selva di Cad.
Pescul
Pso. di Giau
Forcella Staulanza
Mte. Pelmo 3168
S. Vito di Cad.
Mte. Antelao 3263
Sorapis 3205
Marmarole
Calalzo
Pieve di Cad.
Vodo Cad.
Valle di Cad.
Lozzo di Cad.
Lorenzago di Cad.
Cima d. Preti 2703
Parco Regionale delle Dolomiti Friulane
Zoppè d. Cad.
Fusine
Forno di Zoldo
Pso. Cibiana
Ospitale di Cadore
Castello Lavazzo
Longarone
Erto
Pso. di S. Osvaldo
Cimolais
Canale d'Agordo
Cencenighe Agordino
Gares
Col di Pra
Pso. Duran
Mte. Tamer 2546
Agordo
La Valle Ag.
Voltago Ag.
La Muda
Parco Naz. delle Dolomiti Bellunesi
Mte. Schiara 2563
Rivamonte Ag.
Gosaldo
Tiser
Fiera di Primiero
Sass de Mura 2550
Paso. di Cereda
Siror
Caoria
Cima d'Asta 2847
Cima della Sute 2615
Cimon Rava 2434
Canal S. Bovo
Imèr
Mezzano
Ronco Chiesa
Malene
Pso. d. Broncon
Mte. Pavione 2334
Le Vette Feltrine
Cesiomaggiore
Sospirolo
S. Gregorio n. Alpi
Sédico
Belluno
Ponte n. Alpi
Mel
Trichiana
Limana
Sta. Giustina
Feltre
Pedavena
Fonzaso
Arsiè
Primolano
Lamon
Telve
Strigno
Grigno
Bieno
Tezze
Cismon
Enego
Valstagna
Asiago
Sette Comuni
Mte. Grappa 1775
Quero
Alano di Piave
Valdobbiadene
Segusino
Follina
Miane
Pieve di Soligo
Conegliano
Susegana
Vittorio Veneto
Fadalto
S. Croce d. L.
Farra d'Alpago
Puos d'Alpago
Chies d'Alpago
Pieve d'Alpago
Bosco del Cansiglio
Sacile
Cordignano
Sarmede
Caneva
Polcenigo
Fregona
Revine
Tarzo
Cison di Valmarino
Sernaglia d.Battaglia
Pederobba
Crespano del Grappa
Possagno
Romano d'Ezzelino
Bassano del Grappa
Marostica
Mussolente
Cassola
Rossano Veneto
Rosà
Galliera Veneta
Castelfranco Veneto
Castello di Godego
Riese Pio X
Altivole
Loria
Asolo
Cornuda
Crocetta d. Montello
Montebelluna
Caerano di S. Marco
Maser
Volpago d.M.
Trevignano
Vedelago
Istrana
Paese
Villorba
Ponzano Veneto
Spresiano
Arcade
Nervesa d.Battaglia
Maserada s. Piave
Breda di Piave
Carbonera
Treviso
S. Biagio
Oderzo
Ponte di Piave
Salgareda
Mareno di Piave
Vazzola
Codognè
S. Polo di Piave
Cimadolmo
Gaiarine
S. Fior
Godega di S. Urbano
S. Vendemiano
Thiene
Breganze
Zugliano
Lugo di Vicenza
Sandrigo
Tezze s. Brenta
Cartigliano
Mason Vic.
Solagna
Campolongo sul Brenta
Pove d. Grappa
Cima Dodici 2341

ÜBER DEN SENTIERO DELLA PACE (SDP)

Vermutlich wird es einigen wenigen vorbehalten sein, den Friedensweg in 45 Etappen an einem Stück zu wandern. Wer über diese Möglichkeit verfügt, der kann sich freuen, denn obwohl der Weg lang und anspruchsvoll ist, besticht er zugleich durch außergewöhnlichen Abwechslungsreichtum und ist auch nach Wochen der Wanderschaft jeden Tag aufs Neue beeindruckend. Die gute Nachricht für alle anderen: Der SdP lässt sich auch problemlos in kürzeren Teiletappen erwandern, sogar Tagestouren sind möglich.

Wer seine Wanderschuhe auf den SdP setzt, darf sich auf einen vielseitigen Höhenweg freuen, der auch in wenigen Tagen viele landschaftliche und geschichtliche Eindrücke hinterlässt. Grund dafür ist der Ursprung des Weges: Der Gebirgskrieg war in erster Linie ein Krieg auf und um die Gipfel, denn wer auf exponierten Punkten seine Stellung bezog, hatte Feind und Freund immer im Blick. Zu eben jenen Gipfeln führt der SdP ein ums andere Mal und belohnt nach den Aufstiegen mit herrlichen Ausblicken. Doch zugleich steckt der Teufel im Detail, denn wer viele Gipfel, Pässe und Vorgipfel erklimmt, steigt eben auch viel auf und ab. Der SdP ist ein anspruchsvoller Weg, der mit etwa 40.000 Höhenmetern jeweils im Auf- und Abstieg dem Wanderer eine gute Portion Ausdauer abverlangt.

Insgesamt quert der SdP sechs Alpenlandschaften und vier administrative Regionen Italiens, nämlich Südtirol, die Lombardei, das Trentino und Venetien. Der Weg leitet uns von den großen Gletschern und schroffen Bergen

Seinen Abschluss findet der Friedensweg spektakulär in den Sextener Dolomiten.

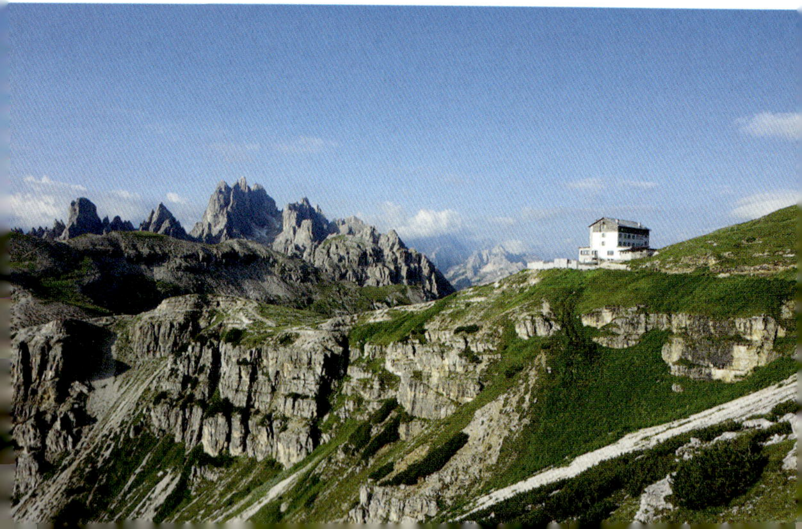

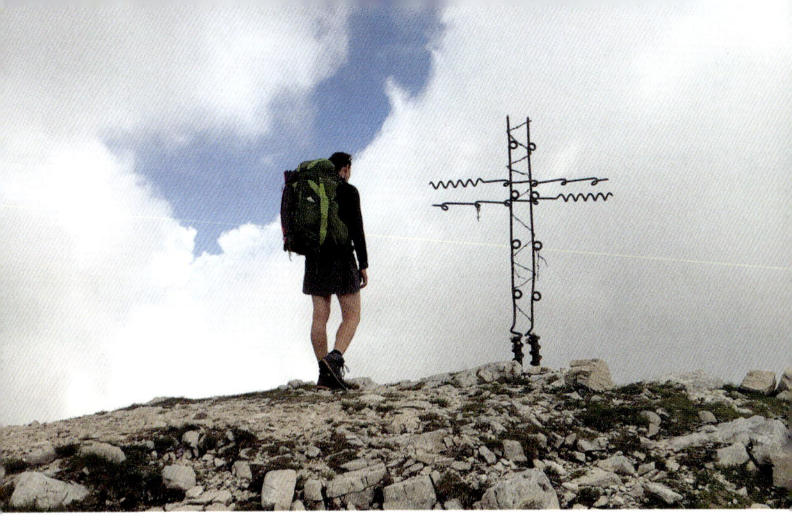

In den Vizentiner Alpen am Pasubio, dem Berg der 10.000 Toten.

der Ortler- und Adamello-Presanella-Alpen hinab in die mediterranen Gardaseeberge und hinüber in die bizarren Vizentiner Alpen. In den Fleimstaler Alpen führt er lieblicher durch Naturparks und ausgedehnte Wälder und endet in den imposanten Dolomiten. Kurzum: Der Friedensweg verläuft von den größten italienischen Gletschern über das Meer der Alpen bis hin zu den spektakulärsten Felsformationen.

Trotz der Schönheit dieser Alpenregionen darf man vor allem im Juli dennoch auf Einsamkeit hoffen. Bis auf einige touristische Hotspots wie z. B. Cima Presena, Monte Baldo, Monte Carega, Kleiner Lagazuoi und an den Drei Zinnen sowie rund um Sexten dominieren einsame Pfade. Murmeltiere, Gämsen, Rotwild und auch Steinböcke darf man mit etwas Glück bewundern. Vor allem erstere sind auf dem Friedensweg treue Begleiter auf sehr vielen Etappen.

Nicht zuletzt ist der SdP ein historisch bedeutender Weg, der auf nahezu jeder Etappe Einblicke in die Geschehnisse des Gebirgskriegs zulässt. Manchmal führt der Weg direkt durch Schützengräben und Tunnel. Oftmals erwandern wir uns die Gipfel und Berge auf alten Militärwegen und -steigen. Nicht selten können wir anhand gut erhaltener Ruinen erkennen, dass so mancher Gipfelbereich die Infrastruktur einer Ortschaft besaß. Überreste von Baracken und Kavernen finden sich ebenso oft wie alte Stollen, die als Lagerraum, Verbindungs- oder Minentunnel dienten. Mehrere Werke (Festungsanlagen) lassen sich – manche nur mit Taschenlampe – erkunden, wobei man aufpassen muss, sich nicht zu verlaufen. Nicht selten finden wir Stacheldraht, alte Blechdosen oder Metallträger direkt am Wegesrand.

GESCHICHTE

Der Gebirgskrieg

Kriege kennen keine Grenzen und machen weder vor Tier- und Menschenleben noch vor unberührter Natur Halt. 1915, ein Jahr nach Ausbruch des Ersten Weltkrieges, traf diese traurige Wahrheit auch auf die Alpen zu. Zu dieser Zeit kündigte Italien den Dreibundvertrag mit Deutschland und Österreich-Ungarn und trat am 23. Mai 1915 in den Ersten Weltkrieg ein. Die Entente um England und Frankreich hatte den Italienern im Falle eines Sieges große österreichische Gebiete versprochen. Damit entstand eine neue Frontline zwischen Tirol und Italien und ein Novum in der Militärgeschichte trat ein: die Kriegsführung im Hochgebirge.
Der Gebirgskrieg schrieb die Geschichten vieler spektakulärer Geschehnisse. Es war ein Krieg auf Skiern, an Kletterseilen, in steilen Felswänden und im Bauch von Gletschern. Gefechte auf über 3692 Metern Höhe (Punta San Matteo), ein Schützengraben mit Geschütz auf 3905 Metern (Ortler), eine Stadt im Eis auf 3343 Metern (Marmolada) – alles Superlative, die dennoch nur erahnen lassen, was Gebirgskrieg für die Menschen bedeutete. Österreich-Ungarische k.u.k. Kaiserschützen und italienische Alpini lieferten sich unerbittliche Kämpfe, rangen um Gipfel und sprengten ganze Berge mitsamt Gegnern in die Luft. Sie kämpften aber vor allem gegen einen gemeinsamen Feind: die Witterung im Hochgebirge. Schneehöhen bis zu neun Metern, Temperaturen bis minus 40 Grad, Stürme und Gewitter sowie unzählige Lawinen kosteten im Alpenkrieg mehr Menschen das Leben, als die eigentlichen Kampfhandlungen. Etwa zwei Drittel der 150.000 bis 180.000 Toten im Gebirgskrieg sind auf die Witterungsbedingungen zurückzuführen.

Typisch für den Friedensweg: Stacheldrahtreste aus dem Ersten Weltkrieg.

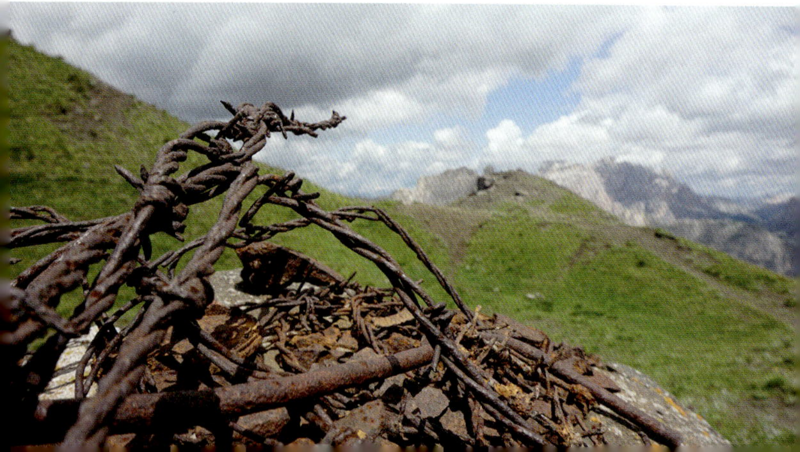

Die strategisch bedeutendsten Geschehnisse an dieser Front fanden jedoch nicht in den Bergen statt, sondern an den Flüssen Isonzo und Piave. Die Österreicher versuchten mit Ausnahme weniger Offensiven in den Bergen hauptsächlich, die Front zu halten. Die Italiener, die zu Anfang des Krieges, der Österreich unvorbereitet traf, zu zögerlich agierten, rannten sich später in verschiedensten Offensiven fest, denn im unwegsamen Gelände ließen sich die Gipfel auch mit wenigen Mann effektiv verteidigen. Selbst Minengefechte, bei denen beispielsweise die Österreicher den Berg Dente Italiano am Pasubio und die Italiener den Col di Lana in die Luft sprengten, zeigten kaum Wirkungen. So war dieser Gebirgskrieg letztendlich ein statischer und sinnloser Krieg, bei dem sich die Frontlinie am Kriegsende 1918 im Vergleich zu 1915 kaum verändert hatte.

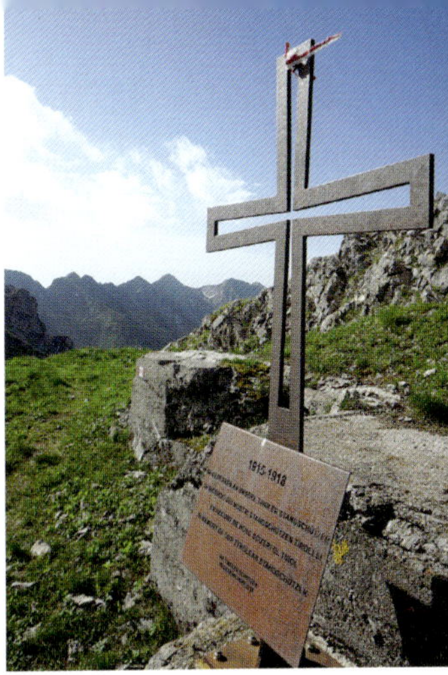

Eines von 75 Gedenkkreuzen für Tiroler Standschützen, die kämpfenden Männer aus dem Volk.

Tiroler Standschützen

Als Italien Österreich-Ungarn den Krieg erklärte, traf dies die Donaumonarchie völlig unerwartet. Alle kampfstarken Truppen standen weit weg an anderen Fronten und die Italiener hätten Tirol in den ersten Wochen überrennen können. Aber in Tirol griffen 38.000 Männer, die Tiroler Standschützen, freiwillig zu den Waffen, um ihr Heimatland zu verteidigen. Es waren ausgemusterte, alte und invalide Männer und Jugendliche aus den Schützenvereinen, die die Berge erklommen und sich wochenlang – nur mit dem Notdürftigsten ausgerüstet – den Alpini entgegenstellten, bis Verstärkung eintraf. Frauen und Töchter versorgten die Standschützen und trugen in Schürzen gewickelte Nahrungsmittel hinauf auf Gletscher und Gipfel. Der Alpenkrieg war auch ein Krieg, der die Südtirol-Trentiner Bevölkerung in besonderem Maße betraf.
Auch ein ganzes Jahrhundert später ist die Wertschätzung für die Leistung der Tiroler Standschützen ungebrochen hoch. Mitglieder der heute italienischen Schützenvereine restaurieren ehrenamtlich alte Stellungen auf den Bergen, Hüttenwirte dekorieren ihre Hütten mit Urkunden, Auszeichnungen und Kriegsgegenständen und vor allem die Älteren in der Bevölkerung haben viele persönliche Geschichten zu erzählen. 2015, 100 Jahre nach Ausbruch des Gebirgskrieges, wurden im gesamten Frontraum 75 Gedenkkreuze für die Tiroler Standschützen aufgestellt. An vielen von ihnen führt der SdP vorbei und die rostigen Schilder werden rasch zum treuen Begleiter.

HÖHEPUNKTE DES SENTIERO DELLA PACE

Gletscher zum Greifen nah
Am Fuße der Königsspitze geht es, gesäumt von rauer Natur, auf den 3000 Meter hohen Gran Zebrù nord mit unvergesslicher Aussicht auf die letzten großen Gletscher Italiens *(Etappe 3, 6.15 Std.).*

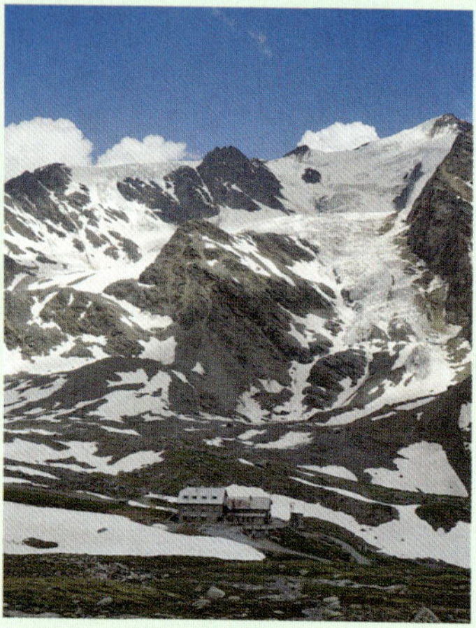

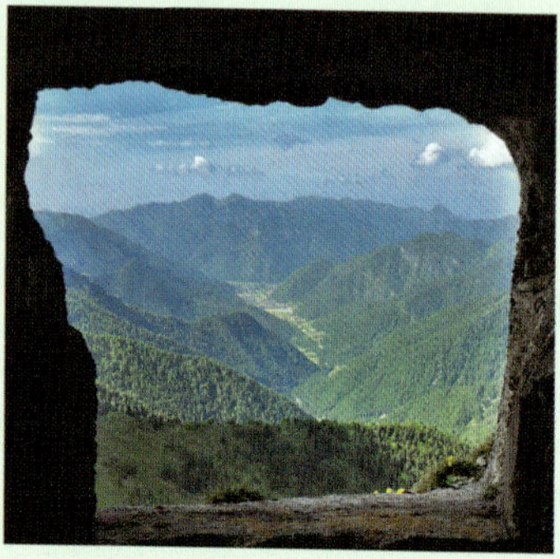

»Horn der Drei Herren«
Was für ein Pass am Corno dei Tre Signori! Schroff, rau und düster präsentiert er sich – wir blicken von hier, wo sich einst die Republiken Venedig, Graubünden und Trient trafen, in ein wahres Meer an Bergen, die sich später in bezaubernden Bergseen spiegeln *(Etappe 5, 6.45 Std.).*

Val Genova – eines der schönsten Alpentäler
Von den größten Gletschern Italiens gespeist, gleicht das Val Genova einem Paradies. Unbegreiflich, welche Wassermassen Hunderte Meter in tosenden Wasserfällen hinabstürzen. Zu Recht heißt das Tal auch »Tal der Wasserfälle« *(Etappe 7, 5.30 Std.).*

Gratwanderung im Schützengraben
Einsam, aussichtsreich und ergreifend: Wie aus dem Bilderbuch geht es vorbei an Kriegsstollen und direkt durch Schützengräben um das Val de Concei zum höchsten Berg am Gardasee und zu sieben weiteren Zweitausender-Gipfeln – alle verbunden durch einen Grat *(Etappen 10/10.30 Std., 12/6 Std. und 13/5.15 Std.).*

Zum Berg der 10.000 Toten
Zum Monte Pasubio, einem der erschütterndsten Schauplätze im Hochgebirgskrieg. Wir durchwandern den halb weggesprengten Dente Italiano – ein besonderes Mahnmal des unterirdischen Stollenkriegs *(Etappe 24, 5.30 Std.).*

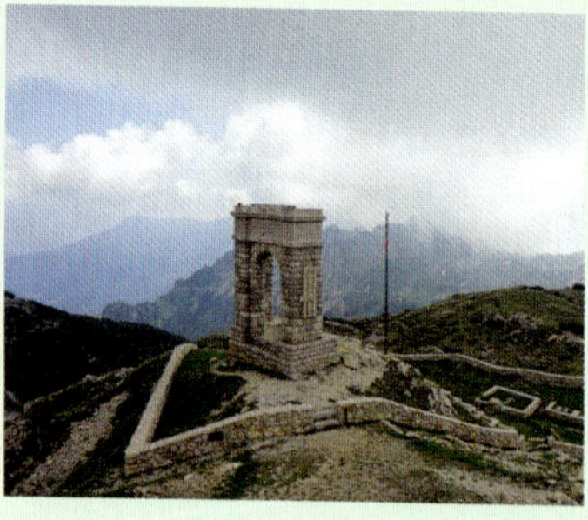

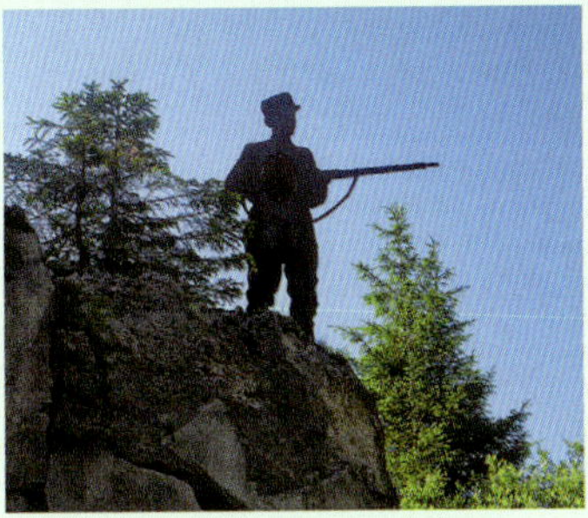

Festungswerke am Friedensweg
Zu mehr als zehn Festungsanlagen (Werk/Forte) führt uns der Friedensweg. Heute sind sie Ruinen, mit Taschenlampe zu erkundende Gebäude oder als Museen umfunktioniert, jeweils mit blutiger Geschichte. Besonders beeindruckend: Monte Brione, Forte Cherle und Forte Luserna *(Etappen 15/5 Std., 26/4.15 Std., 28/5.30 Std.)*.

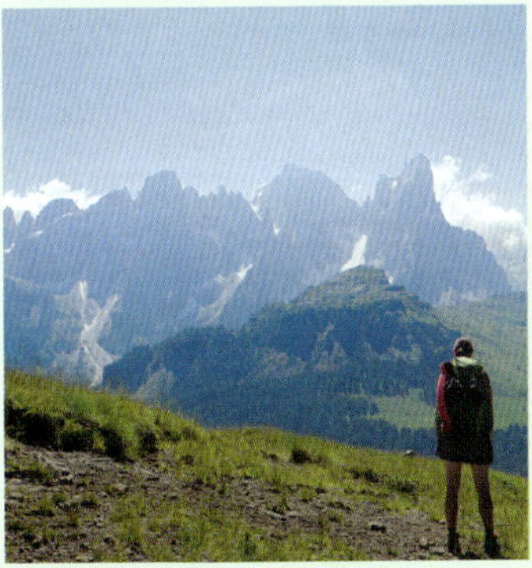

Meer aus Dolomiten-Bergen
Kaum eine Wanderung ist so imposant wie die durch das Fassatal hin zum Fuße der legendären Marmolada. Über Pässe geht es durch zerklüftete Karstzacken immer wieder hinab zu den sanften Almen – einfach atemberaubend *(Etappe 38, 8.15 Std.)*.

Auf die Königin der Dolomiten
Wer es wagt, hinauf zur 3343 Meter hohen Marmolada zu steigen, weiß anschließend: nur Fliegen ist schöner. Von hier aus hat man ein traumhaftes 360-Grad-Dolomiten-Panorama *(Etappe 39, 7.40 Std.)*.

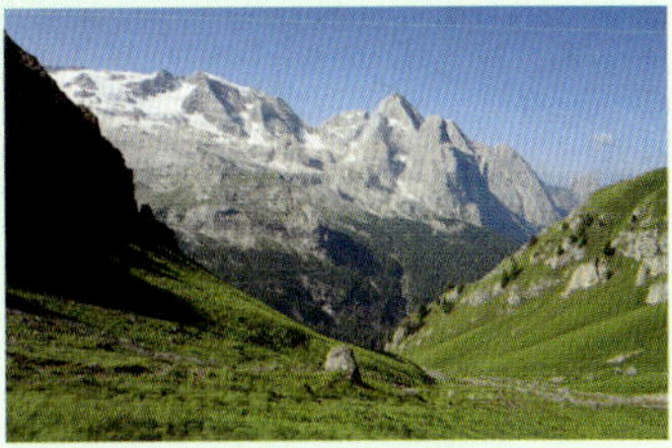

»Blutberg« auf 2462 Metern
Einst grausiger Schauplatz im Gebirgskrieg, heute perfekter Aussichtsberg und Mahnmal – der Col di Lana ist ein absolutes Muss! *(Etappe 41, 5.45 Std.)*.

Abschluss bei den Drei Zinnen
Das Wahrzeichen der Sextener Dolomiten ist etwas, das ein Wanderer im Leben einmal gesehen haben muss – trotz starker Frequentierung ein Erlebnis *(Etappe 44, 3.15 Std.)*.

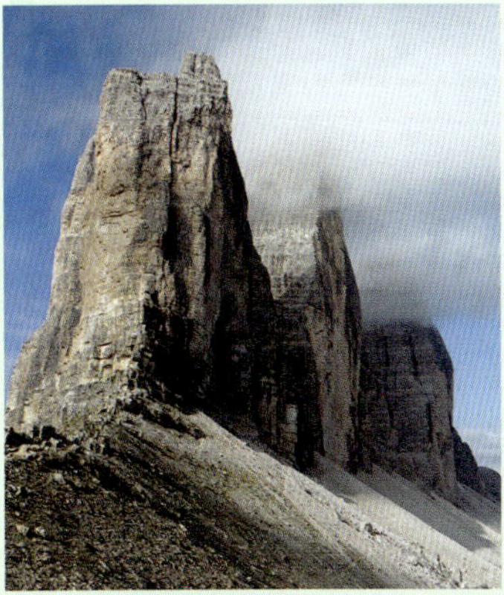

ALLGEMEINE HINWEISE

Zum Gebrauch des Wanderführers

Es war nicht immer leicht, den korrekten Wegverlauf des SdP zu recherchieren. Vor allem zu den ersten fünf Etappen und zur Teilstrecke in den Dolomiten ist die Informationslage schlecht. Nach bestem Wissen und Gewissen wurde der Weg, der in diesen Regionen nicht markiert ist, entsprechend rekonstruiert. Die Wegbeschreibungen erfolgten bewusst sehr detailliert, da der SdP vielerorts nur unzureichend beschildert ist. So lässt sich der Weg auch dann noch begehen, wenn die Beschilderungen in Zukunft nicht ergänzt werden sollten. Grundsätzlich bietet sich auf dem SdP das Wandern mit GPS an. Zu jeder Etappe stehen GPS-Tracks zur Verfügung. Die in diesem Buch beschriebenen geschichtlichen Informationen erheben keinen Anspruch auf Vollständigkeit. Vielmehr ging es der Autorin darum, durch die kleinen Informationskästen zu zeigen, was Gebirgskrieg für die Menschen bedeutete und unter welchen Bedingungen in den Alpen gekämpft wurde. Wer sich tiefer mit der Geschichte des Gebirgskrieges befassen möchte, dem sei der gut zu lesende Klassiker der Weltkriegsliteratur »Gebirgskrieg 1915–1918: 3 Bände« von Heinz von Lichem ans Herz gelegt.

Anforderungen

Bei jeder Etappenbeschreibung finden sich alle wichtigen Informationen wie Gehzeit, Höhenmeter und Strecke direkt neben dem Titel. Die Touren wurden in leicht (blau), mittel (rot) und schwer (schwarz) eingeteilt. Dabei gilt zu beachten: Der SdP ist ein anspruchsvoller Bergwanderweg. Trotz der Einstufung »leicht« sind diese Etappen keine Turnschuh-geeigneten Touren. Zudem wird eine gute Grundkondition vorausgesetzt. Auch Touren mit 1000 Höhenmeter im Aufstieg können als leicht tituliert sein, wenn sie auf einfachen Bergwanderwegen erfolgen. Um die Anforderungen besser für sich einordnen zu können, gibt es zu jeder Etappe einen kurzen Abschnitt mit Beurteilungen der Wege hinsichtlich Steilheit, Ausgesetztheit sowie geforderter Trittsicherheit

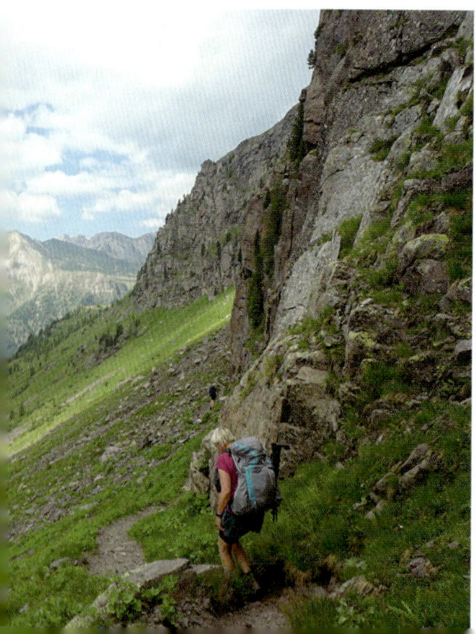

Der SdP verlangt auf nahezu jeder Etappe Trittsicherheit und Kondition.

SCHWIERIGKEITSKATEGORIEN

■ = **Leicht** Zumeist einfache, gut angelegte und leicht zu findende Wege. Keine seilversicherten Passagen oder andere Gefahrenstellen wie z. B. Abbruchkanten. Bei gutem Wetter problemlos begehbar. Die Wege sind überwiegend nur mäßig steil, erfordern jedoch ein Mindestmaß an Orientierungssinn und gute Kondition.

■ = **Mittel** Wege mit versicherten oder ausgesetzten Passagen, enge Pfade oder steiniges Gelände erfordern alpine Erfahrung. Bei Schlechtwetter gefährlich. Steilere An- oder Abstiege, auch in Verbindung mit vielen Aufstiegshöhenmetern und schlechter SdP-Beschilderung erfordern gute Kondition, Trittsicherheit und Orientierungssinn.

■ = **Schwierig** Anspruchsvolle Bergwege mit versicherten Passagen, langen Abschnitten über Blockwerk oder stark ausgesetzten Strecken. Bei schlechtem Wetter oder Wettersturz sehr gefährlich, konditionell zumeist sehr anspruchsvoll. Alpine Erfahrung mit guter Gefahreneinschätzung notwendig. Aufgrund der Höhe mit Altschneefeldern und Wintereinbrüchen rechnen und sinnvolle Ausrüstung (wetterfeste Kleidung, Biwaksack, Grödel etc.) mitführen. Nur für Wanderer mit absoluter Trittsicherheit, Schwindelfreiheit und Orientierungssinn.

und Orientierung. Die Gehzeiten verstehen sich als reine Gehzeiten ohne Pausen. Sie orientieren sich an einem mittleren Bergwandertempo.

Für Hundebesitzer

Mir war es ein persönliches Anliegen, auch Wanderern mit Hund die wichtigsten Informationen bereitzustellen. Daher findet sich zu jeder Etappe der Hinweis, ob diese mit Hund zu begehen ist und ob es Übernachtungsmöglichkeiten gibt. Siehe auch Kapitel »Wandern mit Hund«, Seite 24.

Etappen

Sofern möglich, wurden die Etappen so geplant, dass sich nach langen Touren erholsamere, kürzere Wanderungen anschließen. Die 45 Etappen wurden anhand der Alpenregionen in sinnvolle Teilstrecken zusammengefasst, die sich in 5 bis 10 Tagen erwandern lassen. An- und Abreisemöglichkeiten für diese Abschnitte finden sich im Kapitel »Empfehlungen zur Aufteilung des SdP« (s. Seite 32). Empfehlungen für 2- bis 6-Tagestouren mit An- und Abreise fernab dieser Einteilung finden sich ab Seite 32. Zudem bieten sich mancherorts auch gute Möglichkeiten für Tagestouren auf dem SdP, da beispielsweise eine Fahrt mit öffentlichen Verkehrsmitteln zum Ausgangspunkt möglich ist. Diese Touren finden sich im Abschnitt »Tagestouren auf dem SdP« (s. Seite 30).

WANDERN AUF DEM SENTIERO DELLA PACE

Schwierigkeiten und Gefahren

Nicht jedes Teilstück auf dem SdP wird sich für Anfänger des Berg- oder Fernwanderns uneingeschränkt eignen. Aber es gibt sie, die einfachen Abschnitte, auf denen man sich mehrere Tage als Ungeübter testen kann und viel Freude an dem Weg haben wird. Der Friedensweg erfordert vom Wanderer vor allem eines: eine gute Kondition. Auf 45 Etappen, die sich aber oft auch teilen lassen, gilt es, 80.000 Höhenmeter (Aufstieg und Abstieg) zu bewältigen, was durchschnittlich fast 2000 Höhenmetern am Tag entspricht. Mit Sicherheit verfügt man spätestens nach einigen Tagen Wanderschaft über die notwendige Kondition.

Der SdP kann grundsätzlich als reiner Bergwanderweg ohne Klettersteig und Gletscherkontakt begangen werden – mit Ausnahme der Etappe 39 hinauf zur Marmolada auf 3343 Metern. Diesen Gipfel erschließt sich der SdP über einen einfachen Klettersteig und einen Abstieg über den Gletscher. Für diese Etappe ist aber eine lohnenswerte Ausweichroute beschrieben, sodass es niemanden davon abhalten sollte, den Weg zu gehen.

Neben guter Kondition benötigt man für den Friedensweg durchgehend solide Trittsicherheit und zuweilen auch Orientierungssinn. Vor allem im ersten Teil des SdP (in etwa bis Riva del Garda) findet man auch technisch anspruchsvollere Wege über Blockwerk oder mit seilversicherten Passagen, die ein wenig Kletterei über hohe Stufen und ausgesetzte Abschnitte erfordern. Bei sehr schwierigen Passagen werden Varianten beschrieben.

Vor allem in den Ortler- und Adamello-Presanella-Alpen geht es zudem hoch hinaus. Einige Male passieren wir dabei die 3000-Meter-Marke und müssen mit Altschneefeldern bis in den Sommer rechnen. Am Ende der Adamello-Presanella-Alpen kommt eine weitere Schwierigkeit hinzu: Die-

GPS-TRACKS UND KOORDINATEN DER AUSGANGSPUNKTE

Zu diesem Wanderführer stehen auf www.rother.de GPS-Tracks und Koordinaten der Ausgangspunkte zum kostenlosen Download bereit.
2. Auflage, Passwort: **456202wks**
Sämtliche GPS-Daten wurden von der Autorin im Gelände erfasst. Verlag und Autorin haben die Tracks und Wegpunkte nach bestem Wissen und Gewissen überprüft. Dennoch können wir Fehler oder Abweichungen nicht ausschließen, außerdem können sich die Gegebenheiten vor Ort zwischenzeitlich verändert haben. GPS-Daten sind zwar eine hervorragende Planungs- und Navigationshilfe, erfordern aber nach wie vor sorgfältige Vorbereitung, eigene Orientierungsfähigkeit sowie Sachverstand in der Beurteilung der jeweiligen (Gelände-)Situation. Man sollte sich für die Orientierung auch niemals ausschließlich auf GPS-Gerät und -Daten verlassen.

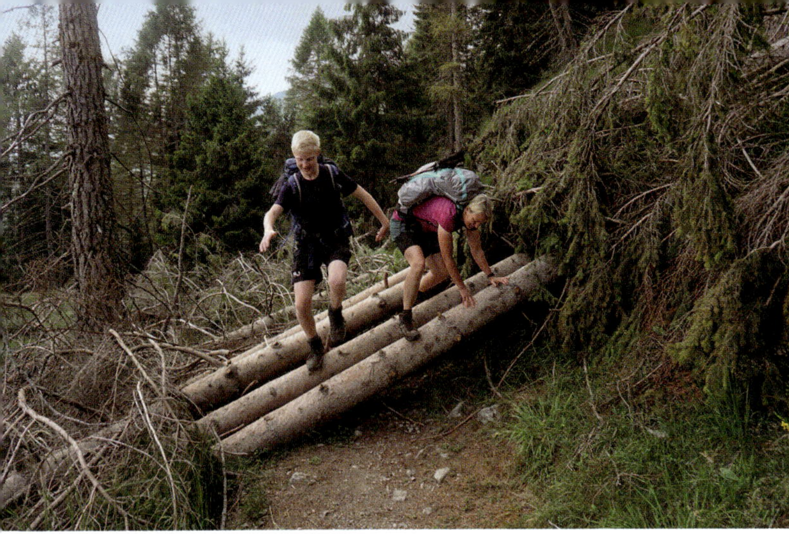

Nicht jeder Weg auf dem SdP wird mit Hingabe gepflegt, Humor hilft beim Bewältigen.

se Alpenregion gehört zu den am wenigsten bewanderten Regionen der Alpen. Die Wege werden daher selten begangen und anscheinend ebenso selten gepflegt. Daher muss man mit zugewachsenen Pfaden rechnen und benötigt manchmal gutes Orientierungsvermögen. Diese Schwierigkeiten werden bei den Etappen entsprechend beschrieben.

Bei schlechtem Wetter oder Wintereinbruch muss wie überall in den Alpen mit schwierigen Verhältnissen und Gefahren auch auf einfachen Wegen gerechnet werden. Im Zweifelsfall lieber einmal mehr umdrehen, als einmal zu wenig!

Für Sicherheit am Berg helfen folgende Regeln:

- Spaß haben und keinen übermäßigen Ehrgeiz an den Tag legen.
- Sicherheit hat höchste Priorität.

SYMBOLE

- Ort mit Einkehrmöglichkeit
- Einkehrmöglichkeit, Hütte
- Schutzhütte, Biwak
- Parkplatz
- Bushaltestelle
- Seilbahnstation
- Sesselliftstation
- Gipfel
- Joch, Sattel, Passübergang
- Kirche, Kapelle
- Burg, Schloss, Ruine
- Denkmal
- Aussichtsplatz
- Campingplatz
- Rastplatz
- Auf-/Abfahrt mit Seilbahn
- Busfahrt

- Kein Egoist sein, denn man bringt nicht nur sich, sondern auch andere in Gefahr.
- Umkehren ist kein Zeichen von Schwäche, sondern von Stärke.
- Erfahrung kann täuschen.
- Jeden Tag hervorragend hinsichtlich Wetter, Gelände und Ausrüstung planen.
- Keine Selbstüberschätzung, denn die meisten Notsituationen in den Alpen entstehen genau dadurch.
- In der Gruppe ist Kommunikation das Wichtigste: Wie geht die Gruppe mit einem Abbruch um? Keine Vorhaltungen machen!
- Niemals vergessen: Der Berg ist auch morgen noch da!
- Ausstiegspunkte für die Tour setzen, an denen man absteigen oder pausieren kann.

Wegsperrungen

Italien wurde in den letzten Jahren immer mal wieder von schweren Stürmen heimgesucht und auch der SdP ist immer wieder betroffen. Der große Herbststurm 2019 hat besonders die Fleimstaler Alpen getroffen und große Teile des Baumbestandes zerstört und teilweise hektargroße Löcher in die Landschaft gerissen – ein hoher materieller und ökologischer Schaden ist entstanden. Viele Wege sind nun wieder hergestellt, aber es ist auch in Zukunft immer wieder mit Sperrungen bestimmter Wegabschnitte zu rechnen, sei es durch Stürme, Murenabgänge oder andere Unwetterschäden. Für das ganze Trentino gibt es Infos zur aktuellen Lage der Wanderwege unter https://trentino.webmapp.it.

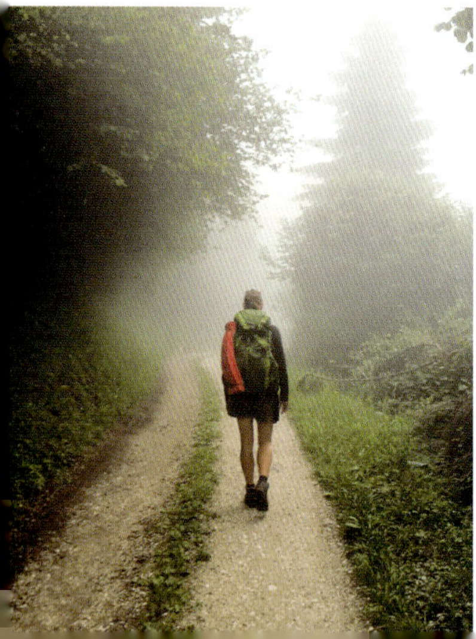

Wetter

Das Sommerwetter in den italienischen Alpen lässt Wanderherzen in der Regel höher schlagen. Mit durchschnittlich sieben bis acht Sonnenstunden am Tag herrschen in den Höhenlagen meist perfekte Wanderbedingungen. Für Alpenregionen typisch sind jedoch auch in Italien – manchmal tägliche – heftige Gewitter am Nachmittag und Abend, nicht selten mit Starkregen oder auch Hagel. Um der Gefahr zu entgehen, in einen Wettersturz zu kommen, sollte man jede Etappe

Regentage sind im Sommer selten, Gewitter am Abend jedoch nicht.

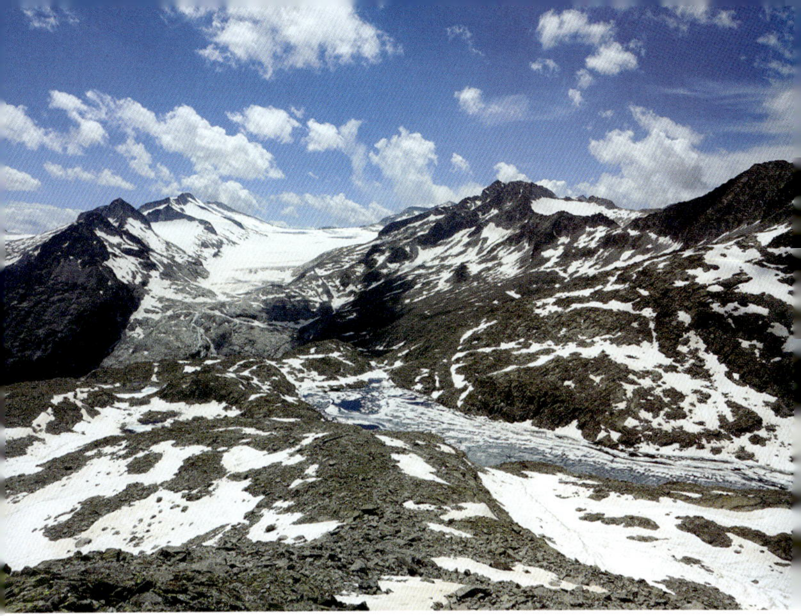

Altschneefelder halten sich in den Höhenlagen der Adamello-Presanella-Alpen oft hartnäckig.

frühmorgens starten und sein Etappenziel vor 15 Uhr erreichen. Auch wenn der SdP ein für die Alpen sehr südlicher Bergwanderweg ist, muss bei Wetterumschwüngen immer mit Schwierigkeiten in hohen Lagen gerechnet werden, ebenso mit Altschneefeldern im Frühsommer.

Blindgänger, Löcher und eingestürzte Stollen

Alte Kriegsrelikte auf dem SdP zu finden, ist ganz normal. Schließlich wandern wir in einer Region, wo eben nur bedingt alte Kriegsreste entfernt wurden. Das bedeutet im Umkehrschluss aber auch, dass Gefahren drohen, die wir normalerweise nicht vermuten. Nicht immer wissen wir auf dem SdP, was sich unter den Wanderschuhen befindet: vielleicht ein alter Stollen oder ein zusammengestürzter Schützengraben. Nicht selten sind die alten Stollen nach über 100 Jahren brüchig und auch in der Vergangenheit schon eingestürzt. Löcher, die überwuchert sind, lassen sich nur schwer als Gefahr erkennen. Daher gilt für den gesamten Fernwanderweg ein absolutes Weggebot: Pfade nicht verlassen, keine Abkürzungen nehmen und umsichtig die Pausenplätze abseits der Wege wählen.
Nicht zuletzt spielt auch der Klimawandel eine entscheidende Rolle. Durch den Rückzug der Gletscher tauchen immer wieder stille Zeitzeugen des

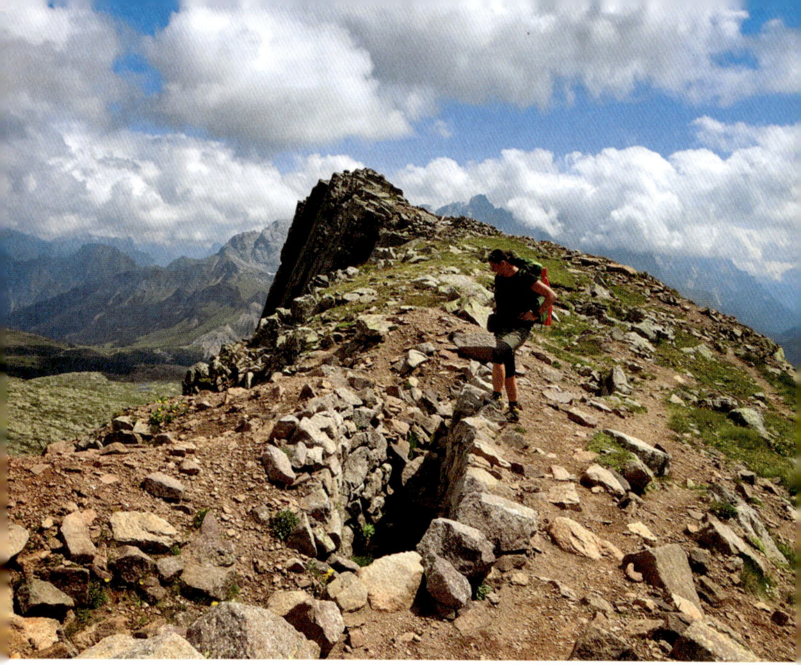

Maroder Schützengraben aus dem 1. Weltkrieg auf dem Bocchekamm.

1. Weltkrieges aus dem »ewigen« Eis auf. Manchmal sogar die Überreste gefallener Soldaten. Etwas weniger erschreckend, dafür umso gefährlicher, sind für Wanderer auf dem SdP Blindgänger. Erst im September 2021 gab der Adamello-Gletscher Munitionsreste frei, die Spezialisten des zweiten Pionierregiments der Alpenbrigade »Julia« aufwändig entschärfen mussten. Auch die vermehrten Unwetter, die in den letzten Jahren immer wieder das Trentino heimsuchen, tun ihr Übriges und spülen immer wieder Blindgänger entlang des SdP frei. Oben genannte Brigade musste beispielsweise nach einem Unwetter 48 mittelgroße Artilleriegranaten in der Nähe von San Martino di Castrozza sicherstellen. Wer auf solche Artefakte stößt – zu denen auch vermeintlich ungefährliche Holzkisten etc. gehören – darf sie keineswegs anfassen. Die Witterung zersetzt die Zünder immer mehr, wodurch sie im Laufe der Zeit noch gefährlicher werden.

Bären im Trentino

Die Wahrscheinlichkeit, einen der laut offiziellen Angaben 90 (vermutlich Dunkelziffer höher, für 2022 Verdopplung prognostiziert) Bären im Trentino zu Gesicht zu bekommen, ist sehr gering. Einen zu hören, ist jedoch gar nicht so unwahrscheinlich. Die meisten Bären befinden sich in der Region Tione. Da einzelne Bären aber auf Wanderschaft gehen, können sie auch in anderen Regionen vorkommen. Die gute Nachricht: Bären leben sehr zurückgezogen, meiden den Kontakt zu Menschen und suchen das Weite, wenn sie auf einen Menschen treffen. Zudem bevorzugen sie waldreiche Gebiete. Gefährlich werden Bären in der Regel nur dann, wenn sie Jungtiere haben, verletzt sind, sich erschrecken oder bedroht fühlen.

So verhalten Sie sich richtig:

- Überraschungsmoment verhindern: Durch Reden, Singen und Lärm macht man einen Bären in einsamen Waldregionen und an unübersichtlichen Stellen rechtzeitig auf sich aufmerksam, sodass er flüchten kann.
- In Lebensräumen von Bären Hund an der Leine führen.
- Auf Wegen bleiben.
- Keine Essensreste zurücklassen, auch keine Bio-Abfälle.
- Niemals einer Bärenspur folgen.

Bei Bärenkontakt:

- Ruhig bleiben, keine ruckartigen Bewegungen machen.
- Mit lauter Stimme reden, nicht schreien.
- Langsam rückwärtsgehen, nicht rennen, dem Bären einen Fluchtweg lassen.
- Bei einem Angriff: Auf den Bauch legen und zeigen, dass man keine Gefahr darstellt.

Bären im Trentino sind vor allem im Naturpark Adamello-Brenta zu finden.

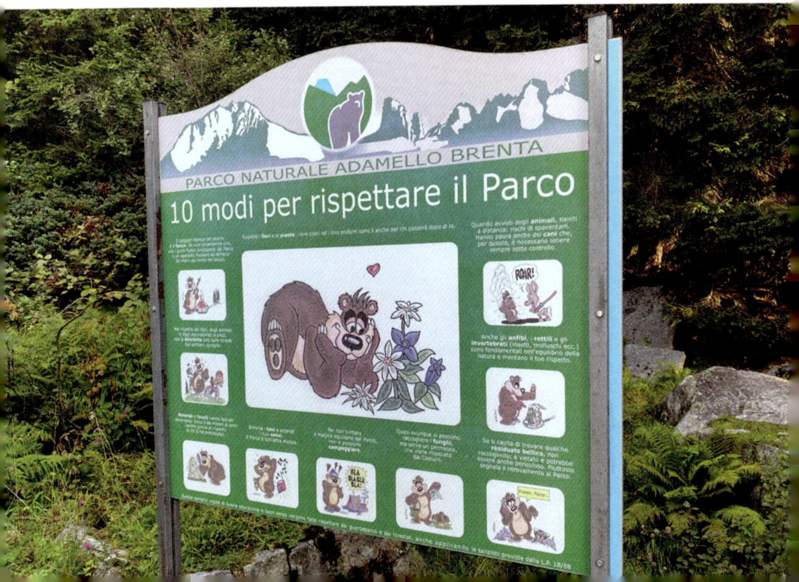

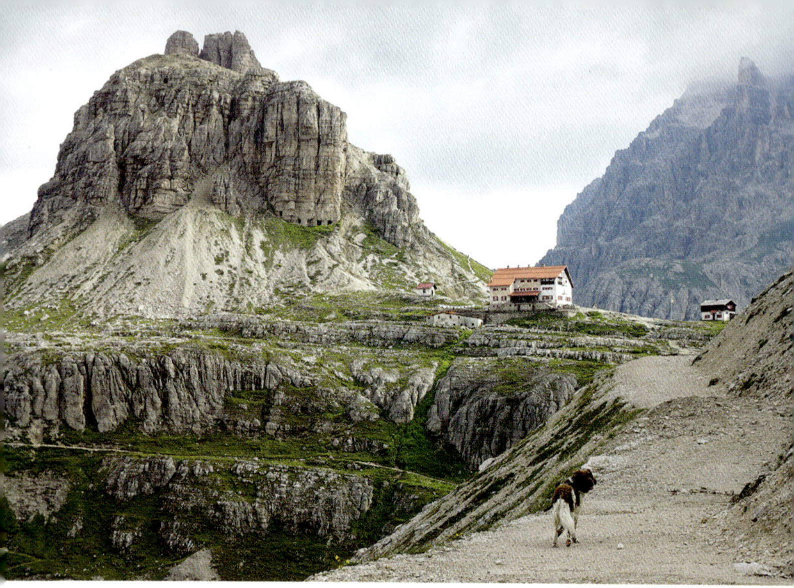

Am Ziel? Die traumhaft gelegene Dreizinnenhütte in den Sextener Dolomiten.

Reisezeit

Wer den SdP in einem Stück wandern will, wird die Monate Juli, August und September wählen müssen, um in den hohen Lagen mit einigermaßen stabilen Verhältnissen rechnen zu können. Im Juli kann es vorkommen, der einzige Gast auf den Hütten zu sein, dann ist es sehr beschaulich. Ab Ende Juli, während der Ferien in Italien, oder am Wochenende wird es in den italienischen Alpen hingegen oft etwas voller.

Wer sich Teilabschnitte des SdP vornimmt, ist zeitlich flexibler. Gerade die südlichen Etappen rund um den Gardasee, in den Vizentiner und Fleimstaler Alpen lassen sich oftmals schon im Mai/Juni sowie noch im Oktober bewandern.

Wege und Markierungen

Das Wegsymbol des SdP ist eine Friedenstaube, in der Regel schwarz auf weißem Untergrund. Manchmal findet sich auf den Wegweisern auch die Abkürzung SdP. Zuweilen sieht man auch noch auf Felsen gesprühte gelbe Tauben. Im Trentino ist der Weg überwiegend markiert und beschildert. Jedoch ist es selten, dass man eine gesamte Etappe frei nach den Beschilderungen wandern kann, da die Symbole eben hin und wieder fehlen. In Südtirol, der Lombardei und Venetien fehlen die SdP-Markierungen völlig. Dies betrifft die Etappen 1–5 und 37–45.

Verpflegung und Trinkwasser

In den meisten Alpenregionen, die der SdP durchquert, findet sich nur ein schwach ausgeprägtes Hüttennetz, sodass Einkehrmöglichkeiten rar sind. Notproviant sollte jeder ohnehin mit sich führen. Meist besteht die Möglichkeit, in den Hütten gegen Bezahlung eine Brotzeit für den Tag zu erwerben. Alle fünf bis sechs Tage führt der SdP auch an Ortschaften vorbei, sodass sich Vorräte einfach ergänzen lassen. Trinkwasser sollte immer ausreichend mitgeführt werden. Vor allem in den Gardaseebergen und den Vizentiner Alpen gilt dies für die gesamte Tagesration. In den anderen Alpenregionen bietet sich das Mitführen eines Wasserfilters an, um Wasservorräte aus Bächen auffüllen zu können.

Unterkünfte

Dieser Wanderführer wurde so konzipiert, dass sich an jedem Etappenende eine feste Unterkunft befindet. Dies können Hütten (ital. Rifugio), Pensionen und Hotels, in Ausnahmefällen auch unbewirtschaftete Hütten (Biwaks) sein. In letzterem Falle gibt der Reiseführer Empfehlungen für Varianten.

- Rifugio: Die Alpenvereinshütten in Italien gleichen denen im deutschsprachigen Alpenraum. Jedoch geht es manchmal etwas weniger geordnet zu. Nicht immer wird die Hüttenruhe eingehalten. Dennoch bestechen die Rifugi oft durch traumhaften Lagen.
- Biwak: Solche Notunterkünfte finden sich in dieser Region oft schon in tieferen Lagen, wenn es keine Rifugi in der Nähe gibt. Sie reichen von einfachen Holzschuppen bis hin zu aufgelassenen, ehemaligen Almen und verfügen meistens über Betten und eine Feuerstelle. Manchmal finden sich auch Decken, Kochmöglichkeiten und Brunnen in der Nähe.
- Albergo: Eine meist kostengünstige Übernachtungsmöglichkeit mit regionaler Küche.
- Agriturismo: Unterkunft in ländlicher Umgebung zumeist auf einem Bauernhof.
- Malga: Eine Alm in der Regel mit Tierhaltung, manchmal bewirtschaftet und mit Übernachtungsmöglichkeit.

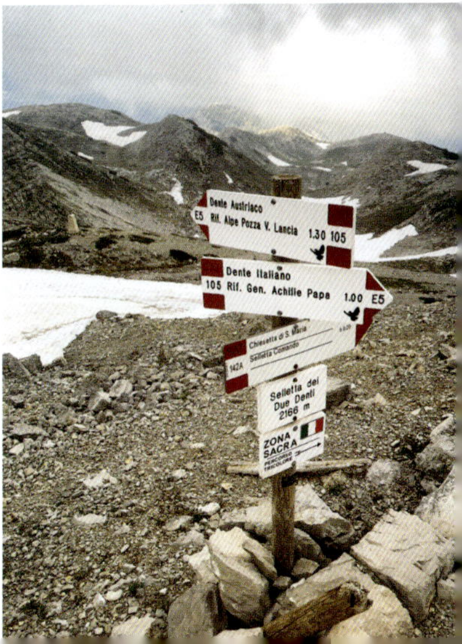

Das Leitsymbol des Friedensweges ist eine kleine schwarze Taube.

Wandern mit Hund

Die gute Nachricht für Hundebesitzer: Auf vielen Etappen ist die Mitnahme des geliebten Vierbeiners problemlos möglich. Die Anzahl der geeigneten Etappen lässt sich erweitern, wenn man selbst auf ein wenig Komfort verzichtet und beispielsweise auf unbewirtschaftete Schutzhütten (Biwaks) oder auf die Winterräume der Rifugi ausweicht. Hinweise dazu finden sich in den Etappenbeschreibungen. Die Übernachtungssituation hat sich im Adamello (Etappen 6–10) in den letzten Jahren für Hundebesitzer verschlechtert. Es ist dort nunmehr fast nur noch möglich, in Biwaks zu übernachten. Grundsätzlich sind die Italiener aber sehr hundefreundlich und auch mit freilaufenden Straßenhunden muss man auf dem SdP nicht rechnen. Natürlich gilt im Bärengebiet (siehe Seite 20/21) sowie bei frei laufenden Almtieren besondere Vorsicht, und der Hund gehört an die Leine. Zu beachten ist: Mit einem Hund ein solch anspruchsvolles Trekking in Angriff zu nehmen, setzt Bergerfahrenheit, Gehorsam und sehr gute Kondition beim Hund voraus. Besitzer von sehr großen Hunden werden bei einigen Etappen, wo der Hund unterstützt oder kurz gehoben werden muss, eventuell Probleme bekommen. Darüber hinaus ist das Wandern mit Hund auf dem SdP eine wahre Freude.

Bevor man mit seinem Hund den SdP in Angriff nimmt, ist ein Gesundheitscheck sowie eine Beratung durch den Tierarzt obligatorisch (Leishmaniose, Babesiose etc.). Die Einreise nach Italien ist für Hunde nur mit Mikrochip, gültigem Impfpass/EU-Heimtierpass (inkl. Nachweis einer Tollwutimpfung) erlaubt. Eine Hundehalter-Haftpflichtversicherung wird empfohlen. In öffentlich zugänglichen Bereichen gilt Leinenpflicht, wobei die Leine nicht länger als 1,5 m sein darf. Zudem muss ein Maulkorb mitgeführt und auf Verlangen angelegt werden. In öffentlichen Verkehrsmitteln, wie Bus, Bahn oder in Seilbahnen herrscht in Italien Maulkorbpflicht. Die Hinterlassenschaften des Hundes zu entfernen, ist selbstverständlich.

Erfrischung im Schneefeld: Autoren-Wanderhund Lotte ist den ganzen SdP gelaufen.

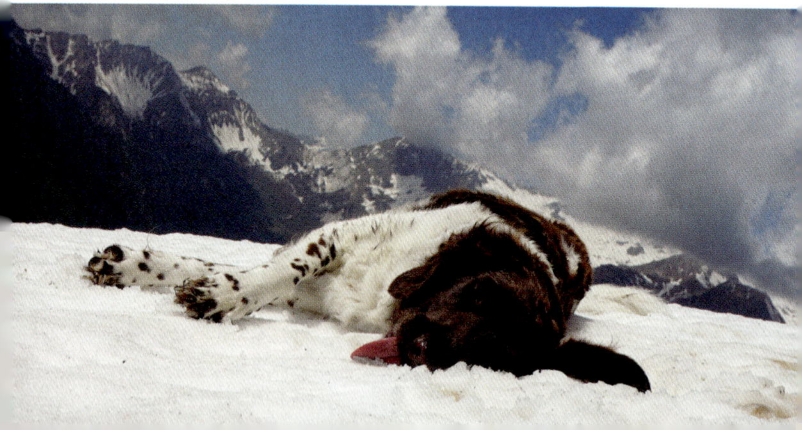

Ausrüstung

Weniger ist oft mehr, das gilt für die Ausrüstung eines Fernwanderers insbesondere. Mit etwas Geschick lässt sich das Rucksackgewicht für den SdP problemlos auf 7 Kilogramm reduzieren. Dabei gilt der Satz: Wenn man am kältesten Tag nicht alle Kleidungsstücke anhatte, dann hatte man zu viel dabei.
Als Anregung meine Vorschläge für eine minimalistische Packliste für acht Wochen auf dem SdP:

PACKLISTE

- **48-Liter-Rucksack (1190 g)**
- **Wasserfilter (60 g)**
- **2 Trinkflaschen (180 g)**
- **Messer (40 g)**
- **Stirnlampe (74 g)**
- **faltbarer Becher (46 g)**
- **Sonnenbrille (29 g)**
- **Packsäcke (50 g)**
- **kleines Erste-Hilfe-Set (120 g)**
- **Handtuch (100 g)**
- **Kosmetik- und Körperpflege-Produkte (500 g)**
- **Sonnencreme (100 g)**

- **Kopien Wanderkarten auf A3-Papier (60 g)**
- **Technikartikel wie Kamera, Handy und Ladekabel (600 g)**

- **Hüttenschlafsack (160 g), bei Biwak-Übernachtungen stattdessen Daunenschlafsack (950 g)**
- **Biwaksack (108 g)**

- **2 x T-Shirt (160 g)**
- **1 x Wanderhose zum Zippen (400 g)**
- **1 x Leggings (250 g)**
- **Fleece (270 g)**
- **Daunenjacke (240 g)**
- **Regenjacke (300 g)**
- **2 x Slip aus Merino (90 g)**
- **Unterhemd aus Merino (80 g)**
- **2 Paar Socken aus Merino (170 g)**
- **optional BH (70 g)**
- **Schlauchtuch, dünn (35 g)**
- **Wanderschuhe (1180 g)**
- **Flip-Flops (159 g)**

Zusammengerechnet ergibt sich ein Gewicht von etwa 6,7 Kilogramm inklusive Rucksack. Von diesen Ausrüstungsgegenständen befinden sich gar noch 2,2 Kilogramm am Körper, sodass auch mit etwas Verpflegung und etwa eineinhalb Liter Wasser das Gewicht im Rucksack bei unter 7 Kilogramm bleibt.

FÜR DEN HUND

- **Isomatte, zugeschnitten (145 g)**
- **Pfotenschutz (67 g)**
- **Regenmantel (150 g)**
- **Leine (115 g)**
- **Bergsteigegeschirr (280 g)**
- **Futternapf (30 g)**
- **Maulkorb (30 g)**
- **Impfpass (40 g)**

Das Futter fällt beim Fernwandern mit Hund am meisten ins Gewicht. Wer lange Zeit unterwegs ist, kann via Post jedoch Futter vorausschicken.
Weitere Tipps zum Trekking mit Hund unter www.etappen-wandern.de.

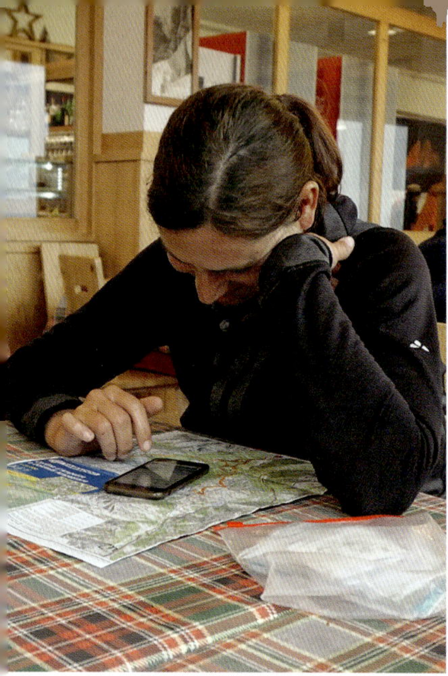

In Italien ist der Internetempfang meist hervorragend.

Internet und Handy

Grundsätzlich ist der Handyempfang am SdP überwiegend gut. Nur in Ausnahmefällen gibt es für wenige Stunden unterwegs kein Handynetz. Lediglich bei den Etappen 21 und 22 ist der Empfang über weite Strecken sehr schlecht. Nicht immer verfügen die Hütten über Internetverbindung oder WiFi. Tipp: Wer sich schon vor der Reise einen Account bei Trentino WiFi (www.trentinowifi.it) einrichtet, kann an einigen Rifugi (z. B. Rifugio Mandrone, Rifugio Damiano Chiesa etc.) ohne Handyempfang dennoch via Hotspot das Internet benutzen. Es lohnt sich, die Hüttenwirte explizit danach zu fragen.

Karten

Der SdP wandert sich am besten mit den italienischen Karten von Tabacco, die manchmal auch den Wegverlauf des SdP abdrucken.

- Tabacco 1:25.000, Blatt 08, Ortles – Cevedale Ortlergebiet (Etappen 1–4)
- Tabacco 1:25.000, Blatt 52, Adamello Presanello (Etappen 5–8)
- Tabacco 1:25.000, Blatt 077, Adamello Sud, Val Rendena – Val Daone (Etappen 7–11)
- Kompass 1:35.000, Blatt 71, Alpi di Ledro, Valle Giudicarie (Etappen 8–16)
- Tabacco 1:25.000, Blatt 61, Alto Garda, Ledro, Monte Baldo Nord (Etappen 14–19)
- Tabacco 1:25.000, Blatt 55, Valle Sarca, Arco, Riva del Garda (Etappen 19/20)
- Tabacco 1:25.000, Blatt 56, Piccole Dolomiti, Pasubio (Etappen 21–25)
- Tabacco 1:25.000, Blatt 57, Levico – Altopiani di Folgaria Lavarone e Luserna (Etappen 25–31)
- Tabacco 1:25.000, Blatt 58, Valsugana – Tesino – Lagorai – Cima d'Asta (Etappen 31–35)
- Tabacco 1:25.000, Blatt 22, Pale di San Martino (Etappen 35–38)
- Tabacco 1:25.000, Blatt 06, Val di Fassa e Dolomiti Fassane (Etappen 38/39)
- Tabacco 1:25.000, Blatt 15, Marmolada – Pelmo – Civetta – Moiazza (Etappen 39/40)

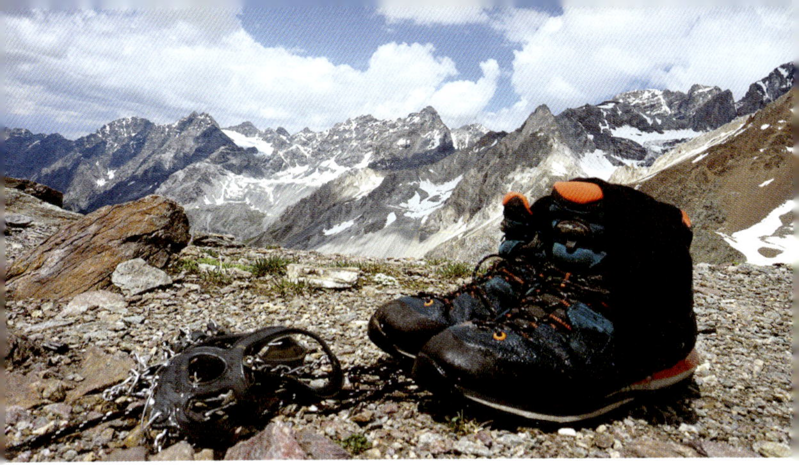

Leichtgrödel bieten bei Altschneefeldern Halt, verhindern allerdings keine nassen Füße.

- Tabacco 1:25.000, Blatt 03, Cortina d'Ampezzo e Dolomiti Ampezzane (Etappen 41–43)
- Tabacco 1:25.000, Blatt 10, Sextener Dolomiten Dolomiti di Sesto (Etappen 43–45)

Weiterwandern

Der SdP ist ein inneritalienischer Fernwanderweg, der heute von der Schweizer bis fast an die Österreichische Grenze führt. Die Frontlinie im Gebirgskrieg endete natürlich nicht in Sexten. Sie führte weiter durch die Karnischen und Julischen Alpen bis an die Adria. Von Sexten sind es nur 12 Kilometer bis Sillian: Von hier aus kann man auf dem Karnischen Höhenweg (Via della Pace) entlang der heutigen Grenze zwischen Österreich und Italien seine Erkundungstour auf historischen Spuren fortsetzen (Infos: www.karnischerhoehenweg.com; Literatur: Evamaria Wecker, Karnischer Höhenweg, 2022, Rother Bergverlag, ISBN 978-3-7633-4404-8).

Auch in Slowenien gibt es einen Friedensweg. Er führt durch die Julischen Alpen bis nach Triest an die Adria und trägt den Namen Pot Miru (Infos: www.potmiru.si/deu; Literatur: Tadej Koren, Weg des Friedens von den Alpen bis zur Adria, 2018, Drava Verlag, ISBN 978-3-85435-901-2).

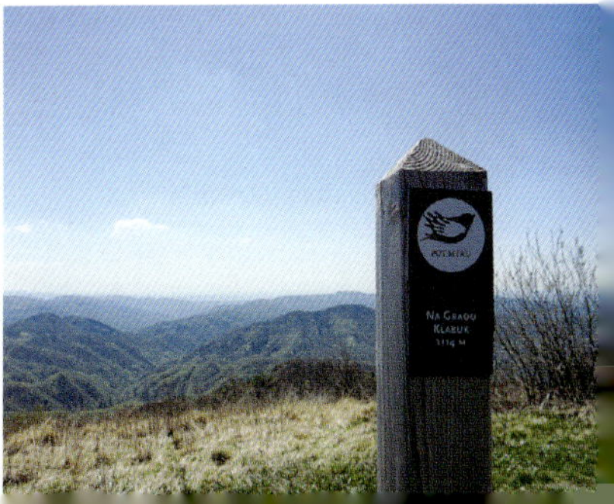

Der Pot Miru ist der slowenische Friedensweg.

ETAPPENÜBERSICHT

Etappe	Schwierigkeit	Strecke	Aufstieg/Abstieg	Dauer
Ortler-Alpen				
01 Stilfser Joch – Bormio	S	18,3 km	350/1700 Hm	7.00 Std.
02 Bormio – Rif. Campo	L	14,2 km	770/170 Hm	4.30 Std
03 Rif. Campo – Rif. Stella Alpina	S	14,1 km	1000/950 Hm	6.15 Std.
04 Rif. Stella Alpina – Passo di Gavia	L	11,5 km	750/180 Hm	4.00 Std.
05 Passo di Gavia – Passo Tonale	S	16,8 km	780/1500 Hm	6.45 Std.
Adamello-Presanella-Alpen				
06 Passo Tonale – Rif. Mandrone	M	10,3 km	750/600 Hm	4.45 Std.
07 Rif. Mandrone – Fontanabona	M	14,2 km	150/1500 Hm	5.30 Std.
08 Fontanabona – Rif. Carè Alto	S	13,9 km	1700/350 Hm	7.00 Std.
09 Rif. Carè Alto – Rif. Trivena	S	12,8 km	700/1470 Hm	8.30 Std.
10 Rif. Trivena – Tione (Ladaro)	S	25,1 km	1100/2020 Hm	10.30 Std.
Gardaseeberge				
11 Lardaro – Malga Cadria	L	11,4 km	1250/70 Hm	4.30 Std.
12 Malga Cadria – Biwak Casinotto	S	9,8 km	900/1270 Hm	6.00 Std.
13 Biwak Casinotto – Rif. Nino Pernici	S	9,0 km	740/800 Hm	5.15 Std.
V11 Lardaro – Lenzumo	M	17,6 km	1250/1190 Hm	7.00 Std.
V12/13 Lenzumo – Rif. Nino Pernici	L	5,8 km	815/20 Hm	2.30 Std.
14 Rif. Nino Pernici – Riva del Garda	L	14,8 km	280/1810 Hm	5.15 Std.
15 Riva del Garda – Nago-Torbole	L	13,5 km	520/360 Hm	5.00 Std.
16 Nago-Torbole – M. Altissimo di Nago	S	10,9 km	1830/20 Hm	6.00 Std.
17 M. Altissimo di Nago – Polsa	M	18,5 km	500/1250 Hm	5.30 Std.
18 Polsa – Mori	L	18,6 km	340/1430 Hm	5.00 Std.
19 Mori – Ronzo Chienis	L	17,7 km	1350/550 Hm	5.30 Std.
20 Ronzo Chienis – Rovereto	L	18,3 km	820/1580 Hm	6.00 Std.
Vizentiner Alpen				
21 Rovereto – Rif. Coni Zugna	M	12,2 km	1400/20 Hm	5.00 Std.
22 Rif. Coni Zugna – Rif. Fraccaroli	S	17,1 km	1210/620 Hm	5.45 Std.
23 Rif. Fraccaroli – Pian delle Fugazze	M	11,6 km	140/1190 Hm	4.30 Std.
24 Pian delle Fugazze – Rif. Lancia	M	13,6 km	1200/600 Hm	5.30 Std.
25 Rif. Lancia – Passo Coe	M	18,6 km	975/1160 Hm	7.00 Std.
26 Passo Coe – Carbonare	L	16,8 km	330/860 Hm	4.15 Std.
27 Carbonare – Lusern	L	20,3 km	750/500 Hm	5.15 Std.
28 Lusern – Passo Vezzena	L	19,8 km	810/710 Hm	5.30 Std.
29 Passo Vezzena – Caldonazzo	L	23,8 km	380/1330 Hm	6.30 Std.

Fleimstaler Alpen				
30 Caldonazzo – Vetriolo Terme	M	15,0 km	1160/250 Hm	6.00 Std.
31 Vetriolo Terme – Rif. Serot	L	13,1 km	530/320 Hm	3.30 Std.
32 Rif. Serot – Alb. La Ruscoletta	L	17,9 km	890/1130 Hm	6.00 Std.
33 Alb. La Ruscoletta – Rif. Consèria	L	17,1 km	1080/580 Hm	6.00 Std.
34 Rif. Consèria – Caoria	M	21,5 km	560/1580 Hm	6.00 Std.
35 Caoria – San Martino di Castrozza	M	16,8 km	1170/590 Hm	5.30 Std.
36 San Martino di Castrozza – Passo Rolle	L	15,0 km	850/300 Hm	4.30 Std.
Dolomiten				
37 Passo Rolle – Passo San Pellegrino	S	22,7 km	1040/1090 Hm	8.00 Std.
38 Passo San Pellegrino – Rif. Contrin	S	19,0 km	1630/1520 Hm	8.15 Std.
39 Rif. Contrin – Lago di Fedaia	S	9,4 km	1310/1220 Hm	7.40 Std.
40 Lago di Fedaia – Pieve di Livinallongo	M	14,9 km	660/1260 Hm	5.20 Std.
41 Pieve di Livinallongo – Valparolapass	S	12,7 km	1250/550 Hm	5.45 Std.
42 Valparolapass – Rif. Dibona	L	10,0 km	500/650 Hm	3.45 Std.
43 Rif. Dibona – Rif. Auronzo	M	15,8 km	1030/770 Hm	5.30 Std.
44 Rif. Auronzo – Zsigmondy-Comici-Hütte	M	9,3 km	430/520 Hm	3.15 Std.
45 Zsigmondy-Comici-Hütte – Sexten	L	10,6 km	50/950 Hm	3.00 Std.

L = leicht, M = mittel, S = schwierig, anspruchsvoll

Mit ein bisschen Übung laufen sich die Etappen auch beschwingt.

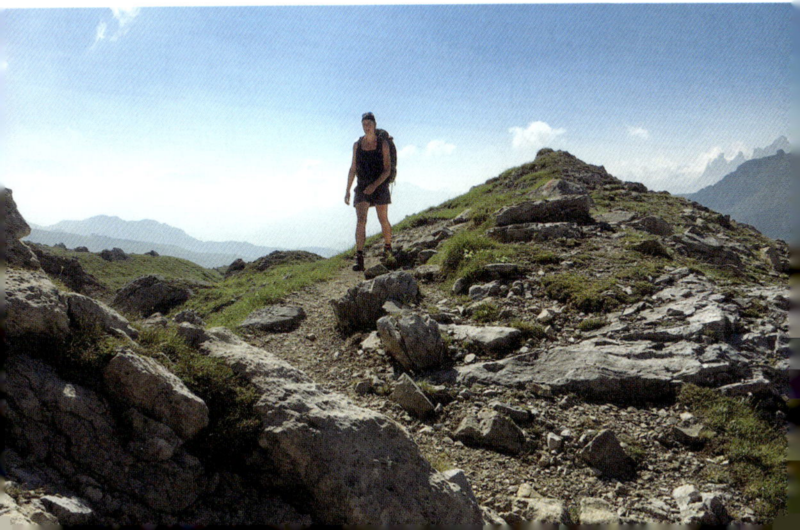

Tagestouren auf dem Sentiero della Pace

Einige Etappen des SdP eignen sich als Tageswanderungen, da man mit öffentlichen Verkehrsmitteln zum Ausgangspunkt zurückgelangt. Bitte beachten: Einige Busse fahren nur einmal täglich (meist morgens oder am Nachmittag).

- Etappe 1 Stilfser Joch – Bormio
  Bus verkehrt am späten Nachmittag zurück nach Bormio; Infos: www.busperego.com.
- Etappe 6 Passo Tonale – Passo Presena
  Eher Halbtageswanderung hinauf zum Passo Presena, zurück mit der Gondel Paradiso und Presena; Infos: www.visitvaldisole.it/de/bergbahnen.
- Etappe 15 Riva del Garda
  Auf dem Friedensweg rund um den Monte Brione; in Torbole nicht nach Nago, sondern zurück nach Riva del Garda.
- Etappe 16 Riva del Garda – Monte Altissimo
  Hinauf zum Monte Baldo und dann auf dem Weg 651 zur Seilbahn (sehr lang!). Gondel nach Malcesine und Schiff zurück nach Riva; Infos: www.gardatrentino.it/de/planen/mobilität-vor-ort.
- Etappe 19 Mori – Ronzo Chienis
  Mit dem Bus 310 zum Ausgangsort; Infos: www.trentinotrasporti.it.
- Etappe 20 Ronzo Chienis – Rovereto
  Mit dem Bus 310 zum Ausgangsort; Infos: www.trentinotrasporti.it.
- Etappe 27 Carbonare – Luserna
  Mit dem Bus 303 zurück zum Ausgangsort; Infos: www.trentinotrasporti.it.

Auf dem Weg zum Passo Rolle (Etappe 36) liegt das Rifugio Laghi di Colbricon.

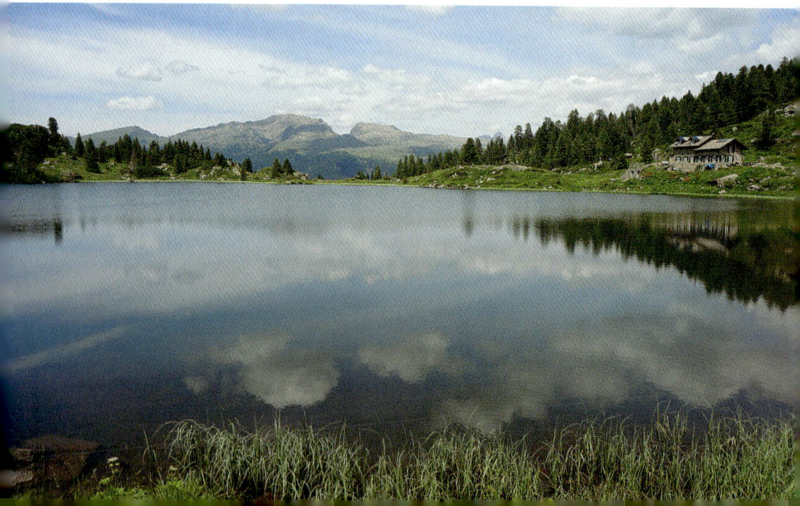

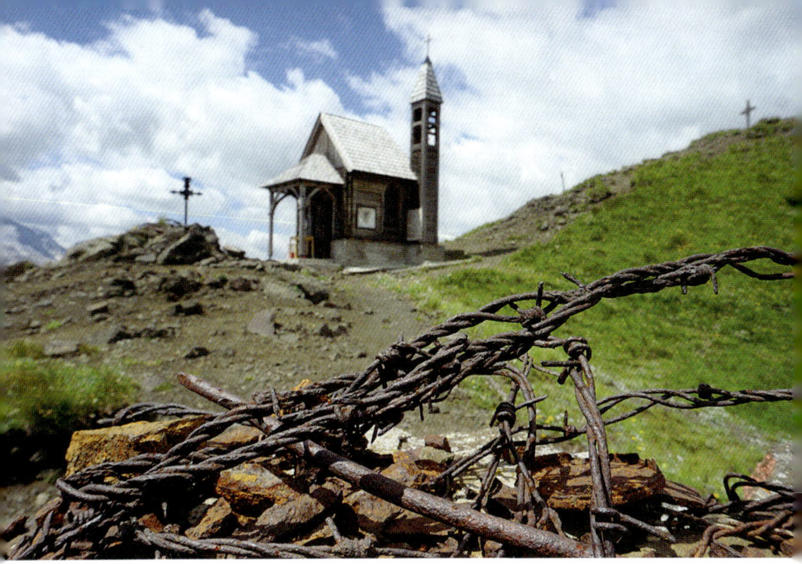

Gedenkkirche auf über 2400 Meter Höhe am Col di Lana (Etappe 41).

- Etappe 30 Caldonazzo – Vetriolo Terme
  Von Vetriolo Terme mit dem Bus 416 nach Levico Terme. Von dort mit dem Zug nach Caldonazzo zurück; Infos: www.trentinotrasporti.it und www.trenitalia.com.
- Etappe 35 Caoria – San Martino di Castrozza
  Mit dem Bus 501 nach Siror, von dort nach Caoria mit dem Bus 502; Infos: www.trentinotrasporti.it.
- Etappe 36 San Martino di Castrozza – Passo Rolle
  Vom Rollepass mit dem Bus 122 zurück nach San Martino di Castrozza; Infos: www.trentinotrasporti.it.
- Etappe 41 Pieve di Livinallongo – Valparolapass
  Vom Valparolapass zu Fuß in 20 Minuten bis zum Falzaregopass (oder mit dem Bus Richtung Cortina; Infos: www.cortinaexpress.it). Von dort mit einer der Linien 1/3/30/31 zurück nach Pieve di Livinallongo; Infos: www.dolomitibus.it.
- Etappe 42 Valparolapass – Rifugio Dibona
  Vom Rifugio Dibona in einer halben Stunde bis zur Bushaltestelle Cinque Torri, von dort Bus Richtung Colfosco bis zum Valparolapass; Infos: www.cortinaexpress.it.
- Etappe 43 Misurina – Rifugio Auronzo
  Von der Auronzohütte mit dem Bus 30/31 zurück nach Misurina; Infos: www.dolomitibus.it.

Empfehlungen zur Aufteilung des SdP

Der SdP lässt sich sinnvoll in sieben bis zehn Mehrtagestouren einteilen und kann demnach in fünf Teilstrecken erwandert werden.

- 10-Tagestour Ortler und Adamello-Presanella-Alpen (Etappe 1–10)
  Anreise zum Stilfser Joch: Von Bozen mit dem Zug über Meran nach Spondinig, ab hier mit dem Bus 271 nach Stilfs-Dorf und weiter zum Stilfser Joch; Infos Bus: www.suedtirolmobil.info/de. Abreise: Von Tione di Trento mit dem regelmäßig verkehrenden Bus 201 nach Trient, ab hier mit dem Zug nach Bozen; Infos Bus: www.trentinotrasporti.it.
- 10-Tagestour Gardaseeberge (Etappe 11–20)
  Anreise nach Lardaro: Von Bozen mit dem Zug nach Trient, mit dem regelmäßig verkehrenden Bus 201 nach Tione di Trento, dort weiter mit dem Bus 215 nach Lardaro; Infos Bus: www.trentinotrasporti.it. Abreise: Von Rovereto mit dem Zug nach Trient.
- 9-Tagestour Vizentiner Alpen (Etappe 21–29)
  Anreise nach Rovereto: Von Bozen oder Trient mit dem Zug nach Rovereto. Abreise: Von Caldonazzo nach Bozen oder Trient mit dem Zug.
- 7-Tagestour Fleimstaler Alpen (Etappe 30–36)
  Anreise von Trient mit dem Zug nach Caldonazzo. Abreise: Vom Passo Rolle mit dem Bus 122 nach Predazzo von dort mit dem Bus 101 nach Trient; Infos Bus: www.trentinotrasporti.it.
- 9-Tagestour Dolomiten (Etappe 37–45)
  Anreise zum Passo Rolle: Von Bozen mit dem Zug nach Trient, von dort mit dem Bus 101 nach Predazzo und weiter mit dem Bus 122 zum Passo Rolle; Infos Bus: www.trentinotrasporti.it/Abreise: Von Sexten mit dem Bus 446 nach Innichen, von dort mit dem Zug nach Bozen; Infos Bus: www.suedtirolmobil.info/de.

Empfehlungen für weitere Mehrtagestouren

Neben den oben stehenden Einteilungen des SdPs in Mehrtagestouren gibt es noch weitere Möglichkeiten, sich sinnvolle, kürzere Trekkings auf dem Friedensweg zusammenzustellen. Einige eignen sich für Neulinge des Fernwanderns ebenso wie für ein verlängertes Wochenende.

- Am Fuße der Königsspitze aussichtsreich über 3000 Meter:
  3-Tagestour von Bormio nach Santa Caterina Valfurva (Etappe 2–4). Vom Dosso Tresero auf Etappe 4 Abstieg auf Weg 561 nach Santa Caterina, von hier mit dem Bus zurück nach Bormio; Infos: www.busperego.com.
- Vom Monte Baldo in die »grüne Lunge« des Gardasees – mit drei Kriegsbergen:
  6-Tagestour von Riva nach Rovereto (Etappe 15–20). Von Rovereto mit dem Bus 301 zurück nach Riva. Perfekte Tour auch für Einsteiger, wenn Etappe 16 mit dem Schiff nach Malcesine, mit der Gondel zur Bergstation und zu Fuß über den Weg 651 zum Monte Altissimo erfolgt; Infos: www.gardatrentino.it/de/planen/mobilität-vor-ort und www.trentinotrasporti.it.

- Tolle, geschichtsträchtige Rundtour:
  5-Tages-Rundtour mit Ausgangs- und Endpunkt Nago (Etappe 16–19). Von Ronzo Chienis zurück über St. Barbara, Malga Fiavei und den Monte Corno nach Nago.
- Mit Blick nach Verona in die Piccole Dolomiti:
  3-Tagestour von Rovereto zum Pian delle Fugazze (Etappe 21–23). Zurück nach Rovereto mit dem Bus 312; Infos Bus: www.trentinotrasporti.it.
- Zum bewegenden »Berg der 10.000 Toten«, dem Monte Pasubio:
  6-Tagestour von Rovereto nach Carbonare (Etappe 21–26). Zurück nach Rovereto mit dem Bus 306; Infos Bus: www.trentinotrasporti.it.
- Mehr Geschichte geht in 2 Tagen nicht – vom Col di Lana zum kleinen Lagazuoi:
  2-Tagestour von Pieve di Livanallongo zum Rifugio Dibona (Etappe 41/42). Zurück vom Rifugio Dibona in 30 Min. bis zur Bushaltestelle Cinque Torri, von dort Bus Richtung Colfosco bis zum Falzaregopass; Infos: www.cortinaexpress.it. Ab hier mit einer der Linien 1/3/30/31 zurück nach Pieve di Livinallongo; Infos: www.dolomitibus.it.
- Traumhafte Dolomiten-Tour um die Drei Zinnen:
  3-Tagestour von Misurina nach Sexten (Etappe 43–45). Anreise: Von Cortina d'Ampezzo mit dem Bus 30/31 nach Misurina. Abreise: Von Sexten mit Bus 446 nach Toblach, dann weiter mit Bus 445 nach Cortina d'Ampezzo; Infos Busse: www.suedtirolmobil.info/de.

Blick auf den Gardasee von Riva del Garda.

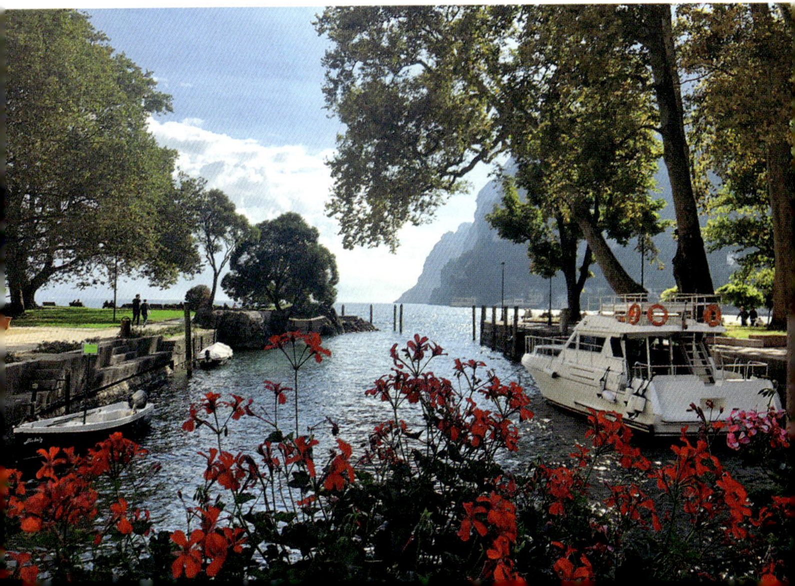

TOURISTISCHE HINWEISE

Anreise

Eine klimafreundliche Anreise mit dem Zug ist problemlos möglich. Es gibt eine Direktverbindung von München über den Brenner nach Bozen. Von hier aus bestehen gute Verbindungen zu den Orten Meran, Trento, Rovereto, Caldonazzo und Brixen. Achtung: Die Tickets müssen vor dem Einsteigen in den Zug am Automaten entwertet werden!

Grundsätzlich gibt es in Italien ein gutes Busnetz, auch in kleinere Seitentäler. Nicht immer einfach ist es, die Busverbindungen im Voraus zu planen. Es helfen in der Regel die Touristenverbände der Regionen. Wichtige Abkürzungen in den Busfahrplänen sind: f(eriale) = Werktage, F(estivo) = Sonn- und Feiertage. Fahrkarten erhält man in der Regel direkt beim Busfahrer. Hilfreiche Apps für unterwegs: Trenitalia (Zug) und Moovit (Bus).

Land und Leute

Der SdP verläuft überwiegend im Trentino. Dass Südtirol ehemals ein Teil des Österreich-Ungarischen Reiches war, ist schon aufgrund der Deutschsprachigkeit erkennbar und den meisten geläufig. Doch dass die österreichische Grenze sich vor dem Ersten Weltkrieg bis Riva del Garda und Rovereto im Trentino – also tief in das heutige Italien – zog, ist nicht auf den ersten Blick ersichtlich. Nicht wenigen Gardasee-Urlaubern bleibt diese Erkenntnis verborgen. Auf vielen digitalen Karten aber wird es schnell deutlich: Dort heißt Riva del Garda »Reif«, Levico Terme »Löweneck«, Pieve di Livanallongo »Buchenstein« oder das Valle Giudicarie »Judikarien«.

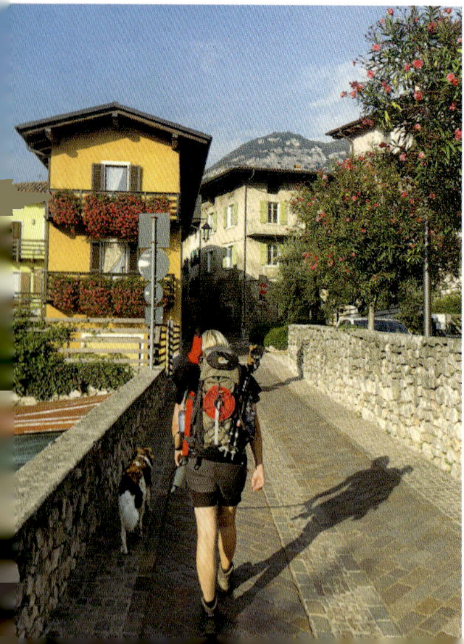

Diese Österreich-Ungarische Vergangenheit spürt man, wenn man genau hinschaut. Sie hat Land und auch Leute geprägt. Man sagt, die Trentiner seien zu Deutsch, um Italiener zu sein, und zu Italienisch, um als Deutsche durchzugehen. Hauptsprache im Trentino ist Italienisch, aber viele Menschen in dieser Region können zumindest ein paar Brocken Deutsch. Nicht selten sprechen die Menschen im nördlichen Trentino eher Deutsch als Englisch. Obwohl Deutsch als erste Fremdsprache

Links: Farbenfrohe Häuser in Nago. Rechts: Roveretos bezaubernde Gassen am Abend.

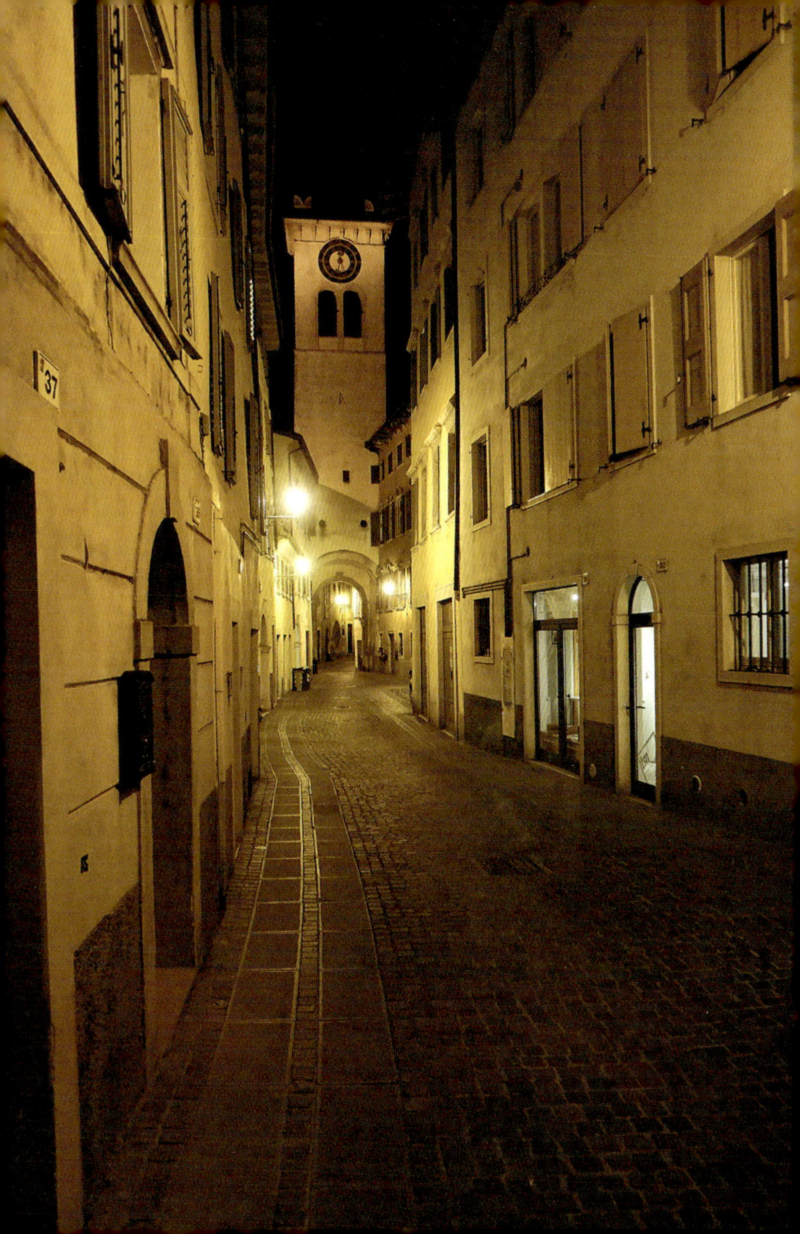

schon in der Grundschule gelehrt wird, sind es überwiegend die Älteren, die die Sprache auch sprechen. Heute bildet das Trentino zusammen mit Südtirol eine autonome Region (Südtirol-Trentino) Italiens.
Wer den Friedensweg aufmerksam beschreitet und mit den Menschen ins Gespräch kommt, wird schnell feststellen, wie stark der Erste Weltkrieg diese Region geprägt hat. Selbst mehr als hundert Jahre nach Ende des »Grande Guerra«, des großen Krieges, wie ihn die Italiener nennen, ist er allseits präsent. Nahezu in jeder Alpenhütte finden sich gesammelte Kriegsgegenstände meist beider Kriegsparteien. Almwirte erzählen von ihren Großvätern, die im Krieg kämpften, und ihren Großmüttern, die sie an der Front mit dem Wichtigsten versorgten. Hüttenwirte erklären, welche Kommandozentrale sich damals im Rifugio einquartierte, oder ziehen stolz Tagebücher und Postkarten aus den Schubladen. Begründet ist dies unter anderem darin, dass an der Alpenfront nicht nur ausgebildete Soldaten, sondern auch unzählige Tiroler Standschützen, also Freiwillige aus dem Volk, kämpften (siehe Kapitel »Tiroler Standschützen«, Seite 11).

Essen und Trinken

Wer das erste Mal in einer Trentiner Berghütte zu Abend isst, mag sich über die Speisekarte wundern. Denn auch beim Essen zeigt sich die Geschichte des Landes eindrücklich. Standard-Gericht auf nahezu jeder Hütte: Gulasch con krauti e polenta (dt. = Gulasch mit Krautsalat und Polenta). Manchmal finden sich sogar Böhmische Knödel auf der Karte. Einen Kaiserschmarrn hingegen sucht man vergeblich. Leibgericht der Trentiner zur Nachspeise und am Nachmittag ist »Strudl«, manchmal auch eine italienische Form der Sacher Torte.
Bei den Essenszeiten und der Anzahl der Gänge hingegen wird es wieder sehr italienisch. Selten wird vor 19 Uhr das Abendessen serviert, oftmals auch später. Gewöhnlich gibt es vier Gänge: Antipasti, erster Hauptgang (primo piatto), zweiter Hauptgang (secondo piatto) und Nachspeise. In den Berghütten fehlt meist die Vorspeise, als erster Gang wird überwiegend ein Nudelgericht serviert, im zweiten ein Fleischgericht. Neben »Strudl« finden sich auch die typischen und äußerst leckeren italienischen Nachspeisen wie Tiramisu oder Panna Cotta.

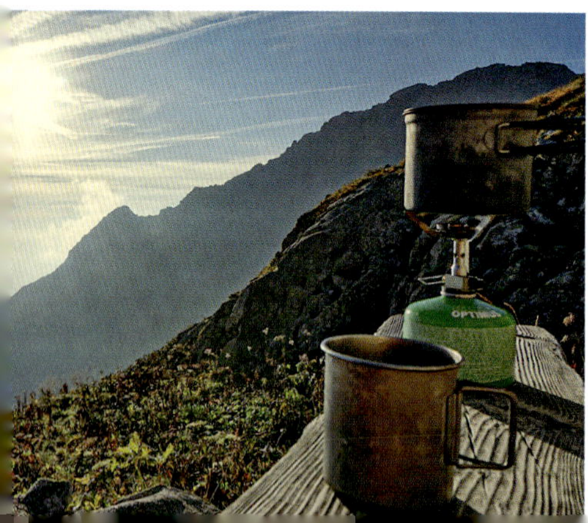

Auch wenn ein Kaffee im Freien am besten schmeckt, die italienische Küche in den Hütten ist ein Muss.

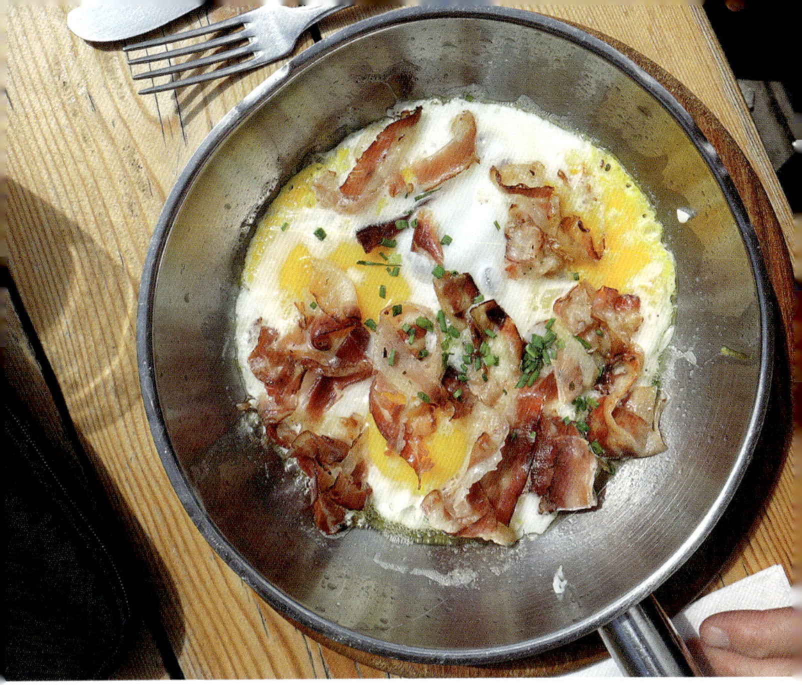

Deftiger Hüttenschmaus am Mittag, serviert in der Büllelejoch-Hütte.

Zum Frühstück gibt es überwiegend Süßes, wie Weißbrot mit Marmelade, Croissants oder Kuchen. Getrunken wird in Italien meist Rotwein. Aber auch Bier (ital. = »birra«) oder Radler (ital. = »radler«) wird man auf jeder Hütte bestellen können.

Notrufe

Landesnotrufzentrale (medizinische Notfälle und Bergrettung) und Polizei: 112

Adressen

- Tourismusverband Südtirol
  Tel. +39 0471 999 999, info@suedtirol.info, www.suedtirol.info
- Tourismusverband Lombardei
  Tel. +39 02 726 2841, explora@legalmail.it, www.in-lombardia.it
- Tourismusverband Trentino
  Kontakt über regionale Verbände, Kontaktdaten auf: www.visittrentino.info
- Tourismusverband Venetien
  www.veneto.eu, hier auch Auflistung regionaler Verbände

WICHTIGE VOKABELN FÜR UNTERWEGS

buongiorno	Guten Tag
buona sera	Guten Abend
buona notte	Gute Nacht
arrivederci	Auf Wiedersehen
ciao	Hallo/Tschüss
salve	Hallo
buona giornata	Guten Weg, einen schönen Tag noch!
prego	Bitte (als Antwort auf Danke)
per favore	Bitte (wenn Sie um etwas bitten, bspw. ein Bier, bitte!)
grazie	Danke
scusi	Entschuldigen Sie
si	ja
no	nein
Va bene!	Alles klar!
Non parlo italiano.	Ich spreche kein Italienisch.
(Non) capisco.	Ich verstehe (nicht)
Parla inglese?	Sprechen Sie Englisch?
Quanto costa?	Wie viel kostet das?
Quando parte l'autobus per ____?	Wann fährt der Bus nach ____?
Il conto, per favore.	Die Rechnung, bitte.
oggi	heute
domani	morgen
lunedì	Montag
martedì	Dienstag
mercoledì	Mittwoch
giovedì	Donnerstag
venerdì	Freitag
sabato	Samstag
domenica	Sonntag
sinistra	links
destra	rechts
di fronte	gegenüber
dritto	geradeaus
via ferrata	Klettersteig
sentiero	Wanderweg
ghiacciaio	Gletscher
lago/laghi	See/Seen
rio/torrente	Fluss
cascata	Wasserfall
val	Tal
bocca	Öffnung (Mund)
forcella	Scharte, Felsspalte
passo	Pass
chiesa/chiesetta	Kirche/kleine Kirche
rifugio	Schutzhütte
malga	Alm
baita	Hütte
bivacco	Biwak, Notunterkunft
albergo/locanda	Gasthof
agriturismo	Bauernhof
camera libere	freies Zimmer
aperto	geöffnet
chiuso	geschlossen
doccia (calda)	(warme) Dusche
a piedi	zu Fuß
domestica animale	Haustier
cane	Hund
Aiuto!	Hilfe!
Attenzione!	Vorsicht!
Grande Guerra	Großer Krieg (Erster Weltkrieg)
Sentiero della Pace	Weg des Friedens

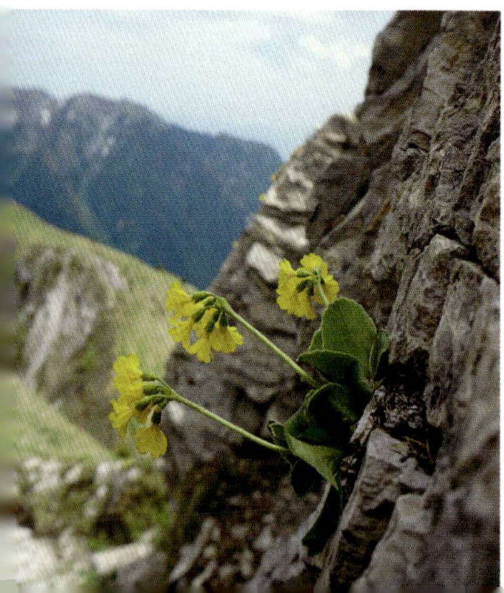

Aus dem Felsen entsprungen.

Der Umwelt zuliebe ...

Auch beim Wandern hinterlassen wir einen ökologischen Fußabdruck, aber im Einklang mit der Natur unterwegs zu sein, ist gar nicht so schwer!

VORBEREITUNG UND ANFAHRT

- Sich vorab informieren, worauf in Bezug auf Natur und Umwelt in der jeweiligen Wanderregion besonders zu achten ist.
- Soweit möglich mit Bahn und Bus anreisen, Wander- und Rufbusse nutzen.
- Ist eine Anfahrt mit dem Auto nötig, Fahrgemeinschaften bilden.
- Bei weiten Anfahrten Mehrtagestouren planen oder von einem Quartier vor Ort aus mehrere Touren absolvieren.
- Flugreisen möglichst reduzieren und durch Beiträge zu Klimaschutzprojekten kompensieren.

KLEIDUNG UND AUSRÜSTUNG

- Beim Kauf von Outdoor-Kleidung auf umweltfreundliche und faire Herstellung achten und Kleidungsstücke möglichst viele Jahre nutzen.
- Ausrüstung kann man eventuell auch gebraucht kaufen oder ausleihen.
- Reparieren statt neu kaufen.

VERPFLEGUNG

- Beim Einkauf Bio-Ware, regionale und saisonale Erzeugnisse bevorzugen.
- Hütten und Gasthäuser auswählen, die regionale Produkte verwenden.
- Auf Einwegflaschen und Plastikverpackungen verzichten, stattdessen wiederverwendbare Trinkflaschen und Brotzeitboxen benutzen.

ÜBERNACHTUNG

- Bei lokalen Anbietern buchen, damit Menschen vor Ort profitieren.
- Auf Hütten und in anderen Unterkünften Strom und Wasser sparen.

UNTERWEGS

- Wege benutzen und Abkürzer vermeiden.
- Sperrungen von Wegen und Schutzgebieten respektieren.
- Keine Blumen pflücken und keine Pflanzen entnehmen.
- Waldbrandgefahr beachten.
- Müll wieder mit nach Hause nehmen und dort entsorgen.
- Toilettengänge in freier Natur möglichst vermeiden.
- Lärm vermeiden.
- Hunde an die Leine nehmen.

ROTHER
BERGVERLAG

Ortler-Alpen

Der namensgebende Berg der Ortler-Gruppe ist zugleich höchster Gipfel Südtirols. Mit 3905 m ist »König Ortler« ein äußerst imposanter Berg. Die Königsspitze hingegen ist mit 3851 m wohl der formschönere Berg, während der Monte Cevedale (3778 m) wiederum den höchsten Punkt des Trentino markiert. Insgesamt finden sich in den Ortler-Alpen etwa 70 Gipfel, die die Dreitausender-Marke knacken. Im Norden wird die Alpenregion vom Vinschgau begrenzt und reicht im Westen bis nach Graubünden in die Schweiz. Über den höchsten Gebirgspass Italiens, das Stilfser Joch, dehnen sich die Ortler-Alpen in die Lombardei und bis zum Passo Tonale aus.
Nahezu die gesamte Gebirgsgruppe gehört zum Nationalpark Stilfser Joch, dem zweitgrößten Schutzgebiet im Alpenraum. Bekannt ist der Nationalpark für seine »Könige der Lüfte«: Bartgeier und Steinadler. Ersterer erreicht eine Flügelspannweite von über 3 Metern und ist damit weltweit einer der größten flugfähigen Vögel. Seine Hauptnahrungsquelle sind Knochen, die er zur Zerkleinerung bis zu 80 Meter aus der Luft fallen lässt. An größeren Tieren lassen sich Hirsche, Steinböcke, Gämsen, Füchse und Murmeltiere erspähen.

Zum Greifen nah: Blick auf den Monte Cevedale.

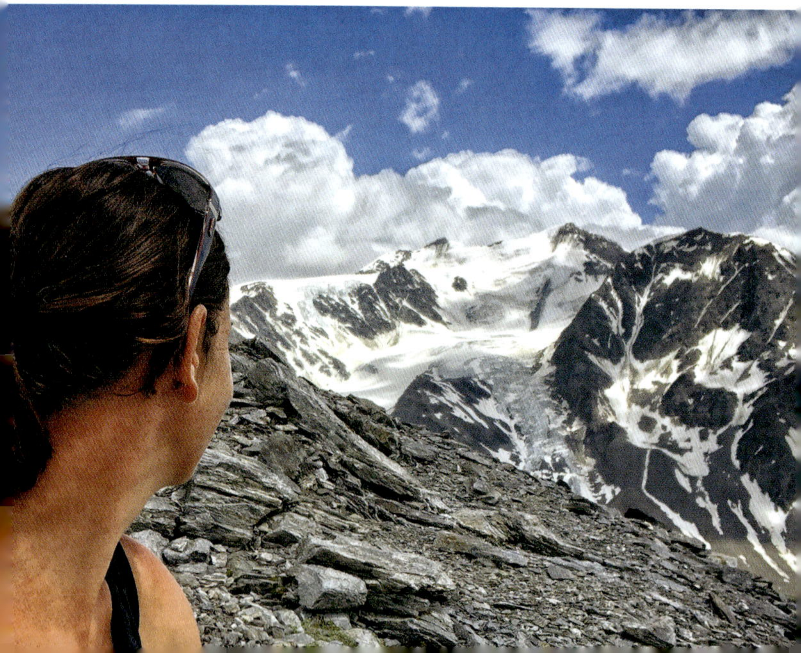

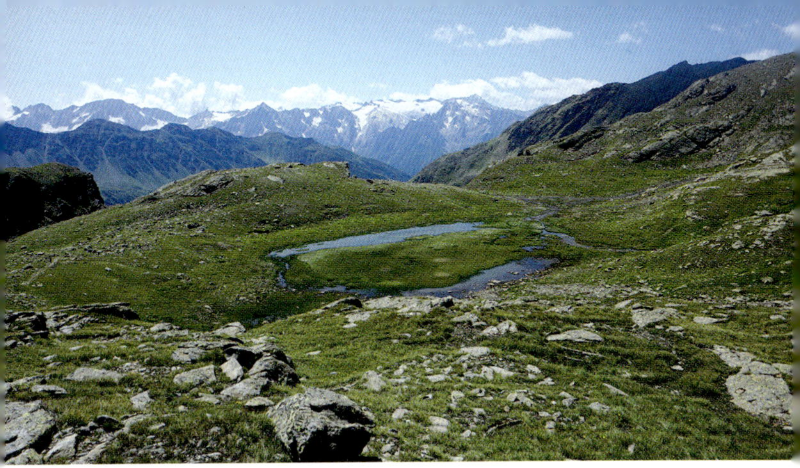

Grün und wasserreich präsentieren sich die Ortler-Alpen unterhalb der 3000er-Marke.

Geschichte

Unter geografischen und klimatischen Gesichtspunkten stellte die Ortler-Front im Ersten Weltkrieg wohl die härteste dar. Hier befanden sich die höchstgelegenen Gipfelstellungen, auf dem Ortler gar auf fast 4000 Metern. An der gesamten Front reihten sich Gletscher und Dreitausender aneinander und bildeten eine natürliche Mauer, sodass es nur zwei hart umkämpfte Durchbruchswege gab: Stilfser Joch und Passo Tonale. Beide waren im Winter durch Schneemassen und Lawinen zumeist unpassierbar, sodass der Versorgungsnachschub zum Erliegen kam. Nur Trägern gelang es mit wochenlangen Unterbrechungen, das Nötigste auf die einsamen Gipfelstellungen zu bringen; unzählige Trägerkolonnen kamen dabei in Lawinen und Orkanen um. So folgte der Krieg in den Ortler-Alpen zumeist folgender Gesetzmäßigkeit: Entweder kämpfte man gegen den Feind ums Überleben oder gegen Orkane, Schneestürme und Kälte.

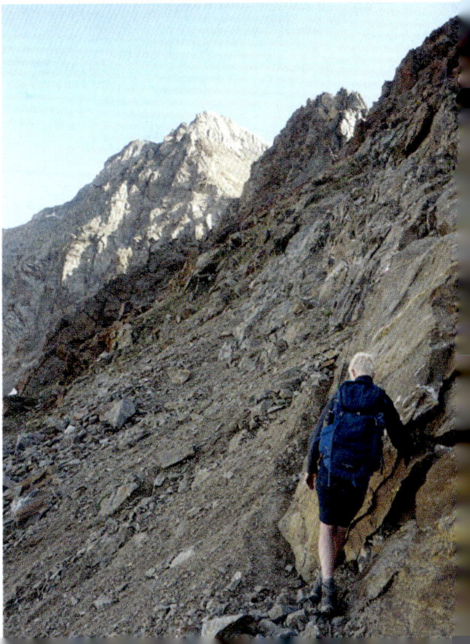

Herausfordernde Passagen sind typisch für hohe Lagen.

1 Stilfser Joch – Bormio

7.00 h	18,3 km
↗350 m	↘1700 m

Atemberaubender Start durch den Nationalpark Stilfser Joch

Den höchsten Berg Südtirols, König Ortler, im Rücken, eine faszinierende und schroffe Berglandschaft auf anspruchsvollen Wegen vor sich – so startet diese Etappe. Der erste Tag auf dem SdP fordert den Wanderer körperlich wie technisch, belohnt aber mit einer fantastischen Bergwelt und einer intakten Natur im Nationalpark Stilfser Joch. Die Chancen stehen gut, Bartgeier, Murmeltiere und Gämsen zu sehen, nicht selten sind es in der ersten Stunde schon über 30 Murmeltiere, die sich erspähen lassen. Zudem besticht diese Wanderung, von drei kurzen Teilstrecken auf der Passstraße abgesehen, durch Einsamkeit und fantastische Aussichten.

Ausgangspunkt: Stilfser Joch, Passstraße, 2758 m.
Endpunkt: Bormio, Pravasivo, 1411 m.
Anforderungen: Eine technisch wie konditionell fordernde Etappe auf überwiegend steinigen und gerölligen Wegen sowie auf Blockwerk. Mehrere rutschige Steilhänge mit losem Schutt sind zu passieren. Im Frühsommer mit Altschneefeldern rechnen! Absolute Trittsicherheit und auch Orientierungssinn erforderlich. SdP nicht beschildert.
Einkehr: Unterwegs keine.
Unterkunft: Zahlreiche in Bormio, Uzza, Valfurva, die allerdings alle einen Abstieg von etwa 200 Hm vom Weg erfordern.
Hund: Mit bergerfahrenem, trittsicherem und trainiertem Hund möglich. Übernachtungen mit Hund in Bormio, Uzza oder Valfurva problemlos, im Nationalpark gehört der Hund an die Leine.

Die Tibethütte ist die einzige Hütte, die am Stilfser Joch noch in Südtirol liegt.

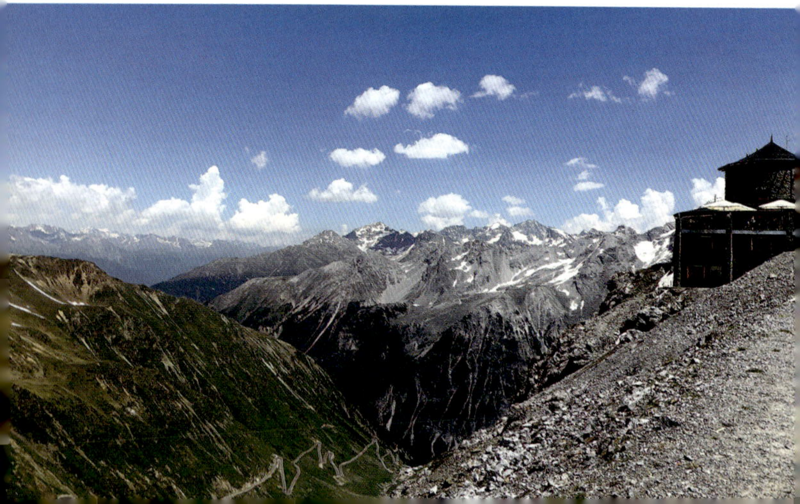

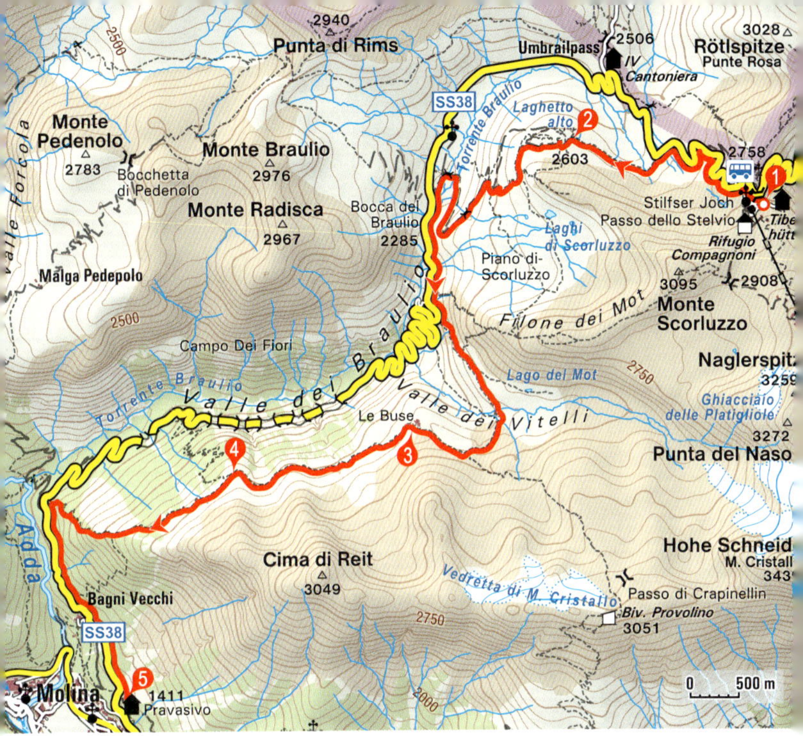

An der **Stilfser-Joch-Passstraße** ❶, 2758 m, wenden wir uns nach links in Richtung Bormio und folgen der Passstraße für 15 Min. Kurz hinter einem Picknickplatz zweigt unsere Route links ab (Weg 505 Richtung Bormio). Begleitet vom Pfeifen der Murmeltiere, führt uns der schöne Wanderweg durch eine beeindruckende Bergwelt, vorbei an ersten Schützengräben, bis zum **Laghetto alto** ❷, 2603 m. Vom kleinen See erreichen wir kurz darauf das Schild »Le Rese Basse«. Zu unserer Linken befindet sich der Monte Scorluzzo – der strategisch bedeutendste Berg dieser Region im Ersten Weltkrieg.

Wir setzen unsere Wanderung auf dem breiten Weg fort, der uns bergab führt. Nach wenigen Minuten zweigt der SdP links in einen schmalen Pfad ab. Hier den Beschilderungen »Percorso del Cambiamento Climatico« folgen. Wir laufen zunächst rechts am Bergrücken des Monte Scorluzzo vorbei, biegen dann nach rechts unten ab und gelangen auf einen breiten, mit Trockensteinmauern gesäumten Weg. Hier wenden wir uns nach links und steigen – Wasserfälle passierend – bis zur Passstraße hinab. Kurz bevor wir

Ein Winter der Superlative 1916/1917

Das Stilfser Joch ❶ war während des gesamten Ersten Weltkrieges im Besitz der Österreicher. Sie errichteten auf der Dreisprachenspitze (heute Rifugio Garibaldi), an der die drei Sprachräume Italienisch, Ladinisch und Deutsch zusammentrafen, zahlreiche Baracken und Quartiere. Der höchste Gebirgspass Italiens lag im Winter 1916/1917 unter einer zehn Meter hohen Schneedecke. Tag und Nacht wurde geschaufelt, um den Nachschub zu Fuß über Lawinenkegel zu gewährleisten – unzählige Menschen ließen dabei ihr Leben. Die eigentlichen Kriegsgeschehnisse fanden jedoch nicht am Stilfser Joch, sondern am Monte Scorluzzo statt, den die Österreicher im ersten Kriegsjahr mit nur 29 Mann eroberten. Von hier aus gelang es ihnen, bis Kriegsende das Stilfser Joch und damit den Vinschgau zu verteidigen.

diese erreichen, halten wir uns hinter einer Brücke links. Für etwa 10 Min. folgen wir der Asphaltstraße, bis auf der linken Seite an drei Holzbänken der SdP (Wegnummer 505, manchmal mit Nr. 4, später Nr. 5 markiert) links abzweigt. Nun führt uns der Weg steil, teilweise über Schuttfelder bergan. Jeder Höhenmeter wird jedoch mit einer tollen Aussicht in die Ortler-Alpen belohnt. Der weitere Weg erfordert Orientierungssinn. Er führt nach einer Kehre am gegenüberliegenden Bergrücken im leichten Auf und Ab bis auf die Anhöhe **Le Buse** ❸, 2370 m. Hier finden sich Reste eines Kriegsdorfes und erneut Spuren des Ersten Weltkrieges.

Wir wandern weiter auf dem Weg 505, bis wir nach etwa 50 Min. auf eine **Baracke** ❹ treffen, von der nur noch der Schornstein intakt ist. An der gegenüberliegenden Bergkette sehen wir den eindrucksvollen Stausee Lago di Cancano. Er fasst gemeinsam mit dem benachbarten See ganze 190 Millionen Kubikmeter Wasser. Unser Weg führt uns rechts an der Baracke vorbei. Im weiteren Verlauf gilt es, ausgesetzte und steile Passagen auf losem Geröll durch Latschenkiefern zu meistern. Wir erreichen die Passstraße und folgen ihr weiter hinab, bis wir nach 10 Min. eine Bushaltestelle (empfohlen: Fahrt am Mittag und späten Nachmittag nach Bormio, Weg auf der Passstraße bei viel Verkehr sehr unangenehm) und später einen Straßentunnel passieren. Kurz darauf zweigt links ein kleiner, zunächst parallel zur Straße verlaufender Pfad ab, der uns zum **Pravasivo** ❺, 1411 m, führt. Unser Ziel er-

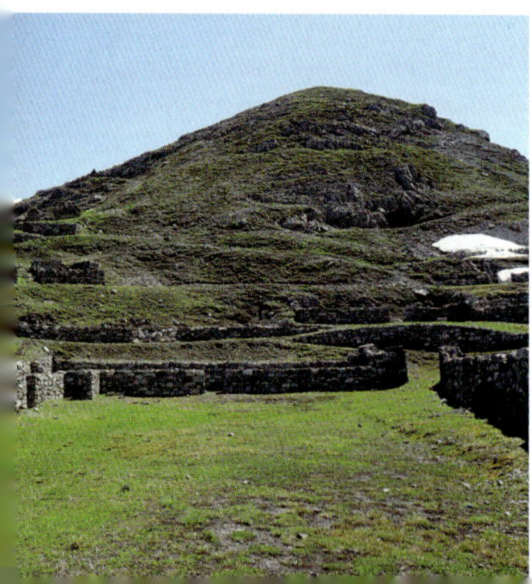

Das gut erhaltende Kriegsdorf bei Le Buse.

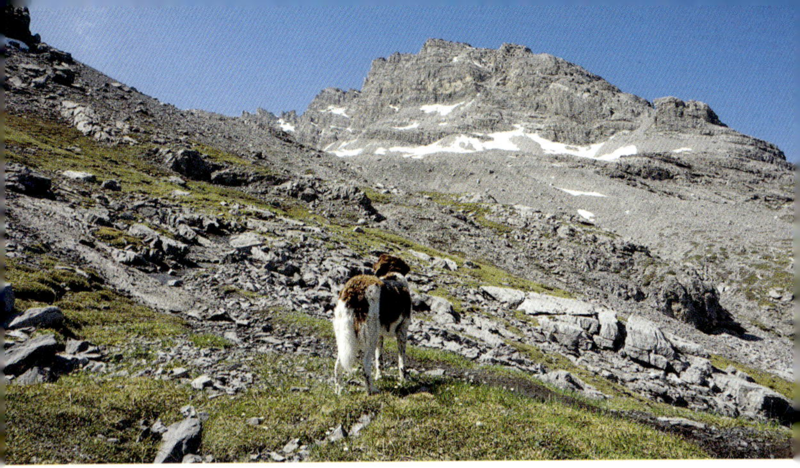

Eine schroffe und karge, aber ebenso faszinierende Bergwelt.

kennen wir an einem schwarz vertäfelten Blockhaus mit einem unterhalb liegenden Parkplatz. Zugleich befinden wir uns auf dem Weg Pedemontana della Reit (Nr. 533), von dem wir im Verlauf – je nach Übernachtungswahl – in die Ortschaften Bormio, Uzza oder Valfurva absteigen können.

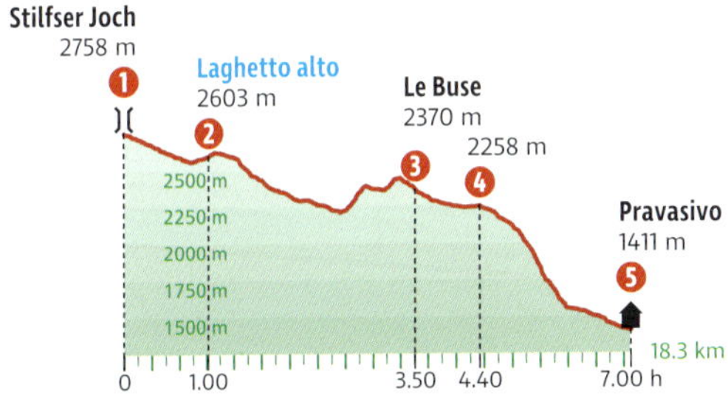

Krieg gegen den Freund

An Bormio zeigt sich, was Krieg im Grenzgebiet bedeutete: Bormio hieß bis 1859 Worms und die Menschen sprachen einen deutschen Dialekt. Es gehörte mitsamt der Lombardei zum Österreich-Ungarischen Reich, bevor es zu Italien geschlagen wurde. Im Krieg war Bormio Nachschubzentrum der italienischen Ortlerfront. Die Männer rückten ins Militär ein und kämpften gegen jene Menschen, denen sie sich seit jeher freundschaftlich verbunden fühlten.

2 Bormio – Rifugio Campo

4.30 h	14,2 km
↗ 770 m	↘ 170 m

Ins wasserreiche Val Zebrù, umgeben von großen Dreitausendern

Ein märchenhafter Weg, der Pedemontana della Reit, führt uns durch einen grünen Wald oberhalb von Bormio und den benachbarten Orten. Auf breiten, überwiegend federnden Wegen, bei denen man nicht jeden Schritt überdenken muss, geht es in Richtung Plazzoia. Die sich anschließende, ebenso einfache Wanderung immer entlang des rauschenden Gletscherflusses Torrente de Zebrú ist nicht weniger schön. Links erhebt sich schroff das Reit-Massiv, die Hohe Schneide (Monte Cristallo) und etwas weiter vorn thront formschön die Königsspitze (Gran Zebrù, 3851 m). Sie markieren zugleich die Grenze zwischen Südtirol und der nun durchwanderten Lombardei. Die Gipfelregionen dieser Berge waren im Ersten Weltkrieg hart umkämpft. Noch heute geben Gletscher immer wieder militärische Ausrüstungsgegenstände preis. Der Pass Gran Zebrù nord, der auf der nächsten Etappe überschritten wird, zeigt sich bei guter Sicht in voller Pracht. Zur Rechten wird das Tal durch das Confinale-Massiv begrenzt.

Lieblicher Ausblick ins Valfurva zu Beginn der Etappe.

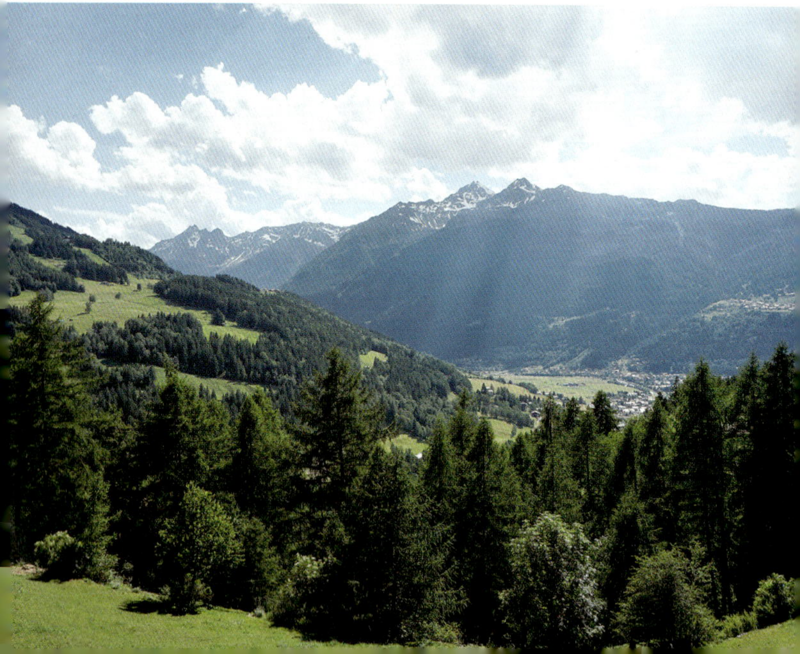

Ausgangspunkt: Pravasivo, 1411 m.
Endpunkt: Rifugio Campo, 1989 m.
Anforderungen: Keine besonderen Anforderungen, da die Etappe auf einfachen, leicht zu findenden Wegen verläuft. Keine SdP-Beschilderungen.
Einkehr: Baitin al Sol (Bar & Restaurant am Parkplatz Niblogo); Ristoro Zebru (Bar & Restaurant etwa auf halber Strecke zwischen Bormio und Rifugio Campo); La Baita (300 m vor Rifugio Campo).
Unterkunft: Rifugio Campo (Juni–10. Oktober, 20 Betten in 2 Zimmern, HP 60 €, Tel. +39 0342 929 185, Rifugiocampo2000@gmail.com, www.rifugi.lombardia.it/de/sondrio/valfurva/hutten-campo.html; Rifugio Quinto Alpini (20. Juni–20. September, 50 Betten, Mehrbettzimmer, HP 56 € für AV-Mitglieder, sonst 65 €, Tel. +39 377 229 5748 und +39 0342 929 170, info@rifugioquintoalpini.it, www.rifugioquintoalpini.it/de).
Hund: Angenehme Tour für den Hund dank zahlreicher Wasserstellen. Übernachtung in Ausnahmefällen im Rifugio Campo möglich (anfragen), wenige Plätze auch im Quinto Alpini.
Variante: Ein lohnenswerter Abstecher vom Weg ist das Rifugio Quinto Alpini. Es liegt etwa 5 km und 900 Hm (+ 2 Std.) höher als das Rifugio Campo und kann als Übernachtungsmöglichkeit genutzt werden. Während des Ersten Weltkrieges befand sich in der Hütte ein italienisches Abschnittskommando, sie war zudem ein Eckpunkt in der Verteidigung der italienischen Ortlerfront. Um zum Rifugio zu gelangen, den Weg 516 nehmen und am nächsten Tag über den Weg 529.1 zum SdP zurückkehren.

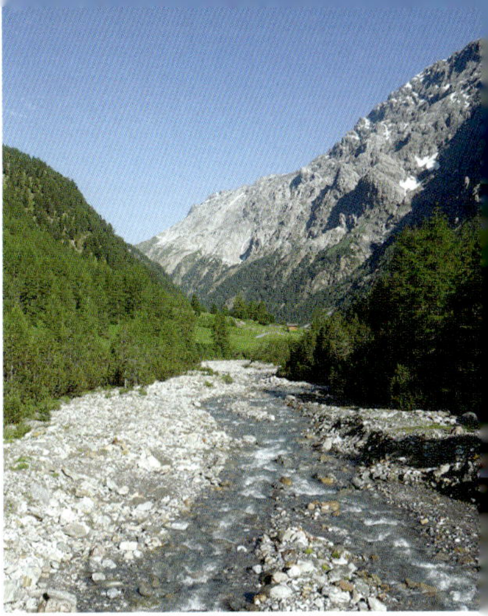
Der gletschergespeiste Torrente de Zebrù.

Vom Parkplatz in Richtung des schwarzen Blockhauses wandernd, wenden wir uns am **Pravasivo** ❶, 1411 m, nach rechts bergan und folgen dem »Pedemontana della Reit« (Weg-Nr. 533) für etwa 1 Std. Auf einem breiten, weichen Waldweg geht es überwiegend mäßig bergan durch einen grünen Lärchenwald, der immer wieder von kleinen Wiesen durchbrochen ist. Der Weg wurde – ebenso wie der spätere durch das Val Zebrù – ursprünglich für Kriegszwecke gebaut und führt durch die Südhänge des Bormio beherrschenden Cresta di Reit. Etwa nach 20 Min. sowie nach weiteren 10 Min. an einem sich linker Hand befindlichen Picknickplatz kann man jeweils rechts nach Bormio absteigen.
Nach 30 Min. ergibt sich die Möglichkeit, rechts nach Uzza und Valfurva abzuzweigen. An selbiger Kreuzung führt der SdP nun auf dem Weg 511 in Richtung Niblogo. Nachdem wir zwei Flüsse gequert haben, biegen wir an einer Weggabelung nach links ab und treffen im weiteren Verlauf auf eine Asphaltstraße, der wir bergab folgen. In einer scharfen Rechtskurve wen-

Gespenstisches Leben im Bauch des Gletschers

Das Val Zebrù lag im Ersten Weltkrieg hinter der Frontlinie auf italienischem Gebiet. Begrenzt wird es nördlich unter anderem vom Monte Cristallo (Hohe Schneide), dessen Gipfelbereich 1916 von italienischen Alpini besetzt wurde, die aus Bormio mit einer Materialseilbahn versorgt wurden. Aussichtslos erschien den Österreichern die Stürmung des Gipfels über die vereiste Nordwand. Also bauten sie monatelang überwiegend in Handarbeit einen zwei Kilometer langen, teilweise senkrecht verlaufenden Eistunnel in den Gletscher bis unter den Gipfel. Die italienischen Alpini stießen 1917 mit einem ihrerseits angelegten Tunnel auf den Stollen. Den nachfolgenden Kampf entschieden die Österreicher für sich und die Italiener zogen sich auf den Südwestgrat zurück – teilweise nur zehn Meter von den nun österreichischen Stellungen entfernt.
Ein gespenstisches Leben herrschte in den Stollen: In Gletscherspalten gebaute Unterstände, Steige und Galerien befanden sich inmitten des ewigen Eises. Durch die Eigenbewegungen der Gletscher brachen die Konstruktionen aber auch regelmäßig zusammen und Befestigungen stürzten in die Tiefe.

den wir uns nach links zur Ortschaft **Niblogo** ❷. Auch diese durchqueren wir in wenigen Minuten. An einem Parkplatz sowie der Bar Baitin al Sol angekommen, gelangen wir zum Wanderweg 529, der uns nun ins wildreiche Val Zebrù führt. Nach 15 Min. wandern wir über eine Holzbrücke, lassen die zweite rechter Hand liegen und überqueren die dritte Brücke. Einige Minuten später erreichen wir das **Ristoro Zebrù** ❸. Kurz danach wenden wir uns an einer Weggabelung nach links. Von hier sind es noch etwa 1.30 Std. im überwiegend mäßigen Aufstieg bis zum Etappenziel.
Zunächst verläuft der Weg durch den Wald, später durch Almflächen und immer nahe am Torrente de Zebrù. Wir passieren mehrere kleine Almhäuser sowie einen Picknickplatz und laufen abwechselnd rechts und links am Flussufer entlang, bis wir das **Rifugio Campo** ❹, 1989 m, erreichen.

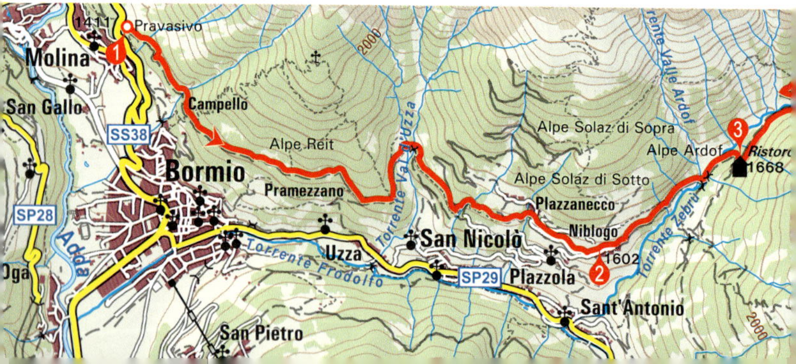

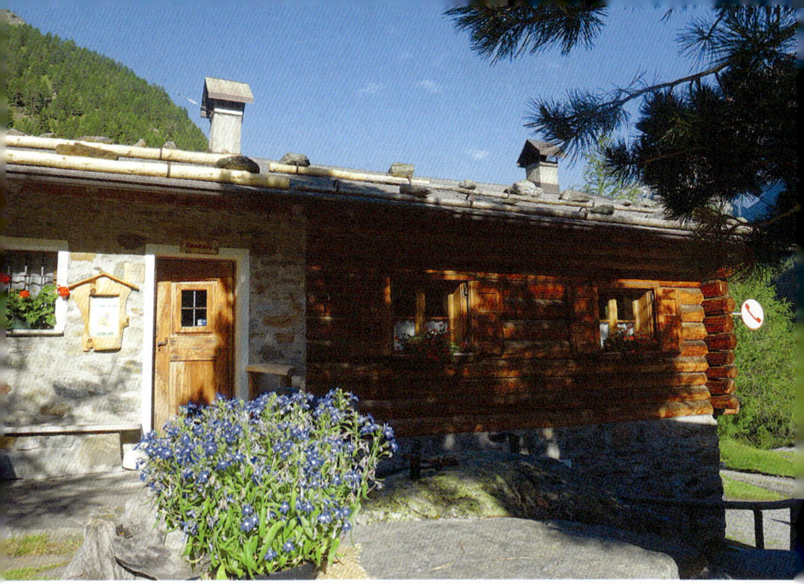

Tagesziel erreicht! Das Rifugio Campo ist tagsüber ein beliebtes Ausflugsziel, abends ein beschaulicher Platz.

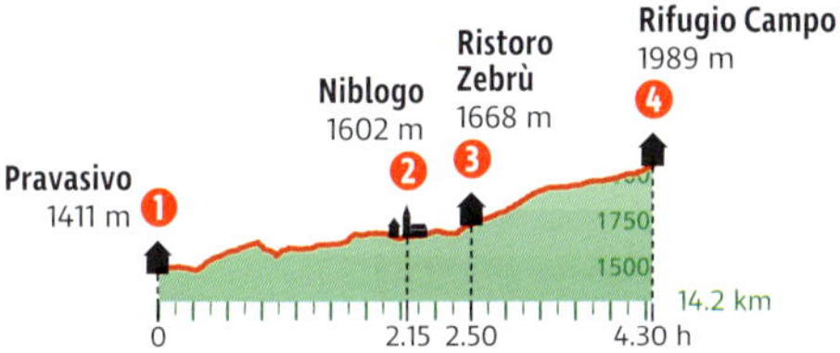

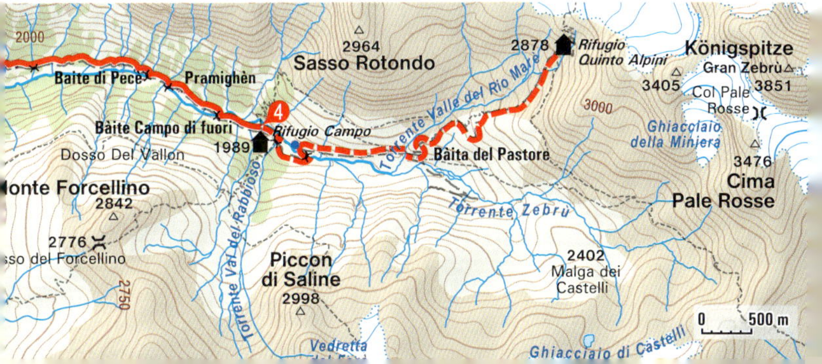

3 Rifugio Campo – Rifugio Stella Alpina

6.15 h	14,1 km
↗1000 m	↘950 m

Wahre Königsetappe am Fuß von Königsspitze und Monte Cevedale

Eine unvergessliche Etappe! Heute knackt der SdP nicht nur die magische Dreitausender-Grenze, er eröffnet uns eine Bergwelt, die vielen normalerweise verschlossen bleibt. Zunächst aus dem satten Grün der Almwiesen ins karge Bergland aufsteigend, verändert sich die Landschaft hin zum Schwarz-Weiß der schnee- und eisbedeckten Bergriesen. Auf zwar steilen, zum Großteil aber gut zu gehenden Wegen wandern wir lange am Fuße der Königsspitze (Gran Zebrù), dessen Gipfel nur noch 650 Höhenmeter entfernt ist, zum Passo di Zebrù nord. Wer hier den Aufstieg geschafft hat, wird bei klarem Wetter für jede Anstrengung entschädigt: im Rücken die imposante, schön geformte Königsspitze und zur Linken der mächtige Monte Cevedale, (höchster Berg des Trentino) mit seinem Gletscher zum Greifen nah; geradeaus weitere Bergriesen, allesamt über 3500 Meter, mit Gletscherzungen und zur Rechten die Punta San Matteo, Südbegrenzung des größten italienischen Gletschers Ghiacciaio dei Forni. Wer sich sattgesehen hat, steigt gemächlich wieder hinab ins grüne Valle dei Forni.

Einsame Verschnaufpause vor dem Anstieg zum Passo di Zebrù nord.

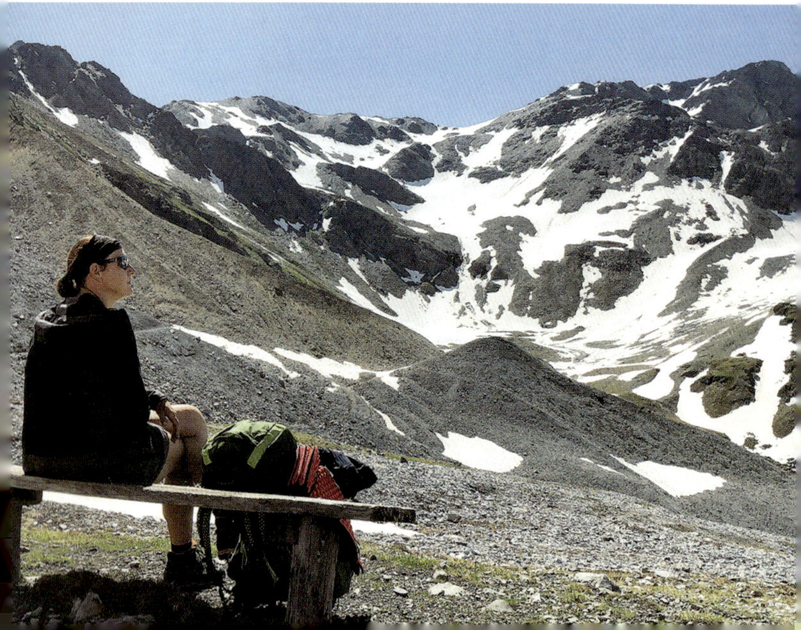

Ausgangspunkt: Rifugio Campo, 1989 m.
Endpunkt: Rifugio Stella Alpina, 2061 m.
Anforderungen: Die Etappe erfordert Kondition und Ausdauer, sowie Bergerfahrung. Auf dieser Höhe ist nahezu immer mit Kälteeinbrüchen zu rechnen und auch Altschneefelder halten sich auf der Ostseite des Passes hartnäckig. Eine vor allem im Frühsommer und bei Nässe rutschige, drahtseilversicherte Stelle etwa 300 Hm vor dem Pass muss überwunden werden. Der Abstieg erfolgt teilweise weglos, ist aber unschwierig.
Einkehr: Rifugio L. E. Pizzini-Frattola (auch Übernachtung, Mitte Juni–Mitte September, 100 Betten in Mehrbettzimmern, Tel. +39 0342 935 513 (Rif.) oder +39 3408 946 284, info@rifugiopizzini.it, www.rifugiopizzini.it).
Unterkunft: Rifugio Stella Alpina (fast ganzjährig geöffnet, 8 Zimmer, 2- bis 4-Bett-Zimmer, HP ab 55 €, Tel. +39 0371 434 3425, Mobil: +39 331 667 6177, andreauzza@gmail.com, www.facebook.com/RifugioStellaAlpina/); Rifugio Ghiacciaio dei Forni (März–September, 67 Betten, 2- bis 4-Bett-Zimmer, HP 62 €, Tel. +39 0342 935365, info@forni2000.com, www.forni2000.com).
Hund: Nur mit bergerfahrenem, trittsicherem und konditionell trainiertem Hund möglich. Hunde in beiden genannten Rifugi erlaubt.

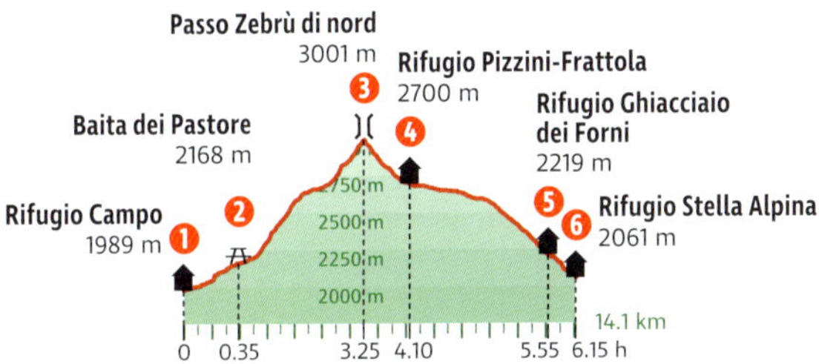

Vom **Rifugio Campo** ❶, 1989 m, wenden wir uns auf der Fahrstraße bergan, den Beschilderungen in Richtung Rifugio Pizzini nach. Wir wechseln im Verlauf die Seite des Torrente de Zebrù und folgen der Fahrstraße, bis wir auf einen Picknickplatz und die kleine Alm **Baita dei Pastore** ❷, 2168 m, treffen. Hier biegen wir rechts zur Alm ab, gehen zwischen den beiden Gebäuden hindurch und folgen dem kleinen Pfad in Richtung Passo Zebrù nord. Vorbei an zahlreichen gletschergespeisten kleinen Wasserfällen, steigen wir Höhenmeter für Höhenmeter auf und wandern schließlich am markanten, Monolithen ähnlichen Grasberg links vorbei. Die Landschaft wird schroffer, die Königsspitze (ital. Gran Zebrù) rückt immer näher.
Kurz nachdem der Wanderweg 529.1 vom Rifugio Quinto Alpini auf unseren Pfad trifft (zwei Bänke), steigen wir einige Höhenmeter hinab, um dann den Schlussanstieg mit einer Kletterstelle zu eröffnen. Das kurze Stück ist ausgesetzt, teilweise aber seilversichert. Sind die letzten Höhenmeter zum **Passo Zebrù di nord** ❸, 3001 m, geschafft, eröffnet sich ein unvergessliches Bergpanorama auf den Monte Cevedale, weitere Dreitausender und die Punta di San Matteo.

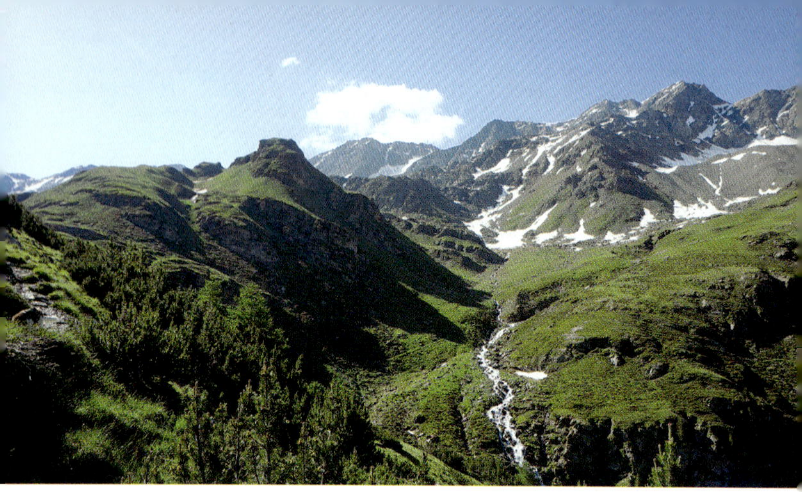

Sattgrün und gesäumt von zahlreichen Wasserfällen geht es hinauf.

Wir steigen im Anschluss teilweise weglos hinab – die Orientierung ist aber einfach, da das Ziel, das **Rifugio Pizzini-Frattola** 4, 2700 m, rasch in Sichtweite kommt. Um zum Rifugio Stella Alpina zu gelangen, schlagen wir nach der Brücke den schmalen Pfad rechts (Weg 528) ein. Er führt unschwierig und begleitet von zahlreichen Murmeltier-Sichtungen zunächst nur leicht, später steiler bergab zum **Rifugio Ghiacciaio dei Forni** 5, 2219 m. Hier gehen wir links vorbei und für etwa 15 Min. den Fahrweg hinab bis zum **Rifugio Stella Alpina** 6, 2061 m.

Folgende Doppelseite: Das Corno dei Tre Signori spiegelt sich im Lago Bianco.
Unten: Der Cevedale-Gletscher ist nur einen Katzensprung entfernt.

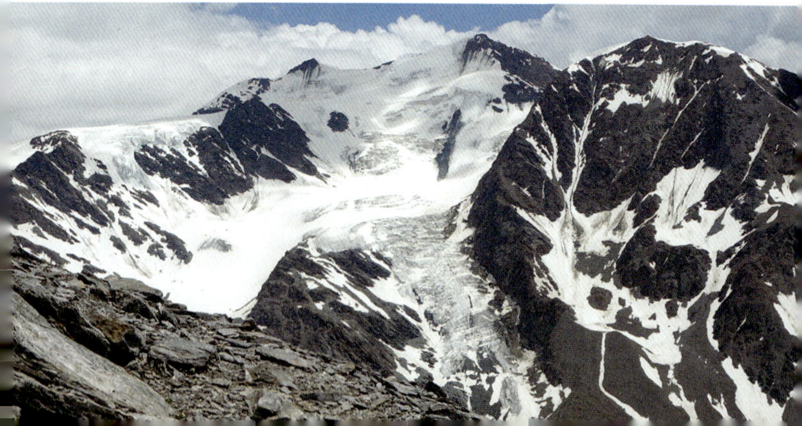

Wettrennen um die Königsspitze

Im Gegensatz zum Ortler spielte die Königsspitze in den ersten Kriegsjahren keine wichtige militärische Rolle. Österreichische Patrouillen erkannten jedoch im Frühjahr 1917, dass sich die Italiener rüsteten, um den Gipfel dieses markanten und wichtigen Aussichtspunktes zu besetzen. Ein militärischer wie alpiner Wettlauf begann. In Schneelöchern campierend, hielten Kaiser- und Standschützen den Beschuss des Feindes ebenso aus wie eisige Unwetter. Trotz der widrigen Witterungsbedingungen gelang es ihnen, den Gipfelbereich mit Schützengräben, Stacheldrahtbarrieren und Maschinengewehrstellungen zu sichern sowie eine beheizbare Baracke zu errichten.

Nur 150 Meter entfernt, am Suldengrat, setzten sich die Italiener mit eigener Stellung fest, sodass sich auf der Königsspitze in den letzten Kriegsjahren der Gebirgskrieg auf kürzester Distanz abspielte.

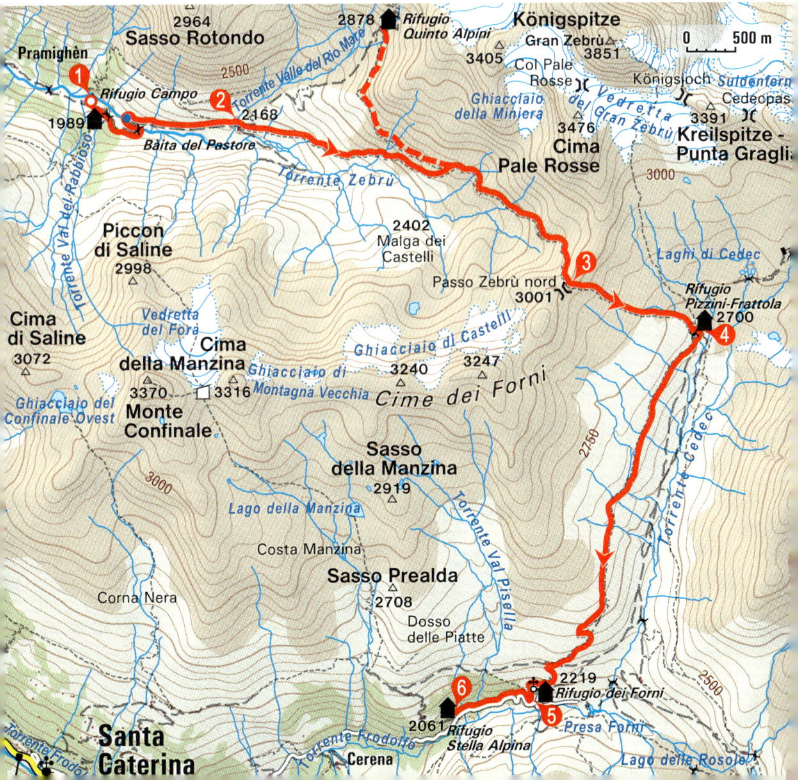

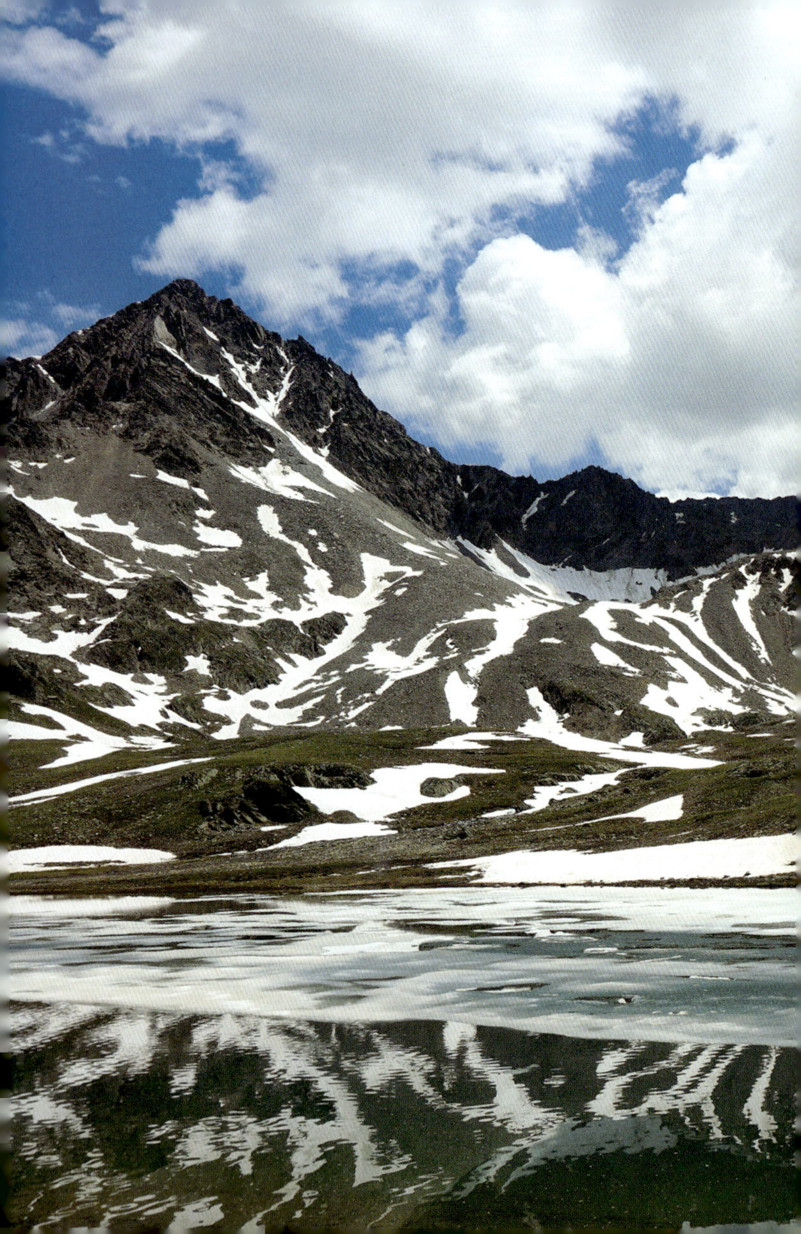

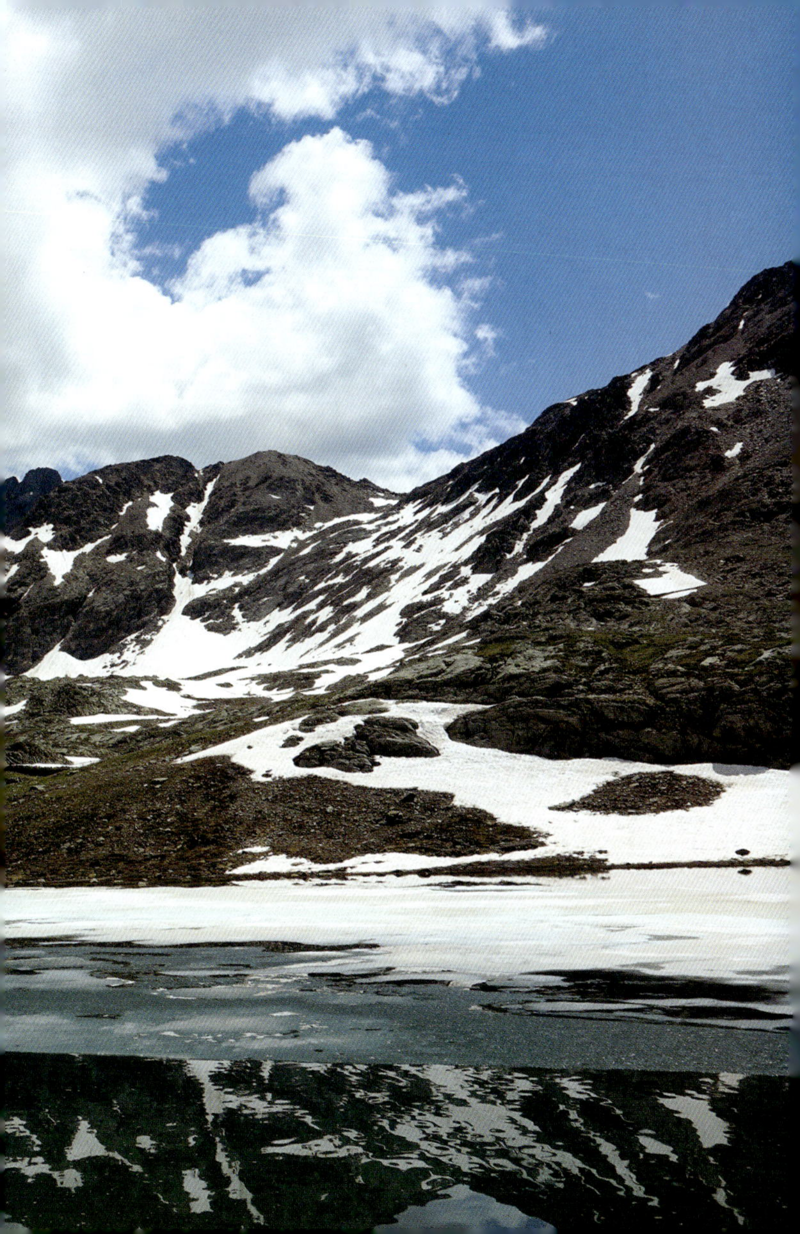

4 Rifugio Stella Alpina – Passo di Gavia

4.00 h	11,5 km
↗ 750 m	↘ 180 m

Atemberaubende Wanderung entlang von Wasserfällen

Eine eindrucksvolle, weitestgehend unschwierige Wanderung durch alpines Gelände mit beeindruckendem Wasserreichtum im Frühsommer. Zunächst steigt der Weg etwas steiler durch ein Meer von Alpenrosen auf, mit etwas Glück lassen sich Gämsen und Rotwild erspähen. Auf schmalen, aussichtsreich verlaufenden Pfaden haben wir zunächst tolle Ausblicke hinab nach Santa Caterina, auf den Cresta di Reit (Etappe 2) und das Valle dei Forni. Später lieben unsere Füße den überwiegend weichen Wiesenweg, der uns vor allem während der Schneeschmelze bis Anfang August nicht nur unzählige kalte Gebirgsbäche queren lässt, sondern auch an einigen mächtigen Wasserfällen vorbeiführt. Zum Rifugio Berni nimmt der Weg mit dem Überqueren einer Klamm noch einmal richtig Fahrt auf. Zudem können wir von hier aus nicht nur die Königsspitze (ital. Gran Zebrù), sondern auch die Punta San Matteo – heftiger Kriegsschauplatz im Ersten Weltkrieg – mit dem noch gewaltigen Dosegù-Gletscher bewundern. Auch das mächtige Corno dei Tre Signori haben wir etwa ab der Hälfte der Tour immer vor Augen.

Ausgangspunkt: Rifugio Stella Alpina, 2061 m.
Endpunkt: Passo di Gavia, 2618 m.
Anforderungen: Die Wanderung erfolgt auf überwiegend einfachen Wegen ohne besondere Herausforderungen.
Einkehr: Unterwegs keine.
Unterkunft: Rifugio Berni (Juni–Sept., 64 Betten in Mehrbettzimmern, HP 49 € für AV-Mitglieder, sonst 59 €, Tel. +39 0342 935 456, rifugio.berni@libero.it, www.rifugi.lombardia.it/sondrio/valfurva/rifugio-berni.html); Rifugio Bonetta (Juni–Sept., 22 Plätze im Mehrbettzimmer, HP 70 €, Tel. +39 0364 918 06 und +39 338 849 1621, info@passogavia.it, www.passogavia.it).
Hund: Problemloser Wegverlauf. Im Rifugio Berni sind wohlerzogene Hunde nach Voranmeldung erlaubt.

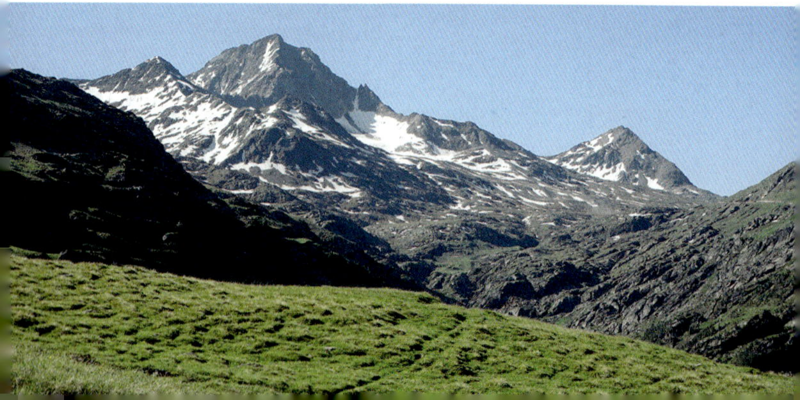

Die letzte siegreiche Schlacht

Im letzten Kriegsjahr 1918 gelang den italienischen Alpini eine außergewöhnliche Eroberung der von Österreich besetzten Punta San Matteo. Gesetz des Gebirgskriegs war es, dass ein einmal besetzter Gipfel kaum mehr zu erstürmen war. Im Schutze der Nacht und eines tobenden Schneesturms gelang es den Italienern mit 100 Mann dennoch, die Gipfelwache zu überwältigen. Wenige Wochen später erfolgte die ebenso erstaunliche Rückeroberung des fast 3700 m hohen Gipfels, der für die Österreicher wichtig zur Verteidigung Tirols war. Über die Südwand – eine Eiswand, deren Erklimmung auch ohne Beschuss schon alpine Höchstleistung erfordert – gelang es den Kaiserschützen unter hohen Verlusten auf beiden Seiten, die Punta San Matteo zurückzuerobern. Zugleich steht die als »Operation Gemse« bezeichnete Aktion für die letzte siegreiche Schlacht Österreich-Ungarns im Ersten Weltkrieg. Dabei wurde auch der italienische Kommandant und Namensgeber des Rifugios, Capitano Berni, unter den Eismassen begraben. Die Tiroler versuchten noch vergeblich, ihn unter schwerstem Artilleriefeuerbeschuss und Einsatz des eigenen Lebens zu retten – ein Zeichen des Respekts vor dem Gegner, wie es vielerorts an der Alpenfront vorkam. Noch heute liegt Hauptmann Berni im ewigen Eis des Dosegù-Gletschers. Erst im August 2004 gab dieser wiederum die gefrorenen Leichen dreier Kaiserschützen frei.

Das pyramidenförmige Denkmal an der Passstraße vor dem Rifugio Berni ❸ mit einem Bronze-Adler auf der Spitze, das »Monumento dedicato ai Caduti della Grande Guerra«, gedenkt aller Soldaten, die während des Ersten Weltkrieges ihr Leben ließen. Insbesondere Hauptmann Berni ist es gewidmet.

Wir folgen hinter der Sonnenterasse des **Rifugio Stella Alpina** ❶, 2061 m, dem schmalen, bergab führenden Pfad und queren auf diesem eine kleine Klamm. Im Anschluss führt der Weg rechts durch blühende Wiesen und ein Meer aus Alpenrosen. Nach etwa 30 Min., kurz nachdem wir auf einer Brücke einen Gebirgsbach überquert haben, zweigt ein Pfad nach links oben ab. Wir folgen diesem und somit den Beschilderungen in Richtung Rifugio Berni (Weg 525). Für die nächste Stunde geht es zuweilen etwas steiler bergan, damit aber auch aussichtsreich hoch über dem Valle dei Forni. Im leichten Auf und Ab weiter bis zum **Dosso Tresero** ❷, 2356 m, wo wir einen tollen Blick hinab nach Santa Catarina und auf den Cresta di Reit haben.
Der schmale Wiesenweg wendet sich jetzt nach links und eröffnet erstmals einen Blick auf das Corno dei Tre Signori, das fortan mit jedem Meter näher rückt. Wir passieren endgültig die Baumgrenze. Der SdP quert zahlreiche kleine Gebirgsbäche und auch einige mehrere Meter hohe Wasserfälle vor

Links: Das Corno dei Tre Signori, der SdP führt auf der nächsten Etappe zwischen den Gipfeln hindurch.

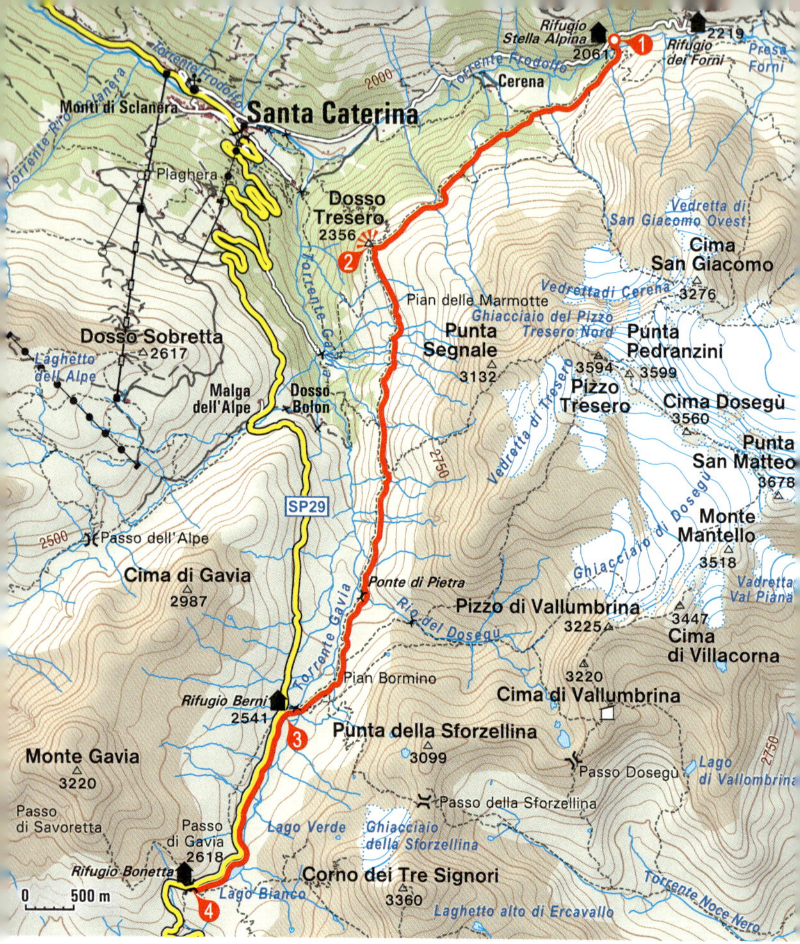
Santa Caterina
Rifugio Stella Alpina
2061
Rifugio dei Forni
2219
Presa Forni
Cerena
Torrente Frodolfo
2000
Monti di Sclanera
Torrente Rio Sclanera
Plaghera
Dosso Tresero
2356
Vedretta di San Giacomo Ovest
Cima San Giacomo
3276
Vedretta di Cerena
Pian delle Marmotte
Ghiacciaio del Pizzo Tresero Nord
Punta Segnale
3132
Punta Pedranzini
3599
3594
Pizzo Tresero
Cima Dosegù
3560
Vedretta di Tresero
Torrente Gavia
Dosso Sobretta
2617
Laghetto dell'Alpe
Malga dell'Alpe
Dosso Bolon
2750
Punta San Matteo
3678
Ghiacciaio di Dosegù
Monte Mantello
3518
SP29
2500
Passo dell'Alpe
Cima di Gavia
2987
Ponte di Pietra
Vadretta Val Piana
Pizzo di Vallumbrina
3225
3447
Rio del Dosegù
Cima di Villacorna
Pian Bormino
3220
Cima di Vallumbrina
Rifugio Berni
2541
Punta della Sforzellina
3099
Monte Gavia
3220
Passo Dosegù
Lago di Vallumbrina
Passo della Sforzellina
Passo di Savoretta
Passo di Gavia
2618
Lago Verde
Ghiacciaio della Sforzellina
Rifugio Bonetta
Corno dei Tre Signori
3360
Lago Bianco
Laghetto alto di Ercavallo
Torrente Noce Nero
0
500 m
1
2
3
4

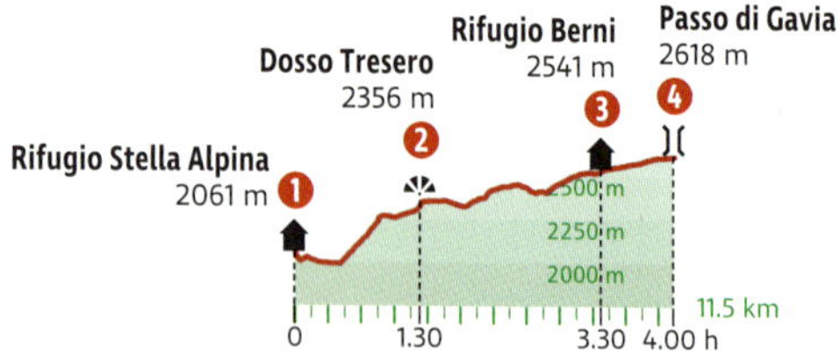
Rifugio Stella Alpina
2061 m
1
Dosso Tresero
2356 m
2
Rifugio Berni
2541 m
3
Passo di Gavia
2618 m
4
2500 m
2250 m
2000 m
11.5 km
0
1.30
3.30
4.00 h

fantastischem Bergpanorama. Der Weg führt zwangsläufig zum **Rifugio Berni** ❸, 2541 m, zu dessen rechter Seite sich ein pyramidenförmiges Weltkriegsdenkmal befindet. Dieses im Rücken, dürfen wir einen tollen Blick auf den Dosegù-Gletscher und die Punta San Matteo werfen. Zur Linken befindet sich eindrücklich die Königsspitze (Gran Zebrù) und zur Rechten das Corno dei Tre Signori.

Ab hier folgen wir der Passstraße für 30 Min., bis wir den **Passo di Gavia** ❹, 2618 m, und rechter Hand das Rifugio Bonetta erreichen. Zuvor beeindruckt noch die Sicht auf das Corno dei Tre Signori, das sich im davorliegendem Lago Bianco spiegelt. Hier können wir bereits den Weg des nächsten Tages erspähen. Wer am Pass links hinaufsteigt, darf das erste Mal einen faszinierenden Blick auf die Alpengruppe Adamello-Brenta-Presanella werfen. Eine Hinweisscheibe erleichtert das Zuordnen der Gipfel.

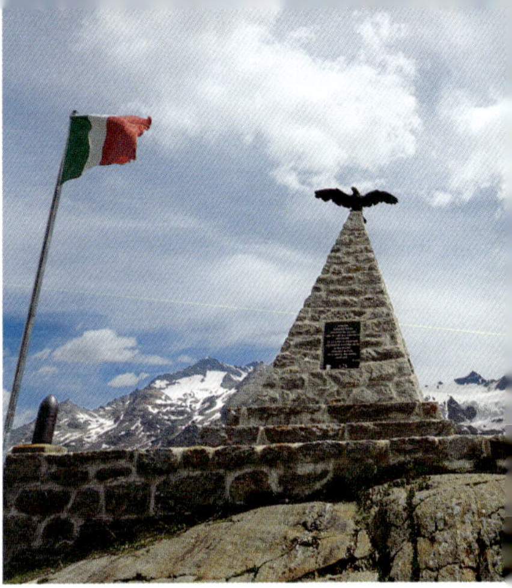

Denkmal für alle gefallenen Soldaten des Ersten Weltkrieges am Rifugio Berni.

Der Lago Bianco am Etappenziel Rifugio Bonetta.

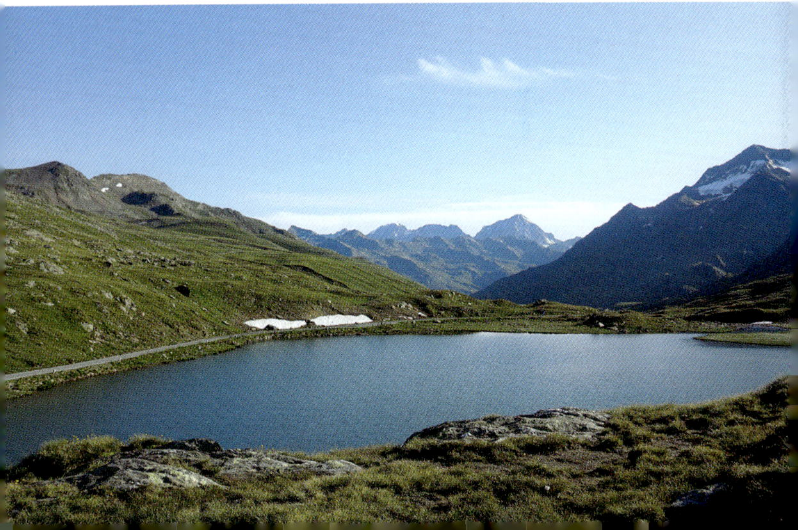

5 Passo di Gavia – Passo Tonale

6.45 h	16,8 km
↗780 m	↘1500 m

Herausfordernde, unvergessliche Wanderung für erfahrene Bergfexe

In den Ortler-Alpen steht uns an diesem Tag eine weitere sehr eindrucksvolle Tour in luftiger Höhe bevor. Wir müssen etwa 500 Höhenmeter auf teils schwierigen Bergwegen meistern, um an der Bocchetta Corno dei Tre Signori mit famosen Aussichten belohnt zu werden. Bei guter Sicht blicken wir in die Schweizer Berge und hin zur großen Cima Presanella mit ihrem dicken Gletscher. Zudem lassen sich die prägnanten Berge Cima Presena (Etappe 6) und Carè Alto (Etappe 9) erspähen. Von der Bocchetta können wir auch unseren Abstieg bis zu den Laghetti di Ercavallo nachvollziehen – und das alles eingerahmt von markanten, schroffen Graten. Den Namen »Horn der Drei Herren« trägt der den Gaviapass prägende Berg, da hier früher die Staatsgebiete der Republik Venedig, Graubünden und des Erzbistums Trient zusammentrafen. Ein beeindruckender, zuweilen düsterer Berg! Aber der Weg verliert auch nach der Scharte nicht an Charme: Durch viel Blockwerk geht es hinab in eine grüne Hochfläche mit glasklaren Seen und Wasserläufen. Gemäßigter folgen wir einem in den Felsen geschlagenen Höhenweg, der parallel zum Frontabschnitt verläuft und mit perfekter Weitsicht über Täler und die Ruinen eines Militärdorfes die Gipfel von Punta Albiolo und Ecavallo passiert. Überreste von Stellungen, Baracken, Schützengräben und ein Museum mit Fundstücken am Rifugio Bozzi in luftiger Höhe geben dieser Friedensweg-Tour den letzten Schliff.

Geschichtsträchtiger Blick von der Bocchetta Corno dei Tre Signori (siehe Infokasten).

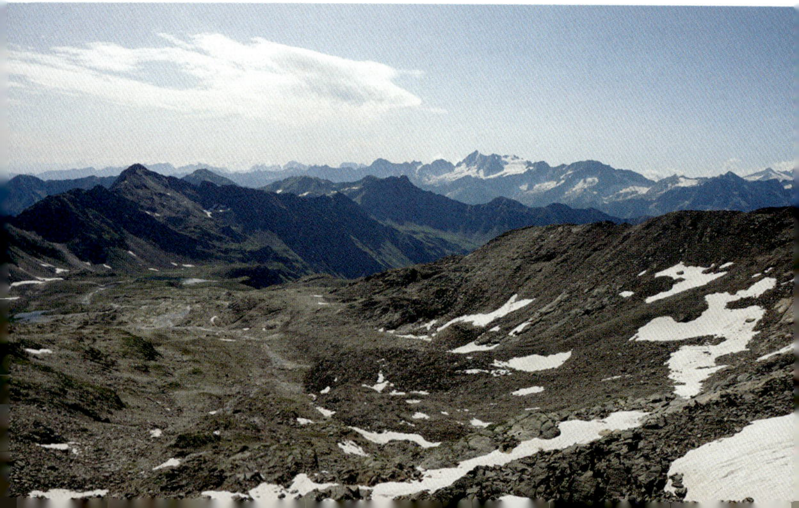

i Das Unternehmen »Lawine«

An der Bocchetta Corno dei Tre Signori ❷ sollte man sich einen Moment Zeit nehmen und sich den ehemaligen Frontverlauf genau anschauen. In Richtung Adamello-Presanella-Alpen blickend, erkennen wir am linken Bergkamm die Punta Ecavallo sowie am versetzten Bergkamm die Punta Albiolo. Noch dahinter befinden sich schneebedeckt die Cima Presanella und rechts daneben die Cima Presena (Etappe 6).

Wer im Krieg die Punta Albiolo beherrschte, kontrollierte sozusagen das gesamte Geschehen am Passo Tonale. Die Österreicher eroberten den Gipfel 1915 in einer spektakulären Aktion und beherrschten fortan die Ecavallo-Albiolo-Tonale-Front der Ortler Alpen – ein wichtiger Baustein zur Tiroler Verteidigung. Im Sommer 1918 versuchte die österreich-ungarische Armee, den Krieg gegen Italien siegreich am Fluss Piave zu beenden. Flankierend war als Entlastungsaktion das Unternehmen »Lawine« am Passo Tonale geplant, um die Truppen des Gegners zu binden. Hierbei versuchten die Österreicher, in drei Richtungen vorzudringen. Doch die Italiener hatten kurz zuvor die Cima Presena erobert, bemerkten die Vorbereitungen und nahmen die Österreicher unter Beschuss. Die groß angelegte Offensive am Tonale-Pass sowie am Piave wurde ein Fehlschlag, der in der Folge zum Zusammenbruch der Südwestfront und zum Kriegsende führte.

Ausgangspunkt: Passo di Gavia, 2618 m.
Endpunkt: Passo Tonale, Ossario Sacrario Militare, 1877 m.
Anforderungen: Aufstieg vom Passo Gavia bis Bocchetta Corno dei Tre Signori normalerweise im Juli/August begehbar. Ganzjährig ist mit steilen Schneefeldern zu rechnen, daher nur für Geübte und mit Grödeln und Wanderstöcken empfohlen. Der letzte, etwa halbstündige Aufstieg zur Bocchetta Corno dei Tre Signori erfordert absolute Trittsicherheit und Schwindelfreiheit. Nach dem Winter oft Schäden am Steig, bei Nässe und Wetterumschwung gefährlich. Auch im Abstieg kurzer drahtseilversicherter Abschnitt. Bis zum Laghetti di Ercavallo Orientierungssinn nötig, teilweise wegloser Abstieg ohne Markierungen. GPS empfehlenswert. Ab Passo dei Contrabbandieri sehr steil im Abstieg.
Einkehr: Rifugio Bozzi (nur Sommer) kurz vor dem Passo dei Contrabbandieri; Malga Valbiolo im letzten Abstieg.
Unterkunft: Große Auswahl am Passo Tonale.
Hund: Am besten mit Hund die Variante gehen. Nur mit absolut trittsicherem, schwindelfreiem, erfahrenem und gehorsamem Hund Überquerung der Bocchetta Corno dei Tre Signori möglich. Über Schneefelder und bei Kletterei sollte der Hund an einem speziellen Geschirr gesichert sein, Hund braucht ggf. Hilfe.
Variante: Da diese herausfordernde Etappe Bergerfahrenen vorbehalten sein sollte, wird an dieser Stelle eine Variante zur Tour beschrieben. Vom Rifugio Bonetta geht es hinab Richtung Lago Nero und ab hier den – wenig befahrenen – MTB-Trail (Weg 57) entlang. Dieser mündet in Weg 58, diesem bis nach Pezzo folgen. Weiter auf Nebenstraßen bis zur Passstraße und ab hier auf parallel zur Straße verlaufenden Wanderwegen bis zum Passo Tonale (ca. 18,8 km, 500 Hm Auf-, 1250 Hm Abstieg, 6 Std.).

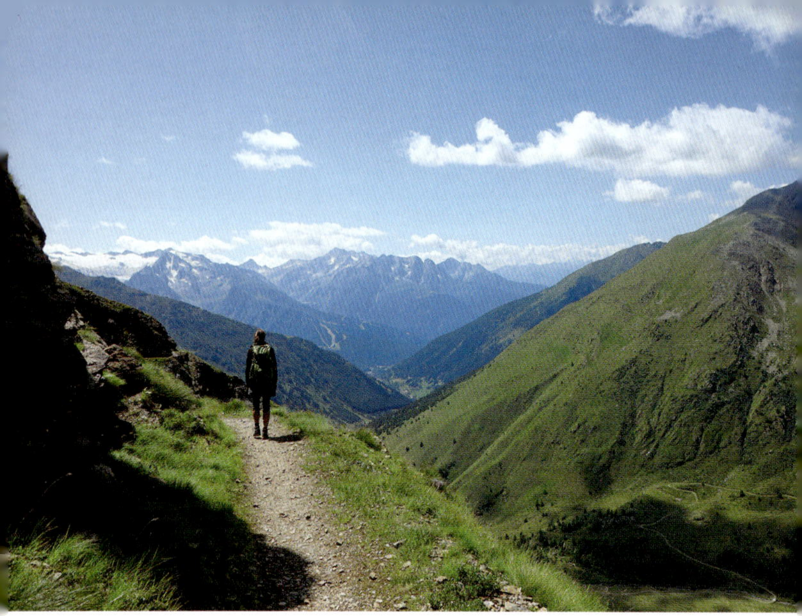

Die Adamello-Presanella-Alpen schon fest im Blick.

Vom **Passo di Gavia** ❶, 2618 m, folgen wir dem Wanderweg 2, der uns zunächst eher höhehaltend am Lago Bianco in Richtung Corno dei Tre Signori bringt. Der SdP mündet in einen kleinen Pfad, der steil, zuweilen ausgesetzt, aber markiert hinaufführt. Den unauffälligen Gratübergang können wir von dieser Stelle kaum ausmachen. Wir steigen im schattigen Bergkessel weiter auf, bis wir auf erste seilversicherte Passagen treffen. Von hier geht es steil durch Gletscherrückzugsgebiet in etwa 30 Min. mit Kletterei nach oben zur **Bocchetta Corno dei Tre Signori** ❷, 3098 m. Der Abstieg erfolgt auf der anderen Seite des Grates auf einem gut markierten Weg mit kurzer, seilversicherter Passage. Nach etwa 20 Min. verschwinden die Markierungen und der Abstieg erfolgt weglos, teilweise durch Blockwerk, vorbei an kleinen Seen hinab bis zum größten See der **Laghetti di Ercavallo** ❸, 2623 m. An diesem wandern wir rechtsseitig vorbei und biegen an einer Wegkreuzung nach links ab, den Beschilderungen zum Rifugio Bozzi folgend. Die nächsten Kilometer erfolgen auf einem Höhenweg, ein ums andere Mal Felsnasen umrundend, sehr aussichtsreich zum **Rifugio Bozzi** ❹, 2480 m. Kurz davor treffen wir auf gut erhaltene Baracken aus dem Ersten Weltkrieg sowie auf das Museo Gianni de Giuli, das von der Alpenvereinssektion Pezzo betrieben wird und Fundstücke aus dem Ersten Weltkrieg schaustellt (geöffnet am Wochenende im Juli/August).

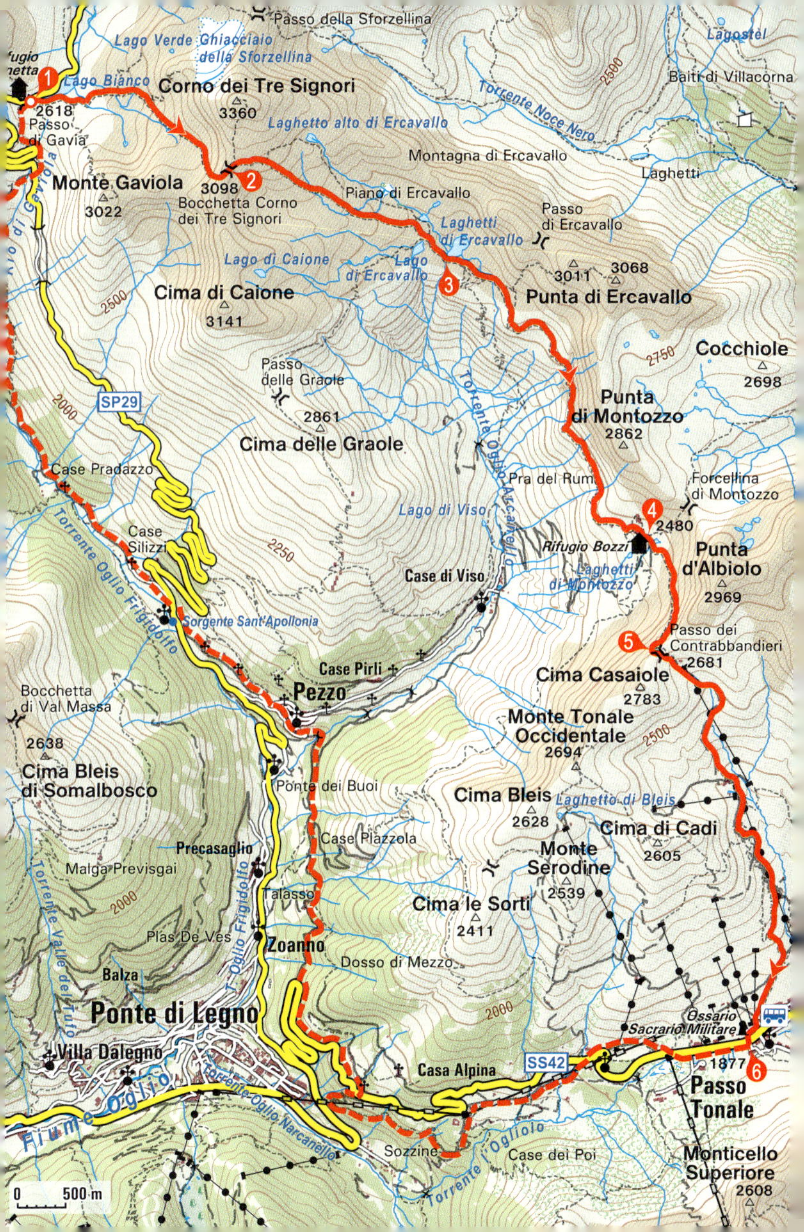
Passo della Sforzellina
Lago Verde
Ghiacciaio della Sforzellina
Lagostel
Lago Bianco
Corno dei Tre Signori
3360
Baiti di Villacorna
Torrente Noce Nero
2500
2618
Passo di Gavia
Laghetto alto di Ercavallo
Montagna di Ercavallo
Laghetti
Monte Gaviola
3022
3098
Bocchetta Corno dei Tre Signori
Piano di Ercavallo
Passo di Ercavallo
Laghetti di Ercavallo
Lago di Caione
Lago di Ercavallo
3011
3068
Punta di Ercavallo
Cima di Caione
3141
2500
Cocchiole
2698
2750
Passo delle Graole
Torrente Oglio Arcanello
Punta di Montozzo
2862
SP29
2000
2861
Cima delle Graole
Case Pradazzo
Pra del Rum
Forcellina di Montozzo
Torrente Oglio Frigidolfo
Lago di Viso
2480
Case Silizzi
Rifugio Bozzi
Punta d'Albiolo
2250
Laghetti di Montozzo
Case di Viso
2969
Sorgente Sant'Apollonia
Passo dei Contrabbandieri
2681
Case Pirli
Cima Casaiole
Bocchetta di Val Massa
Pezzo
2783
Monte Tonale Occidentale
2694
2638
2500
Cima Bleis di Somalbosco
Ponte dei Buoi
Cima Bleis
Laghetto di Bleis
2628
Cima di Cadi
Case Piazzola
Monte Serodine
2605
Precasaglio
Malga Previsgai
2539
Talasso
Cima le Sorti
2000
2411
Plas De Ves
T. Oglio Frigidolfo
Zoanno
Dosso di Mezzo
Torrente Valle del Tufo
Balza
2000
Ossario
Sacrario Militare
Ponte di Legno
Villa Dalegno
SS42
1877
Casa Alpina
Passo Tonale
Fiume Oglio
Torrente Oglio Narcanello
Sozzine
Torrente Ogliolo
Case dei Poi
Monticello Superiore
2608
0
500 m
1
2
3
4
5
6

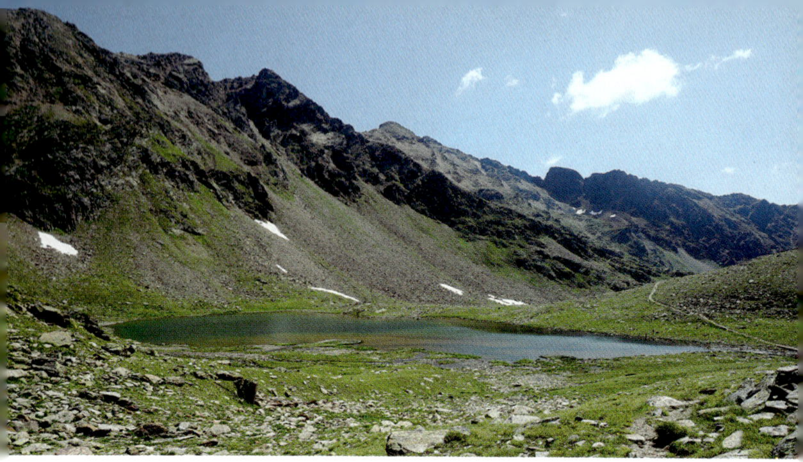

Der größte See der Laghetti di Ercavallo, links vom Ercavallo-Bergkamm begrenzt.

Am kleinen See hinter dem Rifugio wandern wir rechts vorbei und biegen dann nach oben in Richtung **Passo dei Contrabbandieri** ❺, 2681 m, ab, wo wir mit etwas Glück auch auf Steinböcke und Gämsen treffen.
Nun steht uns der weniger schöne Abstieg durch das Skigebiet oberhalb des Passo Tonale bevor. Wir folgen dem kleinen, steilen Pfad hinab zur ersten Liftstation. Ab hier steigen wir auf einem breiten, sehr steilen Schotterweg bis zur nächsten Liftstation in der Nähe der Malga Valbiolo (Möglichkeit zur Talfahrt bis Passo Tonale, 5 €). Der Weg führt uns rechter Hand am Lift vorbei, später durchqueren wir die Lifttrasse. Wir bleiben jedoch auf der rechten Seite, gehen an einer Kreuzung erneut rechts und biegen dann auf einen kleinen Pfad nach links ab. Dieser bringt uns zu einer Straße, die uns links weiter zur Hauptstraße führt. Auf dieser halten wir uns rechts und erreichen kurz darauf das **Ossario Sacrario Militare** ❻, 1877 m. Hier befindet sich die letzte Ruhestätte von italienischen und österreichischen Soldaten des Ersten Weltkrieges.

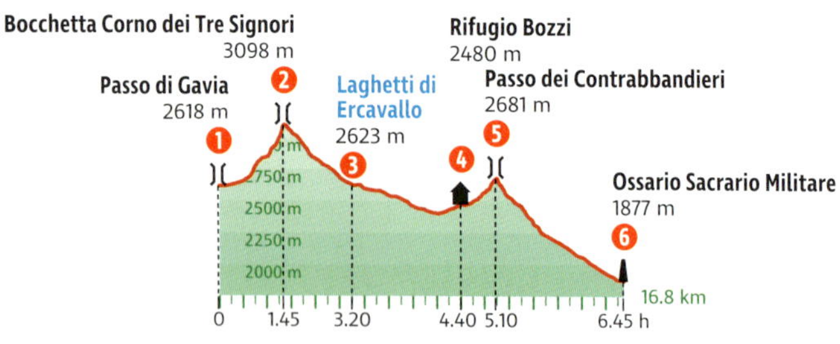

Adamello-Presanella-Alpen

Die beiden beeindruckenden Gebirgszüge Adamello und Presanella werden durch das Val Genova voneinander getrennt und liegen im Naturpark Adamello-Brenta. Die Berge der Adamello-Gruppe sind stark vergletschert und nicht selten über 3000 m hoch. Der höchste Gipfel ist mit 3556 m die Cima Presanella, nur zwei Meter weniger misst der Monte Adamello. Auch der Carè Alto erreicht mit 3465 m eine beachtliche Größe. Der Gletscherreichtum zeigt sich ebenso in grünen, von Gletscherbächen gespeisten, traumhaften Alpentälern, allen voran dem Val Genova. Es trägt zu Recht den Namen »Tal der Wasserfälle«. Die bis zu 130 Meter hohen Kaskaden münden allesamt in die Sarca, die nach vielen Kilometern ihr Ende bei Torbole im Gardasee findet. Das Gletschertal liegt inmitten des Naturparks Adamello-Brenta, des größten Naturschutzgebiets im Trentino.
Es trägt den Braunbären als Symbolfigur im Logo, denn es handelt sich um eine der einsamsten und am wenigsten bewanderten Regionen der Alpen, die heute eben auch wieder das Zuhause von Bären ist. Der Bestand wird auf etwa 60 Tiere geschätzt. Neben Meister Petz finden sich im Naturpark auch Gämsen, Rotwild, Murmeltiere, Füchse, Adler, Auerhähne, Birkhühner und einige wenige Steinböcke, Wölfe und Luchse.

Geschichte

Der Friedensweg führt uns durch das Frontgebiet der Adamello-Presanella-Alpen, das am Passo Tonale seinen Ursprung nahm und von dort über den Presena-Gletscher hinab zum Rifugio Mandrone und ins Val Genova verlief. Die wichtigen Gletscher im Krieg, Mandrone, Lobbia und Lares, gehörten zur südlichen Front, die am Gipfel des Carè Alto endete. Ab 1916, im zweiten Kriegsjahr des Gebirgskrieges, waren die Fronten zwischen Italien und Österreich nahezu starr. In verzweifelten Aktionen wurde versucht, die Gipfel der Gegner zu erobern. Die Österreicher, in der Rolle der Verteidiger, hielten ihre Stellungen jedoch bis Kriegsende, sodass sich die Frontlinie Adamello-Presanella, im Großen betrachtet, keinen Zentimeter bewegte.

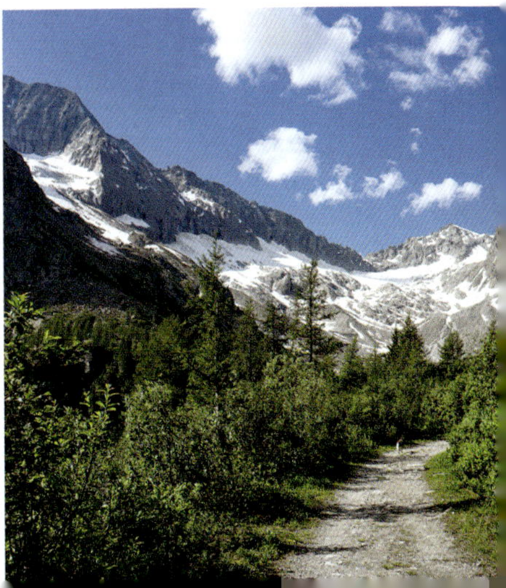

Auf einer alten Militärstraße geht es hinauf zu den Gletschern.

6 Passo Tonale – Rifugio Mandrone

4.45 h | 10,3 km | ↗750 m | ↘600 m

In die Welt der Gletscher

Diese Tagesetappe eröffnet uns eine faszinierende Welt, die eigentlich Alpinisten und Bergsteigern vorbehalten ist. Sie hat daher das Potenzial, für ewig in Erinnerung zu bleiben. Wir wandern vorbei an dem schroffen und im Ersten Weltkrieg bedeutenden Monticellograt hinauf in die kalte Eiswelt bis zum Presena-Gletscher. Ihm ist das Schicksal aller Gletscher vorbestimmt: er schmilzt von Jahr zu Jahr, sodass er zur Rettung im Sommer aufwendig abgedeckt wird.

Die moderne Gondelbahn bringt uns über die Eisflächen bis zum Passo Presena auf über 3000 Metern. Ein atemberaubender, erhabener Blick eröffnet sich hier auf die gegenüberliegenden, riesigen Gletscher Mandrone und Lobbia, die an ihrem Fuße in mächtigen Wasserfällen enden und das Val Genova speisen. Auf steinigen Pfaden, vorbei an unzähligen, zuweilen überfrorenen Bergseen, geht es hinab zum wunderschön gelegenen und hervorragend geführten Rifugio Mandrone. Dort können wir bei gutem Wetter den Abend mit einem tollen »Alpenglühen« ausklingen lassen – einfach unvergesslich!

Ausgangspunkt: Passo Tonale, Ossario Sacrario Militare, 1877 m.
Endpunkt: Rifugio Mandrone, 2449 m.
Anforderungen: Trittsicherheit und guter Orientierungssinn beim Abstieg zur Mandrone-Hütte erforderlich. SdP nur spärlich markiert. Im Frühsommer mit Altschneefeldern rechnen!
Einkehr: Passo Paradiso, Capanna Presena sowie am Passo Presena.
Unterkunft: Rifugio Mandrone (20. Juni–20. September, 85 Betten in 4-Bett-Zimmern, HP 50 € für AV-Mitglieder, sonst 60 €, Tel. +39 0461 493 724, davide.gallazzini@virgilio.it); Rifugio Bedole (1. Juni–30. September, 37 Plätze in kleinen Zimmern, HP 54 €, Tel. +39 0465 501 405).
Hund: Mit Hund bis zum Passo Presena unschwierig, Maulkorbpflicht für die Gondel. Abstieg zum Rifugio Mandrone über Blockwerk nur mit gut trainiertem, gehorsamem und trittsicherem Hund. Übernachtung im Rifugio Mandrone seit der Renovierung 2021 nicht mehr möglich. Alternative: Mit der Gondel vom Passo Tonale hinauf zum Passo Presena und weiter auf der Route des nächsten Tages bis zum Rifugio Stella Alpina.

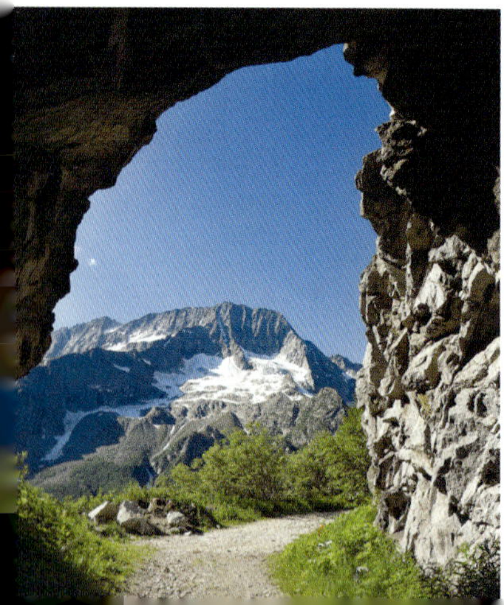

Nachbargipfel der Cima Presena, die Cima Busazza.

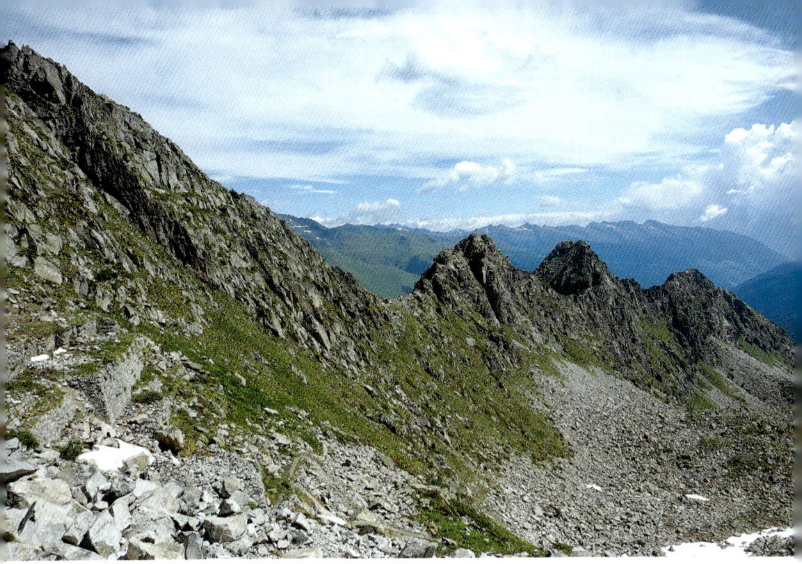

Im Schatten der großen Berge, aber im Ersten Weltkrieg hart umkämpft: der Monticellograt.

Am Passo Tonale, wo sich auch die Grenze zwischen der Lombardei und dem Trentino befindet, gehen wir vom **Ossario Sacrario Militare** ❶, 1877 m, über die Straße und anschließend links zur »Area Camper Paradiso«. Hier

***i* Der Monticellograt – ein Grat des Todes**

Der zwischen den hohen Gipfeln etwas unscheinbar wirkende Monticellograt, um den wir bis zum Passo Paradiso ❷ herumwandern, hatte im Ersten Weltkrieg für die Österreicher eine immense strategische Bedeutung für die Verteidigung des Val di Sole. Der Grat wurde mit Kavernen, Steigen, Maschinengewehr-Posten und Geschützstellungen gesichert. Aufgrund der Wichtigkeit durften die Lager auch bei akuter Lawinengefahr nicht geräumt werden. Da hier jedoch im Winter, insbesondere 1916/1917, Serien von Lawinen abgingen, ließen zahlreiche Menschen ihr Leben – bei einem einzelnen Lawinenunglück oft bis zu 80 Mann. Lager mussten ständig freigeschaufelt und neu errichtet werden. Der Nachschub wurde von Kompanien durch extrem lawinengefährdetes Gebiet gesichert. Nur ein Bruchteil des Nachschubs gelangte überhaupt zu den halb verhungerten Soldaten am Grat. Ganze Nachschubkompanien verirrten sich, sanken erschöpft in den Schnee und nicht selten verschwanden so mehr als hundert Mann, begraben unter Metern von Neuschnee.

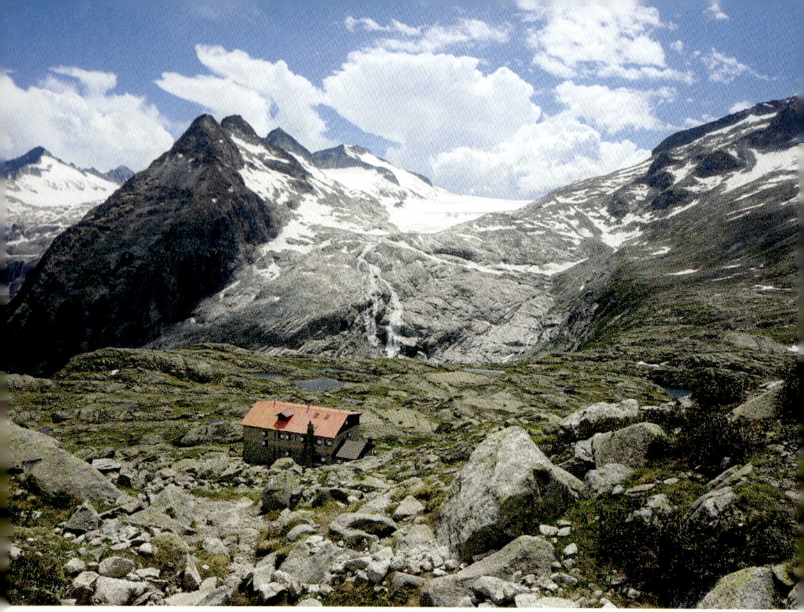

Das Rifugio Mandrone im Angesicht der riesigen Gletscher Mandrone und Lobbia.

queren wir schräg links das Gelände und treffen am Ende auf die Beschilderung des SdP in Richtung Passo Paradiso. Oberhalb des Passo Tonale folgen wir dem breiten Spazierweg, der zugleich ein Trimm-dich-Pfad ist, für etwa 20 Min. Dann zweigt der SdP (Weg 281) rechts hinauf auf einen ehemaligen Militärweg ab. Hier werfen wir zunächst einen tollen Blick hinab ins Val di Sole und erspähen später – nach Durchquerung eines Tunnels – die Cima Presena.

Kurz nachdem wir einen etwa 30 m hohen Wasserfall passiert haben, zweigt unser Weg markiert rechts in einen kleinen Pfad ab. Er führt uns erst

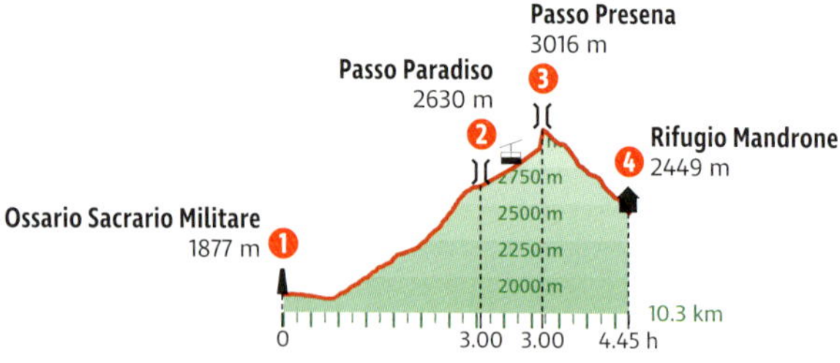

geradeaus, dann rechts und später links hinauf. Der schmale, anfänglich etwas schlecht zu findende Weg schlängelt sich durch ein wasserreiches Biotop und wird mit zunehmender Höhe steiniger, aber auch immer aussichtsreicher. Meter für Meter steigen wir höher und überblicken schließlich die rechter Hand liegende, schroffe Bergkette des Monticello. Etwa 1.30 Std., nachdem wir uns auf den schmalen Pfad begeben haben, zweigt rechts ein Weg zum »Osservatorio panoramico« und zur »Galleria Paradiso« ab, einem Freilichtmuseum über den Ersten Weltkrieg. Der Abzweig führt in 30 Min. wieder auf den SdP, sodass sich ein Abstecher lohnt. Angekommen am **Passo Paradiso** ❷, 2630 m, laufen wir rechts um den kleinen See und dann links hinauf zur Seilbahnstation. Der normale Wanderer wird wohl schnell den Strömen der Aussichtstouristen entkommen und nicht noch 400 Hm durch ein Skigebiet aufsteigen wollen, daher empfiehlt die Autorin die Gondel hinauf zum Passo Presena (Kosten 5 €). Diese führt uns vorbei an der Piazza della Fratellanza (Platz der Brüderlichkeit) sowie am Lago Monticello, ein Zwischenausstieg an der Capanna Presena ist möglich. Hinter dem Panoramacafé auf dem **Passo Presena** ❸, 3016 m, können wir links etwa 60 Hm hinauf zum Gipfel der Cima Presena aufsteigen. Bereits vom Pass haben wir einen traumhaften Weitblick hinüber zu den großen Gletschern Mandrone und Lobbia.

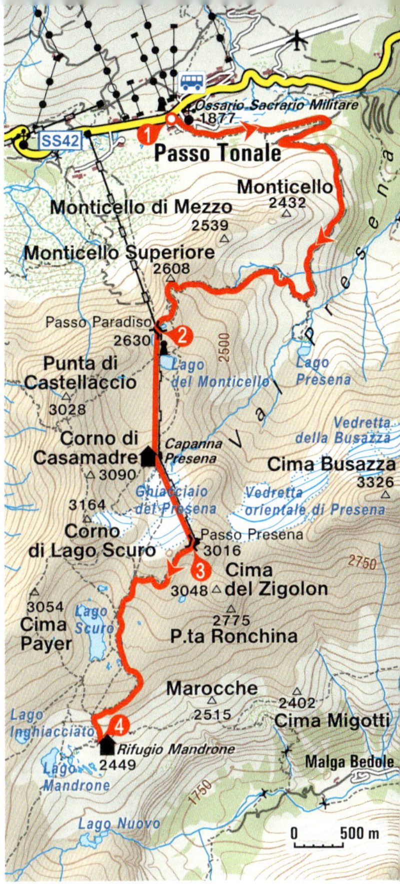

Der SdP führt rechts – beschildert zum Rifugio Mandrone – durch Blockwerk hinab. Später trifft unsere Route auf einen vom Passo Maroccoaro kommenden Weg, auf den wir links einbiegen und weiter absteigen. Wir passieren den beeindruckenden Lago Scuro und verlassen das Blockwerk auf einem kleinen, stufig-steilen Pfad. Die Gletscher rücken immer näher und bald zeigt sich das traumhaft gelegene **Rifugio Mandrone** ❹, 2449 m.

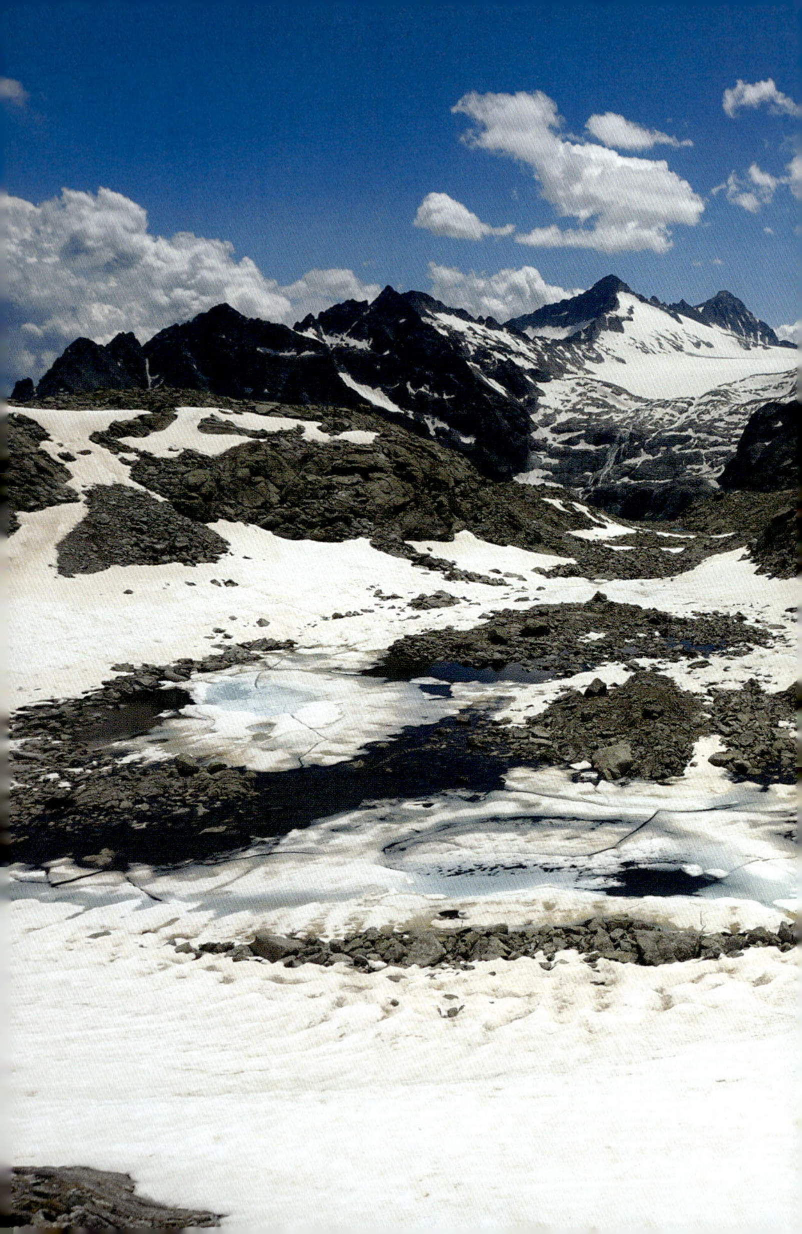

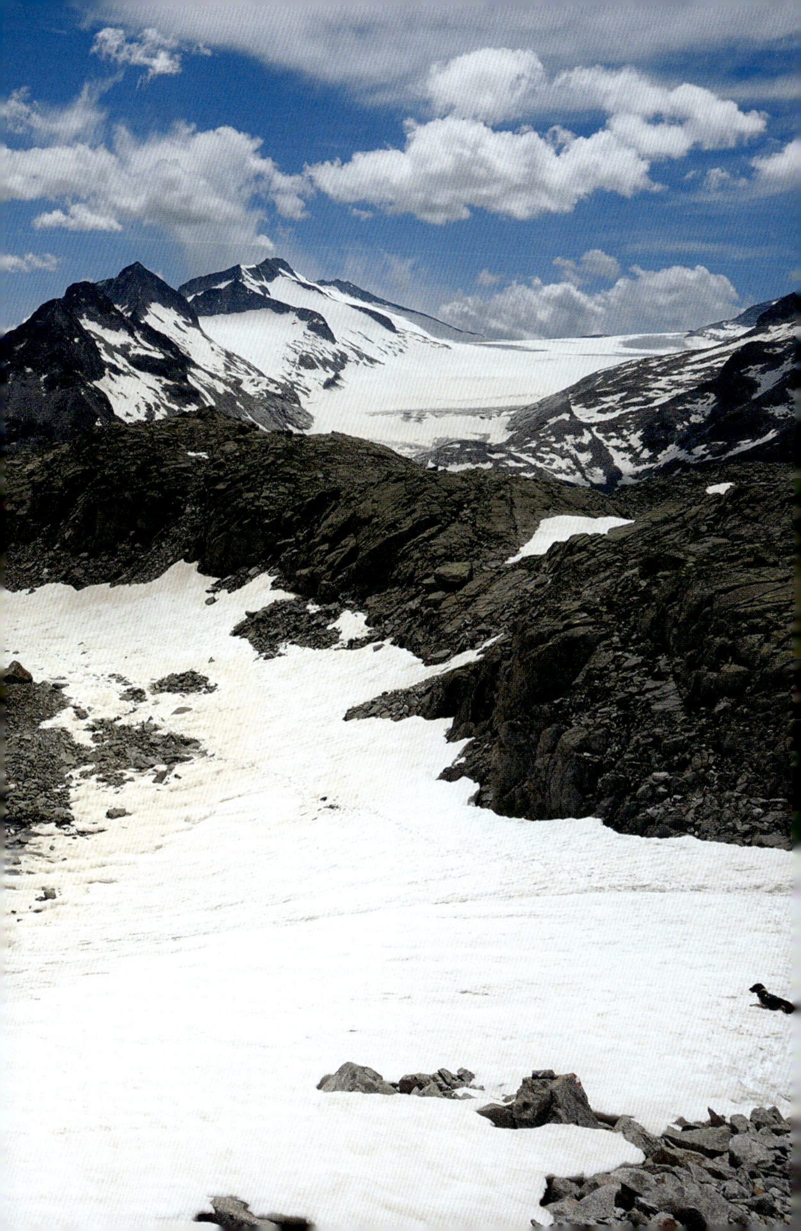

7 Rifugio Mandrone – Fontanabona

5.30 h | 14,2 km | ↗150 m | ↘1500 m

Entlang von Wasserfällen in eines der schönsten Alpentäler

Ein Weg der besonderen Art steht heute auf dem Programm. Wir verlassen die wasserspendenden Gletscher und folgen dem Weg des Wassers teilweise steil hinab ins Val Genova, einem der schönsten Täler der Alpen. Auf unserem Weg rauschen beeindruckende, mehrere hundert Meter hohe Wasserfälle herab. Auf federnden, zusätzlich mit Holztreppen und Brücken versehenen Waldwegen geht es recht einfach immer an der Sarca, dem Hauptstrom des Tales, entlang. Die Sarca wird von zahlreichen kleinen und größeren Gebirgsflüssen gespeist. Wer mag, kann am Ende sogar noch einen Abstecher zu den größten Wasserfällen Italiens, den Nardis-Wasserfällen, machen. Eine richtige Genussetappe - trotz langem Abstieg.

Ausgangspunkt: Rifugio Mandrone, 2449 m.
Endpunkt: Albergo Fontanabona, 1092 m.
Anforderungen: Anfangs steil im Abstieg, später einfacher. SdP-Beschilderungen vorhanden, Friedenstaube hier gelb. Der Wegverlauf des Sentiero delle Cascate (Wasserfallweg), der mit dem des SdP gleich verläuft, stimmt nicht immer mit den Karten überein.
Einkehr: Rifugio Bedole (1. Juni–30. September) und Rifugio Stella Alpina (Mitte Juni–Ende September) im Val Genova.
Unterkunft: Rifugio Stella Alpina (Mitte Juni–Ende September, 23 Betten in kleinen Zimmern, HP 50-60 €, Tel. +39 0465 501216 und +39 347 2218742, ristalp2019@gmail.com, https://ristalpvalgenova.eatbu.com); Albergo Fontanabona (Mai–September, 8 kleine Zimmer, HP ab 50 €, Tel. +39 348 1379792, rifugiofontanabona@gmail.com, www.rifugiofontanabona.it).
Hund: Grundsätzlich gute Etappe mit Hund. Vorsicht: frei laufende Kühe auf der südlichen Seite des Flusses. Übernachtung im Rifugio Stella Alpina möglich (lange Etappe am nächsten Tag!) oder nach Voranmeldung im Chalet da Gino an den Nardis-Wasserfällen.
Variante: Wer sich noch die größten Wasserfälle Italiens anschauen möchte, kann nach dem Albergo Fontanabona im Val Genova noch weitergehen und bei den Nardis-Wasserfällen seine Unterkunft beziehen.

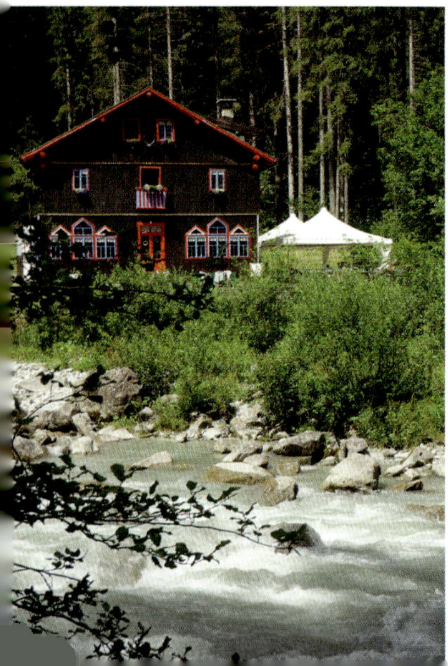

Das Albergo Fontanabona liegt direkt an der Sarca.

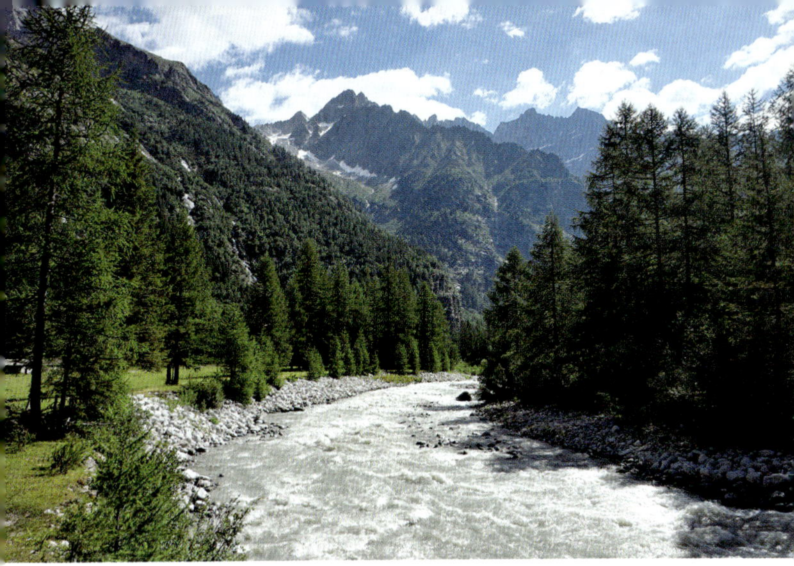

Das Val Genova gehört zu den schönsten Alpentälern.

Vom **Rifugio Mandrone** ❶, 2449 m, wenden wir uns nach Osten in Richtung der kleinen Kirche und laufen auf einem stufig-steinigen Pfad hinab zu einem Militärfriedhof und zum »Centro Studi Glaciologico Julius Payer« mit kleiner Ausstellung über die Gletscherwelt. Ab hier geht es für etwa 2 Std. mit schönen Blicken ins Val Genova 800 Hm steil hinunter zum **Rifugio Bedole** ❷, 1641 m. Erste Gebirgsbäche rauschen neben uns und werden mithilfe kleiner Holzbrücken überquert. Das Rifugio Bedole umwandern wir rechter Hand und folgen auf der Fahrstraße den Beschilderungen des Sentiero delle Cascate (Wasserfallweg). 10 Min. nach dem Rifugio wechselt der SdP an der Malga Bedole die Flussuferseite und führt überwiegend durch den Wald hinab, auch wenn wir immer wieder mit kurzen Gegen-

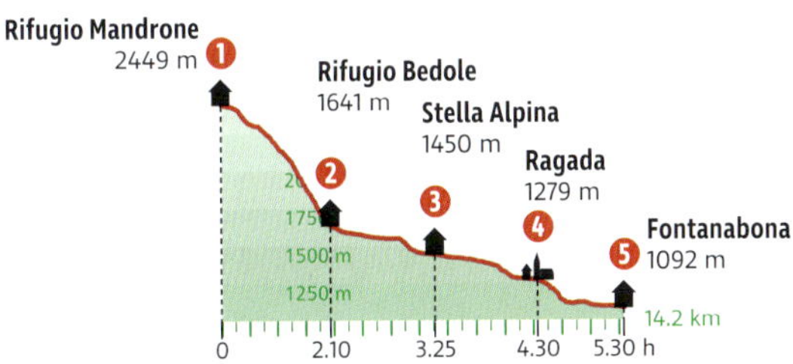

Eine Kanone auf über 3300 Meter

Der imposante Mandrone-Gletscher gehört zu den größten Gletschern Italiens. Wie auch die benachbarten Lobbia- und Lares-Gletscher war er durchzogen von Kilometer langen, teilweise beleuchteten Eisstollen, die viele Meter tief im Eis lagen. In den Gletscherstellungen starben nur die wenigsten Soldaten infolge von Kampfhandlungen, vielmehr sorgten die Wetterbedingungen für die meisten Verluste. Erfrierungen, Schneeblindheit und Blitzschlag waren an der Tagesordnung. Die Gletscher Mandrone und Lobbia waren um 1916 im Besitz italienischer Alpini, während sich die Österreicher am Lares-Gletscher festsetzten. Auf dem Mandrone-Gletscher steht noch heute eine 6 Tonnen schwere 149G Kanone eindrücklich als Mahnmal auf über 3300 Meter. Um die 1500 Höhenmeter beim Transport der Kanone zu überwinden, brauchten die italienischen Alpini 78 Tage, denn der Transport konnte nur im Schutze der Nacht oder bei schlechtem Wetter erfolgen. Im Juni 1917 wurde die Kanone in einer Nacht von 200 Soldaten über den Mandrone-Gletscher auf den Sattel im Kamm der Cresta Croce gezogen. Dort steht sie noch heute.

anstiegen rechnen müssen. Schon bald wird die Sarca lauter und am ersten riesigen Wasserfall, dem Cascate Pedruc, wechseln wir die Uferseite erneut. Etwa 20 Min. später, hin und wieder die Fahrstraße tangierend, erreichen wir das **Rifugio Stella Alpina** ❸, 1450 m.
Ab dem Rifugio folgen wir dem Wasserfallweg weiter und richten uns nach den Wegweisern »Casina Muta«. Kurz nach dem Rifugio gehen wir wieder auf der anderen Uferseite. Nach etwa 1 Std. erreichen wir **Ragada** ❹, 1279 m, erkennbar an der kleinen Kirche, die inmitten zweier Flussarme auf

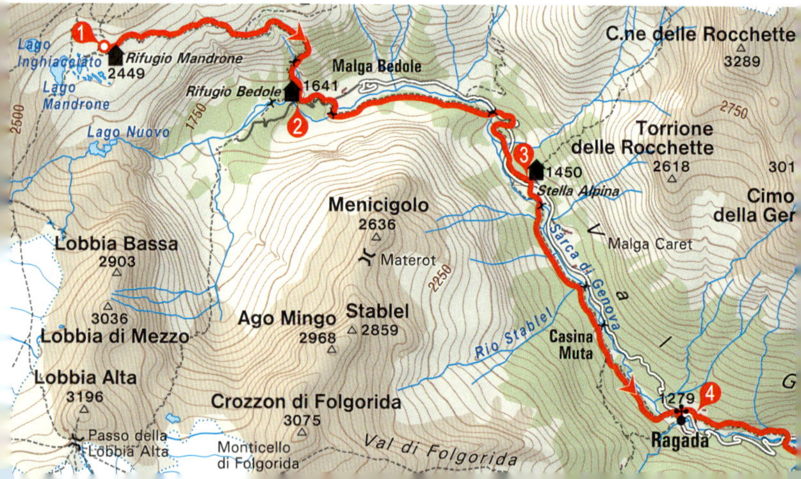

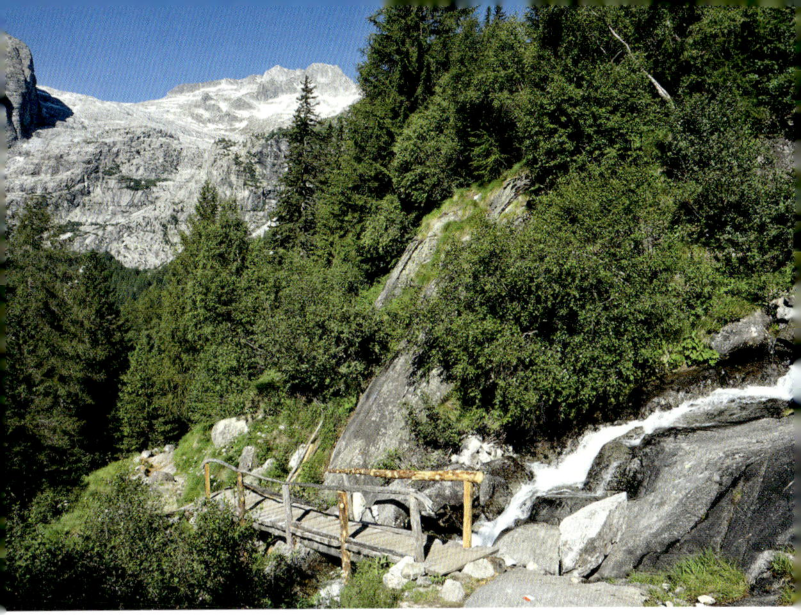

Traumhafte Wegführung über rauschende Wasserfälle.

einer Wiese thront. Kurz zuvor geht es auf die linke Uferseite zurück und auf dem kleinen steinigen Weg entlang, bis wir über die Ponte Maria erneut auf die andere Seite der Sarca wechseln. Anschließend halten wir uns links. Wir gehen durch die Malga Genova und an den Cascate del Lares vorbei. Wer im Albergo Fontanabona seine Unterkunft bezieht, muss kurz danach die Flussseite wechseln und auf der Straße für etwa 2 km bis zum **Albergo Fontanabona** ❺, 1092 m, weiterwandern.

Wer hingegen noch bis zu den Nardis-Wasserfällen weitergeht, folgt dem Weg auf der rechten Seite des Flusses. Nach etwa 40 Min. zweigt der SdP auf den Weg 215 ab. Um zu den Nardis-Wasserfällen zu kommen, wandern wir jedoch geradeaus weiter und erreichen sie nach 45 Min.

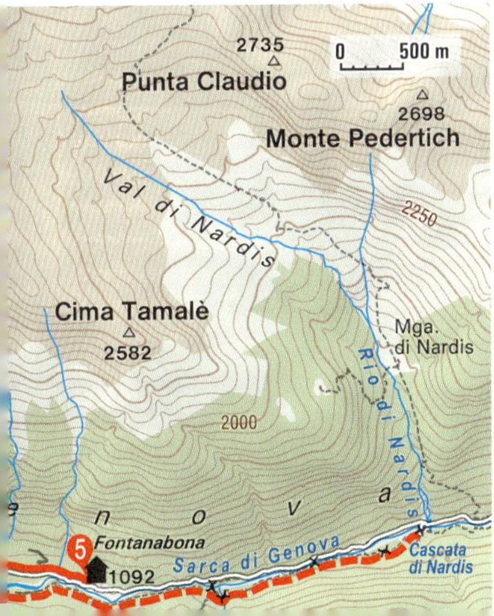

8 Fontanabona – Rifugio Carè Alto

7.00 h	13,9 km
↗1700 m	↘350 m

Einsame Wanderung hinauf zur Wetterscheide

Ein langer Anstieg hinauf zum schroffen Passo Altar steht an diesem Tag an. Zu Beginn geht es steil durch den Wald hinauf, später überwiegend entlang eines Gebirgsbaches durch satte Wiesen. Wir passieren ein kleines, wasserreiches Biotop vor schroffen Felsen. Der Pfad hinauf zum mächtig wirkenden Pass ist schmal und stufig steil. Manchmal türmen sich auf der anderen Seite Wolken auf, während es in Richtung Val Genova noch sonnig ist. Wer klare Sicht hat, kann vom Pass ins Val di Borzago, ins Valle di San Valentino (Etappe 9) und auf den großen Eisgipfel des Carè Alto schauen. Der anschließende, überwiegend bergan führende Weg erfolgt über loses Blockwerk und fasziniert ebenso wie er Orientierungssinn und Kondition erfordert. Mit dem Rifugio Carè Alto erreichen wir einen traumhaft gelegenen, geschichtsträchtigen Endpunkt der Etappe.

Ausgangspunkt: Albergo Fontanabona, 1092 m.
Endpunkt: Rifugio Carè Alto, 2459 m.
Anforderungen: Kräftezehrende, technisch anspruchsvolle Etappe, die neben Orientierungssinn absolute Trittsicherheit und Schwindelfreiheit erfordert. Kurz vor dem Rifugio Carè Alto gilt es, auf Drahtseilen einen Fluss zu queren. Grundsätzlich gut als SdP markiert.
Einkehr: Unterwegs keine.
Unterkunft: Rifugio Carè Alto (20. Juni–20. Sept., 80 Betten in Mehrbettzimmern und Lager, HP 46 € für AV-Mitglieder, sonst 56 €, Tel. +39 0461 948080, rifugio@carealto.it, www.carealto.it).
Hund: Sehr schwierige Wanderung mit

Eine echte Zuflucht, das Rifugio Carè Alto.

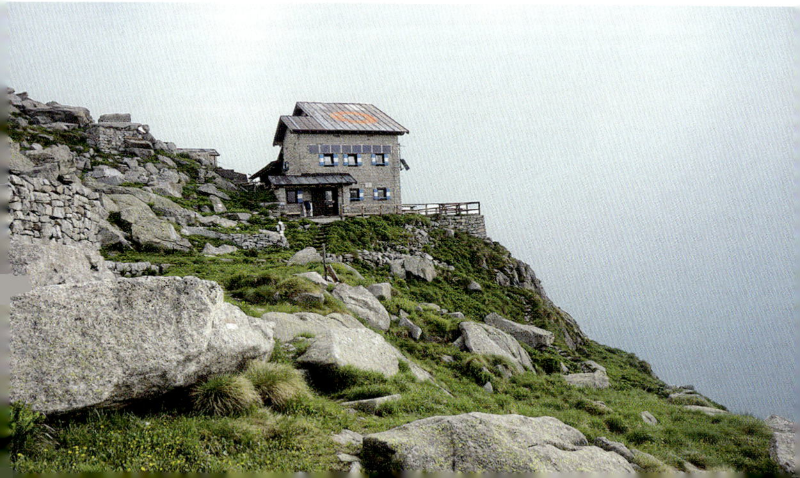

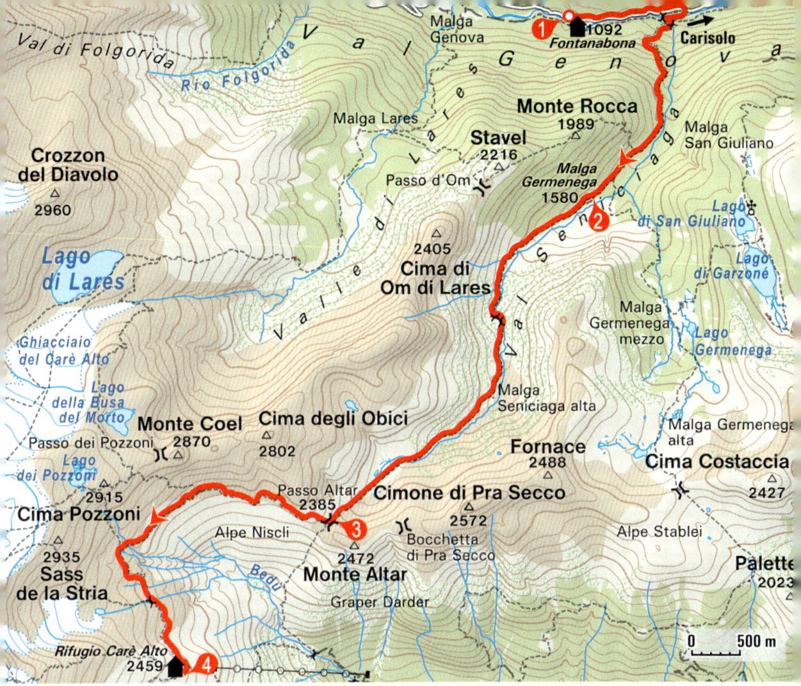

Hund. Bis zum Passo Altar benötigt der Hund gute Kondition. Die sich anschließende Kletterei über Blockwerk ist nur mit absolut trittsicherem und konditionsstarkem Hund möglich, der zudem Hilfe benötigt. Sehr schwierige Passage vor dem Rifugio über eine Seilbrücke, evtl. kann der Hund durch den Fluss gehen. Nächtigung im Rifugio mit Hund nur möglich, wenn dieser im Außenraum schläft. Wer für die Übernachtung das Bivacco Dosson anpeilt (s. nächste Etappe), muss 2 bis 3 Std. zusätzlich einplanen. Evtl. diese und die nächsten beiden Etappen überspringen. Dann im Val Genova bis Carisolo gehen und von dort mit dem Bus nach Lardaro (Beginn Etappe 11).

***i* Rifugio Carè Alto – eine eindrucksvolle Militärbasis**

Können-Horak-Haus – so hieß im Ersten Weltkrieg das Rifugio Carè Alto ❹. Der deutsch klingende Name macht zugleich deutlich, dass es sich um eine wichtige Militärbasis der Österreicher handelte. Um das Haus herum entstand eine Barackenstadt mit Feldlazarett und eigenem Elektrizitätswerk. Fünf Materialseilbahnen schafften Nachschub hinauf, der von hier aus an die Front verteilt wurde. Die kleine Holzkirche wurde 1917 von russischen Gefangenen erbaut.

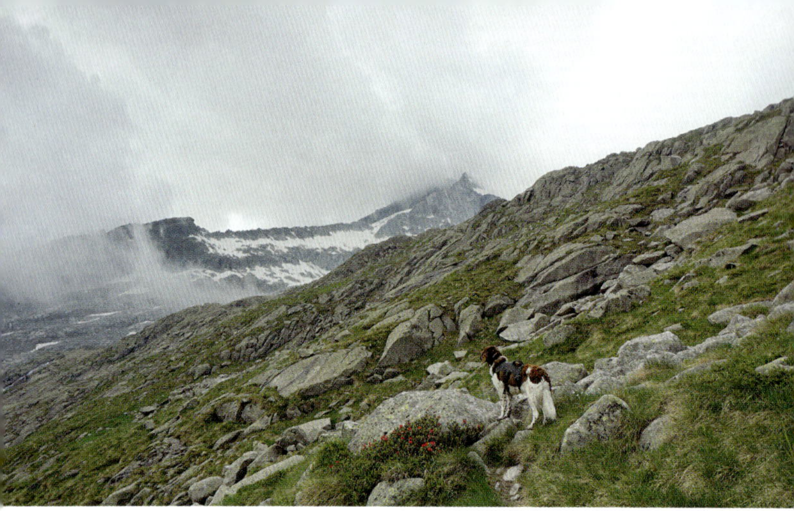

Blockwerk und Geröll prägen die faszinierende Landschaft.

Vom **Albergo Fontanabona ❶**, 1092 m, wenden wir uns flussabwärts und wandern für etwa 2 km in Richtung Nardis-Wasserfälle. Dann zweigt der SAT-Weg 215 Richtung Passo Altar rechts ab und führt nach wenigen Metern über eine Brücke. Nach 20 Min. im steilen Aufstieg durch den Wald halten wir uns an einer Weggabelung rechts. Der sich weiterhin steil durch den Wald schlängelnde Weg trifft nach etwa 1.30 Std. auf ein Gatter und – vorbei am Fluss – auf eine Hütte (Baita dei Cacciatori). Wir wählen nach 10 Min. den rechten, beschilderten Weg und erreichen kurz darauf die **Malga Germenega ❷**, 1580 m. Diese passieren wir links und laufen in etwas mehr als 1 Std. stufig hinauf zur (verwahrlosten) Malga Siniciaga alta. Nachdem wir hier – uns leicht rechts haltend – die zugewachsene Hochfläche passiert haben, geht es das erste Mal an diesem Tag über Blockwerk hinauf. Die Route erfordert Orientierungssinn und verläuft teilweise weglos.

Am Ende des Blockwerks hält sich der SdP rechts vom Fluss und ist dann wieder klar erkennbar. Nur leicht bergan wandern wir durch ein

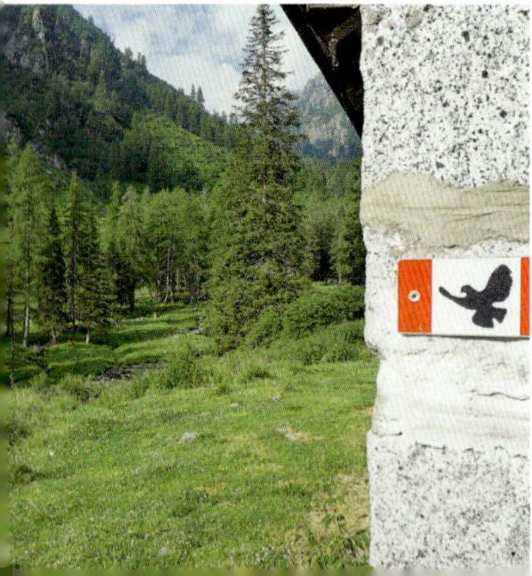

Markierung an der Malga Germenega.

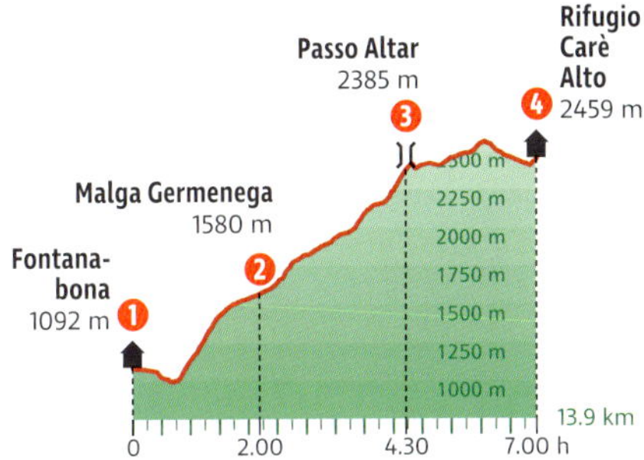

wasserreiches Biotop, während um uns herum schroffe Berggipfel in den Himmel ragen. Der Passo Altar liegt mächtig vor uns und, obwohl uns nur noch gut 200 Hm von ihm trennen, wirkt er groß und unbezwingbar. Zu Beginn des Anstiegs bedarf es Orientierung, um den richtigen Weg zu finden. Dieser windet sich in Serpentinen hinauf, und nach etwa 30 Min. erreichen wir den **Passo Altar** 3, 2385 m, mit Resten einer Stellungsanlage. Ab hier folgen wir rechts den Beschilderungen in Richtung Rifugio Carè Alto.

Es sind noch etwa 2.30 Std. bis zum Ziel, da wir den Großteil des Weges über Blockwerk kletternd zurücklegen. Der Steig ist markiert und mit Orientierungssinn gut zu finden. Nach etwa 1.30 Std. zweigt rechts ein Pfad in Richtung Sella di Niscli-Pozzoni ab, bis zum Rifugio Carè Alto dauert es – links hinab – noch etwa 1 Std. Später gilt es, auf einem Drahtseil inklusive Handseil zum Festhalten ein Flussbett balancierend zu queren. Auch der kurze Schlussanstieg hinauf zum inmitten von bizarren und schroffen Bergen liegende **Rifugio Carè Alto** 4, 2459 m, ist drahtseilversichert.

1917 von Kriegsgefangenen erbaut, die Kirche am Rifugio Carè Alto im Wolkenmeer.

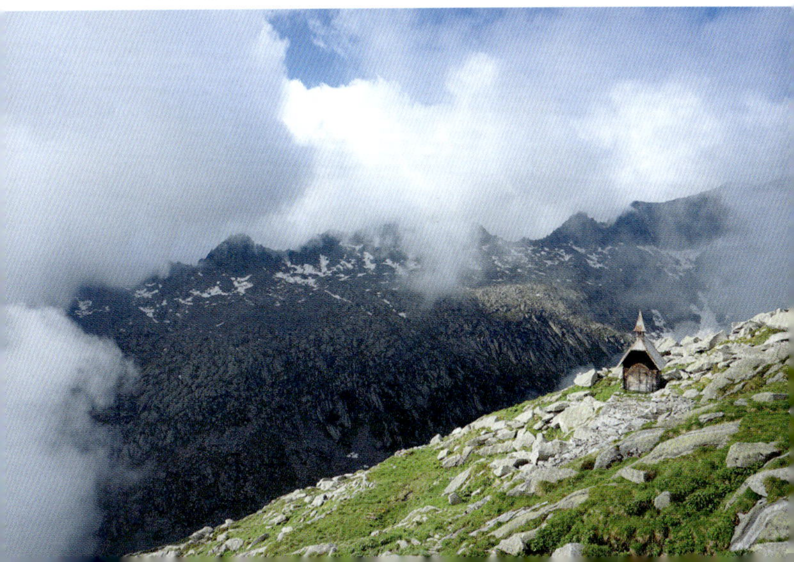

9 Rifugio Carè Alto – Rifugio Trivena

8.30 h	12,8 km
↗700 m	↘1470 m

Anspruchsvolle Höhenwanderung durch eine unwirkliche Trümmerlandschaft

Einsame Wanderung durch die Adamello-Berge, die einige Körner kostet. Böse Zungen würden behaupten, der Adamello sei kaum mehr als eine riesige Trümmerlandschaft. Farbliche Auflockerungen in Form von rot-weiß-roten Markierungen haben die Aufgabe, den Weg über Schutt, gesicherte Felspassagen und wirr durcheinanderliegende, riesige Granitblöcke zu weisen. Es ist eine faszinierende Tristesse, in der sich scheinbar nur Steinböcke wohlfühlen und in die sich nur sehr wenige Wanderer verirren. Wir setzen die Blockwerk-Kraxelei vom Vortag zunächst bergauf und später hinab fort, bis wir im lieblich anmutenden Valletta Alta am Fuße eines mächtigen Wasserfalls wieder hinaufsteigen. Nur absolut trittsichere, schwindelfreie Bergwanderer haben dann am versicherten Aufstieg zum Coston della Vallina Freude und sehen sich im Anschluss mit einem weiteren Meer aus Gesteinsbrocken und Felstrümmern konfrontiert. Die Wegfindung in dieser kargen Landschaft bis zur Bocca della Cunella verlangt einiges an Orientierungsvermögen. Dann aber liegt uns nach einem steilen Abstieg erlösend das sattgrüne Val di Breguzzo zu Füßen, wo wir im Rifugio Trivena endlich unsere Zuflucht für die Nacht finden. Eine der spektakulärsten Etappen auf dem SdP!

Aussicht ins Val di San Valentino.

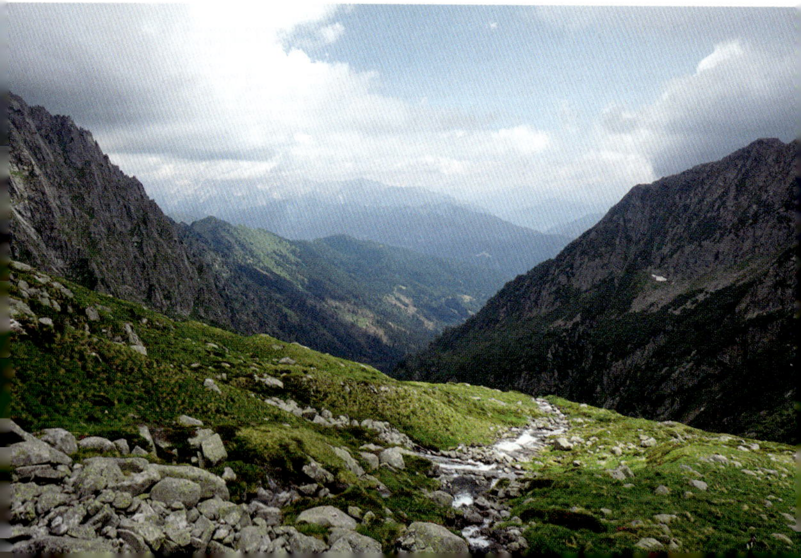

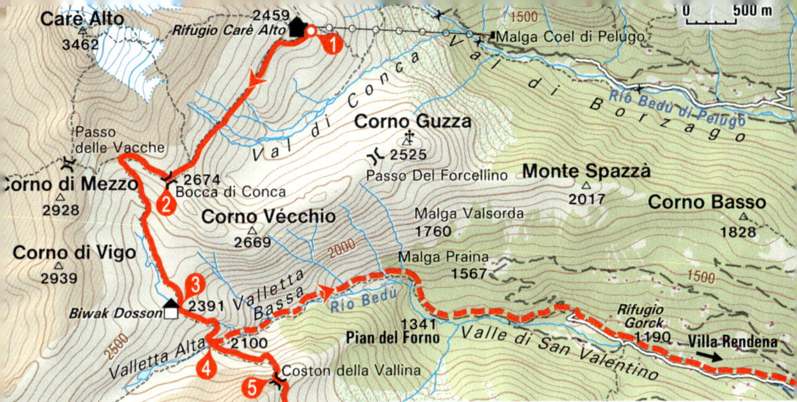
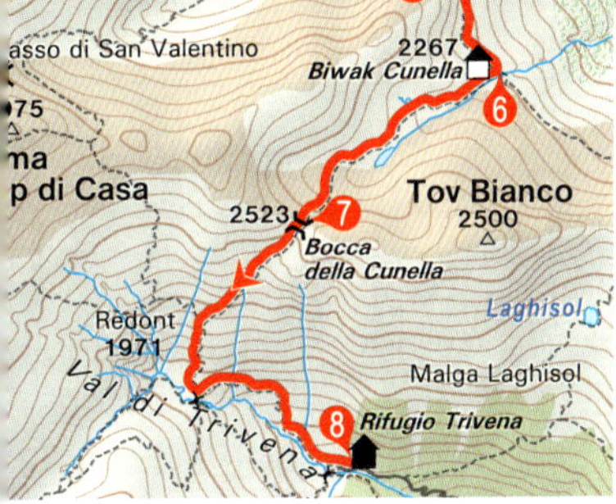

Ausgangspunkt: Rifugio Carè Alto, 2459 m.
Endpunkt: Rifugio Trivena, 1650 m.
Anforderungen: Viele Stunden geht es kletternd durch Blockwerk. Lange, zehrende Etappe. Aufstieg zum Coston della Vallina ohne Klettersteigausrüstung nur für Erfahrene möglich, auch wenn er in den Wanderkarten als Wanderweg eingezeichnet ist! Weg führt sehr steil, teilweise zugewachsen und über Eisenleitern sowie Drahtseilversicherungen hinauf. Bei Nässe gefährlich. Trittsicherheit, Orientierungssinn (vor allem bei Nebel) und Kondition obligatorisch. SdP-Beschilderungen nur sporadisch vorhanden. Ggf. ab Valletta Alta Variante nehmen.
Einkehr: Unterwegs keine.
Unterkunft: Rifugio Trivena (Mitte Juni–Anfang Oktober, Betten in Zimmern und Lager, HP 48 €, Tel. +39 0465 901 019, info@trivena.com).
Hund: Ausgedehnte Blockwerk-Abschnitte, sodass der Hund absolut trittsicher und konditionsstark sein muss und Hilfe benötigt. Zwei steile Eisenleitern zum Coston della Vallina nur mit Hilfe für den Hund zu meistern (Hund auf dem Rucksack transportieren oder am Seil). Evtl. bereits bei Etappe 8 (siehe Seite 76, Abschnitt Hund) über das Val Genova nach Carisolo gehen oder Variante wählen. Bei beiden Optionen mit dem Bus nach Lardaro und bei Etappe 11 wieder in die Tour einsteigen. Übernachtung im Rifugio Trivena nicht mit Hund möglich, ggf. auf Biwak Cunella (3 Betten) ausweichen. Wasser beim Biwak Dosson und Biwak Cunella.
Variante: Wer nach dem Abstieg ins Valletta Alta ❹ genug von Steinen und Granitblöcken hat, kann von hier aus über das Rifugio Gorck (derzeit geschlossen!) bis nach Villa Rendena absteigen. Weg lang (insg. ca. 16 km, 300 Hm Aufstieg, 2100 Hm Abstieg, 7.00 Std.). Dazu Beschilderungen ins Val di San Valentino folgen. Ab Villa Rendena mit dem Bus nach Lardaro (Anschluss Etappe 11).

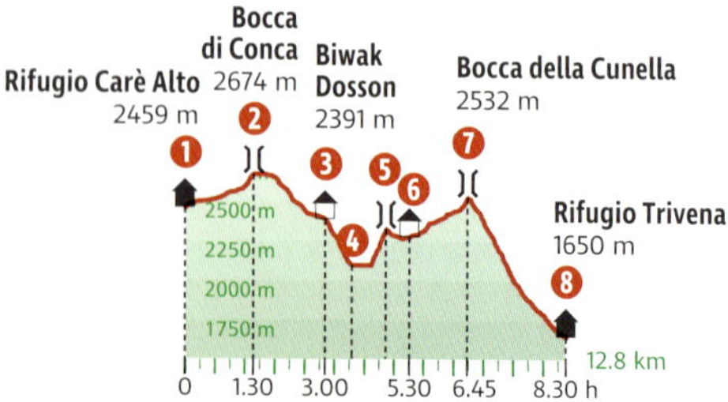

Wir wenden uns am **Rifugio Carè Alto** ➊, 2459 m, zur kleinen Kirche und halten uns dann auf dem Richtung Biwak Dosson beschilderten Weg rechts bergauf. Etwa 200 Hm im losen Blockwerk gilt es zunächst zu meistern. Wer klare Sicht hat, wird begleitet von einem tollen Ausblick auf den Carè Alto. Bis zur **Bocca di Conca** ➋, 2674 m, dauert es knapp 1.30 Std. Der Weg führt weiter über Blockwerk, ist jedoch markiert und mit Orientierungssinn sowie Konzentration gut erkennbar. 30 Min. später, an der Busa degli Aerei, an der ein Denkmal an einen Flugzeugabsturz erinnert, folgen wir den Beschilderungen zum Biwak Dosson. Dazu biegen wir links hinab auf den

Gemütliche Steinböcke auf dem Weg.

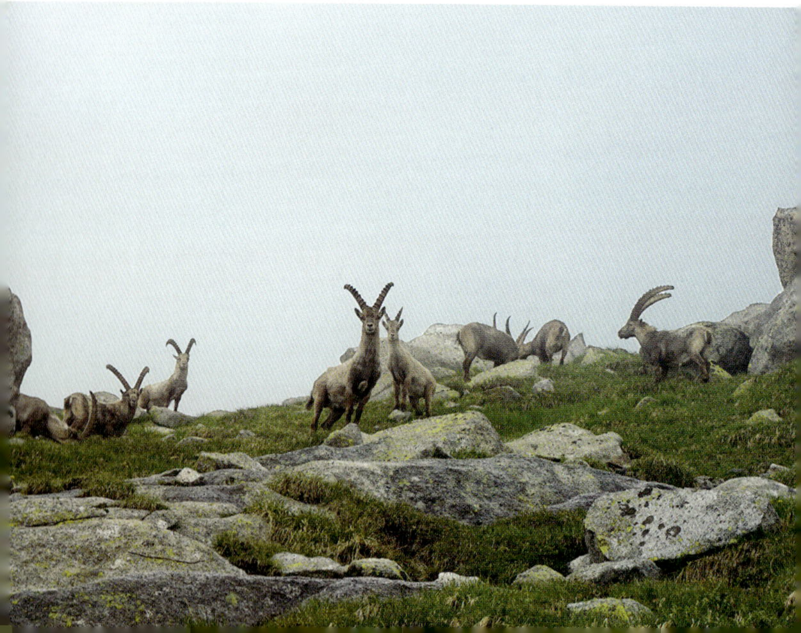

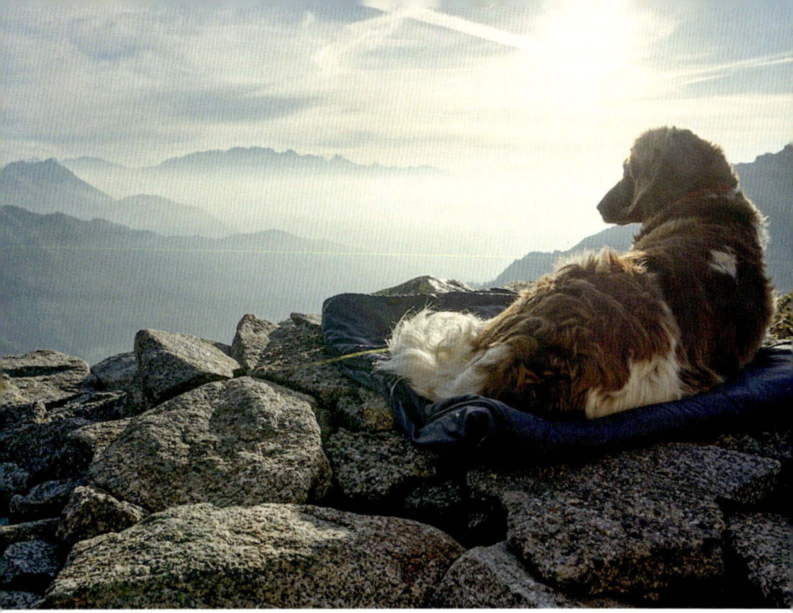

Ein perfekter Morgen am Mini-Biwak Cunella.

Weg 224. Es geht erneut über Blockwerk, wobei sich dieses zunehmend mit guten Wanderwegen ablöst. Vor uns liegt eine kleine Hochebene mit anfangs gutem Blick auf das Biwak. Wir wandern auf der linken Flussseite hinab und queren kurz vor dem Biwak den breiter werdenden Fluss. Noch vor Erreichen des **Biwak Dosson** ❸, 2391 m, biegen wir links ab und folgen dem sehr steilen Wanderweg an der rechten Seite des Flusses, der hier einen Wasserfall bildet. Die Blicke ins Valle di San Valentino sind fantastisch. Nach 30 Min. erreichen wir die Wegkreuzung an der **Valletta Alta** ❹, über die wir hinweggehen und dem Weg 225 folgen.

Wiesenwege und Blockwerk wechseln sich nun ab. Ein letztes Mal warnt uns ein Schild vor der anspruchsvollen Passage (als Klettersteig markiert, Erfahrene benötigen kein Set, auf Steinschlag achten!), bevor wir die erste, einfache Seilversicherung meistern. Wir umrunden anschließend eine Felsnase, schlagen uns dann rechts mehr oder weniger weglos und sehr steil bis zum Einstieg zum Coston della Vallina durch. Zwei steile Eisenleitern führen uns rechts hinauf, weg von der Rinne. Auch weiter ist der Steig versichert, aber weniger ausgesetzt. Er führt uns in einigen Kehren schließlich zum **Coston della Vallina** ❺, 2328 m. Wenn wir die vor uns liegende riesige Trümmerwelt genau studieren, erkennen wir mit Mühe ein winziges oranges Dach: das **Biwak Cunella** ❻, 2280 m. Es ist unser nächstes Zwischenziel. Wir suchen uns den markierten Weg und erreichen flott das Mini-Biwak. Drei Schlafplätze auf 5 Quadratmetern bietet es in dieser surreal anmutenden Welt. Hinter dem Biwak schwenken wir auf den markierten Weg 261. Zunächst wandern wir komfortabel, später wieder über Gesteinsbrocken mit etwas schwieriger Wegfindung hinauf zur **Bocca della Cunella** 7, 2532 m. Nun geht es nur noch hinab und ein steiler Abstieg fordert noch einmal alle Kräfte. An einer Weggabelung halten wir uns links. Ab hier weitere 30 Min. hinab zum klar zu erkennenden Torrente Arnò, links haben wir einen beeindruckenden Blick ins Val di Breguzzo. In dieses biegen wir nach links, wenn wir fast am Fluss angekommen sind. Der nun wieder bequeme Weg ist eine Wohltat für unsere Füße und führt direkt zum **Rifugio Trivena** 8, 1650 m.

Abstieg vom Coston della Vallina – ein spektakuläres Teilstück.

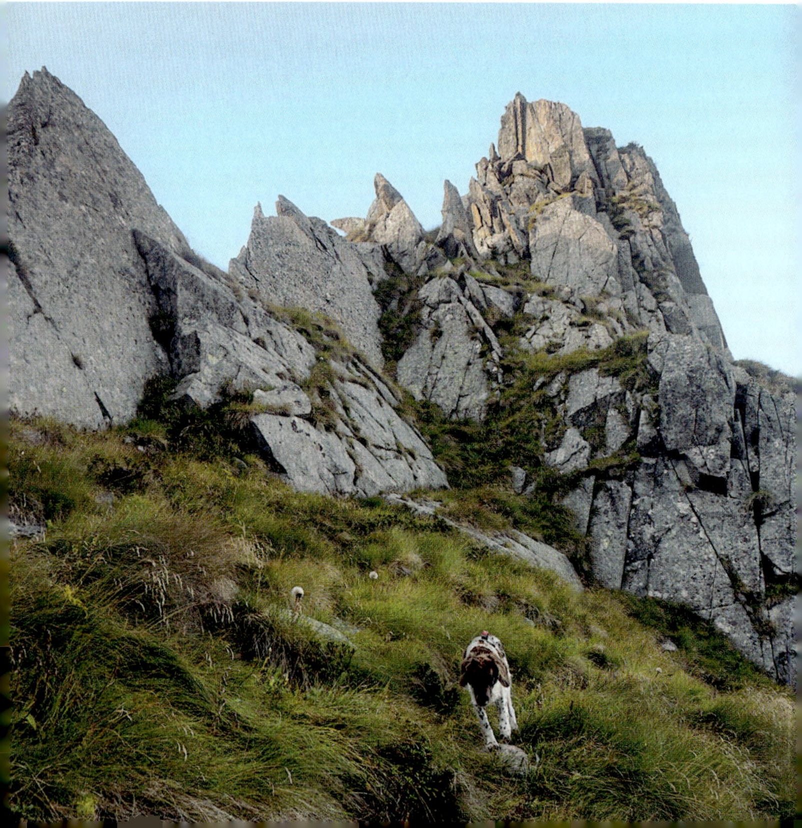

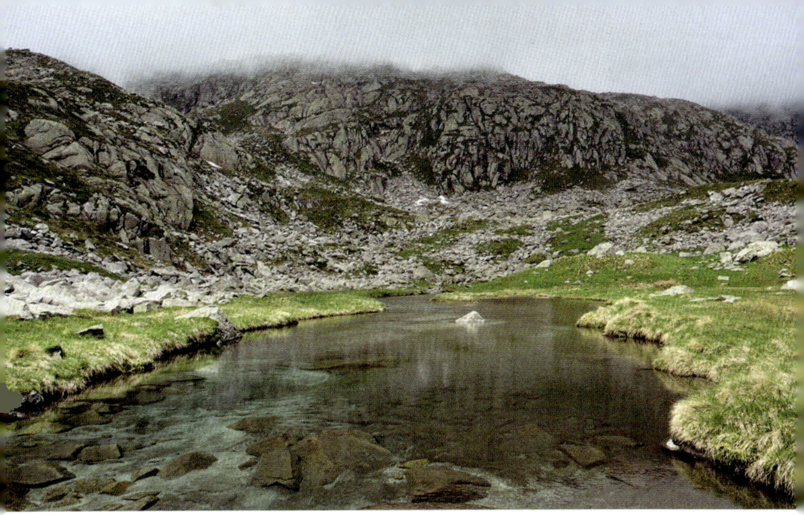

Am Biwak Dosson sammelt sich glasklares Wasser zu einem Wasserfall.

Das Überleben in den Gipfelstellungen

Der Carè Alto, dominierender Berg auf dieser Etappe, stellte durch seine exponierte Lage den südlichsten Punkt der Adamello-Presanella-Front dar. Während sich Wanderer heute bei schlechtem Wetter besser nicht zum Gipfel aufmachen, galt es im Ersten Weltkrieg, allen Wetterbedingungen zu trotzen. Ein Tiroler Standschütze berichtet, wie es wohl auf nahezu allen Gipfeln zuging:

»Ein Gewitter naht, wir ziehen uns in unsere Hütten zurück. Telephonleitung sofort ausschalten – so lautet der Auftrag des Kommandos. Emsige Hände arbeiten hurtig. Eispickel und Schaufel fliegen in den Schnee, weit weg vom Unterstand. Jede Anziehungsmöglichkeit für den Blitz muß weg. Da heult schon der Sturm mit grimmiger Gewalt über das Joch. Wie mit Fangarmen greift er um unsere Hütte, daß sie in den Fugen bebt... da, ein greller Blitz, daß die nahen Felsen dröhnen... Mitternacht. Ein neuer Gewittersturm, nur noch ärger als der frühere. Blitz um Blitz schlägt ringsum in die Felsen... Durch Ritzen und Spalten fliegt feiner Schneestaub... Im Laufe des Vormittags wurden von den Hochstellungen drei Opfer gebracht... zum Glück nur leicht vom Blitz gestreift. Die elektrische Spannung war so stark und drückend, daß die Menschen es weder in den Unterständen noch in den Eislöchern aushalten konnten, sondern trotz Sturm und Wetter die ganze Nacht im Freien in steter vorsichtiger Bewegung auf dem abschüssigen Felshang verbringen mußten.«

(Aus: Heinz von Lichem, »Gebirgskrieg 1915–1918«, Band 1)

10 Rifugio Trivena – Lardaro

10.30 h | 25,1 km
↗1100 m | ↘2020 m

Spektakuläre Kammwanderung für Dauerläufer

Beim Anblick der Tourdaten könnte man den Wegmachern des SdP Größenwahn vorwerfen, würde dabei aber zwei Aspekte außer Acht lassen: Diese Etappe muss allein aus geschichtlichen Aspekten so verlaufen und sie zeigt uns eine alpine Traumlandschaft, die einem die Sprache verschlägt. Da es keine Übernachtungsoptionen gibt, bleibt die stille Etappe allerdings dem wirklich sportlichen Bergwanderer (alle anderen nehmen die Variante I) vorbehalten. Diesem bietet der Weg zunächst eine urwaldähnliche Landschaft und später mit dem Val d'Arnó ein typisches, wasserreiches Tal mit einigen Almen. Am Talschluss sticht der weiße Kalkmarmor, der den Passo del Frate markiert, regelrecht aus der Umgebung heraus. Beim Näherkommen erkennen wir in einem bizarr herausragenden Steinturm die Gestalt eines Mönchs (ital.= Frate), der dem Pass seinen Namen gibt. Nach einiger leichter Kletterei erreichen wir den Pass und finden uns in einem Freilichtmuseum wieder: In den Stein gehauene Treppen, Reste von Baracken und Höhlen zeugen einmal mehr von den Geschehnissen des 1. Weltkrieges. Eine traumhafte Aussicht ist uns nicht nur hier gewiss, sondern auch bei der sich anschließenden, spektakulären Kammwanderung. Mal versichert, mal durch Schützengräben und immer dicht am schroffen Grat geht es bis zum Monte Corona und zum Dosso dei Morti (dt. = Kuppe der Toten). Auch wenn die Abstiegshöhenmeter zehren, langweilig wird es nicht. Wir meistern eine weglose Passage, begutachten umfangreiche Schützengräben am Dosso Brullo und treffen schließlich, kurz vor dem erlösenden Ziel, auf zwei ehemalige Festungswerke.

Ausgangspunkt: Rifugio Trivena, 1650 m.
Endpunkt: Touristeninformation Lardaro, 732 m.
Anforderungen: Technisch moderate, aber sehr lange und kräftezehrende Etappe, die aufgrund mangelnder Übernachtungsoptionen wohl nur für die Wenigsten machbar ist. Weg immer wieder durch Seile versichert. Kurze Kraxelei beim Aufstieg zum Passo del Frate ❹, anschließend lange Kammwanderung, etwas ausgesetzt, meist aber versichert. Bei Nässe und Gewitter sehr gefährlich. Sehr langer Abstieg, der ab der Malga Avalina ❼ weglos über einen Grashang führt, GPS nachdrücklich empfohlen. Ggf. Variante II nehmen.

Einkehr: Unterwegs keine.
Unterkunft: In Lardaro derzeit keine Übernachtungsoptionen. Daher mit dem Bus (Linie 215) in wenigen Minuten entweder nach Roncone oder Pieve di Bono (nicht am Wochenende, sonst mindestens zweimal am Nachmittag) oder zu Fuß nach Roncone (weitere 2 km), Busfahrplan: www.trentinotrasporti.it.
In Roncone: Albergo Roncone (ganzjährig, HP 40–50 €, Tel. +39 0465 901 080, info@albergoroncone.it, www.albergoroncone.it); Albergo Genzianella (ganzjährig, HP 48–55 €, +39 0465 901 035, info@albergogenzianella.net, www.albergogenzianella.net). Weitere auch in Pieve di Bono. Bei der Variante I Über-

nachtungen in Breguzzo und Bondo möglich (vgl. Abschnitt Hund).
Hund: Technisch für den trittsicheren Hund nur der kurze Aufstieg zum Passo del Frate herausfordernd. Allerdings auch für den Hund konditionell sehr anstrengende Etappe, vor allem im Hochsommer bei Hitze. Wasser nur im Val d'Arnò, sonst sehr trocken. Übernachtung bspw. in Roncone im Albergo Roncone oder in Pieve di Bono bspw. im Agriturismo la Meta (www.agriturlameta.com). Auch bei der Variante I Möglichkeiten: in Breguzzo (Hotel Carlone, www.hotelcarlone.it/de); in Bondo (Suite Romantica Fuga, www.suiteromanticafuga.it); Agritur Cornasest, www.agriturcornasest.it)

Varianten: 1) Wer den langen Weg scheut, kann stattdessen eine gemütliche Wanderung durch das Val di Breguzzo nach Bondo/Breguzzo wählen. Dazu ab dem Rifugio Trivena der Fahrstraße vorbei am Rif. Pont'Arnò bis nach Bondo/Breguzzo folgen. Hier auch bessere Übernachtungsoptionen. Ab Bondo/Breguzzo mit dem Bus 215 (www.trentinotrasporti.it) nach Lardaro (Anschluss Etappe 11). Dauer: 3.00 Std, 10,3 km, 10 Hm Aufstieg, 850 Hm Abstieg.
2) Wer den weglosen Abschnitt ab der Malga Avalina 7 auslassen will, nimmt ab hier die Fahrstraße hinab und trifft nach dem Dosso Brullo 8 wieder auf den SdP.

Spätestens mit den ersten Sonnenstrahlen starten wir am **Rifugio Trivena** 1, 1650 m, unsere Wanderung, indem wir zunächst wenige Meter die Fahrstraße hinab, an der Kreuzung geradeaus und über die Brücke gehen. Etwas unscheinbar biegt direkt dahinter der SdP nach links und führt uns ein kurzes Stück am Torrente Arnò entlang. Der schmale Pfad bringt uns im steten Auf und Ab, zuweilen auch versichert, durch einen urigen Wald bis zur **Malga d'Arnò** 2, 1562 m. Wer mag, kann sich hier mit selbstgemachtem Käse für den Weiterweg eindecken. Geradeaus wandern wir auf der Fahrstraße entlang, biegen einen knappen Kilometer später nach links und queren im Verlauf zweimal Flüsse. Anschließend erblicken wir vor uns die Malga Maggiasone und schwenken vorher scharf nach rechts. Wir folgen nun dem nur mäßig steilen, bequemen Weg durch einen lockeren Lärchenwald, der nach erneuter Querung eines meist nur wenig Wasser führenden Flussbettes etwas steiler wird und uns zu den Ruinen der **Malga Pozza** 3, 1967 m, bringt. Spätestens hier sollten wir unsere Wasservorräte auffüllen.
Der SdP biegt schließlich nach rechts und wir machen deutlich unser nächstes Zwischenziel, den Passo del Frate aus. Der weiße Kalkmar-

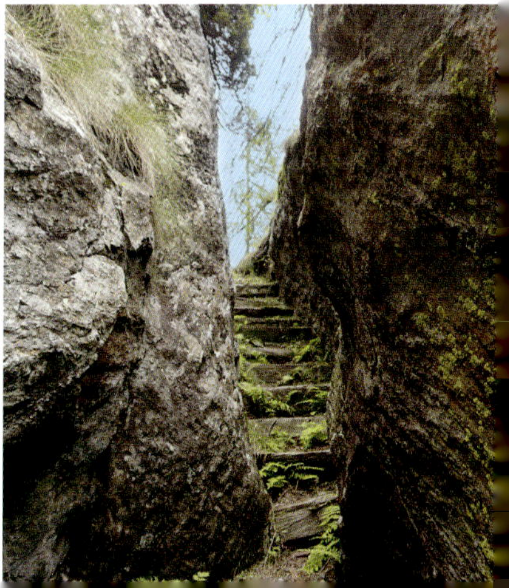

Überhaupt nicht langweilig: Waldpfade zwischen Rifugio Trivena und Malga d'Arnò.

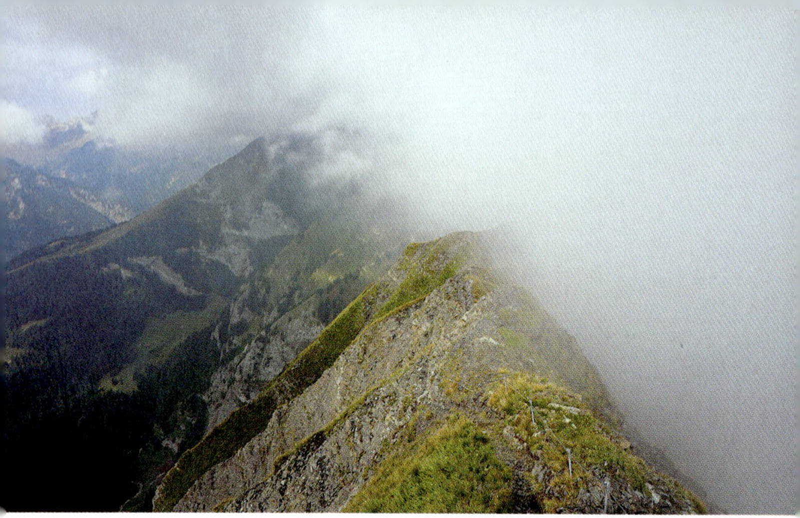

Der SdP verläuft meist unscheinbar, aber direkt auf oder neben dem Grat, die schwierigsten Stellen sind versichert.

mor sticht aus der Umgebung heraus und der Steinturm in Mönchsgestalt ist ein deutlicher Wegweiser. Der etwas steilere, aber gut zu wandernde Weg bringt uns zum Anfang einer steinigen Rinne, durch die wir unter Benutzung der Hände kraxelnd nach oben zum **Passo del Frate** 4, 2268 m, steigen. Nach ausführlicher Besichtigung der Weltkriegs-Ruinen biegen wir nach links auf den Kammweg ein. Wir wandern direkt durch Schützengräben, zuweilen etwas ausgesetzt, aber oft versichert am Grat entlang. Nach einer scharfen Rechtskurve erreichen wir den höchsten Punkt des Tages, den **Monte Corona** 5, 2508 m. Ihn ziert statt einem Gipfelkreuz le-

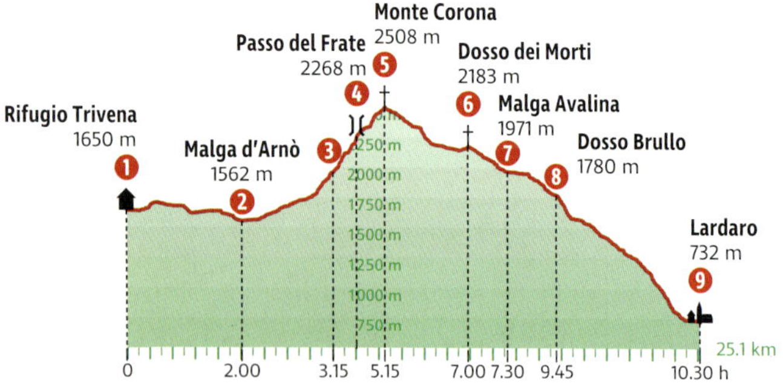

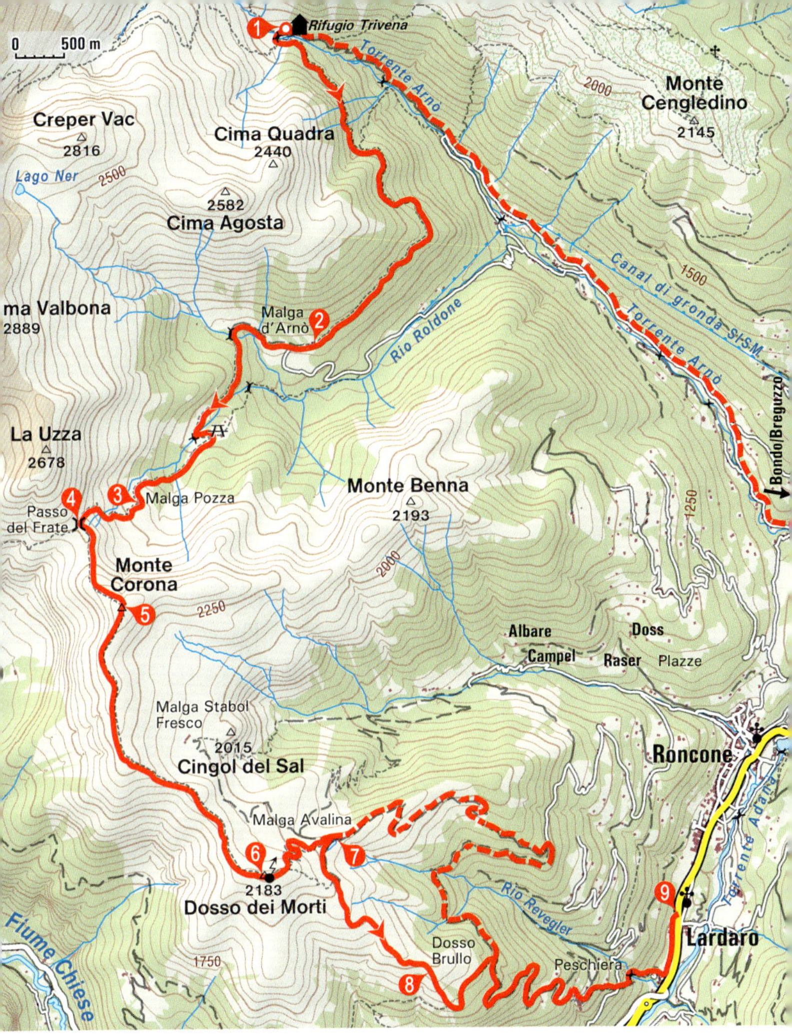

diglich ein Metallzacken aus dem ersten Weltkrieg, ringsherum finden sich Barackenreste. Im Prinzip ist die anschließende Wegführung wie gehabt: Immer am Kamm entlang geht es nun 4 km hinab. Bis auf kurze steilere Teilstücke kommen wir flott voran und erreichen nach kurzem Gegenan-

stieg schließlich den **Dosso dei Morti** 6, 2183 m. Der Grashügel, auf dem ein Gedenkkreuz an die Tiroler Standschützen (vgl. Seite 11) erinnert, bietet eine famose Aussicht ins Val Chiese, ist sonst aber unspektakulär.
Vom Gipfel wandern wir noch ein Stück auf dem Grashügel weiter, ehe uns links hinab ein Zick-Zack-Weg unschwierig zur **Malga Avalina** 7, 1971 m, leitet. Von dort geht es scharf rechts, am Wasserspeicher vorbei die Fahrstraße entlang. Sie mündet in einen Pfad, auf dem uns einige wenige verbliebene SdP-Markierungen die nächsten Meter weisen. Jedoch verschwinden sowohl der Pfad als auch die Markierungen in der weitläufigen Almlandschaft, so dass wir bald weglos über den Grashügel weiter hinabsteigen. Hin und wieder gelingt es uns, ein Stück auf dem Weg zu laufen und auch Markierungen tauchen sporadisch auf. So gelangen wir zum **Dosso Brullo** 8, 1780 m. Ein weites Netz aus Schützengräben durchzieht den Hang. Noch einmal brauchen wir all unsere Orientierungsfähigkeiten, um den Weiterweg zu finden. Am besten halten wir uns dabei an den steilen, hinabführenden und zuweilen überwucherten Schützengraben, der in einigen Kurven hinabführt und uns wieder zu einem guten Weg bringt. Hier biegen wir nach links, wandern durch den Wald, ehe wir nach rechts auf eine Serpentinenstraße schwenken. Kurz nach der fünften Kehre führt uns ein Pfad hinab zur Festung Forte Corno, eine der besterhaltenen Militärbauten des westlichen Trentinos (i. d. R. Mitte Juni–Mitte September mit Führung zu besichtigen: 10.00, 14.00, 16.00 Uhr, ohne Voranmeldung, 5 €). Dann wandern wir links am Forte vorbei, gehen rechts den Pfad hinab und nach einer weiteren Kurve über die nächste Fahrstraße hinweg hinab bis zum Forte Larino (Juli–Mitte September wochenends, im August täglich von 10–12.00 Uhr und 14–18.00 Uhr geöffnet, 3 €). Ab hier der Zufahrtsstraße bis zur Hauptstraße folgen und geradeaus bis nach Lardaro. Die Touristeninformation **Lardaro** 9, 732 m, befindet sich hinter dem Park auf der rechten Seite.

i *Die Sperre »Lardaro«*

Fünf von den Österreichern schon vor Kriegsbeginn erbaute Festungswerke bildeten die Sperre »Lardaro«. Die beiden Werke Forte Larino und Corno liegen direkt am Weg. Ersteres befindet sich noch in einem sehr guten Zustand. Beide Werke galten zu Kriegsbeginn als veraltet und wurden lediglich als Unterkünfte genutzt. Zwischen den österreichischen und italienischen Frontlinien lagen mehrere kleine Ortschaften, sodass die Anwesenheit der Zivilbevölkerung mit ihren gewohnten Beschäftigungen ganz normal war. Vor allem den Frauen und Mädchen kam hier auch eine besondere Bedeutung zuteil: Sie trugen jede Nacht die Verpflegung zu den Feldwachen, auch unter heftigem Beschuss und bei jedem Wetter.

Die Rinne führt hinauf zum Passo del Frate, die Gestalt des Mönchs (ital.= Frate) ist deutlich zu erkennen.

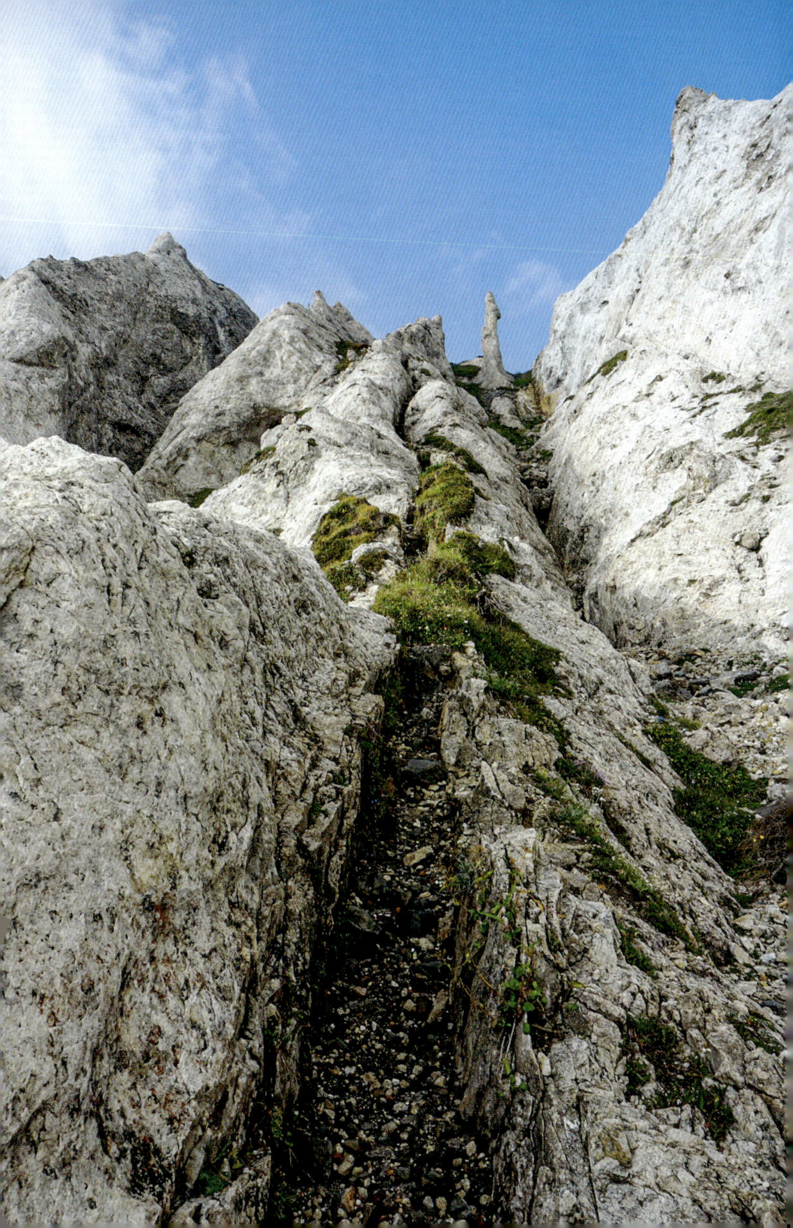

Gardaseeberge

Die Region rund um den größten See Italiens, den Gardasee, hat mehr zu bieten als den bekannten und touristisch gut erschlossenen Monte Baldo. Die Berge am Gardasee sind zwar kleiner als auf unserer bisherigen Wanderung, aber nicht minder aussichtsreich. Im Val de Concei, einem von vielen schroffen Zweitausendern gesäumten Tal, herrscht nahezu erstaunliche Einsamkeit bei dennoch atemberaubender Schönheit. Der höchste Gipfel der Region ist der Monte Cadria mit 2254 m. Vom Presanella-Gebirgszug dehnen sich die Gardaseeberge bis ins Etschtal nach Rovereto aus und werden im Süden von der Poebene begrenzt.

Trotz der Höhe der Berge herrscht am größten See Italiens mediterranes Klima. Hinter Palmen, Olivenhainen und blauem Wasser ragen hohe Felsen in den Himmel. In der »grünen Lunge« des Gardasees, wie die Region hinter dem Monte-Baldo-Kamm bis ans Etschtal genannt wird, dominieren Bergdörfer, Weinberge sowie Obstplantagen mit Zitrusfrüchten. Auch die Gardasee-Fauna ist mediterran und alpin zugleich. So leben hier in den tieferen Lagen Feuersalamander, Smaragdeidechsen und Vipern und in den höheren Murmeltiere, Füchse und Rotwild. Hinter dem Monte-Baldo-Kamm durchstreifen sogar regelmäßig Braunbären das Gebiet.

Der Gardasee ist der größte See Italiens.

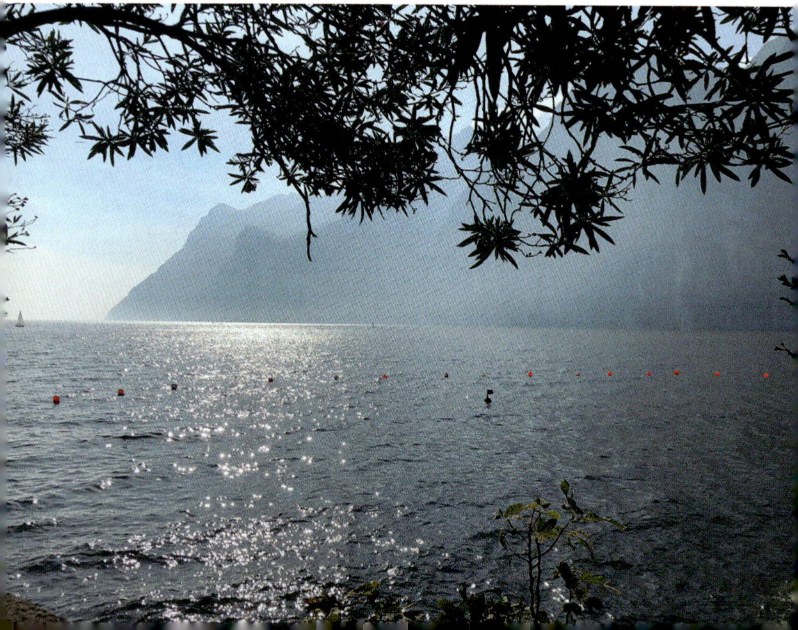

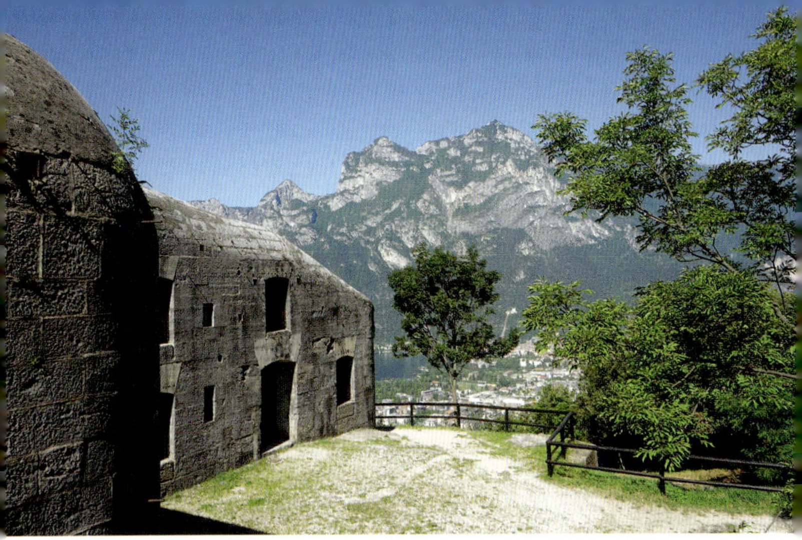

Oben: Die Mittelbatterie – nur eines von vielen Festungswerken am Gardasee. Folgende Doppelseite: Unbekannte Schönheiten am Gardasee – Gratwanderung um das Val de Concei.

Geschichte

Vom Val Giudicarie (dt. = Judikarien) um Lardaro bis zum Westufer des Gardasees handelte es sich mit einigen Ausnahmen um eine »friedliche« Front, bei der es überwiegend um das Halten der Linien ging. Beide Seiten planten keine echten Offensiven, vielmehr glich die Front einem Kleinkrieg, den Feldwachen und Patrouillen austrugen. Gemütlich war es auf den Gipfeln dennoch nicht – auch hier kämpften die Soldaten gegen den »zweiten Feind«, das Wetter.

Nicht sofort erkennen Touristen die österreichische Vergangenheit der heute doch recht italienisch geprägten Region um Riva del Garda. Fernab der touristischen Hotspots sieht und spürt man die Vergangenheit aber schon. Noch vor dem Beginn des Ersten Weltkrieges trug Riva del Garda den Namen Reif und das Meer der Alpen, der Gardasee, den Namen Gratsee. Im Ersten Weltkrieg kam dem Nordufer des Sees immense strategische Bedeutung zu, denn es riegelte das Sarcatal und den Weg für die Italiener nach Trient ab. Von Riva del Garda bis nach Rovereto zog sich eine gewundene Frontlinie, die das Vordringen nach Trient und über das Etschtal verhindern sollte. Alle Versuche der Italiener scheiterten zu Beginn des Krieges, sodass sie diese bald einstellten und es sich auch hier um eine »ruhige Front« inmitten des Krieges handelte. Lediglich Riva und Rovereto lagen unter Dauerbeschuss.

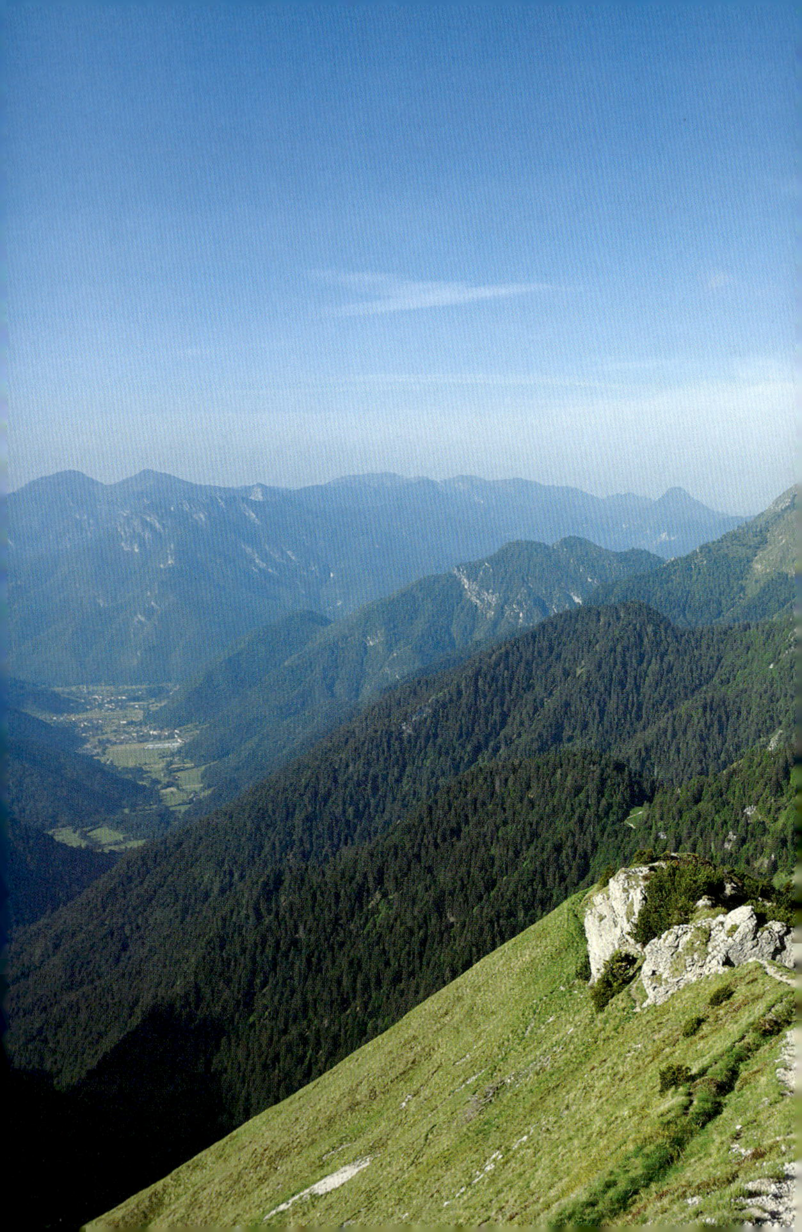

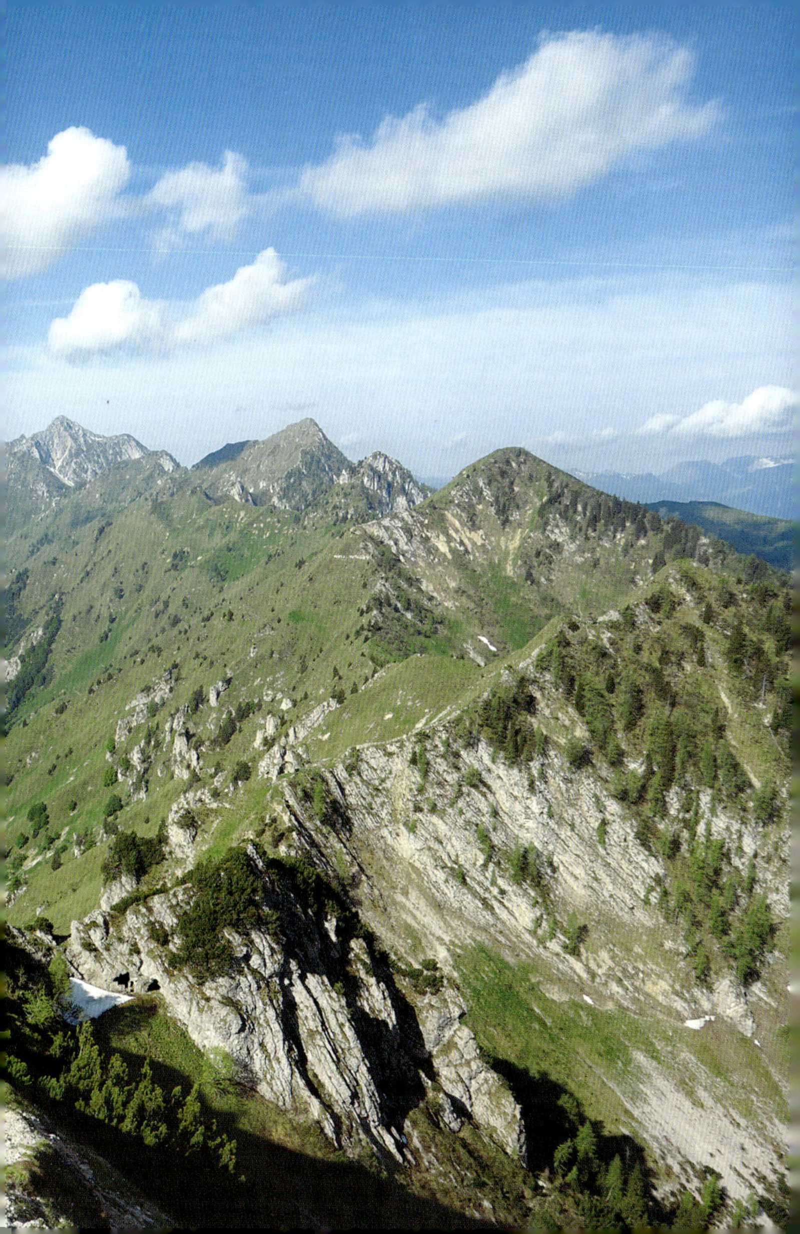

11 Lardaro – Malga Cadria

4.30 h | 11,4 km
↗1250 m | ↘70 m

Wo Murmeltiere pfeifen und famose Aussichten warten

Eine beeindruckende erste Etappe in den Gardaseebergen erwartet uns. Die Weitblicke auf die riesigen Berggipfel der Adamello-Presanella-Gruppe, die wir in den vergangenen Tagen durchstreift haben, erfreuen uns ebenso wie Aussichten auf den Monte Baldo, Monte Cadria und Lago di Ledro. Jeder einzelne Höhenmeter wird aussichtsreich belohnt. An der Malga Cadria pfeifen Murmeltiere, die zugleich Zeichen einer recht unberührten Natur und nur mäßigem Wandertourismus sind. Ein kurzer Abstecher zum Werk Carriola zeigt eindrucksvoll die Kriegsgeschehnisse.
Diese Etappe ist zugleich Auftakt einer dreitägigen, einsamen Gratwanderung mit nur schlechten Übernachtungsmöglichkeiten für Wanderer, die feste, bewirtschaftete Unterkünfte bevorzugen. Am Ende dieser wie auch der nächsten Etappe wartet eine sehr spartanische Unterkunft beim Hirten beziehungsweise eine Biwak-Übernachtung in einer aufgelassenen Alm. Wer lieber auf bewirtschaftete Hütten zurückgreift, wandert die Varianten V11 sowie V12/13 und steigt ab Etappe 14 wieder in den Normalverlauf des SdP ein.

Ausgangspunkt: Touristeninformation Lardaro, 732 m.
Endpunkt: Malga Cadria, 1914 m.
Anforderungen: Einfache Wege, grundsätzlich gut mit SdP-Symbol beschildert.
Einkehr: Unterwegs keine.
Unterkunft: Übernachtung im Lager beim Hirten auf der Malga Cadria prinzipiell möglich. Da jährlich der Pächter wechselt, jedoch nicht garantiert. Auskünfte über die aktuellen Bedingungen erteilt: Consorzio per il Turismo della Valle di Ledro, Tel. +39 0464 591222, info@vallediledro.com, www.vallediledro.com.
Übernachtung auch im Biwak Campel möglich, Wasser in der Nähe (+ 1,5 km, 250 Hm Abstieg ab der Pozza di Cadria). Sonst bleibt nur der Abstieg nach Lenzumo (vgl. Etappenbeschreibung V11, Seite 106/107); dort gibt es einige Pensionen und Hotels.
Hund: Unschwierig. Übernachtung mit Hund beim Hirten auf der Malga Cadria erfragen, sonst Variante V11 nehmen. In Lenzumo Übernachtungen mit Hund möglich.

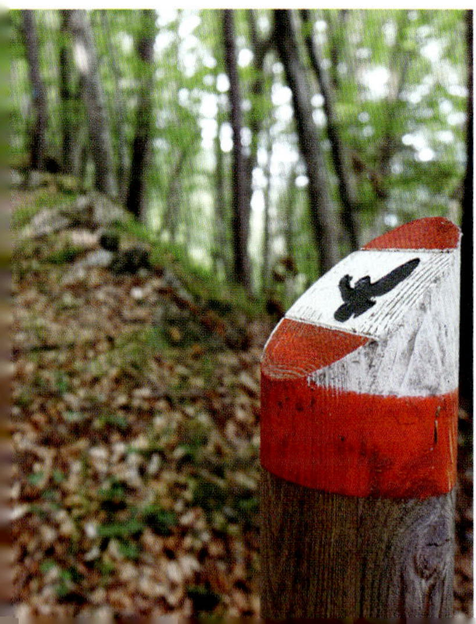

Die Friedenstaube weist den Weg.

Von der Touristeninformation in **Lardaro** ❶, 732 m, führt der Weg wenige Meter durch einen kleinen Park, biegt an der nächsten Möglichkeit links ab und leitet auf einer kleinen Asphaltstraße am Friedhof vorbei. Nach der Überquerung des Torrente Adanà geht der SdP rechts ab und führt zunächst entlang desselben auf einem kleinen Asphaltsträßchen. Nachdem wir die erste Serpentine hinter uns gelassen haben, biegt er links in den Wald ab und quert auf schmalen, schönen Waldwegen immer wieder die Serpentinen-Straße in mäßiger Steigung. Nach etwa 1.15 Std., an einem Picknick-Platz nebst Köhlerstelle auf der anderen Straßenseite, folgt der SdP wieder dem wenig befahrenen Asphaltsträßchen und quert nach wenigen Minuten den **Rio Sadacia** ❷, 1065 m. Kurz zuvor eröffnen sich tolle Blicke ins Val Giudicarie und auf die Adamello-Presanella-Berge.

Im Anschluss führt der Weg etwa 15 Min. durch eine kleine Ortschaft. Hier können wir in der Nähe der Kirche in einer Linkskurve rechts einen Abstecher zum **Werk Carriola** ❸ machen.

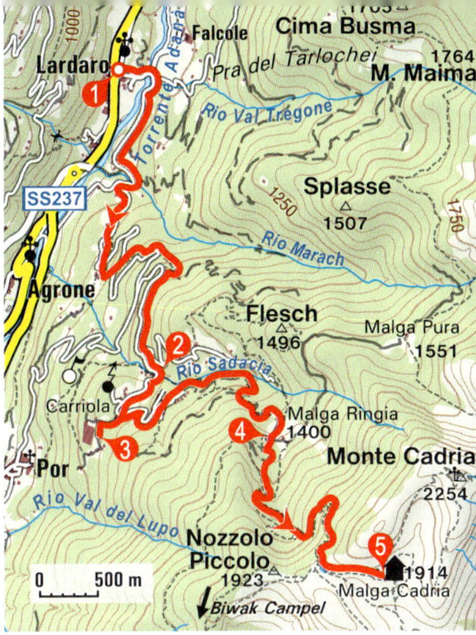

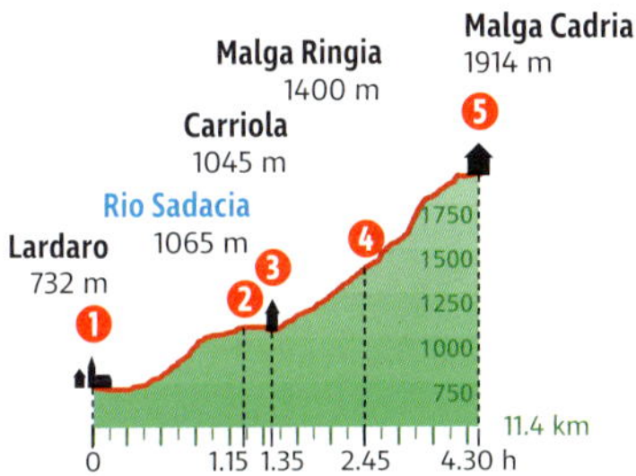

Unter Beschuss – das Werk Carriola

Zur Sperre »Lardaro« (siehe Seite 90) gehörte auch das südlich gelegene, moderne Werk Carriola ❸. Es wurde kurz vor Ausbruch des Gebirgskrieges 1915 fertiggestellt. Während die anderen Forts dieser Sperre nicht mehr als Werke genutzt wurden, gehörte dieses zu den kampfstarken Verteidigungsanlagen der Österreicher. Es war mit 4 Haubitzen, 2 Schnellfeuerwaffen und 19 Maschinengewehren ausgestattet. Im Krieg bombardierte und beschoss man von dort die italienische Artillerie, ohne jedoch nennenswerten Schaden zu verursachen. Wie bei vielen anderen Werken aus dieser Zeit wurde es später abgerissen, um das verbaute Eisen wiederzugewinnen. Dennoch lohnt ein Besuch.

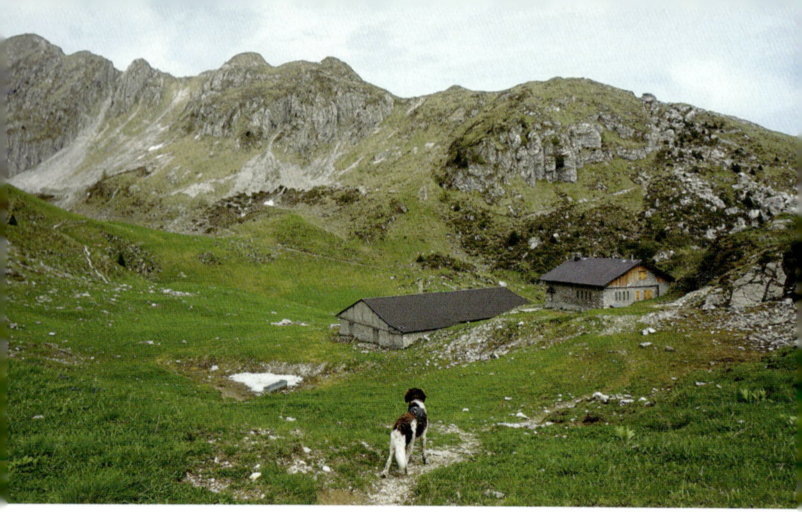

An der Malga Cadria mit dem Cadria-Massiv im Hintergrund.

Auf gleichem Weg geht es zurück, in der Kurve dann nach rechts abbiegend. Wir folgen dem Serpentinenweg etwa 1 Std. und erreichen die **Malga Ringia** 4, 1400 m. Der Monte Cadria offenbart sich erstmals in voller Pracht, während gegenüber der Carè Alto aus dem Bergmassiv der Presanella-Gruppe hervorragt. An der Malga Ringia biegt der SdP rechts ab (den linken der sich gabelnden Wege nehmen!) und passiert kurz darauf eine grün-weiße Schranke. Die schmalen, zuweilen steilen Waldpfade schlängeln sich immer wieder aussichtsreich mit Blicken auf Lardaro, Roncone und die Malga Ringia bis hinauf zur Pozza di Cadria (hier Abzweig zum Biwak Campel). Am kleinen See lohnt sich der Blick nach oben zum Nozzolo Grande, wo Stollen den Berg regelrecht durchlöchern.

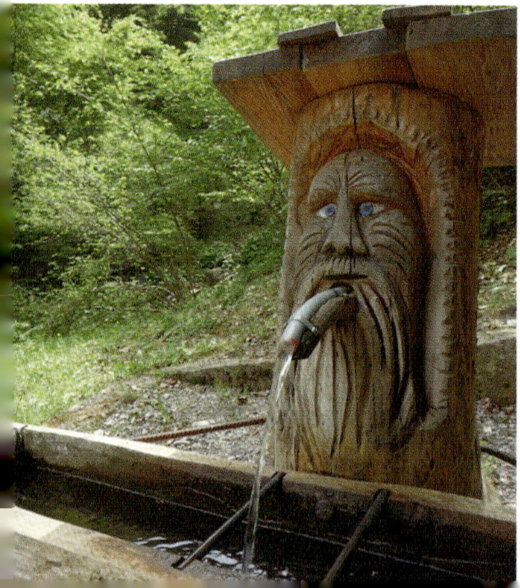

Nur wenige Minuten später erreichen wir die **Malga Cadria** 5, 1914 m. Zur Linken thront der Monte Cadria mit seinem Gipfelkreuz und geradeaus dürfen wir einen traumhaften Blick hinab zum Lago di Ledro werfen.

Letzte Wasserstelle am Rio Sadacia für die nächsten Tage.

6.00 h	9,8 km
↗900 m	↘1270 m

Malga Cadria – Biwak Casinotto 12

Anspruchsvolle Gratwanderung im ständigen Auf und Ab

Eine unglaublich aussichtsreiche, wenngleich sehr anspruchsvolle Tour, die ohne großes Vorgeplänkel direkt mit dem Aufstieg zum Monte Cadria, dem höchsten Gipfel der Gardaseeberge, beginnt. Anschließend verläuft der Friedensweg entlang des Grates auf der Westflanke des Val de Concei und eröffnet bei gutem Wetter traumhafte Weitblicke zur Adamello-Presanella-Gruppe, zum Monte Baldo und Lago di Ledro. Immer wieder geht es bergauf und bergab auf teilweise ausgesetzten Pfaden, die leichte Kletterei erfordern. Wir passieren zahlreiche Stollen und Schießscharten und wandern teils direkt durch noch gut erhaltene Schützengräben. Neben dem Monte Cadria gilt es zudem, noch drei weitere Zweitausender zu bezwingen.

Ausgangspunkt: Malga Cadria, 1914 m.
Endpunkt: Biwak Casinotto, 1672 m.
Anforderungen: Aufstieg zum Monte Cadria und anschließende Gratwanderung über mehrere Bergrücken anspruchsvoll, teilweise ausgesetzt und versichert. Spärlich mit SdP-Symbol beschildert, Gratweg zuweilen auch stark überwachsen. Bei Nässe extrem gefährlich.
Einkehr: Unterwegs keine.
Unterkunft: Übernachtung in der Selbstversorgerhütte Biwak Casinotto (unbewirtschaftete Schutzhütte, im Winter kein Wasser, zeitweise von Hirten benutzt, Übernachtung aber immer möglich), Auskünfte gibt: Consorzio Turistico Valle del Chiese, Tel. +39 0465 901217, info@visitchiese.it, www.visitchiese.it. Alternative Übernachtungsmöglichkeit im komfortablen Rifugio al Faggio (+ 2 Std. Abstieg, die am nächsten Tag wieder aufgestiegen werden müssen): Rifugio al Faggio (Mitte April–Ende Oktober, 14 Zimmer in DZ, HP ab 51 €, Tel. +39 0464 591 100, info@hotelalfaggio.com, www.hotelalfaggio.com, sehr empfehlenswert mit guter Küche!).
Hund: Nur für bergerfahrene Hunde, keine Wasserstellen, bei Klettereien u. U. Hilfe erforderlich, Übernachtung im Rifugio al Faggio sowie Biwak Casinotto möglich.
Variante: Wer ausschließlich auf bewirtschaftete Hütten zurückgreifen will, läuft anstatt der Etappen 11 bis 13 in zwei Tagen die Varianten V11 und V12/13 (siehe ab Seite 106).

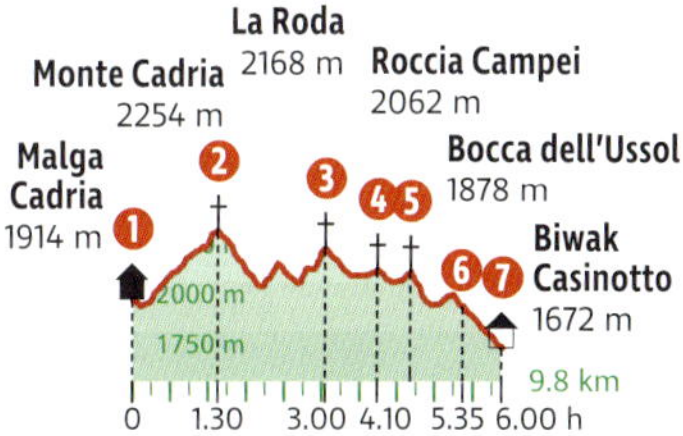

Von der **Malga Cadria** ❶, 1914 m, wendet sich der Weg zunächst ostwärts und später in Serpentinen hinauf zum Bergkamm, an dessen Ende nach 1.30 Std. das Gipfelkreuz des **Monte Cadria** ❷, 2254 m, prangt. Der Pfad hinauf ist teilweise ausgesetzt und drahtseilversichert, aber gut zu finden. Etwa 10 Hm unterhalb des Gipfels liegt ein alter Weltkriegsstollen, der bei einem Wettersturz Unterschlupf gewähren kann.

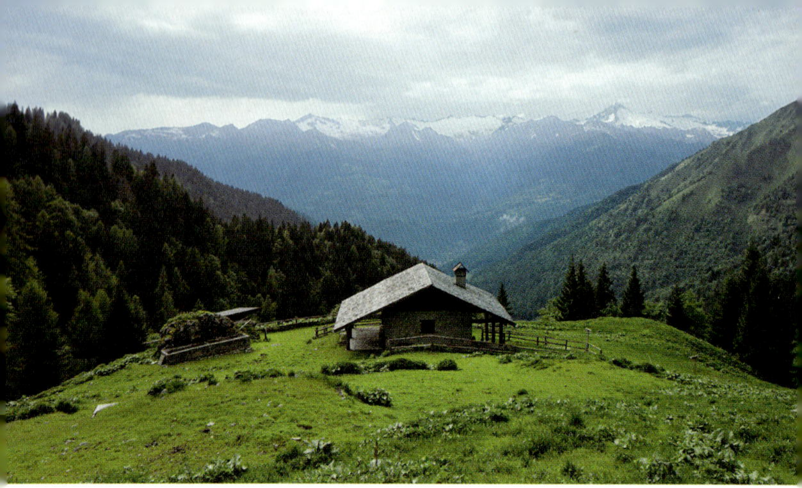

Biwak Casinotto – solides Biwak in traumhafter Lage.

Nach kurzem Gipfelabstecher, wo wir bei guter Sicht den gegenüberliegenden Bergkamm, die Bocca di Trat und das Rifugio N. Pernici (beide Etappe 13) erblicken, folgen wir den nordwärts weisenden SdP-Beschilderungen. Hier startet die Gratwanderung auf einem im Zick-Zack bergab schlängelnden Weg (Achtung Steinschlaggefahr!). Den nächsten Gipfel des

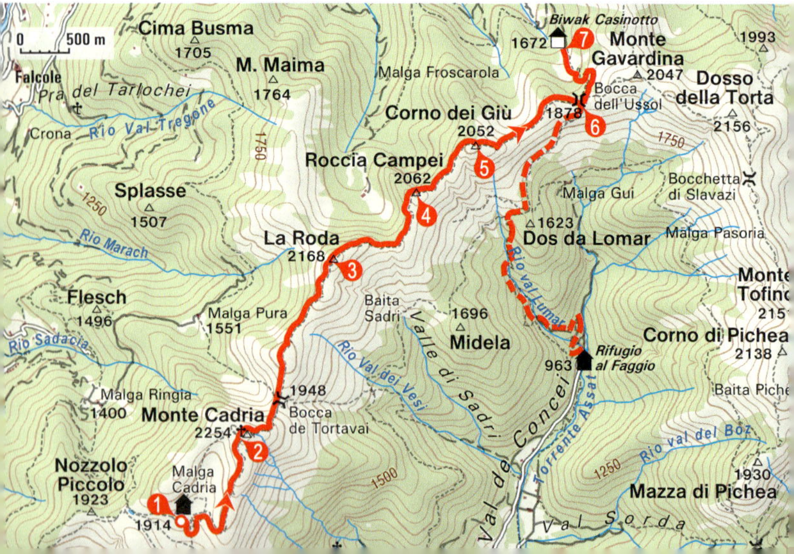

Lauschangriff!

Am 23. Mai 1915 trat Italien in den Krieg ein. Im Grenzgebiet blieben die Vorbereitungen jedoch nicht unbemerkt. Schon vier Tage zuvor, am 19. Mai, wurden einzelne österreichische Schützen aus Bozen informiert, die bereits am nächsten Tag eine 348 Mann starke Mannschaft aufstellten und sich auf den Weg nach Riva del Garda machten. Die Frontline um das Val de Concei wurde schon am 22. Mai – einen Tag vor offiziellem Kriegsbeginn – von diesen Freiwilligen besetzt und die Gipfelstellungen ausgebaut. Sie waren die ersten, die diesen Raum verteidigten und die Front vor allem während der ersten Kriegswochen sicherten. Alle aktiven Soldaten standen zu diesem Zeitpunkt an anderen Kriegsfronten. Vor allem im ersten Winter war das Ausharren in den Gipfelstellungen unter freiem Himmel im Regen und Schnee schwierig. Es gab keine Ausrüstung, keine Zelte, Schlafsäcke oder sonstigen Schutz. Den Bozener Standschützen gelang auch eine kühne Aktion: Erkundungspatrouillen schlichen nach Bezzecca, zapften bei den Italienern heimlich eine Telefonleitung an und verlegten sie Meter für Meter unentdeckt bis zur Bocca di Trat. Acht Tage konnten die Österreicher Gespräche mithören, weiterleiten und dechiffrieren.

Tages, **La Roda** 3, 2168 m, erreichen wir mit einigen steilen An- und Abstiegen auf dem Gratweg. Er führt uns vorbei an begehbaren Stollen und vor allem im Gipfelbereich zuweilen auch durch Schützengräben. Weiter geht es auf dem Grat hinab und hinauf, bis kurz vor dem nächsten Gipfel, der **Roccia Campei** 4, 2062 m, eine leichte, versicherte Kletterei alle Konzentration erfordert. Der SdP, nur hin und wieder gekennzeichnet, ist unschwierig zu erkennen, verläuft er doch stets als einziger Weg am Grat bergan oder bergab. Zum **Corno dei Gíu** 5, 2052 m, sind daher noch einige kurze, steile An- und Abstiege zu bewältigen. Nach weiteren 50 Min. markiert die **Bocca dell'Ussol** 6, 1878 m, mit eisernem Kreuz auf einer rekonstruierten Geschützstellung, dass wir den letzten Anstieg an diesem Tag gemeistert haben. Ab hier folgen wir nun den Beschilderungen links zur Malga Casinotto und erreichen das **Biwak** 7, 1672 m, in etwa 20 Min.

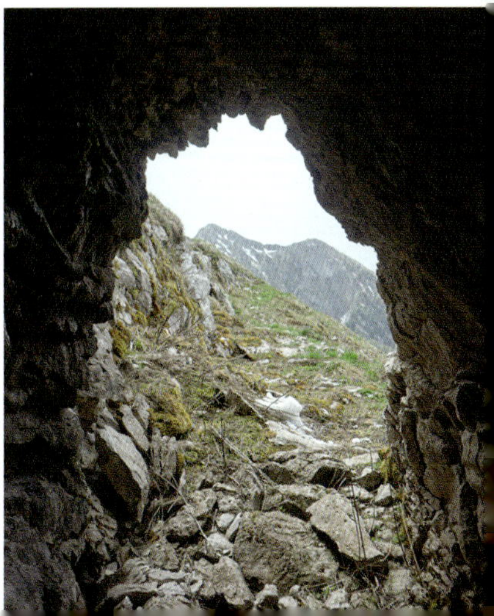

Blick aus einem Stollen – Vorsicht, Kopfstoßgefahr!

13 Biwak Casinotto – Rifugio Nino Pernici

5.15 h	9,0 km
↗740 m	↘800 m

Vier Aussichtsgipfel mit perfekter Weitsicht bis hin zum Gardasee

Eine weitere beeindruckende und anspruchsvolle Gratwanderung erwartet uns an diesem Tag. Während die vorherige Etappe das Val de Concei nahezu zur Hälfte umrundete, nehmen wir auf dieser Wanderung die zweite Hälfte auf der Ostseite der Berge in Angriff. Unser Weg bietet aber nicht nur fantastische Ausblicke ins Val de Concei, sondern auch hinüber zu den Adamello-Presanella-Bergen, zum Monte Cadria und Monte Baldo sowie hinab zum Nordufer des Gardasees. Einmal mehr bekommen wir hier eindrücklich vor Augen gehalten, unter welch widrigen Bedingungen die Soldaten im Ersten Weltkrieg ausharren mussten. Stollen, Geschützstellungen und Schützengräben lassen sich nahezu an jedem Punkt erkennen, manchmal auch erkunden. Vier Zweitausender-Gipfel werden auf der Wanderung erklommen. Sie warten vielleicht nicht mit tollen Gipfelkreuzen auf, dafür aber mit fantastischen Aussichten und bewegender Geschichte.

Ausgangspunkt: Biwak Casinotto, 1672 m.
Endpunkt: Rifugio Nino Pernici, 1600 m.
Anforderungen: An einigen Stellen müssen hohe Stufen unter Zuhilfenahme der Hände überwunden werden. Gratweg nur spärlich markiert. Dieser ist meist ausgeprägt, jedoch 30 Min. hinter Dosso della Torta für etwa 20 m sehr schmal mit Steilkante zu beiden Seiten. Auch für absolut Schwindelfreie eine Herausforderung!
Einkehr: Unterwegs keine.
Unterkunft: Rifugio Nino Pernici (Mitte April–Mitte Oktober, MZ, 4–6 Betten, HP 39 € für AV-Mitglieder, sonst 50 €, Tel. +39 349 330 1981 und +39 0464 505 090, rifugiopernici@hotmail.it, www.pernici.com).
Hund: Nur für bergerfahrene Hunde. Keine Wasserstellen auf dem Weg, bei Klettereien u.U. Hilfe erforderlich. Übernachtung im Rifugio Nino Pernici mit Hund im Winterraum möglich.

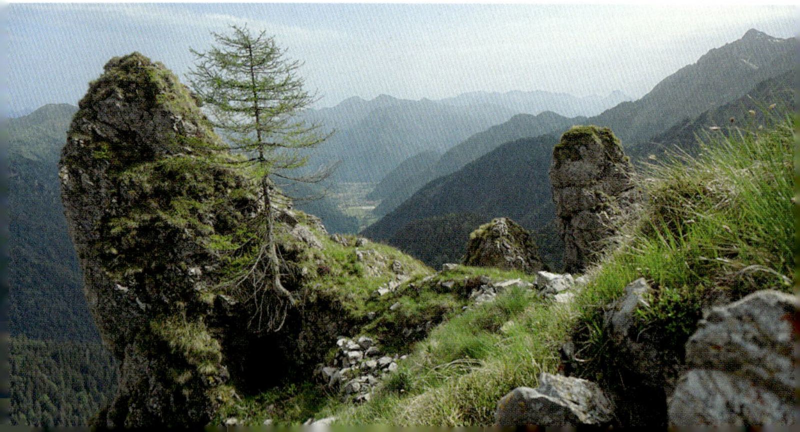

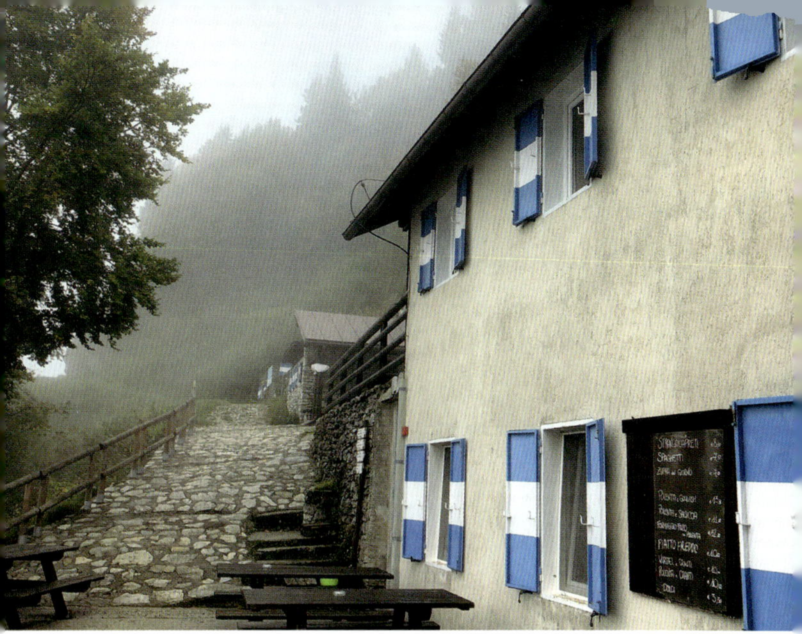

Oben: Das Rifugio Nino Pernici ist bei Tagesausflüglern beliebt, am Abend kehrt Ruhe ein. Links: Stolleneingänge für Schießscharten finden sich an den ungewöhnlichsten Orten.

Nachdem der erneute Aufstieg vom **Biwak Casinotto** ❶, 1672 m, zur **Bocca dell'Ussol** ❷, 1878 m geschafft ist, geht es weiter östlich bergan auf dem Gratweg zum ersten Aussichtsgipfel. Den Beschilderungen in Richtung Rifugio Nino Pernici folgend, wandern wir auf schmalen Pfaden, die sich teils steil empor schlängeln, 200 Hm hinauf zum **Monte Gavardina** ❸, 2047 m. Das bekannte Gedenkschild zu Ehren der Tiroler Standschützen im Gebirgskrieg (siehe Seite 11) markiert mit seinem Kreuz zugleich den Gipfelbereich. Hier, wie auch auf der gesamten Etappe, werden wir mit einem 360-Grad-

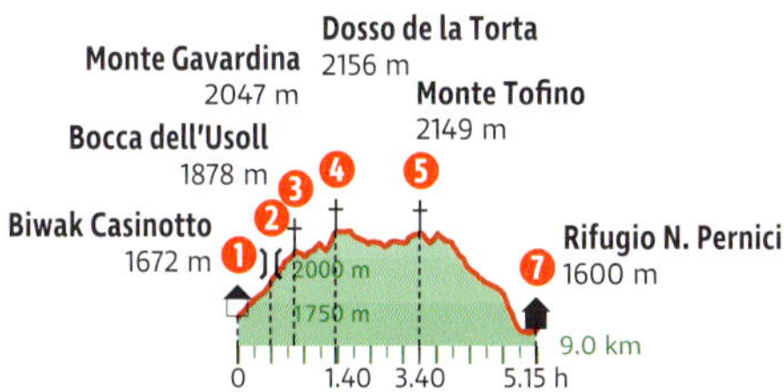

Der Monte Tofino und die Seilbahnen

Auf dem Monte Tofino ❺ gab es nicht nur einen bedeutenden Beobachtungsposten der Österreicher, sondern gleich zwei Materialseilbahnen. Sie waren typisch für den gesamten Frontabschnitt und beförderten Ausrüstung, Nahrung und Baumaterial hinauf in die 2000 Meter hoch gelegenen Gipfelstellungen. Für diese Zeit waren es wahre Meisterwerke der Technik. So überwand eine der beiden Bahnen – von Ballino über die Bocchetta del Slavazi – auf einer Länge von mehr als drei Kilometern einen Höhenunterschied von 1310 Metern ohne jegliche Zwischenstützen. Die zweite Bahn verband die Bocca di Trat am heutigen Rifugio N. Pernici ❼ mit dem Corno di Pichea ❻ und dem Monte Tofino.

Panoramablick – beispielsweise zurück zum Monte Cadria sowie zu den weiteren Gipfeln am Gratweg des Vortages – aussichtsreich belohnt. Etwa nach 30 Min. erreichen wir die Grotta-Galleria am Dosso de la Torta, 2097 m. Der restaurierte Weltkriegsstollen ist begehbar. Ein paar Minuten weiter bergan, gelangen wir zum beeindruckenden, mit bizarren Felsformationen gesäumten Gipfelbereich des **Dosso della Torta ❹**, 2156 m. Wunderschön windet sich der Weg entlang der schroffen Felsen, zu denen liebliche, gelbe, weiße und lila gefärbte Blumen einen wunderbaren Kontrast bilden. Im weiteren Verlauf passieren wir nach 1 Std. im Auf und Ab die Bocchetta di Slavazi, nach einer weiteren Stunde den Gipfel des **Monte Tofino ❺**, 2149 m. Von ihm aus erblicken wir bei guter Sicht das erste Mal das Nordufer des Gardasees. Auf ähnlicher Höhe liegt das **Corno di Pichea ❻**, 2138 m, das wir mit einem erneuten Ab- und Aufstieg auf schmalen Pfaden nach etwa 20 Min. erreichen. Ab hier sind es etwa 1.15 Std. bis zum Etappenziel, dem **Rifugio Nino Pernici ❼**, das auf 1600 m aussichtsreich im Hang liegt. Der Weg ist zuweilen stufig-steil, an einer Gabelung – etwa 1 Std. nach dem Pichea-Gipfel – führt der SdP rechts entlang.

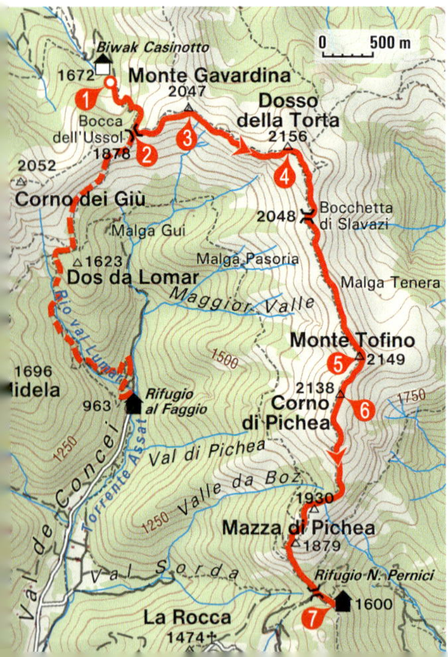

Der beeindruckende Gipfelbereich des Dosso della Torta.

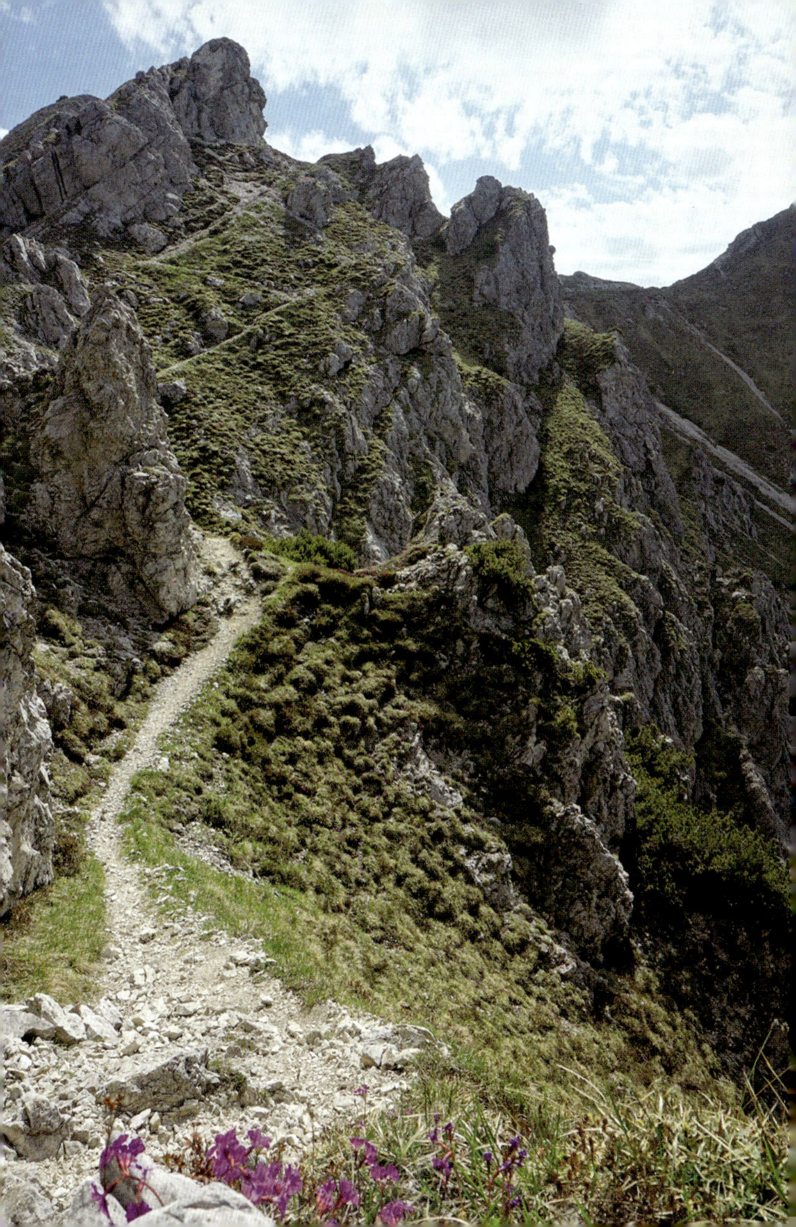

V11 Lardaro – Lenzumo

7.00 h | 17,6 km | ↗1250 m | ↘1190 m

Einsame Wanderung im Hinterland des Gardasees

Diese Variante der Tour 11 ermöglicht eine Übernachtung in Pensionen oder Hotels nahe des Ledrosees, nach dem Gardasee dem zweitgrößten See der Region. Nach dem aussichtsreichen Aufstieg zur Malga Cadria liegt ein ordentlicher Abstieg hinab ins Tal vor uns, der durchaus an letzten Kraftreserven zehren kann. Wer im Anschluss noch Kraft für ein paar zusätzliche Meter hat, kann am weitläufigen Ufer des Ledrosees den Sonnenuntergang beobachten.

Ausgangspunkt: Touristeninformation Lardaro, 732 m.
Endpunkt: Lenzumo, Kirche, 788 m.
Anforderungen: Einfache Wege, bis zur Malga Cadria gut mit SdP-Symbol beschildert, auch Abstiegsweg 423 beschildert. Gute Kondition erforderlich.
Einkehr: Unterwegs keine.

Unterkunft: B&B Villa Cinzia (ganzjährig, B&B ca. 35 € im DZ, Tel. +39 0464 591 792 und +39 347 6876 887, info@bbvillacinzialedro.it, www.bbvillacinzialedro.it); Garnì dal Mozàt (ganzjährig, B&B ab 38 €, Tel. +39 0464 591 040, leder@dalmozat.it, www.dalmozat.it).
Hund: Übernachtung mit Hund im Garnì dal Mozàt möglich.

Diese Variante ist bis zur **Malga Cadria** ❶ – ❺ identisch mit der Tour 11 (vgl. Seite 96). Von der Alm laufen wir noch einige Meter den Beschilderungen des SdP nach, bis uns an einer Kreuzung ein Wegweiser den Weg 423 rechts hinab zur Malga Vies und ins Val Molini zeigt, dem wir fortan folgen. Bei

Durch einen weiteren Abstieg kann man sich im Ledrosee erfrischen.

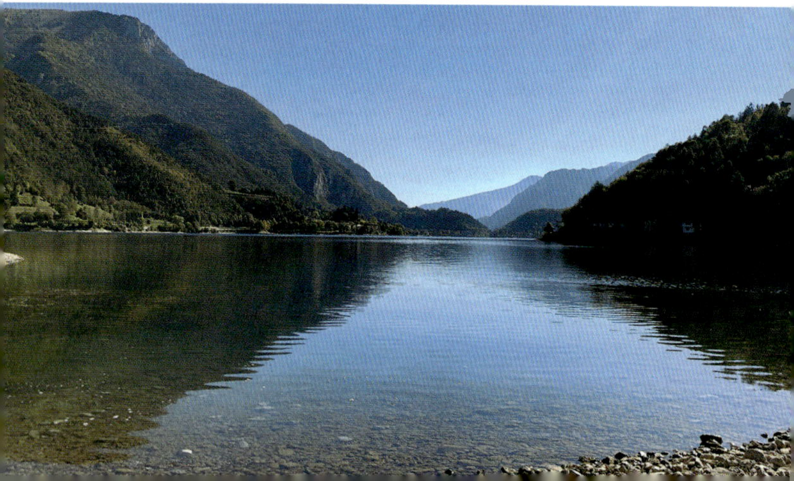

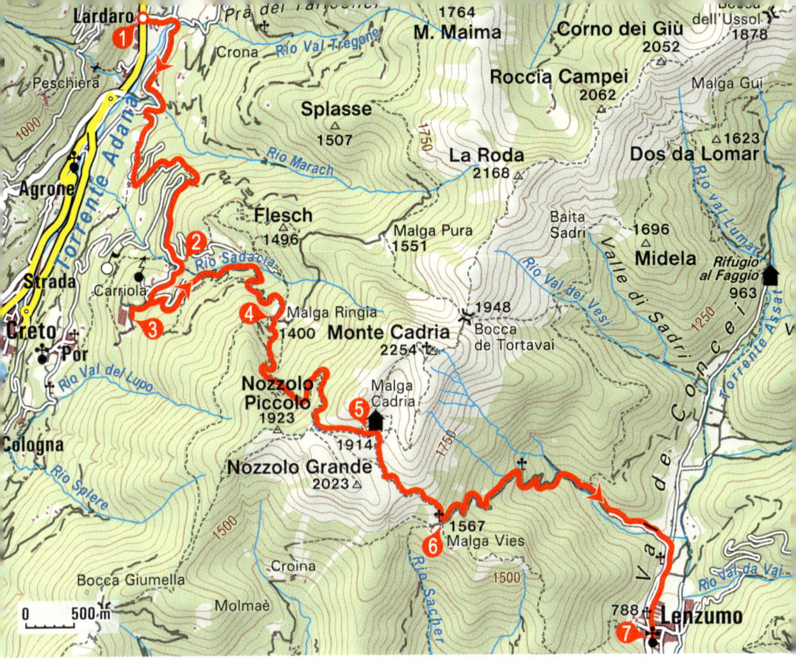

klarer Sicht begleitet uns ein traumhafter Blick auf den Ledrosee, dem wir mit jedem Schritt näher kommen. Wir passieren die Baumgrenze und erreichen bereits im lichten Wald die **Malga Vies** ❻, 1567 m. Die rechter Hand liegende Alm lässt sich gut an dem lang gezogenen Stallgebäude erkennen. Der schmale Pfad gabelt sich und wir schwenken auf die Fahrstraße links hinab. Wir folgen diesem recht eintönigen Weg für weitere 1.30 Std. Mit Erreichen der großen Straße wenden wir uns nach rechts und gelangen auf dieser bis zur Kirche von **Lenzumo** ❼, 788 m, die sich auf der linken Straßenseite befindet.

Wer noch Luft hat, kann noch weitergehen bis zum Ufer des Ledrosees, der bei gutem Wetter auch zu einem erfrischenden Bad einlädt.

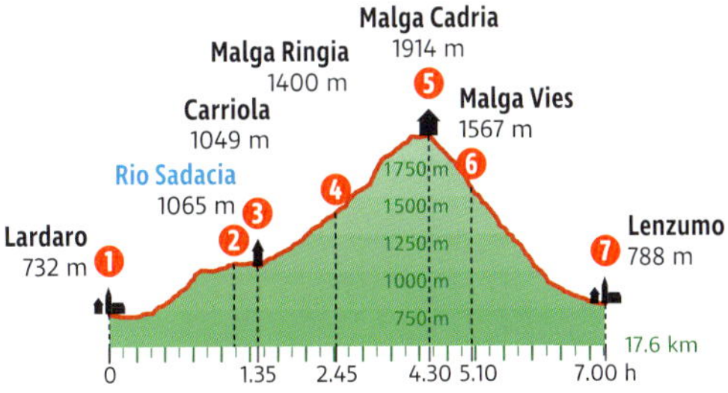

V12/13 Lenzumo – Rifugio Nino Pernici

2.30 h	5,8 km
↗ 815 m	↘ 20 m

Von blühenden Almwiesen in die schroffe Bergwelt

Eine kurze Tagesetappe, die es uns ermöglicht, wieder in den Normalverlauf des SdP einzusteigen. Sie führt uns durch das Val Sorda hinauf zur aussichtsreichen Scharte Bocca di Trat und weiter zum wunderschön gelegenen und gut geführten Rifugio Nino Pernici. Bei guter Sicht können wir von hier das Nordufer des Gardasees erblicken, während hinter uns Felsriesen zackig in den Himmel ragen.

Ausgangspunkt: Lenzumo, Kirche, 788 m.
Endpunkt: Rifugio Nino Pernici, 1600 m.
Anforderungen: Keine besonderen.
Einkehr: Unterwegs keine.
Unterkunft: Rifugio Nino Pernici (Mitte April–Mitte Oktober, MZ, 4–6 Betten, HP 39 € für AV-Mitglieder, sonst 50 €, Tel. +39 349 330 1981 und +39 0464 505 090, rifugiopernici@hotmail.it, www.pernici.com).
Hund: Übernachtung im Rifugio N. Pernici mit Hund im Winterraum möglich.

Variante: Wer einen langen Aufstieg nicht scheut und sich zumindest einen Teil der Gratwanderung um das Val Concei nicht entgehen lassen will, folgt ab dem Parkplatz ❷ dem Talgrundnaturweg bis zur Ortschaft Palo und geht weiter gen Norden vorbei an Almen und durch den Wald bis zum Rifugio al Faggio. Von hier geht es zur Bocca dell'Ussol, dem Einstieg in Etappe 13 (siehe Seite 102). Zustieg und Etappe 13 insgesamt: Aufstieg: 1600 m, Abstieg: 750 m, Länge: 17,3 km, Zeitbedarf: 8 Std.

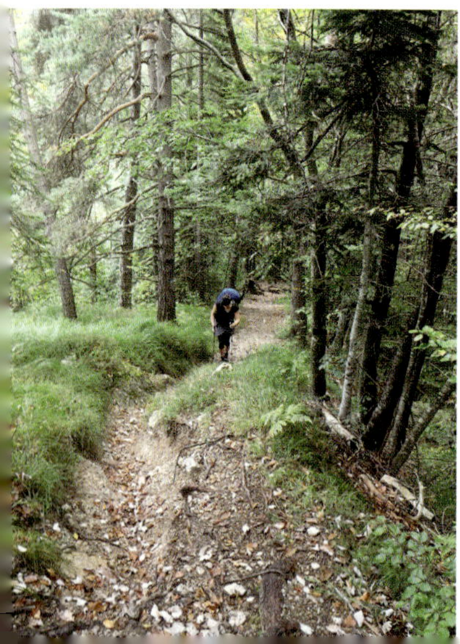

Von der Kirche in **Lenzumo** ❶, 788 m, laufen wir zunächst Richtung Norden ein Stück des Weges vom Vortag zurück. An der Via Dante Alighieri wenden wir uns nach rechts, gehen vorbei an der Bar Taverna di Sartori Franco und biegen an der nächsten Möglichkeit nach links in die Via dei Lach. Nach etwa 300 Metern verlassen wir die Teerstraße und folgen den Beschilderungen des Talgrundnaturwegs (»Sentiero naturalistico di Fondovalle«) geradeaus. Am Bachbett, das wir im Verlauf zweimal queren, und an grünen Almwiesen vorbei geht

Der Anstieg zum Rifugio Nino Pernici führt durch den Wald.

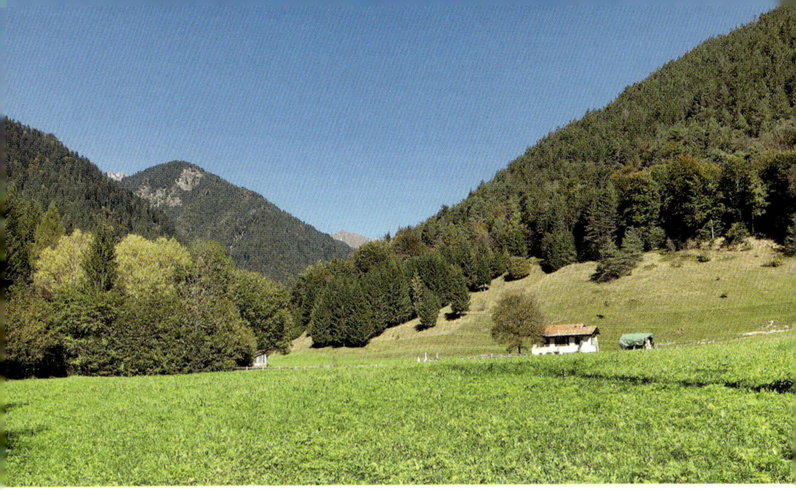

Echtes »Alm-Feeling« in den Gardaseebergen.

es bis zu einem **Parkplatz 2** nebst Brunnen. Hier biegen wir nach rechts ins Val Sorda ein. Auch wenige Meter später halten wir uns rechts. Im schattigen Wald steigen wir hinauf zum Rastplatz **Perigola 3**, erkennbar am Grill und Ofen. Von hier folgen wir dem steinigen Waldpfad weiter bergan auf dem Weg 402, bis dieser in eine Fahrstraße mündet, auf der wir nach links zur **Bocca di Trat 4**, 1579 m, hinaufsteigen. Das Schilderwirrwarr weist uns den Weg nach rechts, auf dem wir nach wenigen Minuten das **Rifugio Nino Pernici 5**, 1600 m, erreichen. Es liegt aussichtsreich direkt am Hang und spätestens, wenn die Tagesgäste mit ihren Mountainbikes das Rifugio verlassen haben, kehrt wohliges Hüttenfeeling ein.

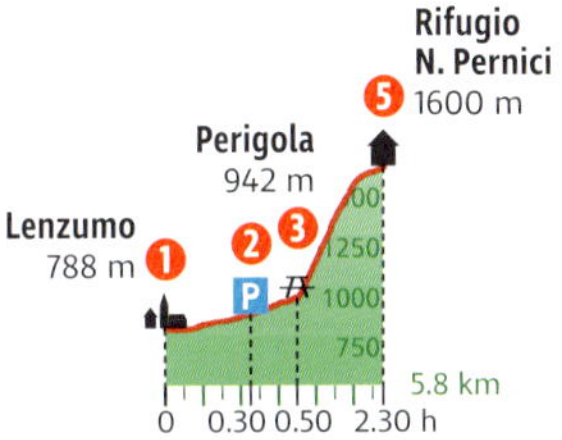

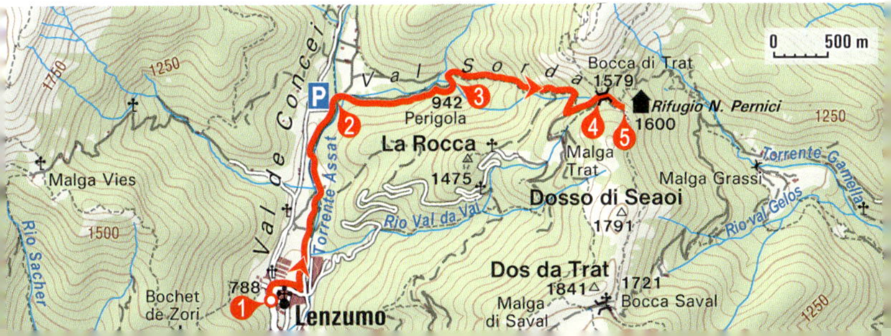

14 Rifugio Nino Pernici – Riva del Garda

5.15 h	14,8 km
↗ 280 m	↘ 1810 m

Ein fantastischer Höhenweg mit Blick zum Gardasee

Eine einsame und äußerst abwechslungsreiche Wanderung steht für diesen Wandertag auf dem Programm. Der Friedensweg führt uns nicht nur auf einen schönen Höhenweg und später idyllisch durch den Wald, sondern auch vorbei an verschiedenen Schauplätzen des Ersten Weltkrieges. Schon kurz nach dem Start treffen wir auf Stollen, im weiteren Verlauf auf einen strategisch wichtigen Stützpunkt und schließlich im Wald auf Festungsanlagen. Wir weichen bei der heutigen Etappe für ein kurzes Stück vom Friedensweg ab, da er an dieser Stelle einen weniger schönen Verlauf nimmt und zugleich das Werk, zu dem er führt, nicht öffentlich zugänglich ist. Der Original-Verlauf des SdPs ist als Variante beschrieben.

Ausgangspunkt: Rifugio Nino Pernici, 1600 m.
Endpunkt: Riva del Garda, Museo Alto Garda, 70 m.
Anforderungen: Unschwierige Wanderung, die allerdings Kondition für den langen Abstieg erfordert. SdP-Markierungen vorhanden. Bei Sonne sehr heiß, daher ausreichend Wasser mitführen.

Einkehr: Bastione, etwa 30 Min. vor Riva del Garda, sonst keine.
Unterkunft: Zahlreiche Möglichkeiten in Riva, z. B. MyLago (33 Zimmer, Tel. +39 0464 555420, info@mylagohotel.it, www.mylagohotel.it); Rudy Hotel (36 Zimmer, Tel. +39 0464 552559, info@hotelrudy.com, www.hotelrudy.com); Ambassador Suite Hotel (31 Zimmer, Tel. +39 0464

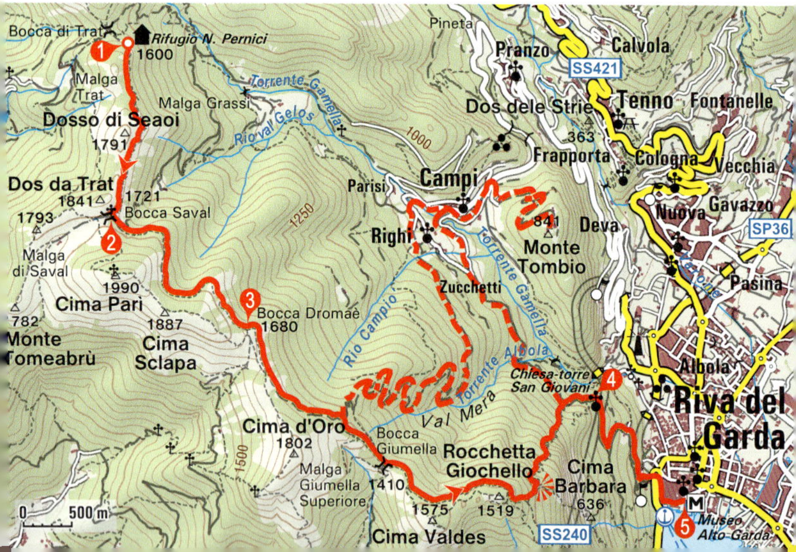

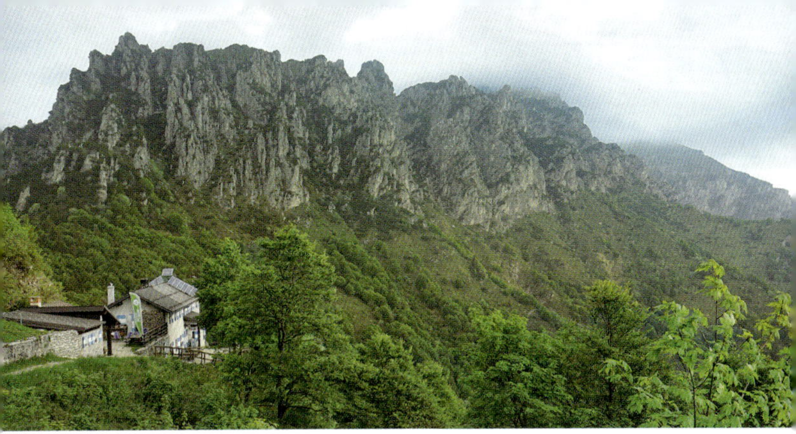

Das Rifugio Nino Pernici, traumhaft eingerahmt von schroffen Bergen.

550358, info@ambassadorsuite.it, www.ambassadorsuite.it).

Hund: Unschwierig mit Hund, ausreichend Wasser mitführen, im Sommer sehr heiß. Übernachtung in allen genannten Hotels möglich.

Variante: Wer die Originalroute des SdP nimmt, folgt etwa 30 Min. nach der Bocca Dromaè ❸ der Schotterstraße Richtung Campi hinab. Von hier aus Aufstieg zum Monte Tombio, auf dessen Gipfelbereich ein heute verfallenes Werk thront, das sich jedoch in Privatbesitz befindet und nicht besichtigt werden kann. Hinab nach Riva del Garda geht es über Campi auf einem Betonweg (Weg 402) bis zur »Chiesa-torre San Giovani« ❹. Hier trifft diese Variante mit der beschriebenen Route wieder zusammen.

i *Das Problem mit dem Wasser*

Wer die Etappen 12 bis 14 wandert, hat es bemerkt: Kein einziges Bächlein findet sich hier in dieser wasserlosen Region. Auch im Ersten Weltkrieg litten die Menschen in den Gipfelstellung unter diesem extremen Wassermangel. 1917 bauten daher 50 Mann in einem halben Jahr eine Wasserleitung, die zu den beeindruckendsten baulichen Errungenschaften dieser Zeit gehörte. Sie konnte in zwei Stufen 30 Liter pro Minute auf 1400 Meter befördern. Der Lagerbehälter befand sich auf der Cima d'Oro, wo das Wasser durch Pumpen und Druckleitungen bis in die Gipfelstellungen transportiert wurde.

Vom **Rifugio N. Pernici** ❶, 1600 m, wendet sich der Friedensweg vorbei am Winterraum hinauf in Richtung Bocca Saval. Bereits kurz nach dem Start treffen wir auf erste Stollen. Der schmale Pfad schlängelt sich zunächst durch den Wald, ehe er sich in einen herrlichen Höhenweg am Hang entlang verwandelt. Auf federnden Graswegen erreichen wir nach etwa 40 Min.

die **Bocca Saval** ❷, 1721 m. Wir passieren Weltkriegs-Ruinen, die von der strategischen Wichtigkeit der Bocca Saval zeugen: Hier befand sich ein Abschnittskomando, ein Lazarett sowie einige Seilbahnen. Von hier aus lässt sich auch der Cima Pari, ein perfekter Aussichtsberg, besteigen. Der Höhenweg führt uns mit tollen Aussichten auf das Sarcatal in etwa 45 Min. zur **Bocca Dromaè** ❸, 1680 m. Nach etwa 10 Min. passieren wir den Abzweig hinauf zum Cima D'Oro und erreichen nach weiteren 15 Min. eine Schotterstraße. Auf dieser halten wir uns zunächst links und folgen dem Weg ein paar Meter hinab. Hier rät die Autorin zum Verlassen des SdP (Normalverlauf siehe Variante):

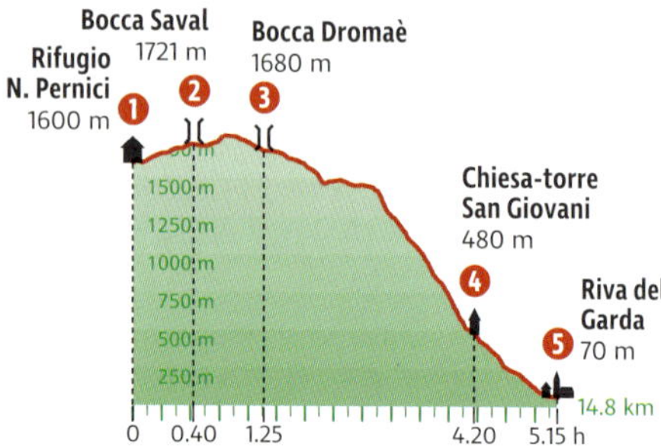

Dazu folgen wir dem schmalen Waldweg 413 rechts, auf dem wir zu zahlreichen Baracken, Stollen und Weltkriegsanlagen gelangen. Bei zwei nicht markierten Weggabelungen (etwa 50 bzw. 60 Min. nach dem Abzweig von der Schotterstraße) entscheiden wir uns jeweils für den linken Weg. Kurz darauf, nachdem wir an einem alten, in den Berg gehauenen Stollen vorbeikommen, biegen wir vom Weg 413 auf den Weg 418 ab, der zurück zum SdP führt. Etwa 1.30 Std. steigen wir nun stufig und durchaus steil bergab, zu Beginn mit toller Aussicht auf das Nordufer des Gardasees. Das Erreichen des Schotterwegs, den wir rechts einschlagen, markiert zugleich die Rückkehr auf den Original-SdP.

Einige Meter später passieren wir die Ruinen des **»Chiesa-torre San Giovani«** ❹, 480 m, eines alten Wehrturms. 30 Min. danach zweigt der kurze Weg zur Einkehrmöglichkeit Bastione rechts ab, links unterhalb befindet sich ein Picknickplatz. Wir folgen dem bergabführenden Pflasterweg bis zum Nordufer des Gardasees in **Riva del Garda** ❺ und weiter entlang der Uferpromenade bis zum Erreichen des Museo Alto Garda, 70 m.

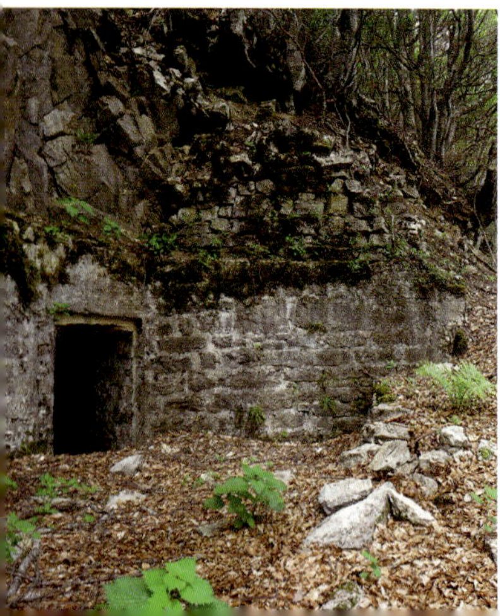

Überreste aus dem Ersten Weltkrieg lassen sich erkunden.

5.00 h	13,5 km
↗520 m	↘360 m

Riva del Garda – Nago/Torbole 15

Entdeckungsreiche Weltkriegstour mit Traumblick über den Gardasee

Nur vom Monte Brione hat man eine so erhabene und zentrale sowie sensationelle Aussicht über Italiens »Meer der Alpen«. Eigentlich nur ein Halbtagesmarsch, vergisst man auf dem Monte Brione, einem sich malerisch aus dem Nordufer des Gardasees abhebenden, kleinen Berg, leicht die Zeit. Seine aussichtsreiche Lage erklärt zugleich die immens wichtige strategische Bedeutung des Berges für Österreich-Ungarn im Ersten Weltkrieg: Er war ein Beobachtungs- und Verteidigungsposten sondergleichen. Von hier aus überwachte die k.u.k-Armee den Monte Baldo, das Sarcatal, den Gardasee sowie das Westufer (Ponale). Der Festungsberg galt mit seinen vier Werken, an denen diese Etappe vorbeiführt, als uneinnehmbar. Heute lädt der – wider Erwarten nicht sonderlich frequentierte – Berg auch zu Erkundungstouren ein. Mit Taschenlampe bewaffnet, lassen sich teils verfallene Kriegsbauten besichtigen. Im zweiten Teil des Weges geht es entlang landwirtschaftlicher Flächen bis ins hübsche Bergdorf Nago.

Ausgangspunkt: Riva del Gada, Museo Alto Garda, 70 m.
Endpunkt: Nago, Kirche, 240 m.
Anforderungen: Unschwierige Wanderung, die Orientierung erfordert und in den Sommermonaten sehr heiß werden kann. Der SdP ist auf diesem Abschnitt nur sporadisch ausgeschildert, GPS empfohlen.
Einkehr: Hotel & Restaurant Maffei in Sant' Alessandro, zahlreiche Möglichkeiten in Torbole.
Unterkunft: Zahlreiche Möglichkeiten in Torbole, z. B. AktivHotel Santa Lucia (32 Zimmer, B&B ab 49 €, Tel. +39 0464 505140, info@aktivhotel.it, www.aktivhotel.it); Hotel Santoni Freelosophy (36 Zimmer, B&B ab 35 €, Tel. +39 0464 505966, info@hotelsantoni.com, www.hotelsantoni.com). In Nago: Hotel Garni Toresela (21 Zimmer, B&B ab 27 €, Tel. +39 0464 540030, info@hoteltoresela.it, www.hoteltoresela.it/de).
Hund: Unschwierig mit Hund, ausreichend Wasser mitführen, im Sommer sehr heiß. In allen genannten Hotels Übernachtung möglich.
Tipp: Halbtagesausflug zum Monte Corno di Nago, wo sich restaurierte Schützengräben, Anlagen und Aussichtsposten befinden (+ 450 Hm jeweils im Auf- und Abstieg, 5,5 km, 3.30 Std.).

Vom Museo Alto Garda in **Riva del Garda** ❶, 70 m, folgen wir der Strandpromenade für etwa 2 km bis zum Erreichen des Ortsausgangsschildes. Noch vor dem Autotunnel biegt der Weg rechts zum **Forte San Nicolò** ❷ ab, dem ersten von vier Werken am oder auf dem Monte Brione. Auf Höhe des Werkes steigen wir nach links auf einer Steintreppe nach oben. Nach 10 Min. im leichten Bergan erreichen wir das **Forte Garda** ❸. Das Werk war für eine bis zu 200 Mann starke Besatzung ausgelegt. Der SdP führt linker Hand am Werk vorbei. Wir bleiben auf dem steinigen, stufigen Weg und ignorieren die Schotterstraße. Stets bieten sich tolle Ausblicke auf den

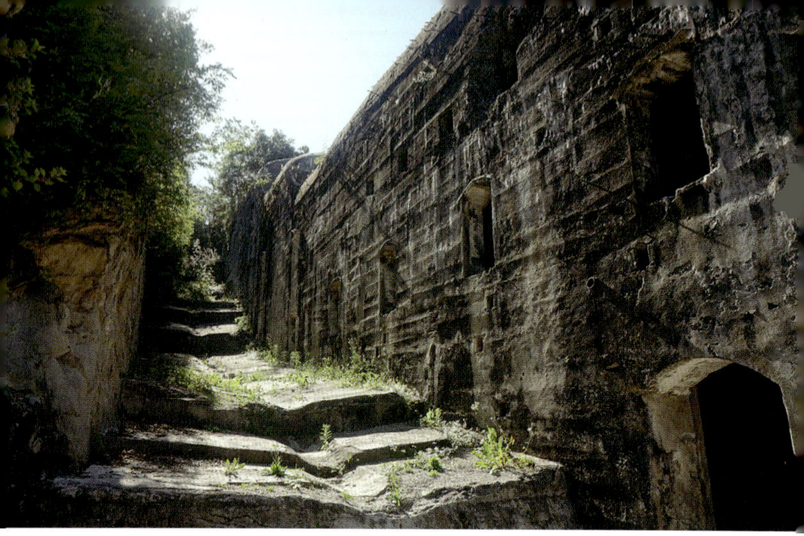

Oben: Forte Garda – eines von vier Werken auf dem Monte Brione.
Folgende Doppelseite: Zentraler Blick vom Monte Brione über den Gardasee.

Gardasse, bei gutem, klarem Wetter mögen wir sogar das Südufer des Sees erkennen.

Nach etwa 20 Min. führt der Weg aussichtsreich zur **Mittelbatterie** ❹ mit der früheren Aufgabe, die Gegend um Nago und die Sarcamündung zu überwachen. Nachdem die Mittelbatterie passiert ist, biegen wir links ab und folgen zunächst der Schotterstraße nach unten. In der ersten Kurve können wir den Schotterweg um eine Serpentine abkürzen, indem wir rechts in den Wald biegen. Bei zwei darauffolgenden Gabelungen entscheiden wir uns jeweils für den rechten Weg und gelangen zur Ruine des

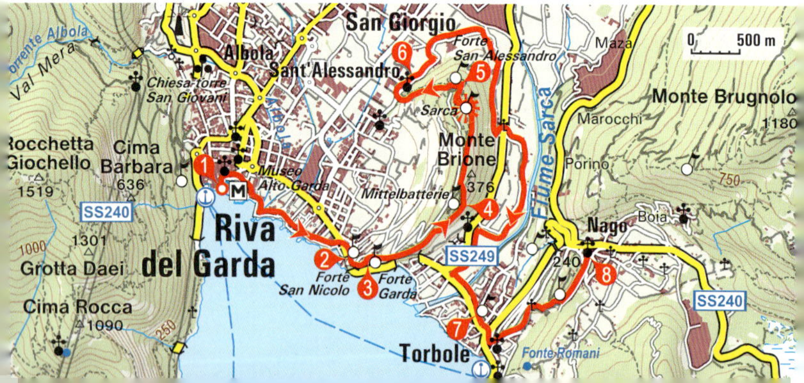

> **i** ***Monte Brione – ein uneinnehmbarer Festungsberg***
> *Zentrum der Verteidigungslinie Österreichs am Gardasee war unübersehbar der Monte Brione mit seinen 347 Metern. Hier errichteten die Österreicher bereits seit 1860 – in Erwartung eines Konfliktes mit Italien – ihre Festungsanalagen, die den Weg über das Sarcatal nach Trient abschirmen sollten. Selbst gegen einen möglichen Angriff der Italiener vom Gardasee aus sollte es gewappnet sein. Vier Festungswerke überzogen daher den Monte Brione: die Standbatterie San Nicolò ❷, das Werk Garda ❸, die Mittelbatterie ❹ sowie die Nordbatterie Sant' Alessandro ❺. Sie hielten allen Angriffen der Italiener stand. Bis auf die Nordbatterie sind alle Werke noch gut erhalten. Auch abseits davon finden sich zahlreiche Stellungsanlagen auf dem Festungsberg Monte Brione.*

Forte Sant' Alessandro ❺. Anschließend halten wir uns links, überwinden kurz darauf eine kleine Kletterstelle, gehen erneut links und sofort wieder rechts. Nach dem Passieren einer kleinen Wiese folgen wir dem ersten Weg rechts und gelangen nach wenigen Minuten durch zwei verrostete Metalltore zurück auf die Schotterstraße. Etwa 15 Min. später erreichen wir ein weiteres, begehbares Weltkriegsrelikt.
Wir schlagen im Anschluss den linken der drei sich gabelnden Wege ein und folgen ihm bergab. An Olivenhainen vorbei, wird aus dem schattigen Waldpfad ein befestigter Weg, der uns nach **Sant' Alessandro** ❻ führt. Hier biegen wir rechts in die Via Monte Brione ein, folgen ihr durch La Grotta und wenden uns mit Erreichen des Schreins »Capitello di S. Carlo« nach rechts. Durch die Weinberge, an der folgenden Gabelung rechts, geht es vorbei an der kleinen Kirche »Casa Mamma Pina«. Wir biegen hier nicht nach links in Richtung Hauptstraße ab, sondern folgen rechts durch landwirtschaftliche Nutzflächen der Via Linfano, die später in einen Wiesenweg übergeht und dann die Hauptstraße quert. Nach dem Wasserkraftwerk halten wir uns rechts, an der Hauptstraße links und später wieder links in Richtung **Torbole** ❼, 68 m. Hier der Hauptstraße folgen und nach dem Kreisverkehr in die Piazza Goethe und später in die Via Pontalti links einbiegen. Die Straße geht in einen Camino über, der sich steil in Richtung Nago den Berg hinaufwindet und tolle Ausblicke zum Gardasee zulässt. Mit Erreichen des Örtchen Nago bleiben wir auf dem geradeaus weisenden Weg, bis linker Hand die Kirche von **Nago** ❽, 240 m, erscheint.

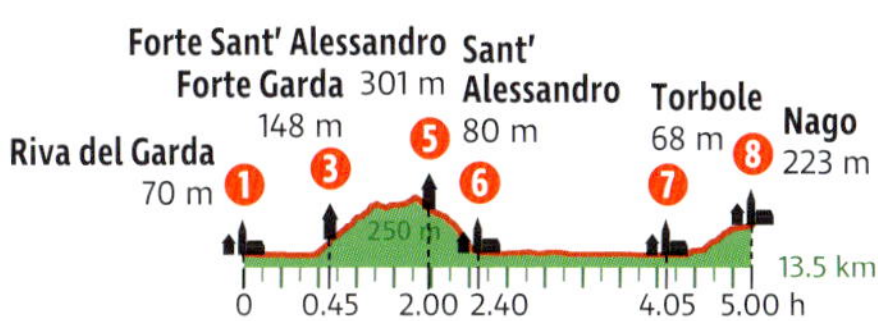

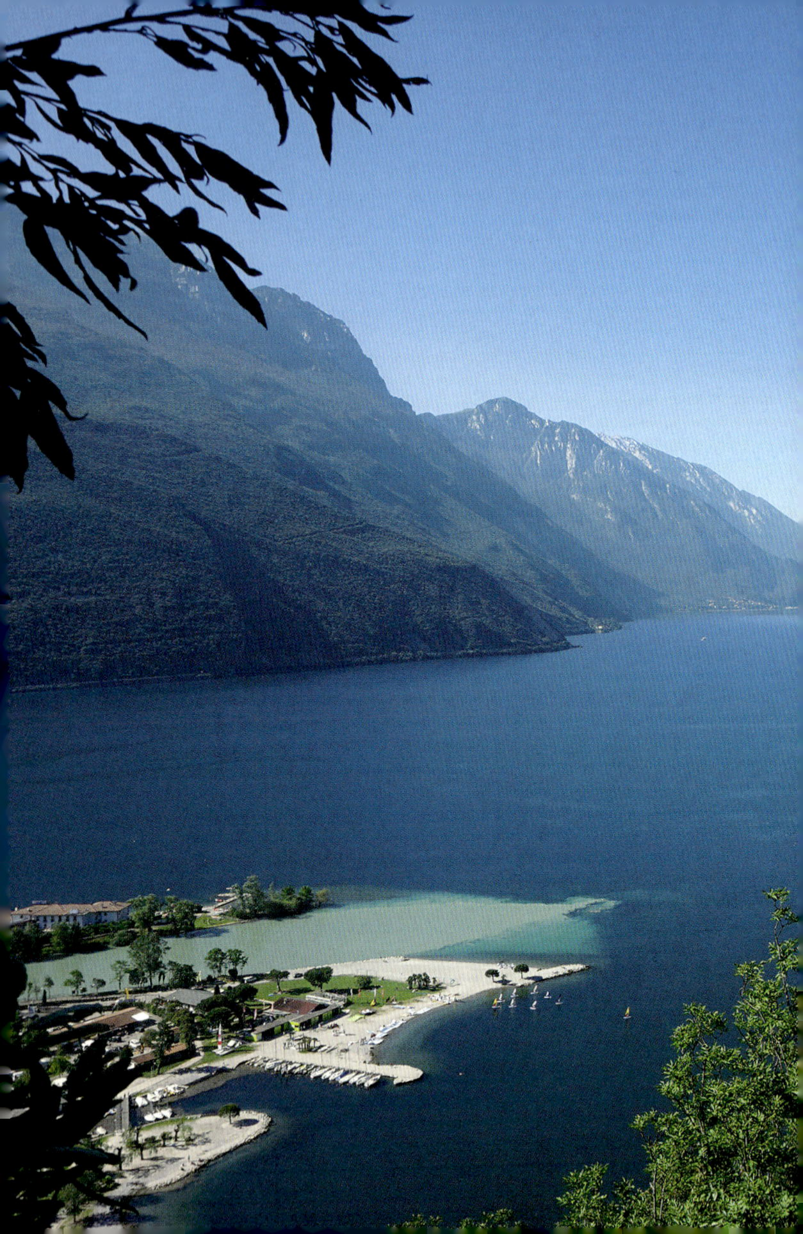

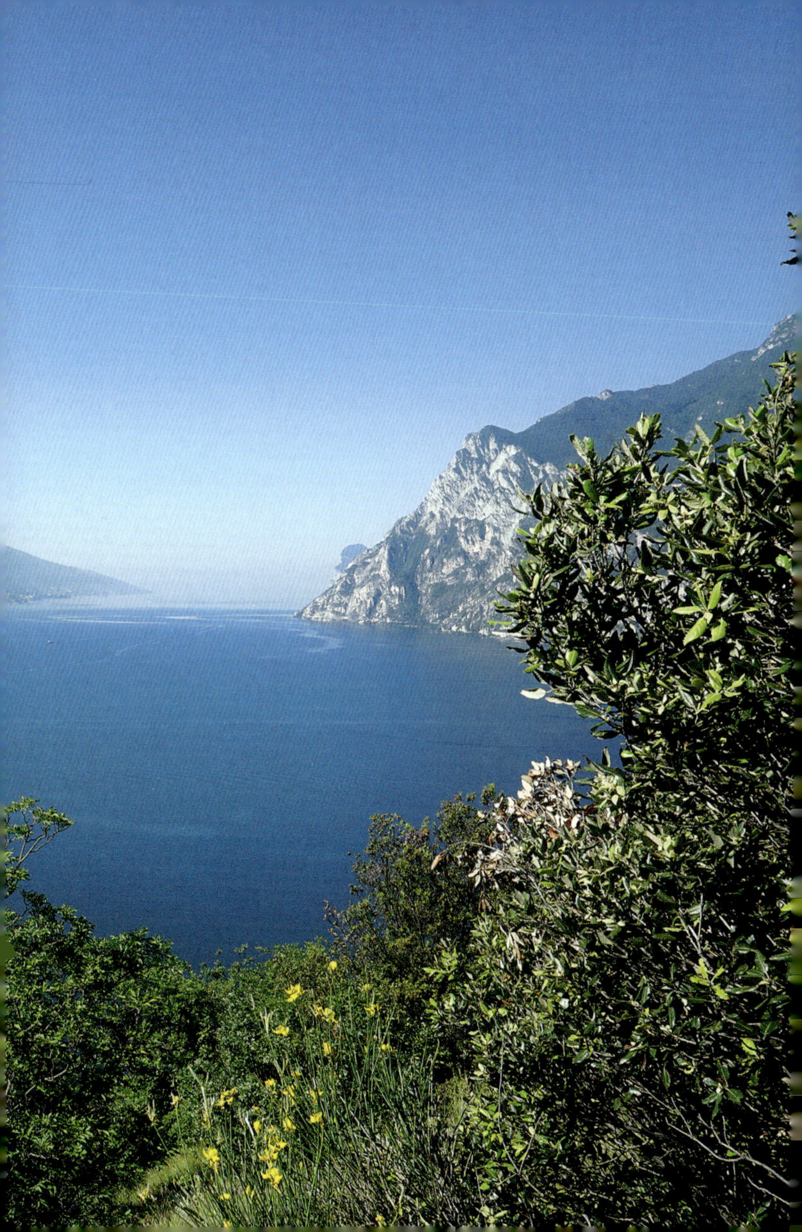

16 Nago/Torbole – Monte Altissimo di Nago

6.00 h	10,9 km
↗1830 m	↘20 m

Tiefblicke auf den Gardasee

Ein Grenzgang zwischen Trentino und Venetien, der alle Kräfte fordert und uns am Ende mit einem traumhaften Gardasee-Panorama belohnt. Die – an den zu überwindenden Höhenmetern im Aufstieg gemessen – schwere Etappe auf dem Friedensweg führt auf dem lang gezogenen Kamm des Monte Baldo fast ausschließlich bergauf. Doch hoch oben auf dem Monte Altissimo, mit seinen 2079 Metern einer der höchsten Gipfel des Monte-Baldo-Kamms, weiß man nicht, wohin man zuerst schauen soll: Im Nordwesten liegen den Bergfexen Riva del Garda, Malcesine, Limone und der Gardasee zu Füßen, im Osten erblicken sie jene Berge im Etschtal, die in den nächsten Tagen durchwandert werden, und im Süden ist der Gardasee scheinbar uferlos. Auf dem Gipfelplateau finden sich Schützengräben, Geschützstellungen und eine Gedenkkirche für die Opfer des Ersten Weltkrieges.

Ausgangspunkt: Nago, Kirche, 240 m.
Endpunkt: Rifugio Damiano Chiesa, 2059 m.
Anforderungen: Gut sichtbare, mit SdP-Schildern markierte Wege. Allein aufgrund des langen Anstiegs konditionell fordernd, teilweise steinig und steil.
Einkehr: Unterwegs keine.
Unterkunft: Rifugio Damiano Chiesa (Mai–Oktober, evtl. auch außerhalb der Saison Samstag und Sonntag offen, HP 48 € für AV-Mitglieder, sonst 64 €, Tel. +39 0464 867 130 und +39 1383 9019, info@rifugioaltissimo.com, https://rifugioaltissimoda.wixsite.com/homepage, sehr quirlige Berghütte).
Hund: Unschwierig mit Hund, ausreichend Wasser mitführen. Übernachtung im komfortablen Winterraum der Hütte möglich oder im Rifugio Graziani (+ 1 Std., ca. 500 Hm Abstieg).
Tipp: Wem der Aufstieg in Anbetracht der Höhenmeter zu schwer erscheint, kann von Riva mit dem Boot nach Malcesine und von dort mit der Gondelbahn bis zur Bergstation fahren. Von hier aus lässt sich der Monte Altissimo mit etwa 400 Hm in weniger als 3 Std. besteigen. Info: https://www.gardatrentino.it/de/planen/mobilität-vor-ort.

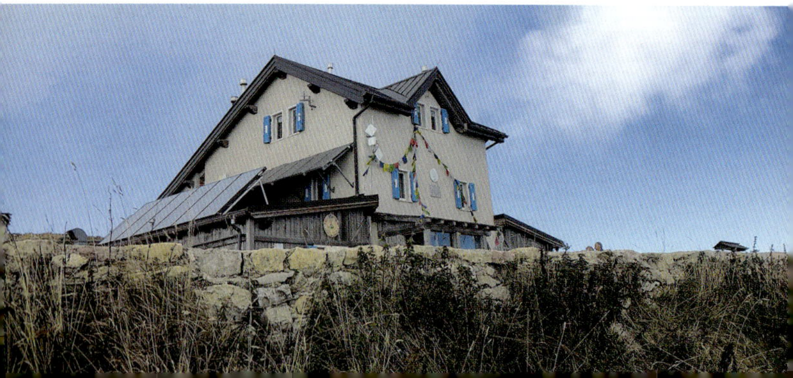

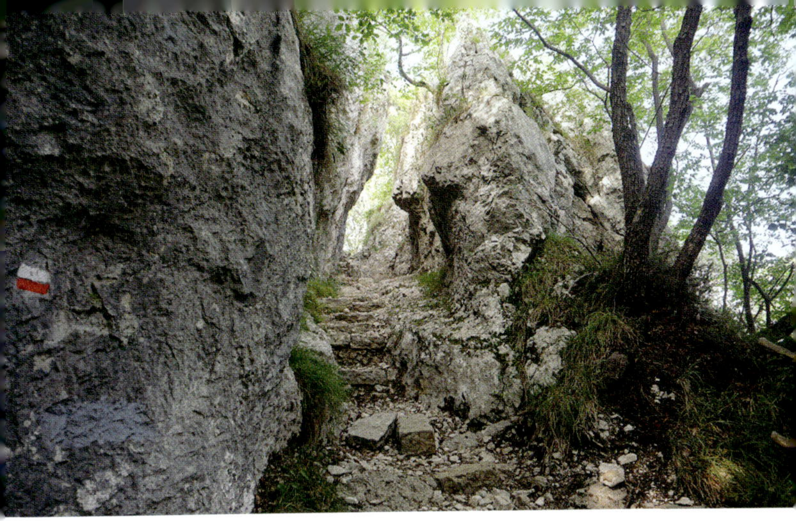

Oben: Im Felseinschnitt rechts befindet sich eine Maschinengewehrstellung.
Links: Hoch oben auf dem Monte Altissimo steht das quirlige Rifugio Damiano Chiesa.

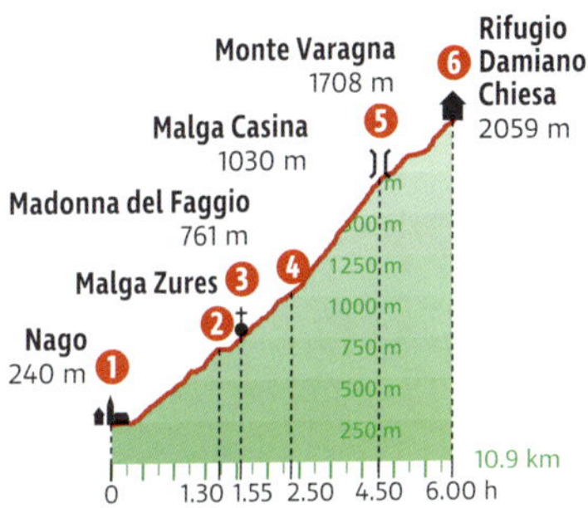

Von der Kirche in **Nago/Torbole** ❶, 240 m, geht es südwärts, der Strada Monte Baldo folgend, leicht durch Weinberge bergan. Etwa 300 m nach dem letzten Haus Nagos biegt der SdP links ab und führt vorbei an Trockenmauern und Weinreben in wenigen Minuten zur kleinen Gedenkstätte San Giuseppe. Wir folgen hier links den Beschilderungen Monte Baldo/Malga Zures. Nach wenigen Minuten zweigt der SdP, markiert mit einem großen Schild, an einem Schotterparkplatz erneut links in einen steinigen Weg ab. Hier den SdP- und GT(Garda Treck)-Beschilderungen folgen (SAT-Weg 601). Steinig schraubt sich der Weg durch den Wald nach oben und offenbart trotz noch geringer Höhe immer wieder Weitblicke über Nago und dessen ausgedehnte Weinberge.

Etwa 1 Std. nach dem Start führt der SdP durch einen Felseinschnitt. Eine Steintreppe führt uns nach oben und endet an einem Stolleneingang, der rechts zu einer Maschinengewehrstellung abgeht. Nach weiteren 30 Min. erreichen wir – durch Laufgräben wandernd – die **Malga Zures** ❷, 690 m. Zwischen Felsbrocken geht es von hier rechts (entgegen des in offiziellen

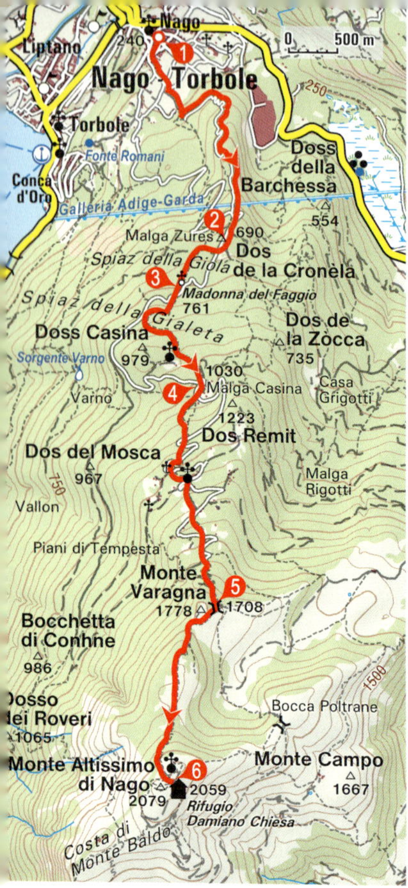

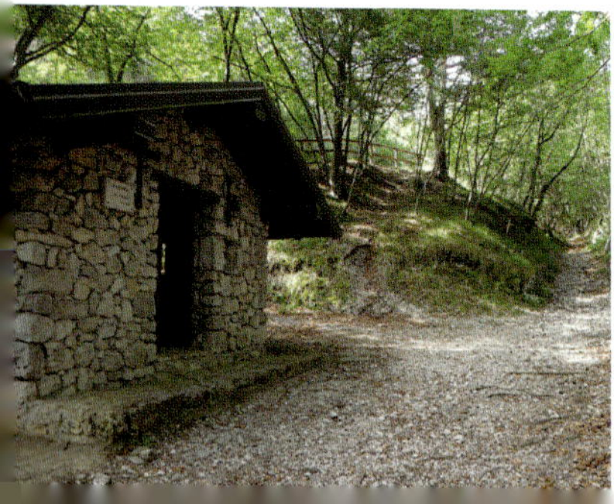

Karten eingezeichneten Weges!) stufig nach oben, und weitere Stollen und Schützengräben lassen sich entdecken. Kurz darauf passieren wir die **Kirche Madonna del Faggio** 3, 761 m, eingerahmt von Buchen (ital. faggio = Buche). Auf der anderen Wegseite findet sich eine 1995 eingeweihte Glocke, die an alle Gefallenen auf dem Monte Baldo erinnern soll.

Etwa 30 Min. später kann man rechts abzweigen und die Dos Casina (Chiesetta degli Alpini = Kirche der Alpini) besichtigen, der SdP führt hier geradeaus. Auf steilen, steinigen Hohlwegen geht es stetig bergan durch den Wald hinauf zur **Malga Casina** 4, 1030 m. Wer Glück hat, sieht Murmeltiere. Die Hälfte der zu bewältigenden Höhenmeter ist nun geschafft und ein Rastplatz lädt zur Pause ein.

Kurz danach passieren wir die Quelle Acqua d'Oro (angeblich kein Trinkwasser), später eine Schranke und steigen weiter bergan durch den Wald, entweder den steilen Waldweg entlang oder auf der längeren, aber weniger steilen Fahrstraße. Kurz vor dem Sattel des **Monte Varagna** 5 wechselt die Vegetation. Almwiesen, vor allem aber der erste Blick auf den noch 300 Hm entfernten Gipfel des Monte Altissimo, sorgen für Erleichterung bei Füßen und Augen. Wir wenden uns nach rechts, laufen über eine Freifläche bis zum südlichen Sattel. Von hier hat man einen umwerfenden Panoramablick über den Gardasee.

Die Kirche Madonna del Faggio, Gedenkkapelle für die Gefallenen.

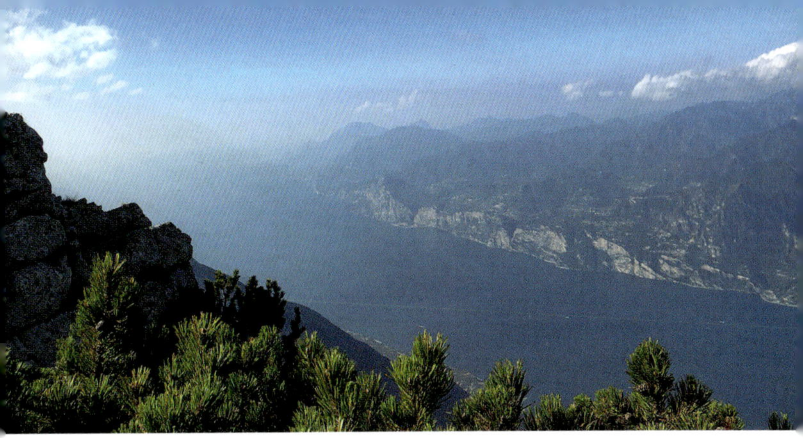

Blick zum Westufer des Gardasees vom Monte-Baldo-Kamm.

Es dauert noch etwa 1 Std. bis zum Endpunkt. Der Weg lässt ein paar Minuten später einen ersten Blick auf Rovereto zu, Endpunkt dieses Teilabschnitts durch die Gardaseeberge. Noch hinter tiefer liegenden Gipfeln im Westen können wir bei guter Sicht sogar den Ledrosee entdecken. Uneben und holprig führt der steile Weg zum spärlich bewachsenen Gipfelhang des oft gut besuchten Monte Altissimo und kurze Zeit später zum **Rifugio Damiano Chiesa 6**, 2059 m.

i Der Monte-Baldo-Kamm im Ersten Weltkrieg

Den Monte Altissimo, höchster Gipfel des südlichen Monte-Baldo-Kamms, besetzten die Italiener mit Kriegsbeginn am 25. Mai 1915. Die Österreicher hatten es verpasst, den Gipfel rechtzeitig als Festung auszubauen und zogen ihre Verteidigungslinie auf Höhe Nago – Mori zurück. Mit Besetzung des Gipfels durch Korps der italienischen Armee überblickten diese fortan das gesamte Sarcatal fast bis nach Trient. In erster Linie lagen hier Geschützbatterien in Stellung, deren Kanonen bis zum Ledrotal, dem Monte Brione, Monte Stivo und Monte Zugna reichten. Gut erhaltene Schützengräben, Tunnel, Barackenlager und auch der heutige Zufahrtsweg zum Rifugio Damiano Chiesa 6 – früher Hauptzugang für Soldaten und militärische Fahrzeuge – zeugen vom Geschehen.

Weiter nördlich standen sich italienische und österreichische Truppen deutlich näher gegenüber. Während österreichische Standschützen die Malga Zures 2 hielten, besetzten die Italiener nur wenige Hundert Meter weiter den Dosso Alto di Nago. Die österreichischen Standschützen eroberten zwar die Kuppe kurzzeitig im Juli 1915, mussten sie unter hohen Verlusten aber wenige Wochen später wieder aufgeben.

17 Monte Altissimo di Nago – Polsa

5.30 h | 18,5 km
↗500 m | ↘1250 m

Aussichtsreiche Höhenwanderung in einer bunten und lieblichen Bergwelt

Durch die »grüne Lunge« des Gardasees geht es ausgesprochen abwechslungsreich durch eine nahezu sanfte Bergwelt. Unser Weg führt uns durch idyllische Almen und duftende Blumenwiesen mit unzähligen Schmetterlingen auf bunten Hängen. Obwohl diese Etappe über 1000 Hm hinabführt, belohnt sie uns mit wirklich beeindruckenden Ausblicken auf den Lago Pra da Stua, das Etschtal (das im Raum Rovereto den Namen Vallagarina trägt) und bis hinüber in die Vizentiner Alpen. Bestimmungstafeln helfen, den vielen unbekannten Blumen einen Namen zu geben. Eine wohltuend liebliche Etappe, die auch Geschichtliches bereithält.

Ausgangspunkt: Rifugio Damiano Chiesa, 2059 m.
Endpunkt: Bergdorf Polsa, Campingplatz, 1240 m.
Anforderungen: Nicht immer markierte, aber grundsätzlich unschwierige Strecke. Beschilderung und Wegverlauf in offiziellen Karten des SdPs widersprüchlich. Abstieg auf dem »Sentiero attrezzato delle Vipere« steil, direkt am Hang und mit Drahtseilen versichert, bei Regen gefährlich, siehe Variante.
Einkehr: In San Valentino drei Bars bzw. Restaurants.
Unterkunft: Etrusca Polsa (im Sommer: Juni–August, 8 Zimmer in DZ, B&B 40–45 €, Tel. +39 0464 867 004 und +39 331 7458 051, etruscasas@gmail.com).
Hund: Querung von Almwiesen mit frei laufenden Kühen. Beim Abstieg auf dem »Sentiero attrezzato delle Vipere« u. U. Hilfe erforderlich, sonst unschwierig. Übernachtung im Etrusca Polsa möglich.
Variante: Der Abstieg auf dem »Sentiero attrezzato delle Vipere« lässt sich umgehen, indem man ab der Malga Bes ❸ der Fahrstraße nach unten folgt und dann links die Straße Richtung San Valentino ❹ einschlägt.

i Italiener auf der Seite Tirols

Auf dieser und der nächsten Etappe befinden wir uns, historisch betrachtet, im Frontbereich der italienischen Alpini. Zwischen Riva del Garda und Rovereto zog sich die Frontlinie der Österreicher über Nago (Etappe 16) bis Mori (Etappe 18 und 19), die der Italiener vom Monte Altissimo (Etappe 16 und 17) über Crosano (Etappe 18) bis zur Etsch. Beide Seiten errichteten vorsorglich kilometerlange Frontsysteme. So klar die Abgrenzung der Fronten scheint, der italienische Teil der Bevölkerung zwischen Riva und Rovereto stand größtenteils auf der Seite Tirols. Es gab sogar ausschließlich italienisch sprechende Tiroler Standschützenkompanien. Eine über 400 Mann starke hielt in den ersten Kriegstagen die italienischen Alpini vom Durchbruch in Riva ab, eine andere, mehr als 300 Mann zählende, tat im Abschnitt Etschtal dasselbe.

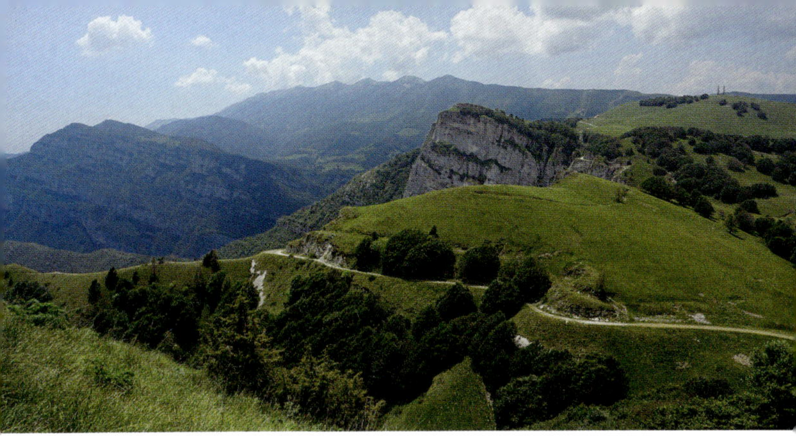

Monte-Baldo-Kamm, vom Fuß des Monte Vignola gesehen.

Vom **Rifugio Damiano Chiesa** ❶, 2059 m, folgen wir entweder knieschonend dem Fahrweg oder dem schmalen Pfad, der Serpentine für Serpentine abkürzt, für etwa 1 Std. hinab bis zur **Bocca del Creer** ❷. Hier thront das gelbe Rifugio Graziani, 1617 m. Der Weg quert anschließend den unterhalb liegenden Parkplatz, folgt dem mit Holzstufen nach oben führenden Weg und verläuft parallel zur darunterliegenden Straße. Den linken Abzweig zur Corna Piana ignorierend, laufen wir über eine Wiese voller bunter Blumen und Schmetterlinge. Kurz nachdem der Weg einen wunderbaren Blick über den grünen Lago Pra da Stua offenbart und nach links geschwenkt ist, gelangen wir zu einer Gabelung. Aussichtsreich geht es rechts weiter. Bald zeigt sich die **Malga Bes** ❸, 1516 m, durch die wir hindurchlaufen. Der Weg windet sich anschließend leicht rechts die Wiese hinauf. Nach 10 Min. begegnen wir einem ersten Hinweisschild auf den SdP und nehmen den steilen, versicherten Abstieg auf dem »Sentiero attrezzato delle Vipere« (SAT-Weg 650) bis hinab nach **San Valentino** ❹, 1314 m.
In San Valentino biegen wir links ab und folgen der Hauptstraße bzw. dem darunter liegenden Wiesenweg für etwa 300 m, wenden uns dann an der

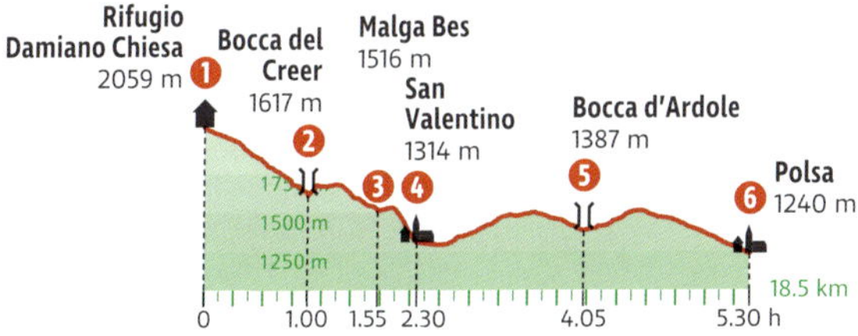

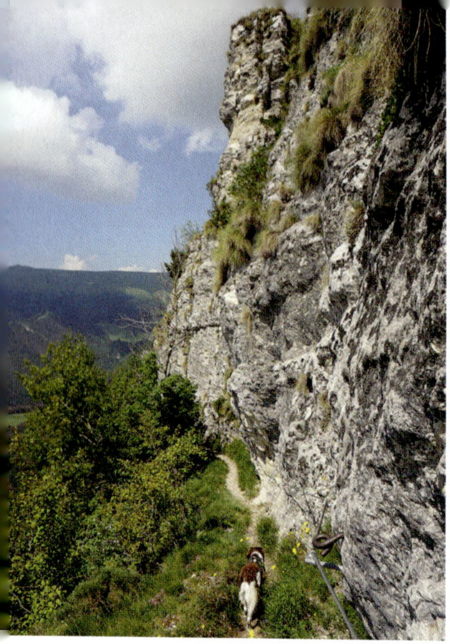

Der »Sentiero attrezzato della Vipere« schmiegt sich eng an die Felsen.

Trattoria al Passo nach rechts und folgen der Straße etwa 200 m bis zu einem Rechtsknick. Anschließend schlagen wir das SdP-beschilderte, nach oben führende Fahrsträßchen ein. Nach dem Queren einer kleinen Wasserstelle führt der Weg links hinauf. Mal auf Asphalt, mal auf Schotter geht es auf der Fahrstraße eng am Berg auch durch Tunnel und unglaublich aussichtsreich vorbei an der Malga Postemon und am Corno della Paura. Ein beeindruckender – und mit jedem Meter besser werdender – Weitblick über die Etsch und das Vallagarina begleitet uns für mehrere Kilometer.

Schon von Weitem erkennen wir ein Gipfelkreuz in der Nähe der **Bocca d'Ardole** ❺, 1387 m, welches wir mit etwas Abstand links passieren und weiter höher steigen. Kurz vor dem Fuß des Monte Vignola zweigt rechts hinunter der Weg 687 ab, den wir jedoch ignorieren. Am Monte Vignola (1606 m) angekommen – er ließe sich in etwa 15 Min. auch besteigen – laufen wir links in Richtung Polsa, vorbei an Weltkriegsbaracken und einem Auffangbecken für Regenwasser. Etwa 25 Min. später biegt der SdP beschildert rechts ab. Um nach Polsa zu gelangen, wandern wir weiter geradeaus und erreichen nach 10 Min. den Campingplatz in **Polsa** ❻, 1240 m.

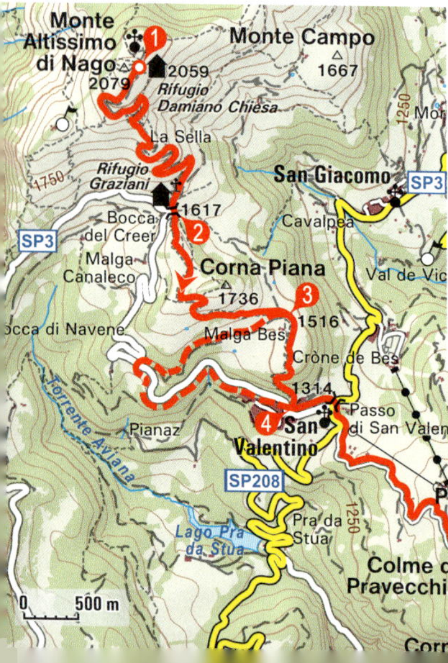
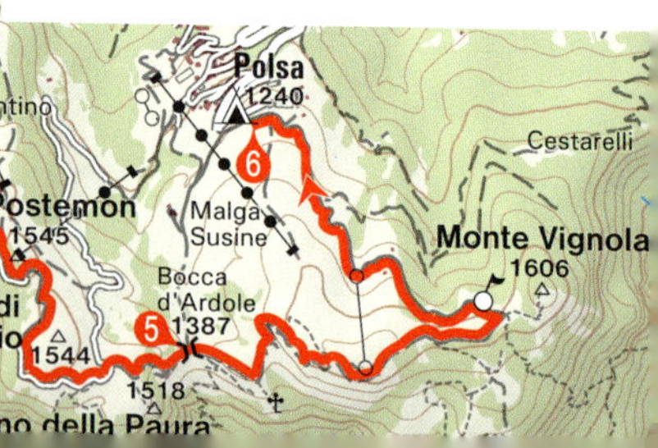

5.00 h	18,6 km
↗ 340 m	↘ 1430 m

Polsa – Mori 18

Abstieg ins Vallagarina von Bergdorf zu Bergdorf

Diese leichte Wanderung durch ursprüngliche Bergdörfer im Hinterland des Gardasees beeindruckt vielleicht nicht mit spektakulären Aussichten, lohnenswert ist sie jedoch allemal. Der SdP zeigt uns, wie die Trentiner hier in Hanglage Felder bewirtschaften, Wein anbauen und welch wunderbare Bergdörfer sie haben. Zunächst wandern wir auf einem abwechslungsreichen Fahrsträßchen und später auf alten Saumpfaden, die die Bergdörfer miteinander verbinden.

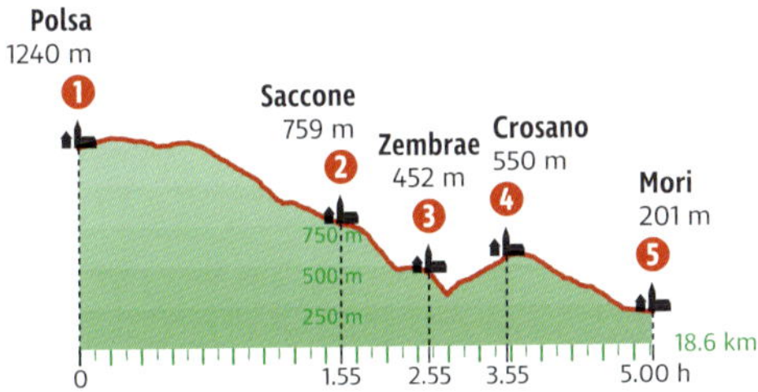

Der Weg führt durch Felder, Almwiesen und kleine Bergdörfer.

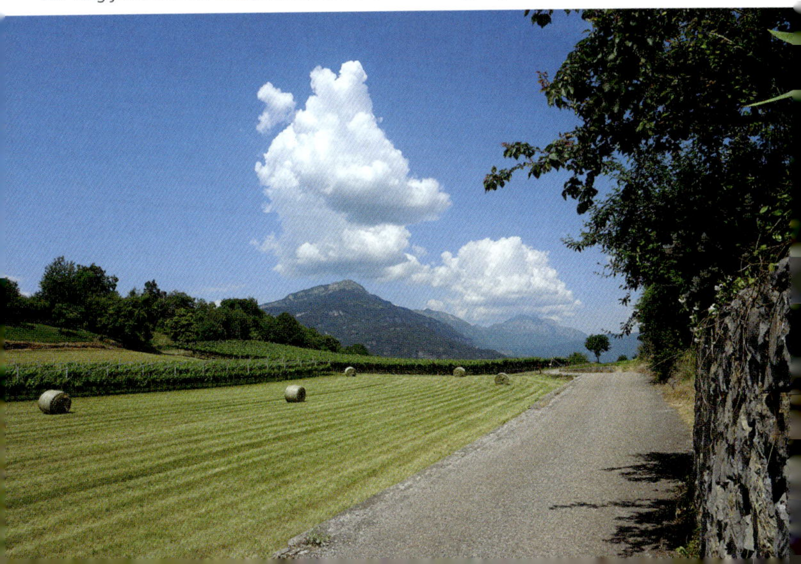

Ausgangspunkt: Polsa, Campingplatz, 1240 m.
Endpunkt: Mori, Kirche, 201 m.
Anforderungen: Unschwierige Etappe, die jedoch sehr heiß werden kann.
Einkehr: In Saccone zwei Restaurants.
Unterkunft: Einige in Mori, z. B. Vecchia Mori (11 Zimmer, B&B ab 44 €, Tel. +39 0464 918436 und +39 347 3243 968, info@vecchiamori.it, www.vecchiamori.it).
Hund: Unschwierig, Übernachtung im Vecchia Mori möglich.

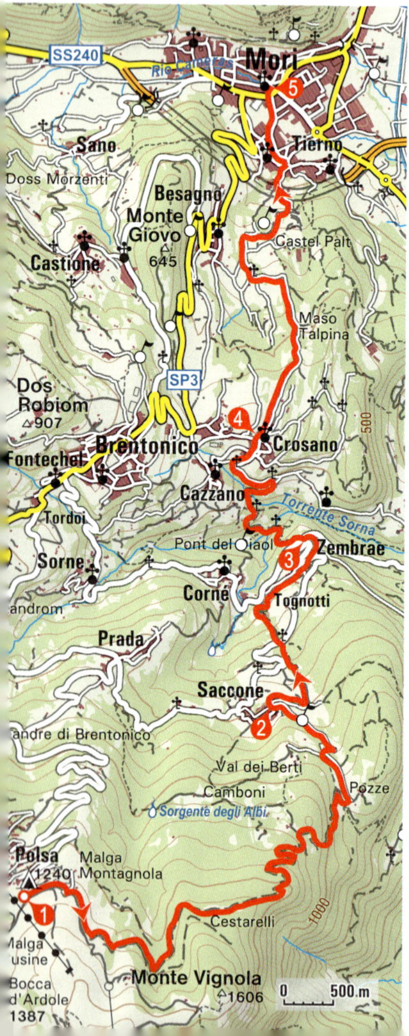

Zunächst wandern wir auf dem Schottersträßchen, das wir am Vortag hinabgestiegen sind, am Campingplatz in **Polsa** ❶, 1240 m, rechts vorbei. Nach etwa 10 Min. erreichen wir den Abzweig des SdP nach links. Der Weg führt aussichtsreich an Almwiesen entlang. Hier können wir einen Blick auf das heutige Etappenziel Mori sowie das Teilstreckenziel Rovereto werfen, das nur einen Katzensprung entfernt scheint.

Die Fahrstraße führt stetig auf wechselndem Untergrund bergab. Nachdem wir rechter Hand zwei Stolleneingänge passiert haben, geht es links bergab in den Wald. Etwa 1 Std. nach dem Start biegt der SdP rechts in einen schmaleren Fahrweg ab, der später in einen schmalen Pfad übergeht und sich eher rechts hält. Vorbei an einer kleinen Häuseransiedlung trifft der SdP erneut auf einen Fahrweg, den wir erst rechts und kurz danach links einschlagen und dem wir bei Pozze erneut links nach unten folgen. In etwa 30 Min. führt uns die Straße mit interessanten Blicken auf Terrassen-Landschaften hinab nach **Saccone** ❷, 759 m. Auch den Monte Creino (1280 m, Etappe 19) und den Monte Biaena (1618 m, Etappe 20) können wir erspähen.

In Saccone folgen wir den Beschilderungen in Richtung Crosano, biegen also zunächst rechts ab, laufen am Brunnen vorbei und verlassen

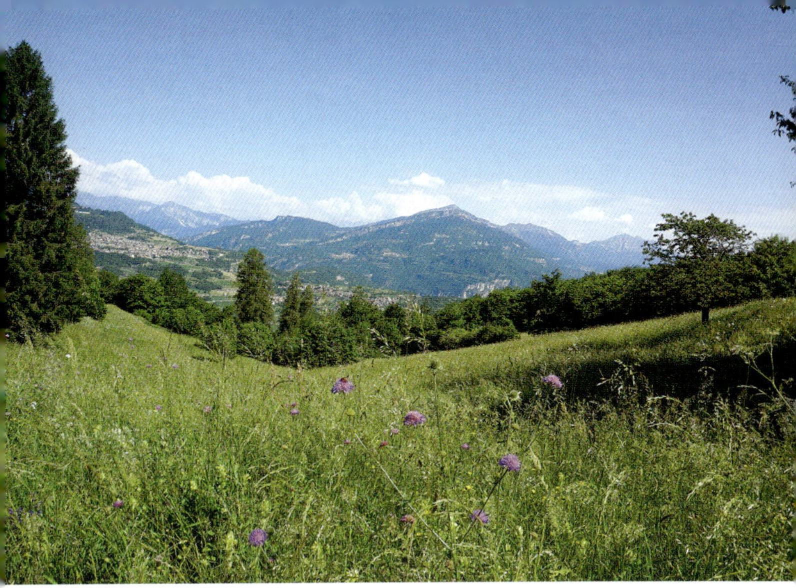

Die Vizentiner Alpen ragen in Gestalt des Monte Zugna bereits am Horizont empor.

den Ort. Etwa 5 Min. später, kurz vor der Leitplanke, führt der Weg links entlang duftender Heuwiesen hinab. Aus dem Betonweg wird kurz darauf ein schmaler Pfad, der nach der Straßenüberquerung in einen Wiesenweg übergeht. Etwa 1 Std. nach Verlassen von Saccone erreichen wir eine Asphaltstraße, der wir rechts bis zur Hauptstraße folgen. ACHTUNG: An dieser Stelle ist der SdP falsch beschildert! Wir folgen der Hauptstraße ein paar Meter links bergab (nicht rechts den Schildern nach), bis der Weg in der Ortschaft **Zembrae** 3 korrekt beschildert rechts nach Crosano, vorbei an Kirschplantagen, führt.
Wir passieren rechter Hand eine enge Schlucht und folgen dem Weg links und anschließend geradeaus. Am Pont del Diaol (320 m), vorerst tiefster Punkt des Tages, gehen wir über eine kleine Schlucht und steigen wieder bergauf. Nach etwa 1 Std. wenden wir uns an der Hauptstraße nach links und im Ort **Crosano** 4, 550 m, nach rechts. Vorbei an Bar und Supermarkt, führt der SdP nach oben und später durch die Weinberge hinab nach Mori. Wir erreichen ein Betonkreuz am Wegesrand und nehmen zweimal den rechten Weg, bevor wir uns links halten. Am Castel Palt, 360 m, gehen wir erneut rechts. Zu unserer Linken befindet sich ein Weinberg, rechts eine kleine Trockensteinmauer. Wir gelangen zunächst zum Vorort Tierno und geradeaus weiter nach Mori. Immer der Straße nach, sehen wir schließlich den Zielpunkt, die Kirche von **Mori** 5, 201 m.

19 Mori – Ronzo Chienis

5.30 h | 17,7 km
↗1350 m | ↘550 m

Wiedersehen mit dem Gardasee auf einem geschichtsträchtigen Aussichtsgipfel

Die heutige Wanderung ist eine Parade-Etappe des SdP, verbindet sie doch alles, was man sich von einem solchen Fernwanderweg wünscht. Mit dem Monte Creino besteigt man sicher keinen Bergriesen, er ist aber aufgrund seiner exponierten Lage dennoch ein äußerst beeindruckender Aussichtsgipfel. Dies erklärt zugleich seine strategische Bedeutung im Ersten Weltkrieg, kann man doch von hier aus das Etschtal und sogar den Gardasee wunderbar überblicken. Zudem wartet der Monte Creino mit perfekt restaurierten Schützengräben, Aussichtspunkten und Geschützstellung auf, die sich ausgesprochen gut erkunden lassen – unbedingt mehr Zeit einplanen und Taschenlampe mitnehmen! Aber auch der Aufstieg zum Berg selbst führt auf tollen Wegen durch terrassierte und ursprüngliche Landschaften und erneut entlang hübscher Bergdörfer.

Ausgangspunkt: Mori, Kirche, 201 m.
Endpunkt: Ronzo Chienis, Kirche, 988 m.
Anforderungen: Unschwierige Etappe, in Mori und nach Manzano nicht beschildert, GPS empfehlenswert.
Einkehr: Unterwegs keine.
Unterkunft: In Ronzo Chienis: Hotel Martinelli (19 Zimmer, B&B ab 37 €, Tel. +39 0464 802 908, mirko@hotelmartinelli.it, www.hotelmartinelli.it/de); B&B Gardumo (2 Zimmer, B&B ab 30 €, Tel. +39 0464 802855 und +39 328 7348872, info@anticagardumo.it, www.anticagardumo.it).
Hund: Unschwierig, Übernachtung bspw. im Hotel Martinelli oder B&B Gardumo möglich.

Das Bergdorf Pannone mit der Kirche »Chiesa parrocchiale dei Santi Filippo e Giacomo«.

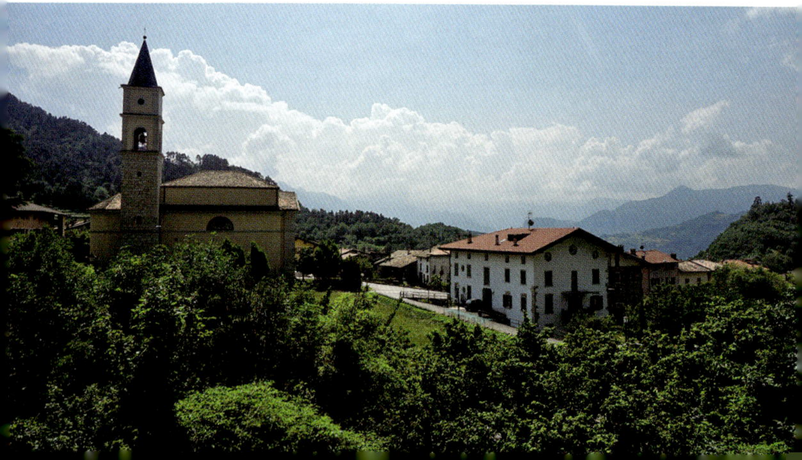

i Schützengräben am Monte Creino

Die Schützengräben am Monte Creino ❺ sind die am besten erhaltenen in dieser Region und stehen beispielhaft für nahezu jeden militärisch genutzten Gipfel. Das Grabensystem verbindet Stellungen für schwere Geschütze, Maschinengewehre und Schießscharten mit Beobachtungsposten und Unterständen. In Zick-Zack-Form verlaufen sie, um bei feindlicher Erstürmung noch Schutz vor Beschuss zu bieten. Die Höhe betrug in der Regel zwischen 1,30 und 1,50 m und die zahlreichen Sockel erleichterten den Schützen einerseits das Zielen und andererseits im Notfall auch die Flucht aus dem Graben. Am Grabeneingang finden wir einen Beobachtungsposten, in der Tiefe eine Artilleriestellung und Schießscharten für Kanonen. Weiter südlich am Schützengraben sehen wir in Felsen gehauene Unterstände, die Schutz vor den Bombardements der italienischen Artillerie vom Monte Baldo boten.

Von der Kirche in **Mori** ❶, 201 m, queren wir die Piazza Cal di Ponte, biegen nach links in die Via G. Garibaldi und nach 200 m an der Piazza ca' dell'Ora nach rechts ab. Kurz darauf verläuft der SdP an der Via S. Salvotti links und folgt dem Weg F09 in Richtung Lasta-Pipel. Am freistehenden Turm an der Piazza S. Maria a Bindis links und wenige Meter danach vor dem Brunnen rechts halten. Etwa 100 m später ist der SdP wieder markiert, er biegt an der Via della Lasta rechts ab. Nach Verlassen der letzten Häuser von Mori schlängelt sich der Weg links am Berg entlang. Kurz nach dem ersten steilen Anstieg wandern wir an einem treppenstufigen Weg vorbei, der zum Monte Nagia Grom weist. Wir hingegen folgen dem rechts nach oben führenden Steinweg. Auch die nachfolgenden Abzweige zum Monte Nagia Grom ignorieren wir. Das Passieren eines Kreuzes am Wegesrand ist zugleich Zeichen dafür, dass wir den ersten steilen Anstieg des Tages gemeistert haben. Auf einem Fahrweg gelangen wir aussichtsreich in 15 Min. ins wunderschöne Bergdorf **Manzano** ❷, 680 m. Wir laufen durch die Ortschaft und verlassen nun den Weg F09, der rechts nach oben führt. Kurz vor einem rosafarbenen Haus biegt der Weg beschildert rechts ab. Nach

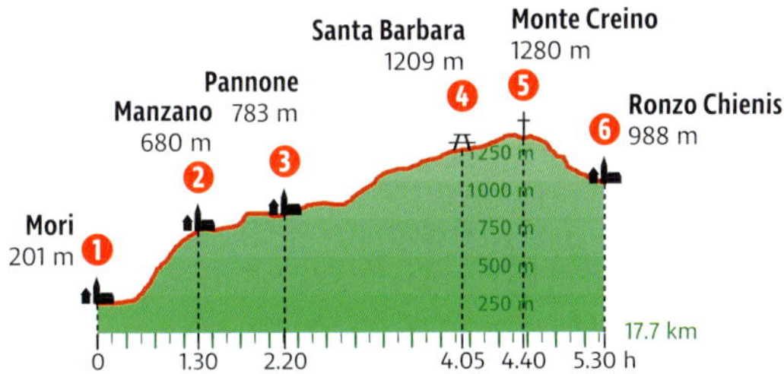

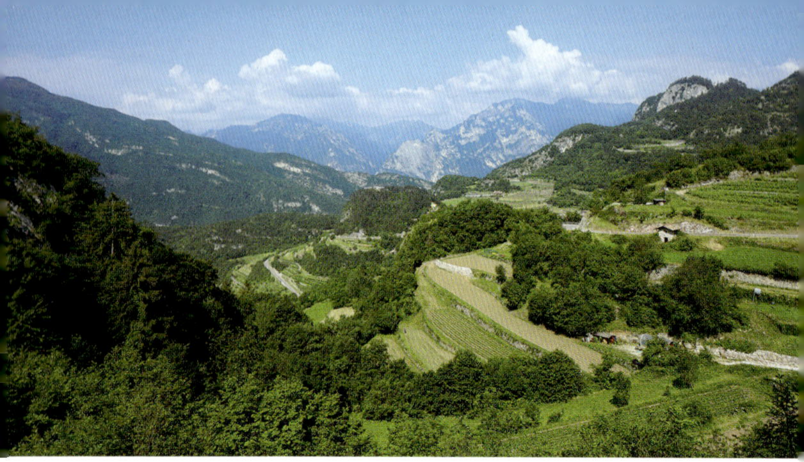

Typische terrassierte Felder rund um das Vallagarina.

etwa 250 m auf der Straße bergab verlassen wir die Ortschaft, ehe ein kleiner Fahrweg kurz nach einer Linkskurve durch terrassierte Landschaften wieder bergan führt. Der nun etwas zugewachsene Weg leitet im Verlauf rechts vorbei an einem Gewächshaus. Ab hier verlässt der SdP den Fahrweg und folgt dem kleinen Pfad nach oben, bis er auf eine Steinmauer zuläuft und nach links abbiegt. Etwa 15 Min. später wandern wir, vorbei an einem rauschenden Fluss, durch das Bergdorf **Pannone** ❸, 783 m. Geradeaus geht es weiter zur Hauptstraße, der wir rechts für eine Kehre bergan folgen. Dann zweigt der Wanderweg (nachdem der MTB-Trail 760 links abgebogen ist) links von der Straße in einen kleinen Fahrweg ab. Wir folgen dem beschilderten Weg, erreichen das kleine Kirchlein Capitello san Rocco und laufen das Asphaltsträßchen hinunter. Dieses fällt nach einigen Metern steiler ab und der SdP schwenkt nach rechts. Ein erster toller Blick über den Gardasee zeigt, wie nah wir Italiens größtem See bereits wieder gekommen sind. Der Weg gabelt sich im Verlauf dreimal, wir entscheiden uns jeweils für den rechten. Gemütlich, auf teilweise weich federnden Waldböden geht es hinauf zur Anhöhe **Santa Barbara** ❹, 1209 m, auf der sich direkt am Brunnen auch ein Picknickplatz befindet.
Im Ort angekommen, biegen wir zunächst rechts in die Hauptstraße ein, halten uns am nächsten Brunnen direkt wieder rechts und folgen den Beschilderungen in Richtung Monte Creino auf einer Asphaltstraße, die später in eine Schotterstraße übergeht. Einige Serpentinen später zweigt der Wanderweg rechts ab und wir erreichen über sanfte Wiesen das Gipfelplateau des **Monte Creino** ❺, 1280 m. Das Gipfelkreuz befindet sich etwa 300 m rechts den Wiesenweg entlang. Wir erblicken trotz der geringen Höhe des Berges: Carè Alto (Etappe 9), Cima Pichea (Etappe 13), Monte

Altissimo (Etappe 16), Monte Biaena (Etappe 20) Monte Zugna (Etappe 21) und Cima Carega (Etappe 22). Links hinab führt der Wanderweg entlang restaurierter Schützengräben, Kavernen, begehbarer Stollen und Aussichtspunkten über das Vallagarina – ein unglaublich beeindruckender Gipfel.

Der SdP verläuft anschließend direkt durch zwei instandgesetzte Schützengräben hinab, ehe wir wieder auf SdP-Beschilderungen Richtung Ronzo Chienis treffen. Auf einem wunderschönen Waldweg und einem Stück Straße steigen wir nun die letzten 300 Hm bis nach **Ronzo Chienis** 6, 988 m, hinab und treffen geradewegs auf die Kirche, deren Turm schon von Weitem über die Dächer ragt.

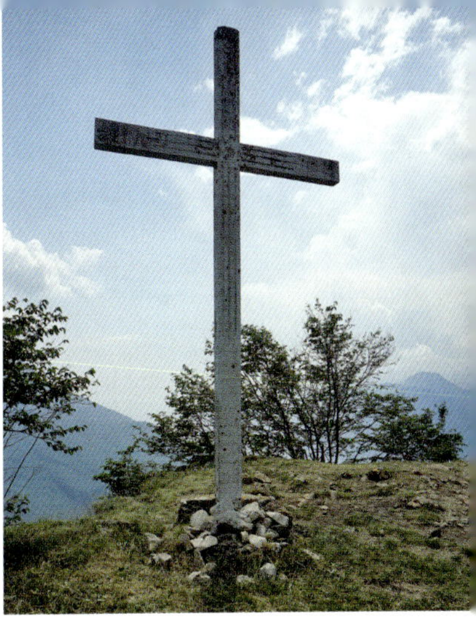

Am Gipfelkreuz des Monte Creino bietet sich eine tolle Rundumsicht.

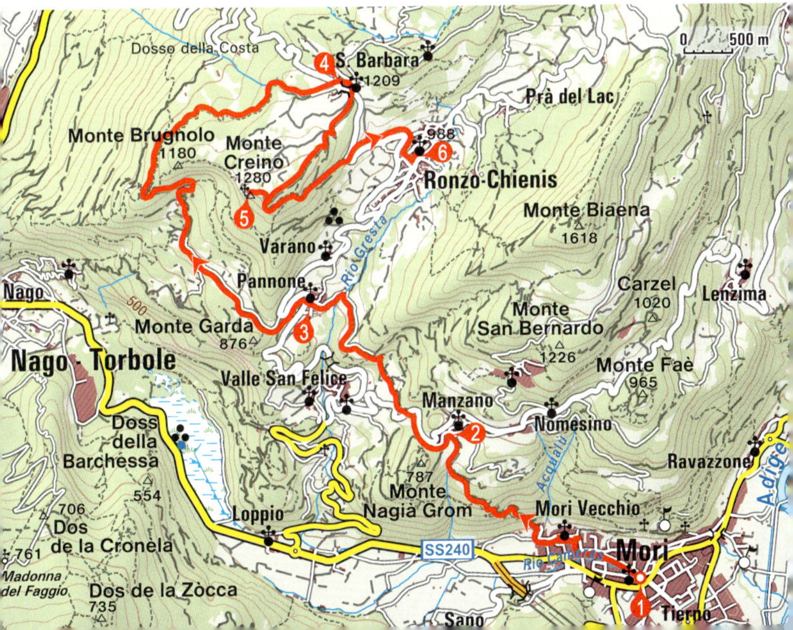

20 Ronzo Chienis – Rovereto

6.00 h | 18,3 km | ↗820 m | ↘1580 m

Famoser Blick zurück auf die letzten sechs Tage

Mit dem Monte Biaena besteigen wir zum letzten Mal einen Gipfel der Teilstrecke »Gardaseeberge« des Friedensweges. Ein Aufstieg, der sich allemal lohnt, kann man doch von ihm aus den Wegverlauf der letzten Etappen grandios überblicken: Einen letzten Blick auf den Gardasee werfen, den Aufstieg zum Monte Altissimo Revue passieren lassen und versuchen, die letzten Übernachtungsstationen in den Dörfern im grünen Bergpanorama zu finden – all dies ist vom Monte Biaena aus möglich. Nicht zuletzt lässt sich von hier bereits das Teilstreckenziel Rovereto, das Vallagarina und der Monte Zugna, erster zu besteigender Gipfel in den Vizentiner Alpen, begutachten. Zwar mag der Abstieg hinab nach Rovereto, der Stadt des Friedens, zäh und langwierig sein, die Altstadt des wunderschönen, typisch italienischen Städtchens entschädigt dafür aber allemal. Eine Besichtigung der Friedensglocke, die jeden Abend um halb zehn mit ihren 100 Glockenschlägen an die Gefallenen aller Kriege erinnert, ist für Wanderer des Friedensweges nicht nur ein bewegender Moment, sondern auch ein Muss.

Ausgangspunkt: Ronzo Chienis, Kirche, 988 m.
Endpunkt: Rovereto, Museo Storico Italiano della Guerra (Kriegsmuseum).
Anforderungen: Unschwierige Etappe, letzter Teil des Abstiegs vom Monte Biaena auf Asphalt zäh und anstrengend, gegebenenfalls in Lenzima Bus nach Rovereto nehmen.
Einkehr: Einige Bars und Restaurants in Isera.
Unterkunft: Zahlreiche Möglichkeiten in Rovereto, besonders empfehlenswert: B&B Casa Bettini (2 Zimmer, B&B ab 35 €, Tel. +39 347 1051839 und +39 335 6841280, im Herzen der Stadt gelegen, außergewöhnlich herzliche und hilfsbereite Gastgeber).
Hund: Unschwierig, Übernachtung problemlos zu finden u. a. im B&B Casa Bettini.

Zwischen der Kirche und dem Dom steigen wir in **Ronzo Chienis** ❶, 988 m, zunächst die Treppenstufen hinab, laufen dann für 5 Min. die Straße rechts entlang und biegen von ihr links in Richtung Monte Biaena ab. Wir queren den Rio Grestra und machen uns an den Aufstieg. Nach dem Verlassen der letzten Felder führt der Weg in den Wald und wendet sich kurz nach der

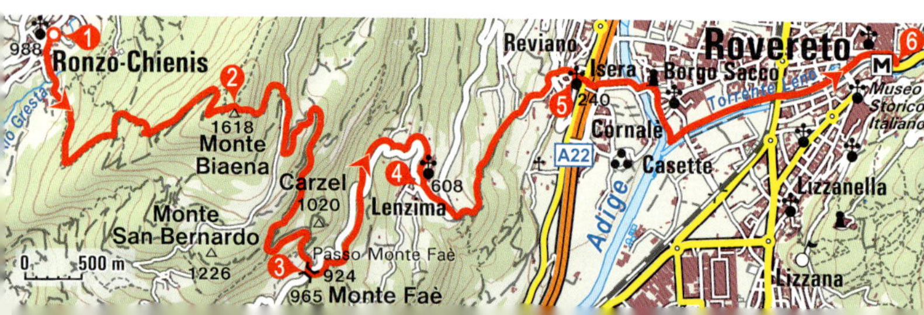

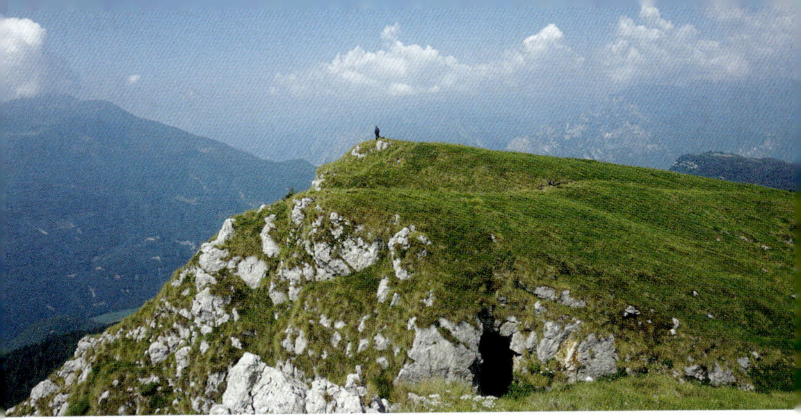

Der Gipfel des Monte Biaena: vorn ein erkundbarer Stollen, vom Grasberg erblickt man den Gardasee.

grün-gelben Schranke nach rechts. Ein steiler Aufstieg, der hin und wieder eine Fahrstraße kreuzt oder auf ihr verläuft, liegt nun vor uns. Wer möchte, kann auf den Fahrweg ausweichen, der länger, dafür aber weniger steil nach oben führt. Etwa 2 Std. nach dem Start erreichen wir das Gipfelkreuz des **Monte Biaena** ❷, 1618 m. Es lohnt ein Gang über das Gipfelplateau, von wo wir einen uneingeschränkten Blick über den Gardasee und den Monte Altissimo haben.
Vom Gipfelkreuz in Richtung einer kleinen, sich ebenfalls auf dem Plateau befindenden Hütte zweigt der zunächst steile Weg nach unten ab, dem wir etwa 30 Min. folgen. An einer kleinen Ansiedlung mit Häusern biegen wir nach rechts ab. Der SdP folgt der Asphaltstraße links hinab bis zum **Passo Monte Faè** ❸ mit Picknickplatz. Von hier haben wir einen schönen Blick auf das Gipfelkreuz des Monte Biaena. Vom Picknickplatz wenden wir uns nach rechts und gehen auf der wenig befahrenen Straße in 30 Min. bis in die Ortschaft **Lenzima** ❹. Dort passieren wir den Brunnen rechts und folgen der

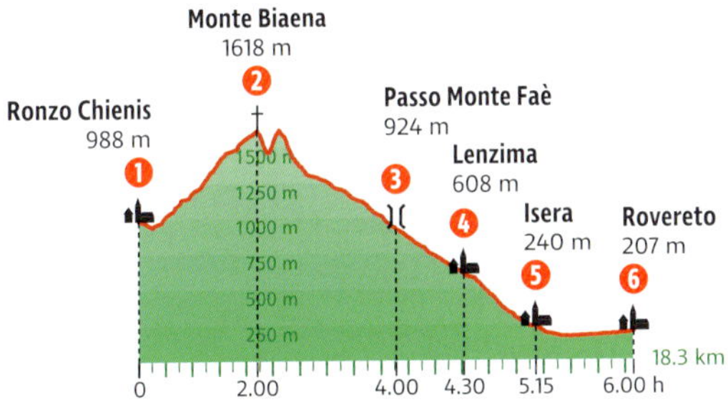

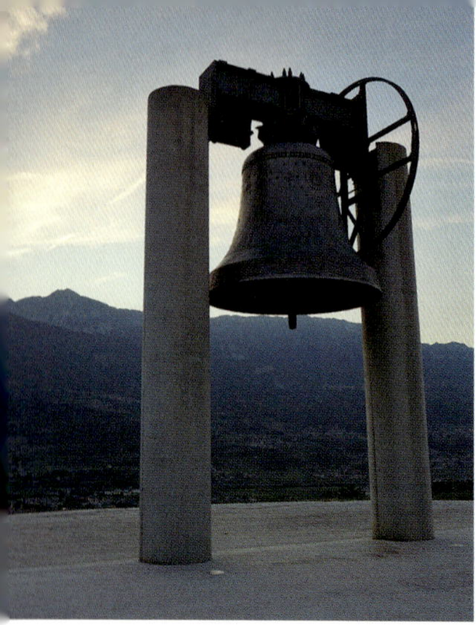

Die Friedensglocke in Rovereto wiegt 226 Tonnen.

Straße weiter hinab. Es besteht die Möglichkeit, mit dem Bus nach Rovereto zu fahren, ohne dabei etwas Nennenswertes zu verpassen.

Etwa 100 m nach dem Ortsausgangsschild biegt der SdP rechts in einen kleinen Betonweg ein, der uns durch Felder und vorbei an Trockensteinmauern führt. Der SdP leitet uns vorbei an einer kleinen Schlucht bis nach **Isera** 5, das wir nach etwa 45 Min. erreicht haben. Es bietet sich an, durch Isera nach unten bis zur Autobahnbrücke zu gehen und die Schilder des SdPs entlang der Hauptstraße zu ignorieren. Nach der Brücke halten wir uns links, dann wieder rechts und queren im Verlauf die Etsch. Noch etwa 45 Min. dauert es bis ins Stadtzentrum von Rovereto. Am besten halten wir uns nach Querung der Brücke am linken Ufer der Etsch und folgen dann dem Nebenfluss, dem Torrente Leno, ebenfalls am linken Ufer. Kurz vor dem Ziel wandelt sich der Parkweg in eine Asphaltstraße, die nach oben führt. Wir folgen dieser über die Kreuzung, halten uns dann rechts und stehen wenige Minuten später vor dem Museo Storico Italiano della Guerra in **Rovereto** 6, Endpunkt des heutigen Tages.

***i* Rovereto, die Stadt des Friedens**

Endpunkt der Teilstrecke Gardaseeberge könnte kein besserer sein als Rovereto. Im Ersten Weltkrieg war die Stadt oft schwerem Beschuss ausgesetzt, denn hier befand sich mit Depots, Magazinen und Stabsquartieren ein wichtiges militärisches Zentrum der Österreicher. Heute trägt der einst umkämpfte Ort den Beinamen »Stadt des Friedens«. Neben dem großen Kriegsmuseum Museo Storico Italiano della Guerra 6 zeugt davon vor allem die Friedensglocke auf dem Hügel von Miravalle. 1924 wurde sie aus den Kanonen der am Krieg beteiligten Nationen gegossen. Die über drei Meter hohe und breite sowie über 226 Tonnen schwere Glocke ist Soldaten aller Nationen im Ersten Weltkrieg gewidmet: Italienern, Österreichern, Deutschen, Polen, Ungarn, Kroaten, Serben, Bosniern, Slowenen, Tschechen, Russen, Engländern und Franzosen. Ihrer soll sie mit ihren 100 langsamen Glockenschlägen gedenken und zugleich eine Friedensbotschaft aussenden. Von Mitte Juni bis Mitte September läutet sie jeden Abend zum Sonnenuntergang.

Vizentiner Alpen

An das Tal Vallagarina um Rovereto schließen sich direkt die hierzulande doch recht unbekannten Vizentiner Alpen an. Sie stellen im Süden das Ende der Alpen dar, fallen dort schlagartig ab und werden von der Poebene mit Verona begrenzt. Dennoch sind diese italienischen Voralpen sehr sehenswert, auch wenn ihre Gipfel mit 2337 m (Cima Dodici), 2310 m (Cima Portule) und 2259 m (Cima Carega) nicht mehr so hoch sind. Vielmehr als mit stattlichen Gipfeln überzeugt diese Alpenregion durch ausgesprochenen Abwechslungsreichtum. Da sind einerseits die Piccole Dolomiti, die kleinen Dolomiten, die mit ihren schroffen und zuweilen bizarren Felsformationen doch sehr an den großen Nachbarn erinnern. Das Garega-Massiv beispielsweise ist vor allem für erfahrene Kletterer aufgrund seiner steil abfallenden Wände ein beliebtes Ziel. Andererseits gibt es satte grüne Wiesen und die von Wäldern überzogene und von tiefen Schluchten durchbrochene Hochebenen um Folgaria und Lavarone.

Geschichte

So lieblich es heute auch auf den Hochebenen anmutet, im Ersten Weltkrieg tobte in den Vizentiner Alpen der Gebirgskrieg ebenso wie in den anderen Regionen. Mit einem entscheidenden Unterschied: Die Gegner lagen sich hier nicht immer Hunderte Meter voneinander entfernt auf verschiedenen Gipfeln gegenüber, sondern auf Tuchfühlung. Zu Beginn des Krieges versuchten die Italiener, über das Valsugana nach Trient zu gelangen. Mit der Südtirol-Offensive (siehe Seite 162) im Mai 1916 unternahmen die Österreicher ihrerseits Bemühungen, um in die italienische Tiefebene einzubrechen. Beide Versuche scheiterten, nachdem Tausende ihr Leben ließen. In den Vizentiner Alpen manifestierte sich in den letzten Kriegsjahren ein unerbittlicher Stellungskrieg, insbesondere am Monte Zugna und am Pasubio. Während auf dem erstgenannten Berg sich die feindlichen Truppen auf bis zu 40 Metern näherten, gipfelte der Stellungskrieg am Pasubio in einem Minenkrieg, bei dem Berge mitsamt der kompletten Besatzung in die Luft gesprengt wurden.

Die südliche Lage der Vizentiner Alpen sorgt übrigens klimatisch für eine Besonderheit, die im Ersten Weltkrieg beide Seiten vor Probleme stellte: Die Schneefälle im Winter sind hier wesentlich ergiebiger und von längerer Dauer als sonst in der Region üblich. In den kalten Monaten gab es daher unzählige Lawinentote. Die Sommermonate hingegen waren äußerst heiß und trocken, sodass sich große Probleme bei der Wasserversorgung ergaben; viele verdursteten. Nicht zuletzt mussten Träger und Ersatzmannschaften im Krieg große Höhenunterschiede meistern. Mehr als 1600 Höhenmeter galt es von Rovereto zum Monte Zugna zu bewältigen. Beim Anmarsch auf den Pasubio waren es gar mehr als 2000 m – ohne Wasser im Sommer, durch meterhohe Schneemassen im Winter.

21 Rovereto – Rifugio Coni Zugna

5.00 h | 12,2 km | ↗1400 m | ↘20 m

Steil hinauf auf einen der meistumkämpften Berge

Wer im Morgengrauen das wunderbare Örtchen Rovereto verlässt, hat einen mächtigen, aber unschwierigen Anstieg vor sich. Es geht an diesem Tag hinauf auf einen der Berge, der eindrücklich zeigt, dass Gebirgskrieg nicht nur hieß, sich auf Gipfeln gegenüberzusitzen. Auf dem Monte Zugna, einem der meist umkämpften Berge dieser Region, lagen sich Österreicher und Italiener »hautnah«, teilweise nur 40 Meter entfernt gegenüber. Dank zahlreicher kleiner Infotafeln lässt sich auch heute noch gut nachvollziehen, wie sich Offiziersunterkünfte, Kasernen, Baracken, Bombenwerfer-Stellungen, MG-Nester, Laufgräben usw. beider Lager auf dem Bergrücken verteilten. Hier lohnt es sich, mehr Zeit einzuplanen. Zudem dürfen Wanderer aussichtsreiche Blicke in die Täler Vallarsa und Vallagarina sowie auf die Gipfel Monte Vignola (Etappe 17), Monte Altissimo (Etappe 16) und Cima Carega (Etappe 22) werfen.

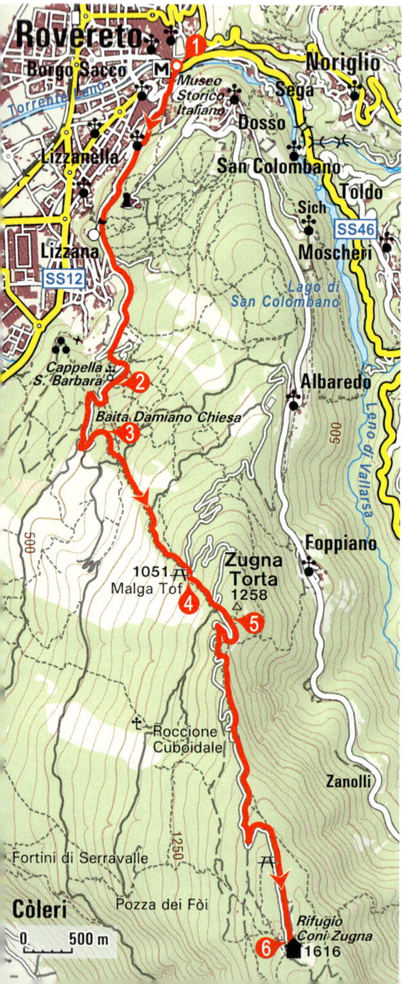

Ausgangspunkt: Rovereto, Museo Storico Italiano della Guerra (Kriegsmuseum).
Endpunkt: Rifugio Coni Zugna (1616 m).
Anforderungen: Konditionell fordernde Etappe, sonst unschwierig, in Rovereto nicht beschildert.
Einkehr: Unterwegs keine.
Unterkunft: Rifugio Coni Zugna (ganzjährig, 50 Betten, HP 48 €, Tel. +39 0464 917 959 und +39 335 481 612, rifugiomontezugna@gmail.com).
Hund: Unschwierig, wenn auch sehr trocken. Übernachtung mit wohlerzogenem, ruhigem Hund im Rifugio Coni Zugna möglich.

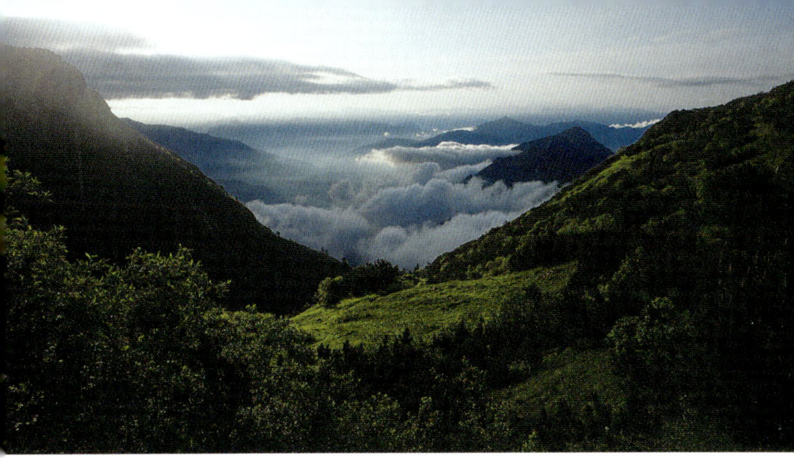

Nach einem Gewitter bieten sich oft tolle Aussichten.

In Rovereto gehen wir – die Altstadt im Rücken – am **Museo Storico Italiano della Guerra** ❶ zunächst bergan, biegen an der nächsten Möglichkeit rechts ab, passieren eine Steinbrücke und wenden uns an der Piazzetta S. Osvaldo nach links. Wir laufen die Treppenstufen nach oben, queren eine Straße und folgen dem Asphaltweg vorbei an Mausoleum, Kirche und dem Ossario Castel Dante bergan. Hier finden sich auch erste SdP-Beschilderungen. Etwa 5 Min. später verläuft der Friedensweg etwas oberhalb der Ortschaft Lizzana, die Hauptstraße biegt hier nach rechts unten ab. Im Verlauf lassen sich einige Serpentinen der Straße durch steile Waldwege abkürzen. In 15 Min. erreichen wir die **Cappella Santa Barbara** ❷, eine kleine Andachtsstätte, die direkt in den Felsen gehauen wurde. Nun verläuft der SdP auf der Strada ex Militare, an der über hundert Steintafeln an Ordensträger der italienischen Artillerie erinnern. Höhenmeter um Höhenmeter werden die Jahreszahlen auf den Steintafeln älter. Etwa beim Jahr 1860

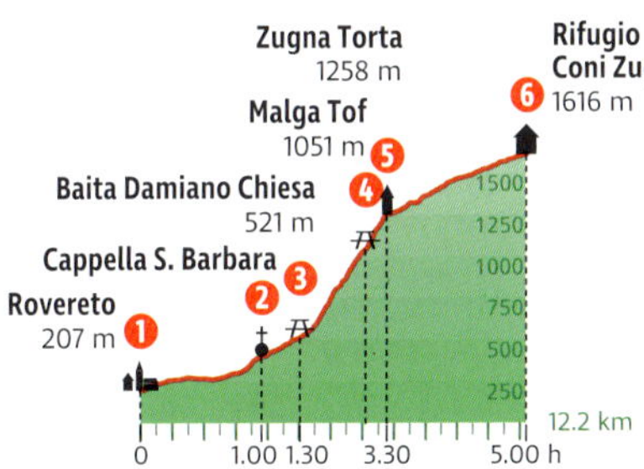

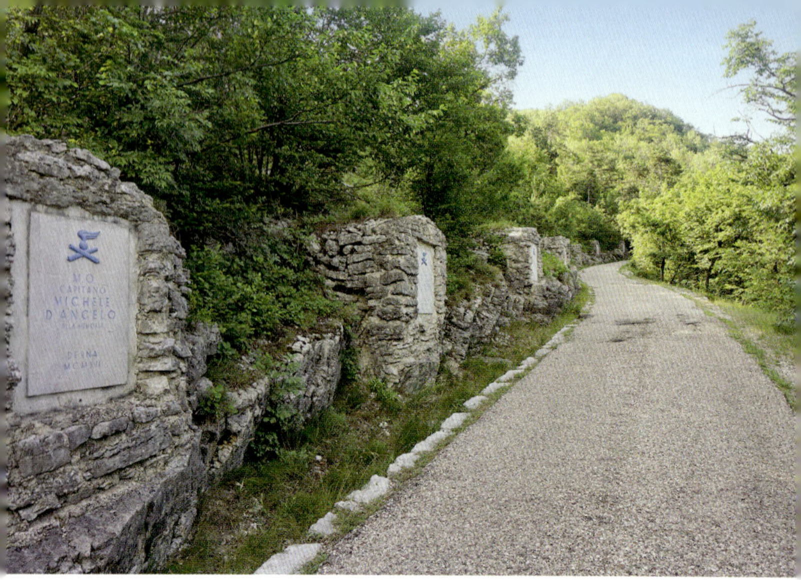

Die »Strada ex Militare« mit ihren Gedenktafeln für Ordensträger der italienischen Artillerie.

Auf Tuchfühlung mit dem Gegner

Während der sogenannten Südtirol-Offensive 1916 (siehe Seite 162) versuchten die Österreicher, über den Zugna-Bergrücken ins Etschtal zu gelangen. Gegen die Italiener, die bereits 1915 den Gipfel erstürmt hatten, gab es jedoch kein Durchkommen. Ab diesem Zeitpunkt wiederum versuchten die Italiener ihrerseits, über den Monte Zugna durchzubrechen. Dadurch wurde der Berg und insbesondere die Zugna Torta 4 zum blutigen Schauplatz. Hier waren die feindlichen Schützengräben meist nur etwa 150 Meter voneinander entfernt, die Vorposten sogar nur 40 Meter. So hautnah lagen sich die feindlichen Gruppen sonst nirgends gegenüber. Konkret bedeutete das: Es wurde 24 Stunden lang ohne Unterbrechung gekämpft, Tag und Nacht hagelten Geschosse, Minen, Gasgranaten und MG-Feuer auf die Schützengräben. Wer den Kopf zu weit über den Graben hob, war sofort ein toter Mann. Konzentrierte sich das Feuer auf einen bestimmten Bereich und verstummte dann, griff der Gegner an und die Schlacht endete nicht selten im Nahkampf. Der Monte Zugna ist ein Berg, auf dem Tausende ihr Leben ließen – auch weil die Winter mit bis zu 8 Metern Schneehöhe ihren Tribut forderten. Dennoch bewegte sich die Frontlinie bis zum Kriegsende keinen Zentimeter.

i Castel Dante – letzte Ruhestätte für 20.000 Soldaten

Das Castel Dante beherbergt heute die sterblichen Überreste von mehr als 20.000 Soldaten verschiedener Nationen aus dem Ersten Weltkrieg. Die Überreste wurden bis 1970 aus den umliegenden Bergen in das Ossarium überführt. Geöffnet: Dienstag bis Samstag 9–12 und 14–16 Uhr, Eintritt frei.

zweigt rechts ein Weg ab, der zu einer Dinosaurier-Fußspur führt; der SdP folgt aber weiter der Strada ex Militare, bis diese auf die **Baita Damiano Chiesa** ❸ trifft, an der sich auch ein Picknickplatz befindet.

Der Waldweg führt hier treppenstufenartig nach oben und in wenigen Minuten rechts an der Caverna Damiano Chiesa vorbei. Der kurze Abstecher zur ehemaligen Artilleriestellung links lohnt allemal, steht hier doch eine 14,9-cm-Haubitze aus dem Ersten Weltkrieg, das Kanonenrohr in Richtung Rovereto ausgerichtet. 5 Min. später halten wir uns an der Kreuzung links und dann wieder rechts bergan. An einem Picknickplatz unterhalb der Malga Tof tangieren wir erneut die Asphaltstraße und treffen auf alte, in Felsen gehauene Lagerräume. Der Weg führt oberhalb zur **Malga Tof** ❹, 1051 m, und zu einem weiteren schönen Picknickplatz. Etwa die Hälfte des heutigen Anstieges ist nun geschafft.

Weitere steile 200 Hm führen durch den Wald zur **Zugna Torta** ❺, 1258 m. Ab hier ist die Asphaltstraße wegweisend, auch wenn wir sie im Verlauf mehrfach durch gut gekennzeichnete, steile Wald- oder Wiesenwege abkürzen und dabei tolle Ausblicke ins Vallarsa werfen können. Etwa 30 Min. nach der Zugna Torta gelangen wir halbschattig über Wiesen in ein etwas weniger steil aufsteigendes Gelände. Kurz darauf treffen wir auf Kriegshinterlassenschaften wie Schützengräben, Baracken und Kasernen. Dank einer guten Beschilderung werden wir auch auf unscheinbare Zeichen des Krieges wie Krater von 740 kg schweren Bomben hingewiesen. Frontverlauf sowie Verteidigungslinien lassen sich auf diesem Berg sehr gut nachvollziehen. Von hier ist es noch etwa 1 Std. auf gleichem Weg bis zum Ziel dieser Etappe, dem **Rifugio Coni Zugna** ❻, 1616 m.

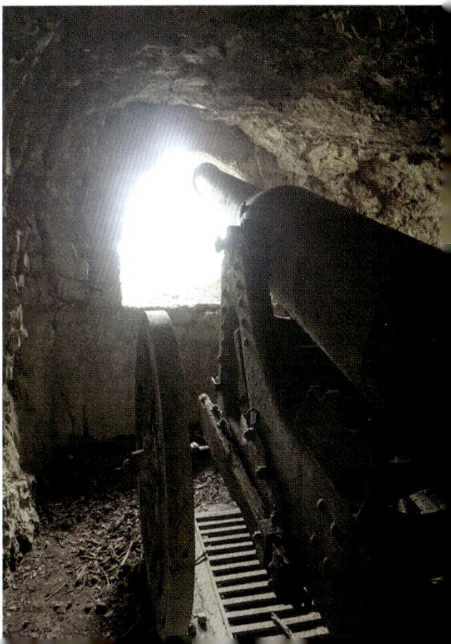

Haubitze nahe der Baita Damiano Chiesa.

22 Rifugio Coni Zugna – Rifugio Mario Fraccaroli

5.45 h	17,1 km
↗1210 m	↘620 m

In die kleinen Dolomiten, wo die Alpen enden

Eine anstrengende Etappe, die alle Mühen wert ist. Zunächst beeindruckt an diesem Tag der Gipfelbereich des Monte Zugna, den die Italiener Ende Mai 1915 besetzten und zu einem – heute noch gut erhaltenen – umfangreichen Stützpunkt ausbauten. Die sich anschließende, extrem aussichtsreiche Wanderung offenbart Traumblicke bis zum Südufer des Gardasees, bis nach Verona und auf die zurückliegenden Berge der Adamello-Presanella-Gruppe und des Gardasees. Wer noch vor wenigen Tagen auf dem Monte Vignola in Richtung dieses Bergkamms geschaut hat, konnte sich kaum vorstellen, dass hinter diesem die Alpen enden. Zudem machen die Piccole Dolomiti (kleinen Dolomiten) gerade auf dieser Etappe ihrem Namen alle Ehre. Schroffe und bizarre Felsen, die steil in die Luft ragen, gibt es zuhauf.

Ausgangspunkt: Rifugio Coni Zugna, 1616 m.
Endpunkt: Rifugio Mario Fraccaroli, 2238 m.
Anforderungen: Steile Aufstiege, manche Wege sind eng und verlaufen teilweise direkt an Steilkanten, nichts für Ungeübte.
Einkehr: Unterwegs keine.
Unterkunft: Rifugio Mario Fraccaroli (Mitte Juni–Mitte September, 22 Betten im Lager, keine Duschen, HP 40 € für AV-Mitglieder, sonst 50 €, Tel. +39 347 045 2218, carlo71b@yahoo.it, Pächterwechsel in 2022.
Hund: Mit bergerfahrenem Hund möglich, kein Wasser unterwegs. Übernachtung im Rifugio Mario Fraccaroli mit Hund nicht gestattet. Option: Bivacco Sinel (kein Wasser, 6 Betten) etwa 1 Std. vor dem Rifugio.

Der Gipfelbereich des Monte Zugna mit Überresten eines großen Stützpunkts.

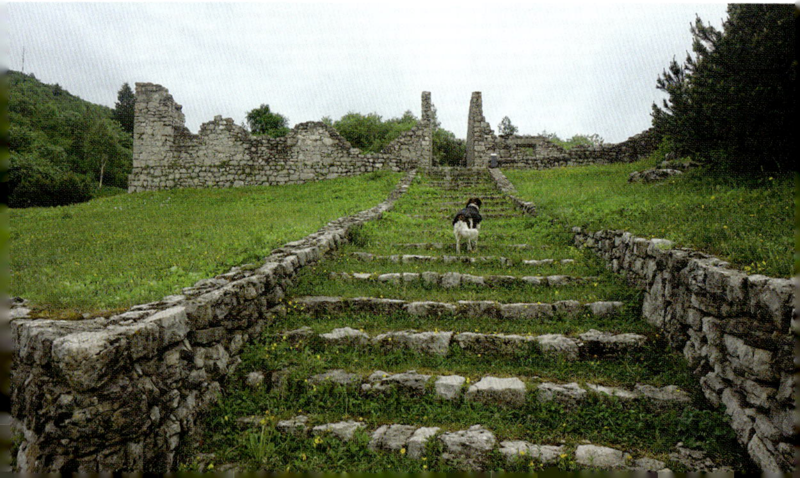

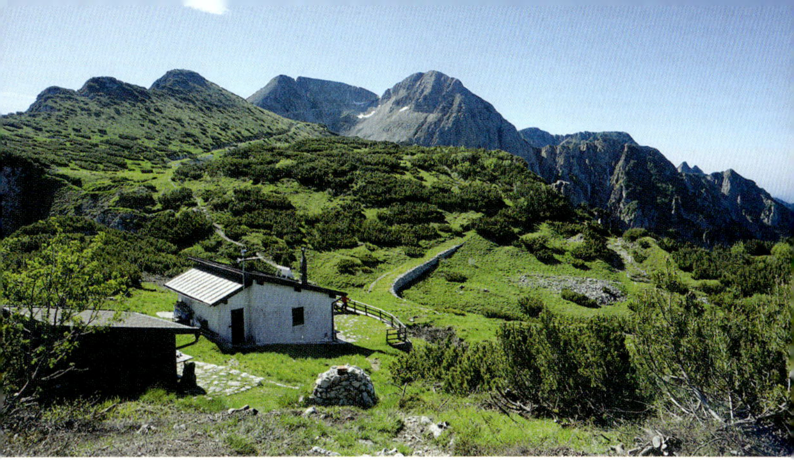

Die braune Holzhütte ist das Bivacco Sinel, im Hintergrund die Cima Carega.

Die Beschilderungen am **Rifugio Coni Zugna** 1, 1616 m, dürfen wir geflissentlich ignorieren. Bis zur Malga Val Gatto sind es vielmehr 3 anstatt der angeschlagenen 6.30 Std. Vom Rifugio wenden wir uns auf dem Fahrweg bergan, links vorbei am Osservatorio Astronomico und der Kirche. Nach 30 Min. erreichen wir den Gipfelbereich des Monte Zugna, auf dem sich die alten italienischen Stellungen befinden. Wir können den Gipfel des **Monte Zugna** 2, 1864 m, in 10 Min. besteigen.

Rechts unterhalb des Gipfels führt der SdP nun auf einem schmalen, steinigen Weg mit traumhaften Blicken ins Vallagarina direkt am Abgrund entlang. Wir passieren schließlich den Gipfel der Selvata und steigen auf einem breiten, unschwierig zu gehenden Fahrweg zum **Passo Buole** 3, 1417 m, ab. Im Zweifel wählen wir immer den bergab führenden Weg. Am Passo Buole

i *Die Italiener auf dem Zugna-Gipfel*

Den Gipfelbereich des Monte Zugna 2, heute als »Park des Friedens« bezeichnet, bauten einst die Österreicher aus, unter anderem mit einer Anlage zur Regenwassergewinnung und Kasernen. Mit Kriegsausbuch jedoch besetzten die Italiener den Gipfel, erkannten seine strategische Bedeutung und gaben ihn nicht mehr her. Sie bauten ihrerseits die Stellungen aus, legten Schützengräben an, schlugen Kavernen ins Gestein und errichteten Artilleriestellungen sowie eine Krankenstation. Zudem unterstützten sie vom Gipfel des Zugna die Gefechte am Pasubio (Etappe 24) mit Feuergewalt. Auf dem Gipfel des Monte Zugna brachten sie einen riesigen Scheinwerfer in Stellung, der die darunterliegenden Täler nachts taghell erleuchtete.

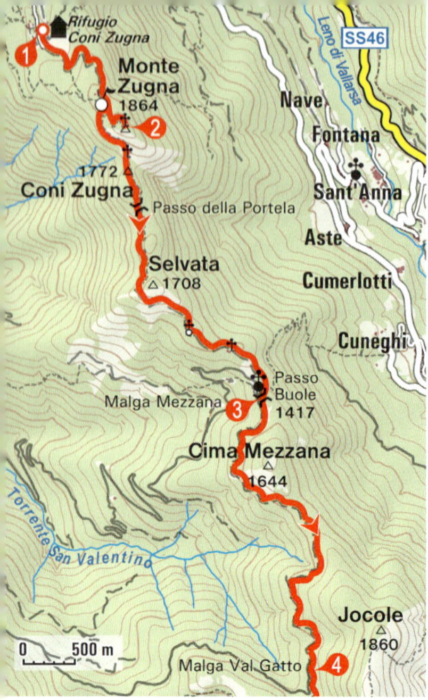

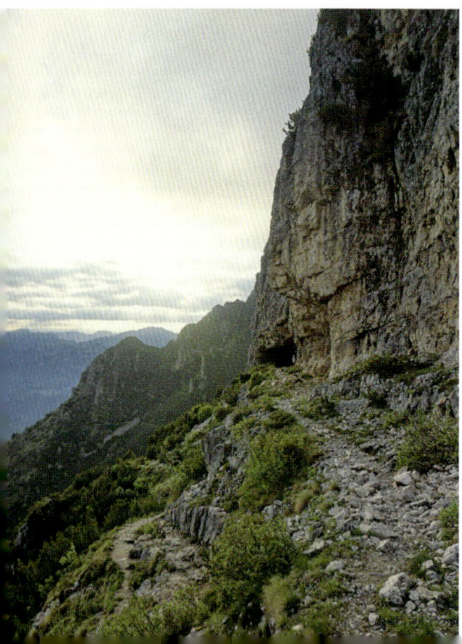

steht eine kleine Gedenkkirche, die wir rechts passieren, dann folgen wir dem Fahrweg zunächst bergab, später bergan und dann Höhe haltend etwa 1 Std. weiter.

An der **Malga Val Gatto** ❹, 1497 m, verlassen wir die Fahrstraße und entscheiden uns links für den kleinen Trampelpfad steil hinauf. Insgesamt gabelt sich der Weg dreimal, jedes Mal folgen wir der linken Route bis hinauf in eine Senke, eingerahmt von schroffen Felsen. Weiter geht es, steil dem schmalen Pfad folgend, nach oben, bis wir einen Bergkamm erreichen, von dem wir einen wunderbaren Blick auf das Etappenziel, die Cima Carega, werfen können. Der SdP folgt dem Kammweg rechts und führt kurz darauf rechts am Fuße der Pala di Cherle auf steinigen Wegen vorbei an schroffen Felsen, aus denen immer wieder Schießscharten aus dem Ersten Weltkrieg hervorschauen. Mit etwas Glück hören wir Murmeltiere pfeifen oder sehen Gämsen davonspringen.

Kurz nachdem wir eine Hochfläche mit Latschenkiefern erreicht haben, sehen wir links das **Bivacco Sinel** ❺, 1990 m. Oberhalb des Bivacco Sinel steht eine Art Gipfeluhr, die die Richtung und Namen der zu erkennenden umliegenden Berge anzeigt. Hier können wir nicht nur bis Verona und zum Südufer des Gardasees blicken, sondern auch die Berge der Adamello-Presanella-Gruppe und des Gardasees, aber auch den noch vor uns liegenden Gipfelbereich des

Anspruchsvolle Bergwanderwege führen durch die kleinen Dolomiten.

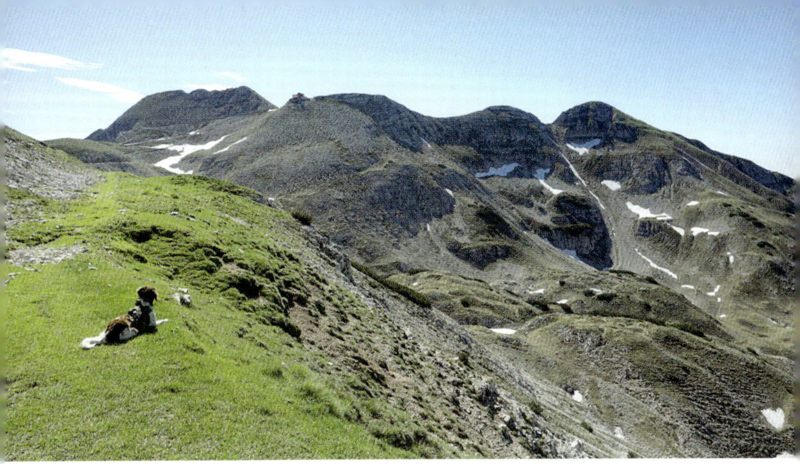

Genussaussicht auf die Cima Carega kurz hinter dem Bivacco Sinel.

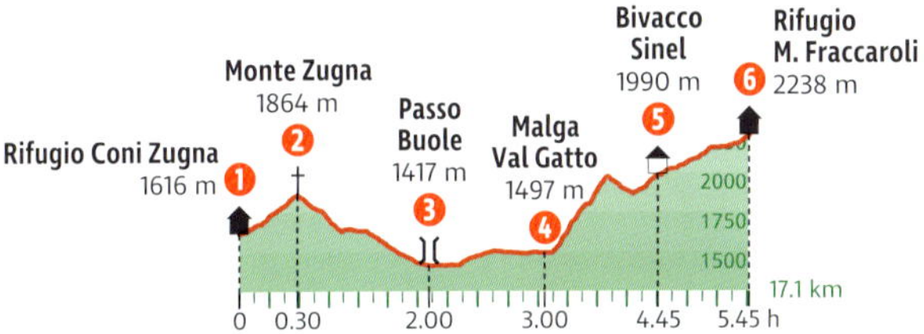

Monte Pasubio (Etappe 24) erkennen – bei klarer Sicht ein fantastischer Moment!

Der Friedensweg führt rechts an der Schutzhütte vorbei und offenbart nach 30 Min. angenehmen Aufstiegs auf einem breiten Weg den Blick auf das Rifugio Mario Fraccaroli. Es thront erhaben neben dem Gipfel der Cima Carega. Wir laufen hier nach rechts und gelangen nach weiteren 30 Min. zum **Rifugio Mario Fraccaroli** 6, 2238 m. Von hier aus lässt sich der oft gut besuchte Gipfel der Cima Carega in 5 Min. erklimmen.

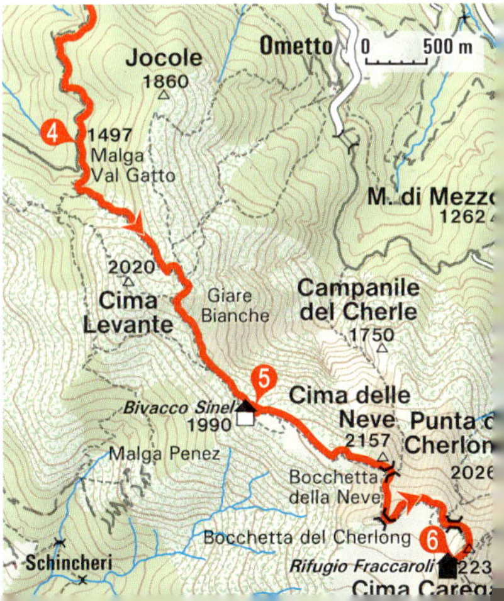

23 Rifugio Mario Fraccaroli – Pian delle Fugazze

4.30 h	11,6 km
↗140 m	↘1190 m

Von den schroffen Bergen zu lieblichen Almwelten

Ein Tag voller Kontraste: Vom schroffen, gerölligen Cima-Carega-Massiv geht es in einem langen, zuweilen steilen und versicherten Abstieg hinab zu lieblichen Almwelten mit freundlichen Kühen. Zudem passieren wir heute den südlichsten Punkt des gesamten Friedensweges und dürfen uns noch ein letztes Mal mit Ausblicken in die italienische Tiefebene belohnen. Der Abstieg ist recht zäh und mühsam. Ab dem Passo di Campogrosso bis hinab zum Etappenziel Pian delle Fugazze erholen sich die Füße auf moderaten Abstiegen und guten Wanderwegen. Der Friedensweg verläuft kurz nach dem Gipfel der Cima Carega für einige Etappen zusammen mit dem Fernwanderweg E5.

Ausgangspunkt: Rifugio Mario Fraccaroli, 2238 m.
Endpunkt: Pian delle Fugazze, am Albergo Al Passo, 1162 m.
Anforderungen: Bis zum Passo Campogrosso steile Abstiege, zumeist auf losem Geröll, teilweise drahtseilversichert. Weg erfordert Trittsicherheit und gutes Durchhaltevermögen; SdP nicht immer korrekt beschildert.
Einkehr: Rifugio Campogrosso (ganzjährig, www.rifugiocampogrosso.com).
Unterkunft: Albergo al Passo (23 Betten in 12 Zimmern, HP 50 €, Tel. +39 329 1310 189 und +39 340 0530 449, info@albergoalpasso.it, www.albergoalpasso.it); Albergo Streva (derzeit geschlossen).
Hund: Mit bergerfahrenem Hund möglich, kein Wasser unterwegs. Frei laufende, aber freundliche Kühe zwischen Passo Campogrosso und Pian delle Fugazze. Übernachtung schwierig: Im Albergo Aurora (Parrocchia; www.aurorahotel.tn.it) oder B&B Somele Alto (Raossi; www.somelealto.it) möglich, aber ca. 7–9 km entfernt (bis Parrocchia +2 Std., 200 Hm Auf-, 500 Hm Abstieg). Letzter Bus vom Pian delle Fugazze nach Parrocchia/Raossi gegen Mittag. Von Martini, etwa 1,5 km vor Parrocchia, fährt ein Bus auch am Nachmittag nach Parrocchia/Raossi. Morgens hingegen Rückfahrt zum Pian delle Fugazze mit dem Bus unproblematisch (Bus Linie 312, www.trentinotrasporti.it).

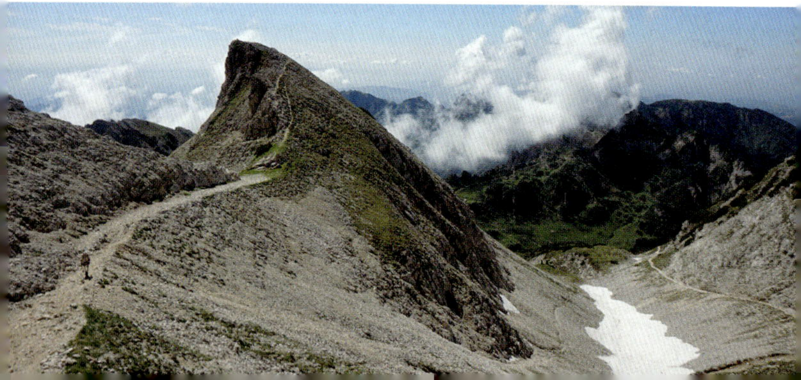

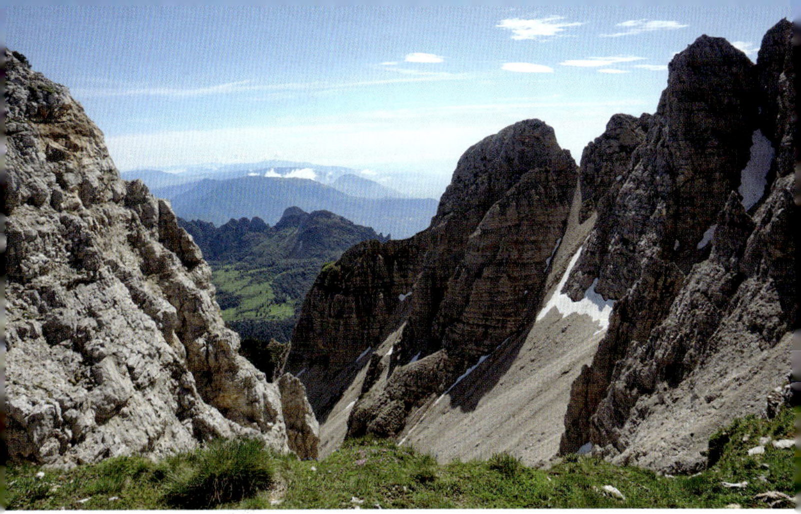

Oben: Erinnern in der Tat an die »große Schwester«: die Piccole Dolomiti.
Links: Kurz hinter der Cima Carega führt der Weg durch schroffe Landschaften.

Das **Rifugio Mario Fraccaroli** ❶, 2238 m, ist ein beliebtes Ausflugsziel der Italiener, und die Wege, die zum Rifugio führen, sind vor allem an den Wochenenden oft voll. Vom Rifugio starten wir unsere heutige Etappe zunächst links bergab, den Beschilderungen Richtung Passo Campogrosso folgend. Auf einem unschwierigen Schotterweg geht es für etwa 40 Min. in Serpentinen hinab zur **Bocchetta Mosca** ❷, 2029 m. Hier folgen wir den E5-Wegweisern und nehmen den mittleren, überwiegend Höhe haltenden, unschwierigen Bergweg. Nach 15 Min. führt der Weg an einer Gabelung links und für 5 Min. steil bergan zur **Bocchetta dei Fondi** ❸, 2040 m. Diese markiert zugleich den südlichsten Punkt des Friedensweges.

Der nun folgende, lange und steile Abstieg erfordert alle Konzentration. Am Ende des Geröllfeldes biegen wir nach rechts. Der Weg verläuft nun, nur noch leicht bergab führend, am Hang entlang und weiter durch den Wald. Knapp 1.30 Std. nach der Bocchetta dei Fondi kommt ein erster Parkplatz in Sicht, den wir jedoch links liegen lassen und nicht zu ihm hinabsteigen. Durch Wiesen geht es in 5 Min. zum **Passo Campogrosso** ❹, 1440 m.

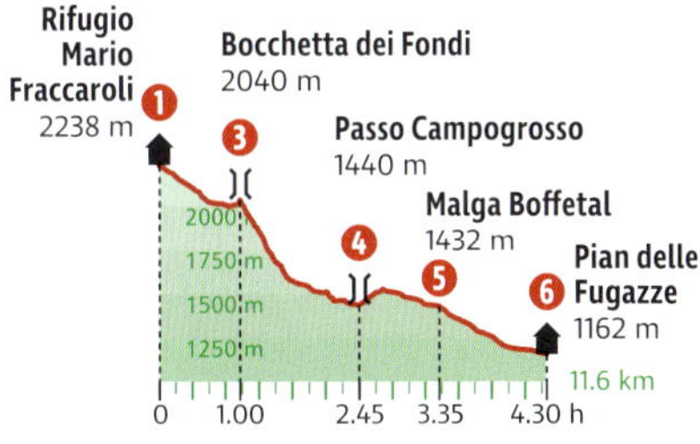

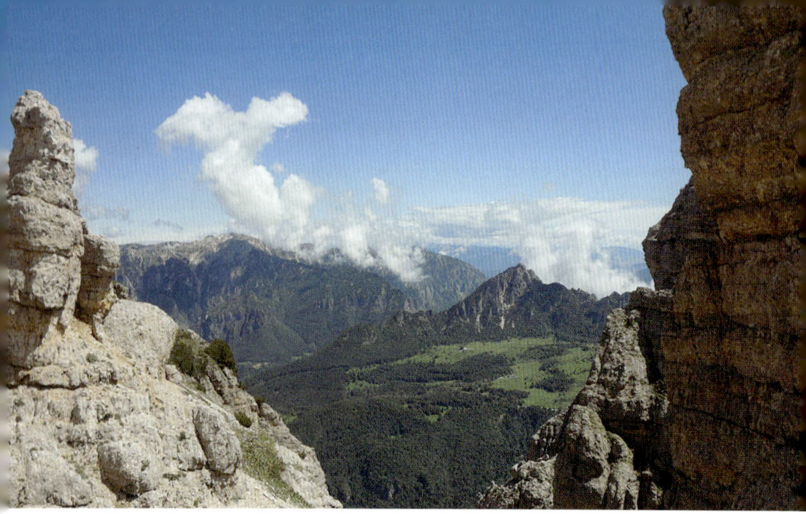

Blick zum Monte Pasubio, auf den es am nächsten Tag geht.

Der SdP ist hier unzureichend, wenn nicht gar falsch beschildert. Um in 5 Min. zum Rifugio Campogrosso zu gelangen, wenden wir uns nach rechts. Ansonsten queren wir lediglich den Parkplatz und überschreiten die Wiese auf

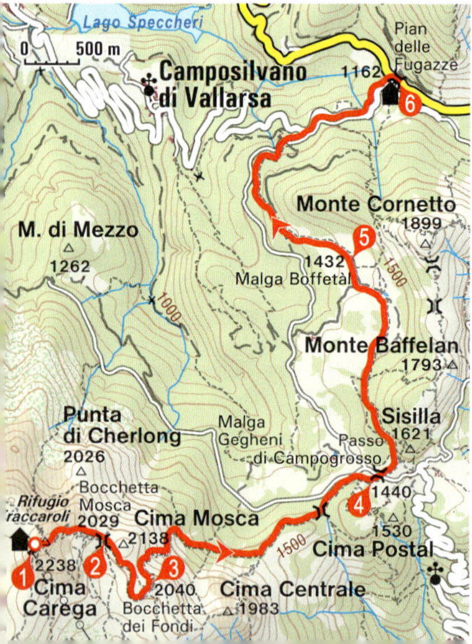

einem schmalen Pfad, bis dieser auf der anderen Seite auf einen gut erkennbaren, breiten Waldweg nach links abbiegt. Nach einigen Metern treffen wir hier auch wieder auf SdP-Hinweise. Auf schönem, zuweilen steinigem Untergrund führt der Weg erst durch den Wald und bald darauf durch saftige Almwiesen, auf denen Kühe grasen. Nach etwa 45 Min. biegen wir leicht rechts zur **Malga Boffetal** ❺, 1432 m, ab und folgen dem Wegverlauf. 30 Min. später mündet der Weg in eine kleine Asphaltstraße, die weiter bergab führt. Nur ein paar Minuten später geht diese, wiederum kurz vor einem Parkplatz, in die Hauptstraße über, die uns zum Etappenziel, dem **Pian delle Fugazze** ❻, 1162 m, bringt.

5.30 h	13,6 km
↗1200 m	↘600 m

Pian delle Fugazze – Rifugio V. Lancia

24

Wo man sich einst in die Luft jagte und heute Murmeltiere pfeifen

Zum Berg der 10.000 Toten, dem Monte Pasubio, geht es an diesem Tag. Begleitet von schroffen Felsen, lassen sich viele Überreste des Ersten Weltkriegs erkunden. Eine bewegende Etappe, durchwandern wir doch den halb weggesprengten Dente Italiano, um dann später auf dem Dente Austriaco noch eine still vor sich hin flatternde Tiroler Flagge zu entdecken. Wer hier alles Spannende erkunden will, sollte diese Etappe durch eine Übernachtung im Rifugio Papa teilen. Es ist aber nicht nur eine geschichtsträchtige Etappe, sondern eine, die Vielerlei bietet, was man sich als Bergwanderer wünscht: lebendige, alpine Natur mit pfeifenden Murmeltieren, davonspringenden Gämsen und schroffen Bergmassiven, dazu fantastische Weitblicke hinüber zum Carega-Massiv, zum Monte Baldo und in die angrenzenden Täler. Sollten statt klarer Sicht dicke Wolken in den Bergen hängen, unterstreicht das die Szenerie des Berges – gehörte er doch zu den grausamsten Schauplätzen des Gebirgskriegs. Am Ende des Tages landen wir in einem ruhigen, von satten Almwiesen umgebenen Rifugio, ein wunderbarer sanfter Ausklang. Eine der interessantesten Etappen auf dem Friedensweg!

Auf dem Monte Pasubio finden sich viele Weltkriegs-Anlagen, im Hintergrund der Dente Italiano.

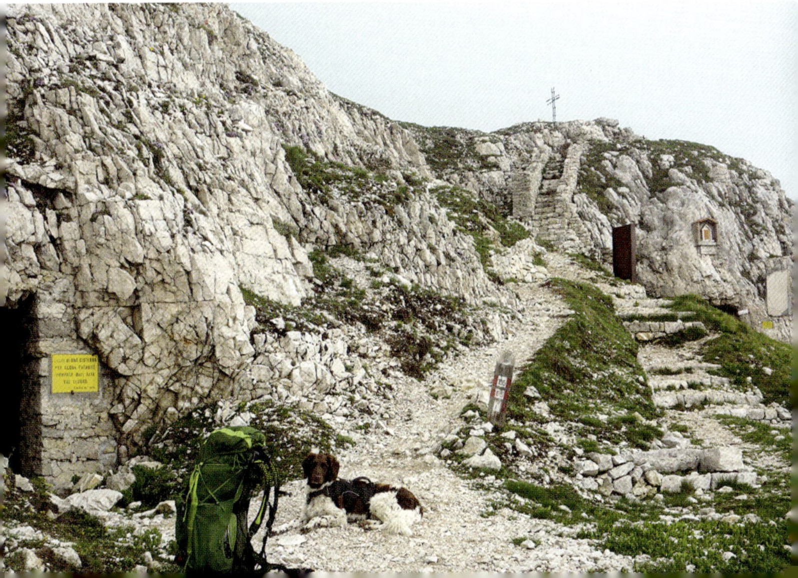

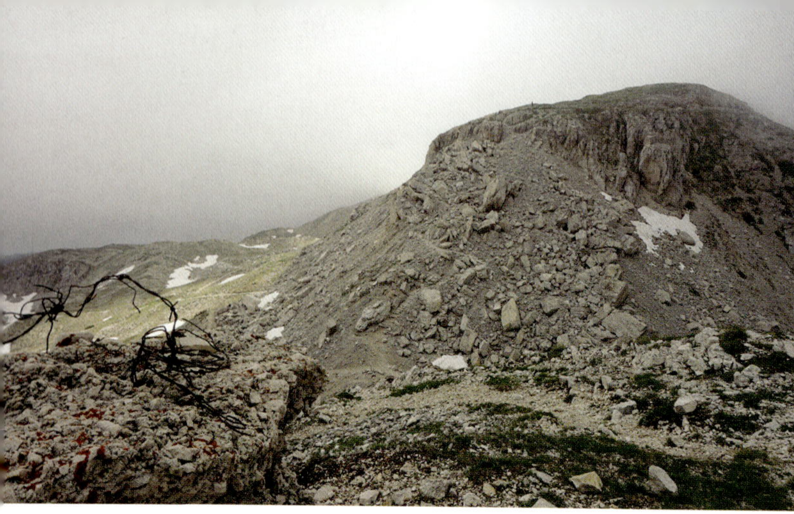

Nur noch ein halber Berg: die weggesprengte Seite des Dente Italiano.

Ausgangspunkt: Pian delle Fugazze, 1162 m.
Endpunkt: Rifugio Vicenzo Lancia, 1802 m.
Anforderungen: Aufgrund der Höhenmeter fordernd. Am Dente Italiano und Dente Austriaco kurze, steinige und steile An- und Abstiege, bei denen man die Hände braucht. Karten und offizielle Beschilderungen am Pasubio nicht übereinstimmend.
Einkehr: Rifugio Generale Achille Papa (Juni–September, im Oktober am Wochenende).
Unterkunft: Rifugio Generale Achille Papa (Juni–Mitte Oktober, bis Ende Oktober wochenends, 55 Betten im Lager und in Mehrbettzimmern, ab 46 € für AV-Mitglieder, sonst ab 50 €, Bivacco im Sommer geschlossen, Tel. +39 0445 630233, rifugiopapa@caischio.it, www.caischio.it); Rifugio Vincenzo Lancia (1. Juni–6. Oktober, sonst Wochenende, 60 Betten im Lager und Mehrbettzimmern, 44 € für AV-Mitglieder, sonst 55 €, Tel. +39 0464 868068 (Rifugio) und +39 347 1600 846, info@rifugiolancia.it, www.rifugiolancia.it); Malga Borcola (Mai–Oktober, 3 Zimmer und 1 Lager, 25 € Ü/F, Tel. +39 340 3237151 und +39 340 0838285, www.malgaborcola.it).
Hund: Mit bergerfahrenem Hund möglich, kein Wasser unterwegs. Übernachtung im Rifugio V. Lancia nicht gestattet, dafür in der Malga Borcola (+ 3.30 Std.), dann sehr lang.

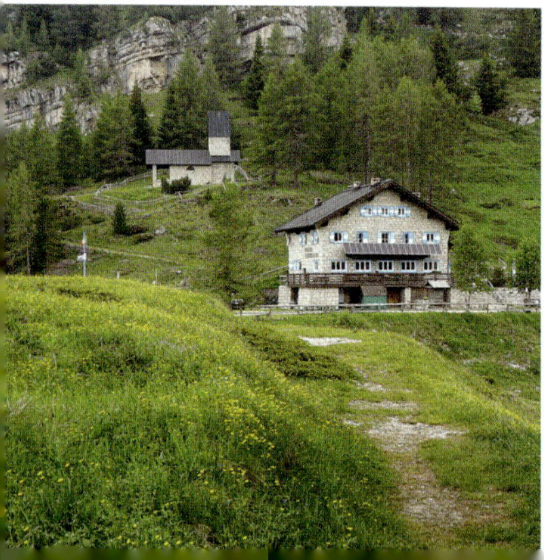

Eine Zuflucht in einer grünen Oase, das Rifugio Vincenzo Lancia.

Am **Pian delle Fugazze** ❶, 1162 m, überqueren wir die Straße und folgen dem kleinen Pfad bergan, der in wenigen Minuten in eine Schotterstraße übergeht. Grundsätzlich können wir nun bis hinauf zum Rifugio A. Papa dieser Straße folgen. Der SdP kürzt bis zum Erreichen des Tunnels »Galleria d'Havet« jedoch mehrere Serpentinen durch kleine, steile Waldwege ab. Hierzu den Beschilderungen A. Papa, E5 und der bekannten Friedenstaube folgen. Neben dem Cima-Carega-Massiv erspähen wir im Aufstieg auch den Stausee Lago di Speccheri und können zugleich den Weg des gestrigen Tages nachvollziehen.

Nach etwa 1.30 Std. erreichen wir, bereits auf der Fahrstraße, die **»Galleria D'Havet«** ❷, 1781 m, erkennbar am ersten Tunnel. Die im Ersten Weltkrieg aus dem Felsen gesprengte Fahrstraße, auf der wir nun weiter Richtung Rifugio A. Papa wandern, beeindruckt durch weitere Tunnel und grandiose Aussichten. Beim **Rifugio A. Papa** ❸, 1928 m, können wir rechts erste Stellungsanlagen erkunden. Hier endet auch die »Stra-

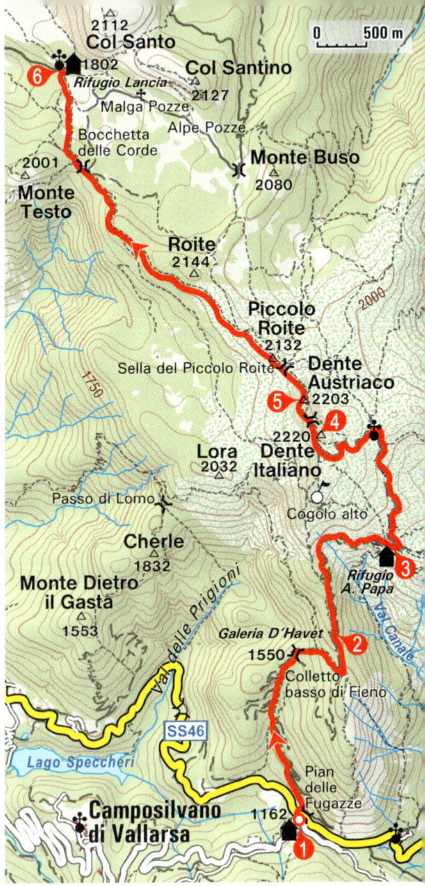

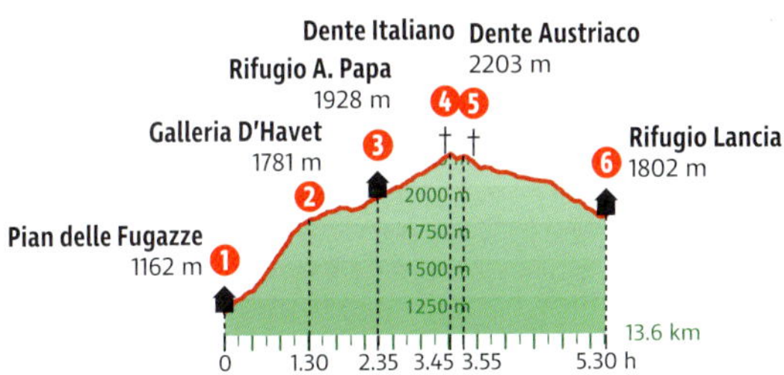

i Der Berg der 10.000 Toten

Der Pasubio trägt viele Beinamen: »Berg der 10.000 Toten« oder »Kaiserjägerhölle«. Sie stehen für eines der grauenhaftesten Schlachtfelder des Gebirgskriegs. Am Pasubio gab es einen Minenkrieg sondergleichen, ständige Gefechte und Hochwinter, die viele Leben kosteten. Das gewaltigste an diesem Krieg auf dem Pasubio war der Minenkrieg am Dente Italiano 4 und Dente Austriaco 5. Unterirdische Sprengstollen wurden dazu in Richtung des Gegners in den Felsen getrieben. Im März 1918 fand der Minenkrieg seinen traurigen Höhepunkt: Die Österreicher beluden ihren Stollen, der unterhalb des Dente Italiano endete, mit 50 Tonnen Sprengstoff und sprengten den Berg in die Luft. Die Detonation zerbarst die sogenannte italienische Platte mit Kavernen, Gängen und der gesamten, 500 Mann starken Besatzung. Makaber: Die italienischen Alpini wussten – wie die Österreicher am Col di Lana (Etappe 41) –, dass die Sprengung bevorstand, räumten aber trotz des Wissens um den sicheren Tod die Stellungen nicht.

da delle 52 Gallerie« (Straße der 52 Tunnel), ein Saumpfad der italienischen Truppen, der 6.550 Meter lang ist; 2.280 Meter davon liegen im Berginneren. Vom Rifugio A. Papa gehen wir auf der Fahrstraße weiter, halten uns zwei Mal links und laufen dann leicht bergan, den Hinweisschildern zum Rifugio V. Lancia nach. Vorbei an einem Kriegsdenkmal mit einem Soldatenfriedhof, geht es nach 5 Min. hinter einer kleinen Kirche Richtung Cima Palon, dem höchsten Gipfel des Pasubio-Massivs, links ab. An der Scharte Selletta Damaggio – zum Gipfel des Cima Palon links gehen – lassen sich bis hinauf zum rechter Hand liegenden Gipfelplateau des **Dente Italiano** 4, 2220 m,

Am Rifugio Generale Achille Papa endet die alte Militärstraße.

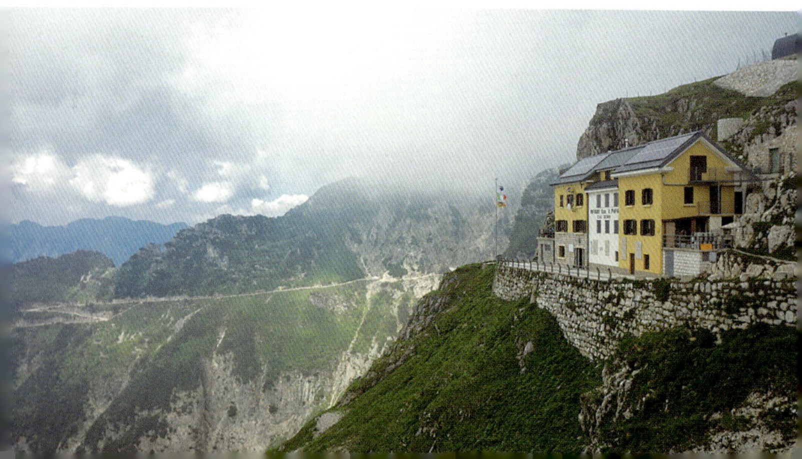

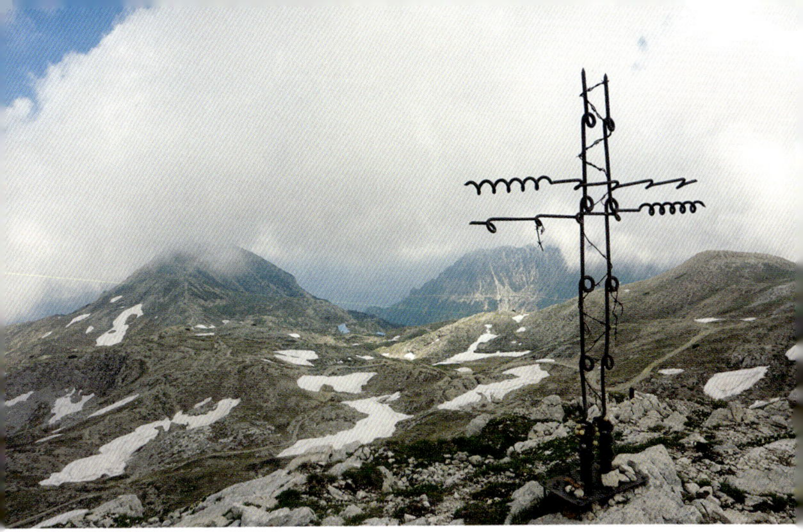

Das schlichte, fast mahnende Gipfelkreuz des Dente Italiano.

Stollensysteme der Italiener erkunden. Vom passenderweise mit Stacheldraht umhüllten Gipfelkreuz können wir bereits das nächste auf dem Dente Austriaco erspähen.

Zunächst das Gipfelplateau des Dente Italiano querend, steigen wir nun durch die weggesprengten Reste des Berges hinab, um gleich danach zum Gipfelbereich des **Dente Austriaco** 5, 2203 m, aufzusteigen und die nächsten Gefechtsstellungen zu passieren. Im stetigen Auf und Ab geht es anschließend nahezu am Grat entlang. Den sich am Berg Roite gabelnden Weg schlagen wir links ein. Wir können von hier den Monte Zugna (Etappe 21) und auch den Monte-Baldo-Kamm erblicken. Nachdem der Höhenweg abgefallen ist, gabelt er sich erneut. Wir gehen hier links und gelangen zur Bocchetta delle Corde. Dort nehmen wir den rechten Weg, der uns in wenigen Minuten zum idyllisch gelegenen **Rifugio Vicenzo Lancia** 6, 1802 m, führt.

i **Der Winter am Pasubio**

Wie überall an der Gebirgsfront tobte auch am Pasubio vor allem 1916/1917 ein Winter der Superlative. Innerhalb von 10 Tagen im Dezember bargen allein die Österreicher 350 Lawinentote. Lawinen begruben nicht selten 40 oder 80 Mann auf einmal – Tag für Tag. Schneehöhen bis zu neun Meter ließen eine ganze Pionierkompanie und Trägerkolonnen sich verirren und für immer verschwinden.

25 Rifugio V. Lancia – Passo Coe

7.00 h | 18,6 km | ↗975 m | ↘1160 m

Im Reich der Gämsen

Eine lange, jedoch äußerst liebliche Etappe liegt an diesem Tag vor uns. Nach dem doch recht schroffen Pasubio-Massiv vom Vortag sind die Hügel sanfter und satt grün, es duftet nach Blumen, und Schmetterlinge fliegen umher. Bevor wir uns an den Abstieg zur Malga Borcola machen, durchstreifen wir die Hochebene einer verfallenen Alm. Dieses Reich hat sich die Natur zurückerobert, und unzählige, bisweilen wenig scheue Gämsen können wir hier beim Äsen, Schlafen oder Sonnen beobachten – unvergesslich. Bei der Malga Borcola werden wir zugleich ausgesprochen gastfreundlich empfangen und mit allerlei Selbstgemachtem verwöhnt. Der anschließende Höhenweg direkt an der Wetterscheide verläuft aussichtsreich nahezu am Grat mit perfekten Aussichten bis nach Folgaria.

Ausgangspunkt: Rifugio Vicenzo Lancia, 1802 m.
Endpunkt: Passo Coe, Gedenkkirche, 1599 m.
Anforderungen: Unschwierige Etappe, die jedoch Kondition erfordert. Beschilderungen in Ordnung, im Zweifelsfall den Schildern des E5 folgen.
Einkehr: Malga Borcola (Mai–Oktober).
Unterkunft: Rifugio Stella D'Italia (Mitte Juni–Ende September, 20 Betten, HP ab 58 €, Tel. +39 0464 723 149 und +39 335 6782 490, info@rifugiostelladitalia.com, www.rifugiostelladitalia.com); Hotel Grizzly (12 Zimmer, HP ca. 70 €, Tel. +39 0464 721 517, vacanze@hotelgrizzly.it, www.hotelgrizzly.it).
Hund: Unschwierig, wenn auch lang und ohne Wasser. Übernachtung mit Hund in beiden genannten Unterkünften möglich.

Geheimtipp für regionale, selbst gemachte Produkte: die Malga Borcola.

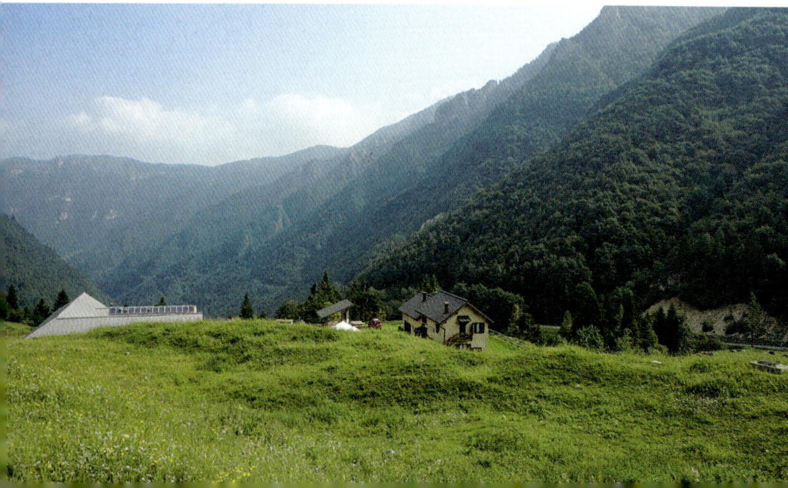

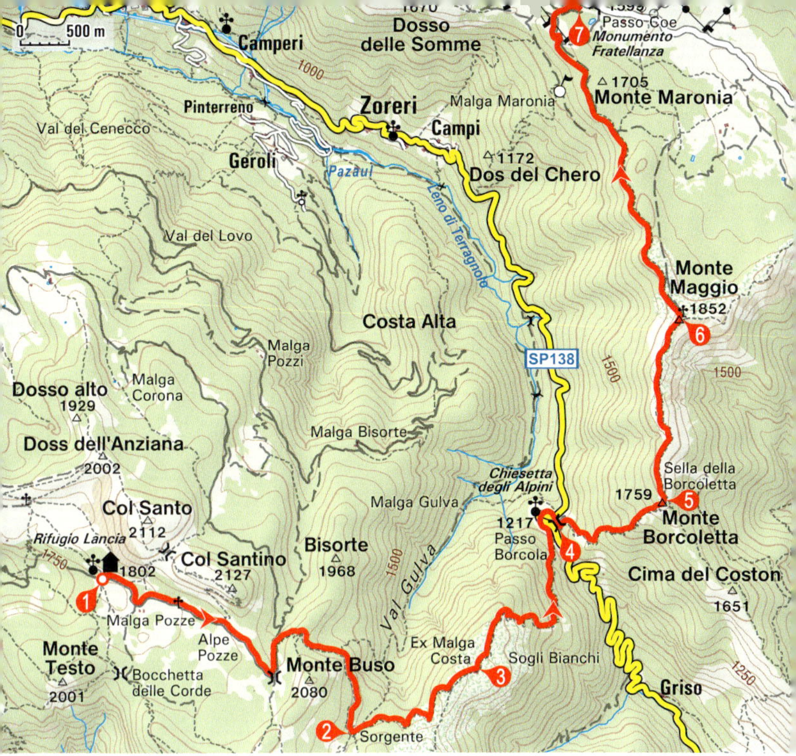

Der SdP führt vom **Rifugio Vicenzo Lancia** ❶, 1802 m, auf der Fahrstraße durch Almlandschaften Richtung Malga Pozze, die wir links passieren. Nach etwa 30 Min. zweigt rechts beschildert der SdP in einen kleinen Wanderweg ab und führt uns zu einer Scharte. Hier fällt der schmale Pfad wieder ab und leitet uns 20 Min. durch Latschenkiefern zum Schild **»Sorgente«** ❷, 1850 m. Wir gehen links, um auf dem gegenüberliegenden Berghang wieder aufzusteigen. Der Weg führt hinauf und hinab, stellenweise unter Einsatz der Hände. In etwa 50 Min. gelangen wir auf zunächst steinigen Pfaden und später auf einem Wiesenplateau zur **»ex Malga Costa«** ❸, einem herrlichen Ort voller Gämsen. Der 600-Höhenmeter-Abstieg hinab bis zum **Passo Borcola** ❹, 1217 m, dauert etwas mehr als 1 Std., erfolgt zunächst durch Wiesenlandschaften und später durch einen schönen Buchenwald. Am Schild Passo Borcola geht es links auf der Straße, vorbei an einer Gedenkkirche, hinab zur Malga Borcola, einer empfehlenswerten Einkehr. Der SdP folgt jedoch zunächst für ein paar Meter der Straße nach rechts und

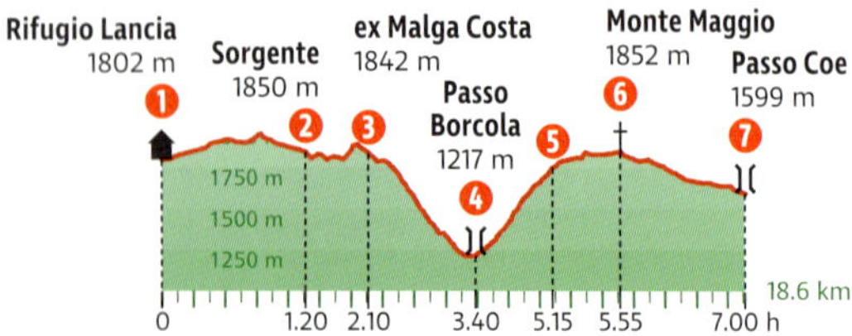

biegt dann links ab. Durch einen ebenso schönen und schattigen Buchenwald wie beim Abstieg geht es im Anschluss etwa die gleiche Anzahl an Höhenmetern wieder hinauf bis zur **Sella della Borcoletta** 5, 1759 m. Ab hier gleicht die Route nahezu einem Gratweg, führt sie doch schmal und aussichtsreich im leichten Auf und Ab durch alpine schroffe Landschaften direkt am Hang entlang. Eine aussichtsreiche gute 30 Min. später erreichen wir den Gipfel des **Monte Maggio** 6, 1852 m, mit Schützengräben. Von hier aus können wir den Blick hinab ins Tal bis nach Folgaria schweifen lassen. Beim Weiterwandern folgen wir zweimal links den Beschilderungen des E5, biegen wenige Meter danach aber links vom E5 in einen unbeschilderten, unscheinbaren Weg ab. Dieser alte Militärweg führt uns auf der Westseite des Berges hinunter. Später geht er durch ein kleines Skigebiet, was aber dank satter grüner Wiesen nur wenig stört. Wenige Meter vor der Passstraße gelangen wir zum Endpunkt dieser Etappe, der Gedenkkirche **Monumento Fratellanza** 7, 1599 m. Von hier aus führt ein kleiner Pfad direkt zur Passstraße, der man nach rechts folgt, wenn man im La Stua übernachtet, oder nach links hinab zum Hotel Grizzly. Wer im Rifugio Stella D'Italia übernachtet, nimmt das kleine Sträßchen geradeaus (siehe Etappe 26).

***i* Passo Borcola – seit jeher ein Grenzpass**

Der recht unscheinbar wirkende Passo Borcola markiert die natürliche Abgrenzung zwischen Pasubio und Monte-Maggio-Massiv. Seit Jahrhunderten ist er ein Grenzpass: zwischen dem Kaiserreich Österreich-Ungarn und der Republik Venedig, zwischen Österreich und Italien im Ersten Weltkrieg und heute zwischen Südtirol-Trentino und Venetien. Im Ersten Weltkrieg wurde der Pass bei Kriegsausbruch von den Italienern besetzt, die ihn während der Südtirol-Offensive (siehe Seite 162) an die Österreicher verloren. Die Italiener zogen sich auf den Pasubio zurück, während die Österreicher mit dem Bau der heutigen Passstraße und einer Seilbahn begannen, die den Nachschub für die österreichischen Truppen am Pasubio sicherten. Zudem errichteten sie Befehlsstände und Feldlazarette am Passo Borcola 4, von dem aus die Artillerie auch die feindlichen Truppen am Pasubio beschoss.

4.15 h	16,8 km
↗ 330 m	↘ 860 m

Passo Coe – Carbonare

26

Genusswanderung durch einen wunderschönen Wald und zum Forte Cherle

Dieser Tag verspricht Regeneration während des Wanderns. Auf überwiegend einfachen Wegen, bei denen jeder Schritt leichtfällt, geht es durch einen sattgrünen Wald mit intakter Natur. Doch auch aus geschichtlicher Sicht ist diese Etappe ausgesprochen lohnenswert. Als absolut empfehlenswerten Abstecher vom Friedensweg bietet sich das gut erhaltene Forte Cherle an, das man jederzeit betreten und erkunden kann. Nicht zuletzt verläuft am Ende des Tages der SdP entlang des Torrente de Astico und es bietet sich Gelegenheit, mindestens die Füße ins Wasser zu hängen – eine Seltenheit auf diesem doch recht trockenen Teilabschnitt der Vizentiner Alpen.

Ausgangspunkt: Passo Coe, Gedenkkirche, 1599 m.
Endpunkt: Carbonare, Kirche, 1074 m.
Anforderungen: Unschwierige Etappe, Orientierungssinn im Forte Cherle nützlich.
Einkehr: Rifugio Cherle, etwa 400 m vom Forte Cherle entfernt (Tel. +39 3450 44 6544).
Unterkunft: Hotel Trentino (24 Zimmer, B&B ab 40 €, Tel. +39 0464 765 350, info@hoteltrentino.it, www.hoteltrentino.it); Albergo Centrale (HP 45 €, Tel. +39 0464 765 128, albergocentralecarbonare@gmail.com, www.hotelcentrale-carbonare.it).
Hund: Unschwierig, Übernachtung mit Hund im Albergo Centrale möglich.

Das Rifugio Stella D'Italia ist im Winter Skihütte, im Sommer eingerahmt von Blumen.

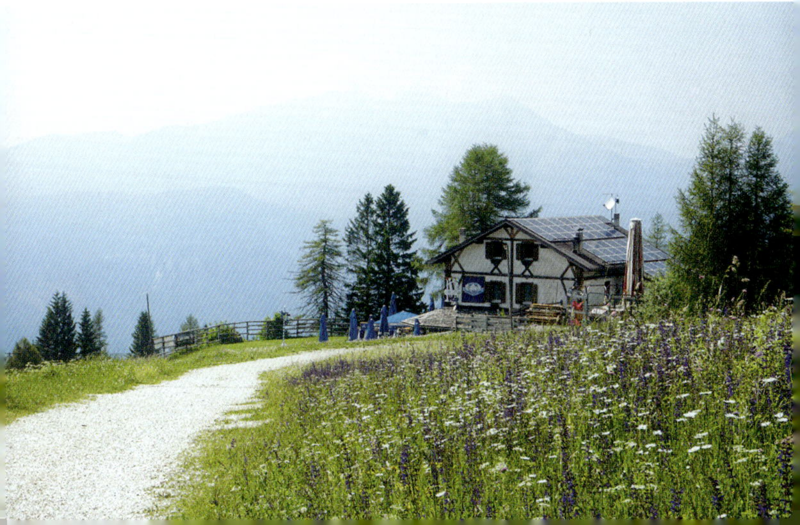

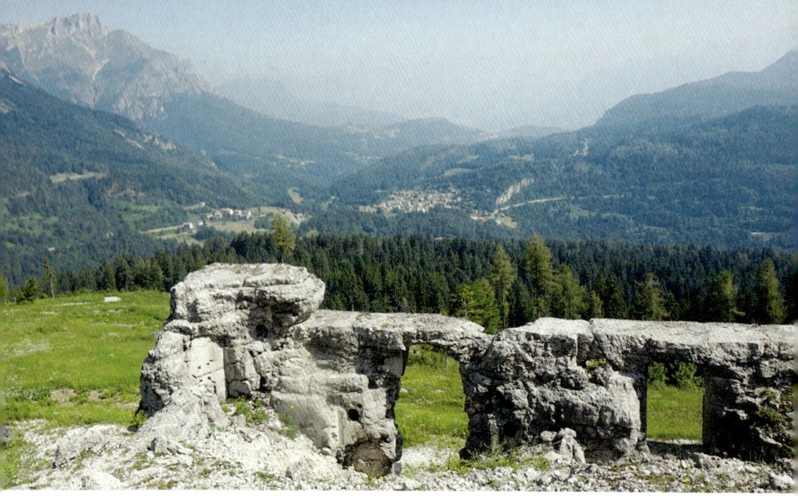

Vom Forte Cherle in Richtung Etappenziel Carbonare geblickt.

Von der Gedenkkirche **Monumento Fratellanza** ❶ am Passo Coe, 1599 m, führt ein kleiner Pfad direkt zur Passstraße, die wir queren. Dann folgen wir dem sich links haltenden kleinen Asphaltsträßchen bergan. Dieser Weg führt vorbei am Restaurant Camini und geht dann in eine Schotterstraße über. Bis zum **Rifugio Stella D'Italia** ❷, 1536 m, sind es etwa 30 Min.

Eindrucksvoll lässt sich das Forte Cherle von außen und innen erkunden.

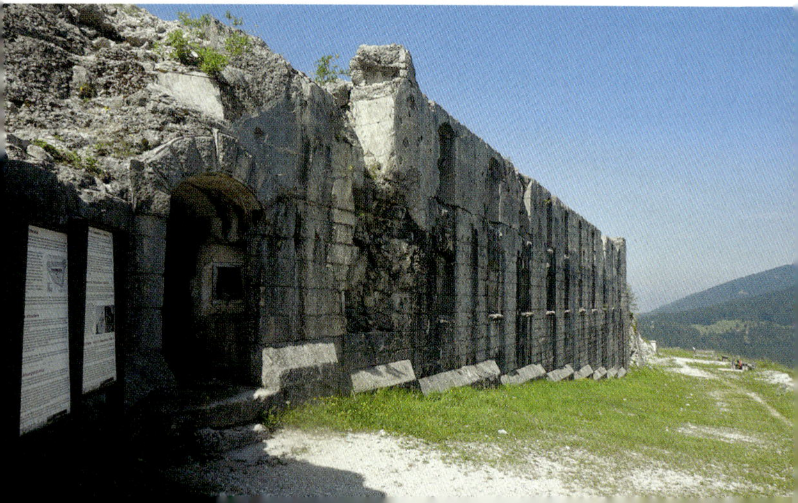

Hier gehen wir zunächst am Rifugio rechts und kurz darauf etwas weiter unterhalb links vorbei. Nach etwa 20 Min. müssen wir aufpassen: Völlig unerwartet und unbeschildert führt der SdP an einer kleinen Skianlage rechts über eine Wiese, die im Winter als Skipiste dient. Nach etwa 10 Min. treffen wir wieder auf eine Schotterstraße, der wir nach rechts folgen. Nur wenige Meter später zweigen wir auf einem weiteren Fahrweg nach links ab, und kurz darauf erscheint linker Hand die Gastwirtschaft Ortesino, zu der wir nun hinabsteigen. Dort folgen wir der Straße nach rechts bis zur nächsten Kurve, wo wir hinter der Leitplanke nach rechts abbiegen und dann links bergan in den Wald hinaufsteigen. 10 Min. später wählen wir den linken der sich gabelnden Wege und auch im Anschluss gehen wir links, nun wieder bergab. Vorbei am **»ex Ospedale militare Austriaco«** ❸, der Ruine eines österreichischen Lazaretts, führt der Weg links und gleich danach rechts stufig nach unten. Wenige Meter nachdem wir eine Asphaltstraße gequert haben, wendet sich der SdP erneut nach unten links Richtung Carbonare. Wir aber folgen dem Forstweg rechts bergan, der uns nach 10 Min. zum Werk **Forte Cherle** ❹, 1445 m, bringt.

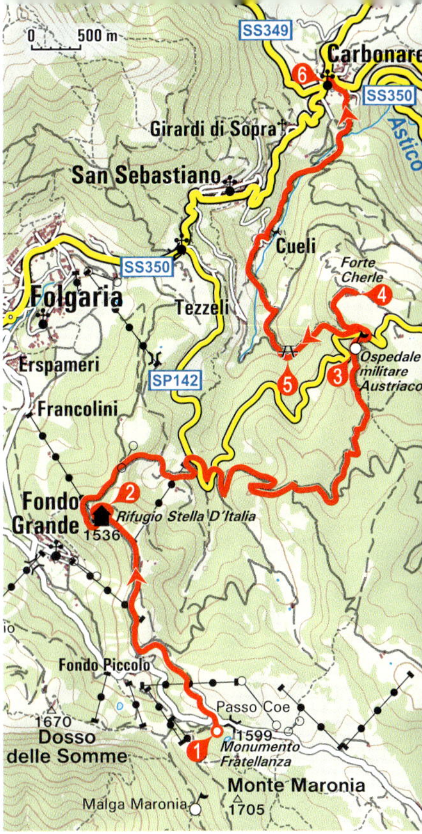

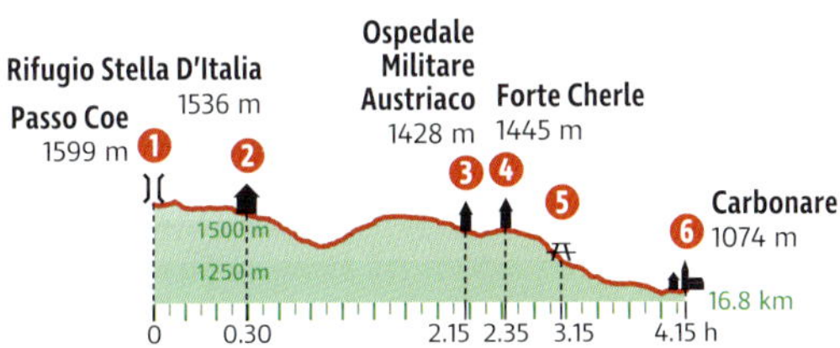

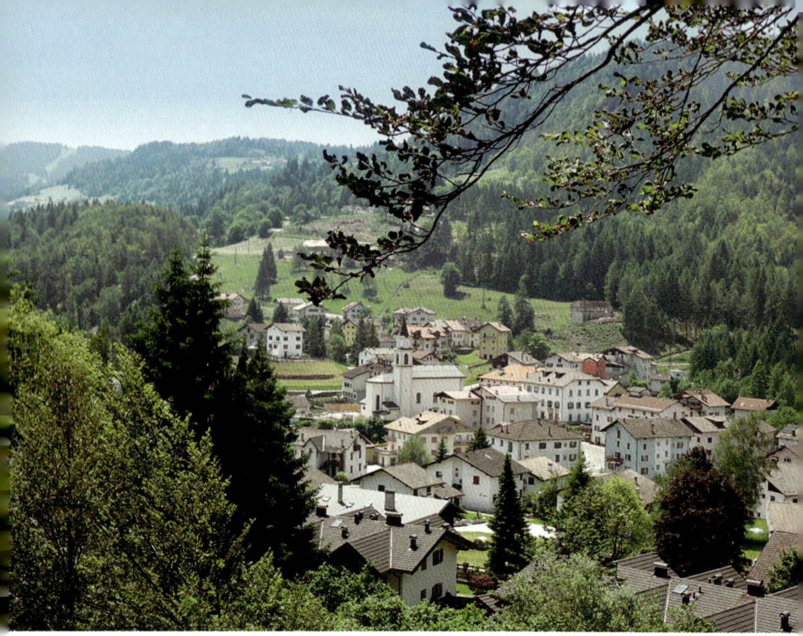

Aussicht auf das typisch italienische Städtchen Carbonare.

Ein typisches Festungswerk – Festung Cherle

Die zwischen 1909 und 1914 erbaute Festung Cherle (4), auch Werk San Sebastian genannt, bietet eine hervorragende Möglichkeit zur Erkundung. Immerhin wurde es 1988 im Zuge der Instandsetzung des Friedenswegs von seinen Trümmern befreit und teilweise wieder für die Besichtigung zur Verfügung gestellt. Im Ersten Weltkrieg stellte das Werk für die Italiener das größte Hindernis dar, in die Hochebene von Folgaria einzudringen. Von seiner Bauweise her ist es ein typisches Bauwerk der Österreicher in dieser Region. Ein geräumiger, mit Zement abgedeckter und mit Eisenträgern verstärkter Kasemattenblock aus Stein war in zwei Ebenen aufgebaut. Die Stromversorgung, Telefonzentrale, Vorratsräume, Küche, Krankenstation und Werkstatt befanden sich im Erdgeschoss. Im ersten Stock waren die Quartiere. Von hier ging es zum Batteriekomplex, und Treppen führten zu den Panzertürmen und Aussichtskuppeln. Im gesamten umliegenden Gebiet gab es Schützengräben und Drahtverhaue. Das Werk Cherle war in der Lage, 30 Tage lang in Isolation – also ohne Zufuhr von Lebensmitteln, Waffen, Wasser und Brennstoff – auszukommen. Im Notfall war die Evakuierung über einen unterirdischen Gang möglich.

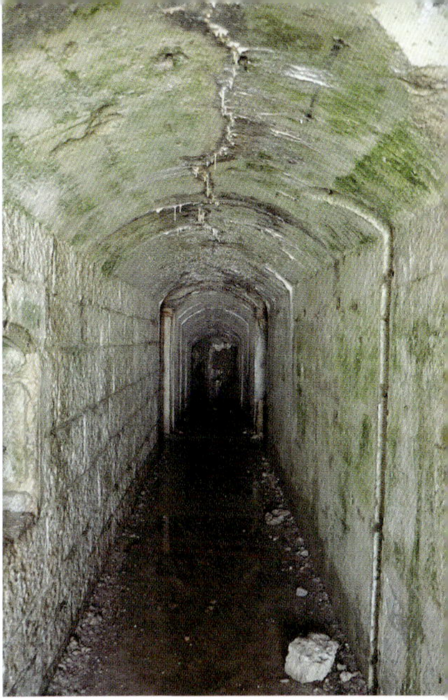

In den Gängen des Forte Cherle.

Auf gleichem Weg geht es zurück zum Abzweig des SdP Richtung Carbonare. Hier biegen wir, vom Forte Cherle kommend, rechts ab und nehmen im Verlauf den äußeren linken Weg. Er bringt uns in knapp 30 Min. zu einem sehr schönen **Picknickplatz** 5 mit Brunnen namens Località San Fermo.

Ab hier schlagen wir den Fahrweg rechts bergab ein. Nach etwa 5 Min. verlassen wir diesen und biegen links in einen schönen Wiesenweg. Nun treffen wir auf den Torrete de Astico, zu dem wir kurz nach der Brücke durch Gebüsch hinabsteigen können. Etwa 200 m später durchqueren wir die Ortschaft Cueli, wandern ab jetzt durch einen schönen Wald etwas oberhalb des Torrente und folgen den Beschilderungen des SdP bis nach Carbonare.

In Carbonare folgen wir der Hauptstraße, vorbei an einem Brunnen, bei einer T-Kreuzung gehen wir nach links. Nach etwa 50 m treffen wir linker Hand auf die Kirche von **Carbonare** 6, 1074 m.

Der herrliche Wiesenweg ist eine Wohltat für die Füße.

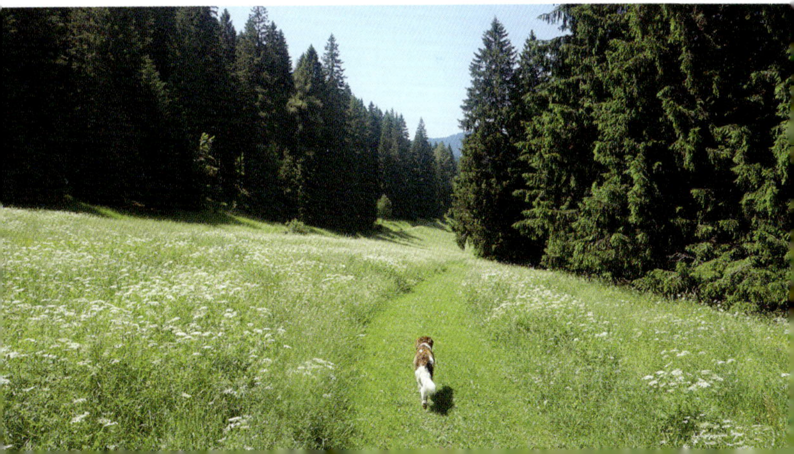

27 Carbonare – Lusern

5.15 h	20,3 km
↗750 m	↘500 m

Einfache Wanderung zum zimbrischen Ort Lusern

Eine einfache Wanderung auf der Hochebene von Folgaria-Lavarone steht an diesem Tag an. Überwiegend erinnert diese Tour ans Mittelgebirge, merken wir doch kaum, dass wir uns in den Alpen immer über 1000 Meter Höhe bewegen. Mit der Festungsanlage Forte Belvedere erreichen wir zudem das einzige Werk, das nach dem Krieg auf der Suche nach Rohstoffen nicht geplündert wurde und dadurch noch sehr gut erhalten ist. Wir wandern an diesem Tag größtenteils durch den Wald und haben mit dem zimbrischen Städtchen Lusern ein lohnendes Etappenziel am Ende des Tages vor uns.

Ausgangspunkt: Carbonare, Kirche, 1074 m.
Endpunkt: Lusern, Dorfplatz.
Anforderungen: Keine besonderen.
Einkehr: Imbiss am Forte Belvedere, sonst unterwegs keine.
Unterkunft: Rifugio Malga Campo Luserna (Juni–September, Mai und Oktober auch am Wochenende, 3 Zimmer, 1 DZ, 2 MBZ, HP 68 €/B&B 48 €, Tel. +39 347 9755 969, info@rifugiomalgacampoluserna.it, www.rifugiomalgacampoluserna.com, eine der besten Unterkünfte: sehr leckeres Essen und sehr gastfreundlich).
Hund: Unschwierig, Übernachtung mit Hund in beiden genannten Unterkünften auf Anfrage möglich. Mitnahme ins Forte Belvedere nicht gestattet.
Hinweis: Forte Belvedere, geöffnet: 10.00–16.00 (Di–So), Eintritt: 7 € Erwachsene, 5 € ermäßigt, Familien 16 €, www.fortebelvedere.org.

Das am besten erhaltene Werk Forte Belvedere, auf deutsch »Werk Gschwendt«.

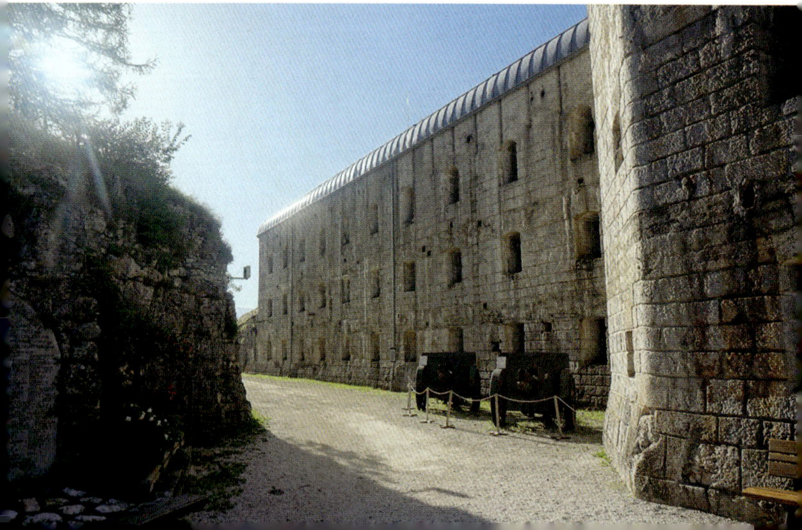

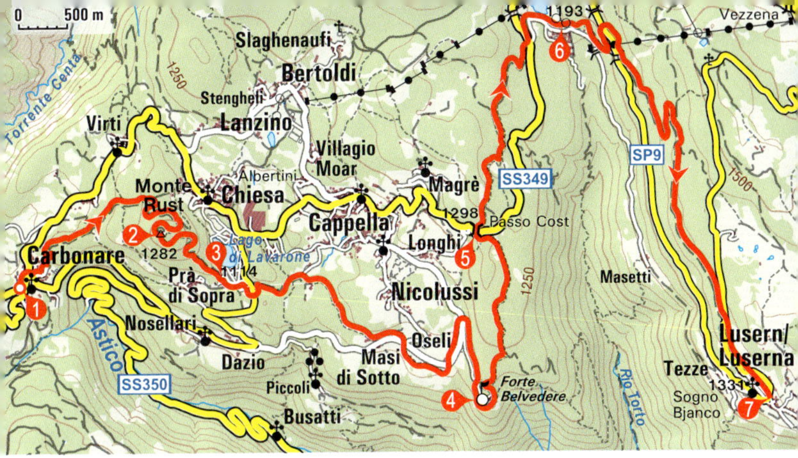

Von der Kirche in **Carbonare** ❶, 1074 m, wenden wir uns nach rechts, biegen an der nächsten Möglichkeit erneut rechts und dann wieder links bergan ab, den SdP-Beschilderungen Richtung Monte Rust/Vetriolo nach. Noch in der Ortschaft führt uns der SdP für ein paar Meter über ein Privatgrundstück (Mega Bike) und zweigt dort nach etwa 20 m links in den schattigen Wald auf einen Trimm-Dich-Pfad ab. Nach etwa 45 Min. gehen wir nach rechts, um zum Monte Rust aufzusteigen. Dort können wir Reste der »Optischen Signalstation Monte Rust« begutachten – sie diente der Kommunikation zwischen den umliegenden Festungsanlagen Vezzena und Luserna (Etappe 28), Belvedere (diese Etappe) und dem Werk Cherle (Etappe 26).

Der Aufstieg zum **Monte Rust** ❷, 1282 m, dauert etwa 10 Min. Beim Abstieg halten wir uns rechts. Die Wegführung des SdP ist nun für die folgende Stunde uneindeutig hinsichtlich Beschilderung und Wegverlauf in den Karten. Die Autorin empfiehlt, den Beschilderungen Belvedere und Lago di Lavarone zu folgen. Nach etwa 20 Min. erreichen wir auf diesem Weg den **Lago di Lavarone** ❸, 1114 m, mit Bademöglichkeit.

Wir umwandern das Südufer und steigen dann rechts zur Hauptstraße auf. Auf der gegenüberliegenden Seite der Straße treffen wir auf einen kleinen Pfad, der rasch in einen Forstweg übergeht. Nach ein paar Minuten

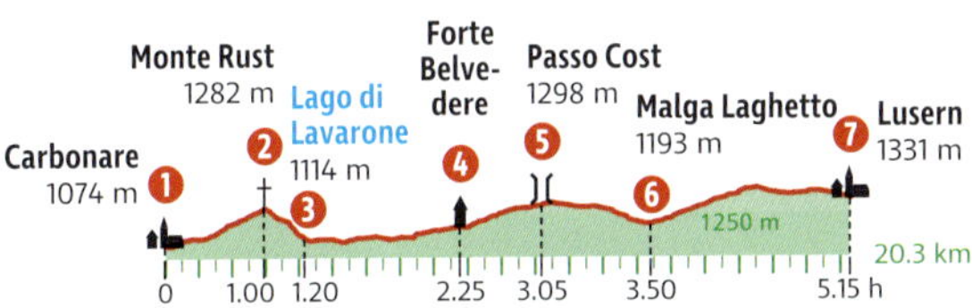

Südtirol-Offensive und die Kämpfe auf der Hochfläche von Lavarone
Schon kurz nachdem Italien Österreich den Krieg erklärt hatte, versuchte es, über die Hochebene Folgaria-Lavarone den dort mit vielen Festungswerken angelegten Verteidigungsriegel zu durchbrechen. Ziel war das Erreichen des Valsugana, um zum Caldonazzosee und bis nach Trient zu gelangen. 1916 wendete Österreich mit der Südtirol-Offensive das Blatt und versuchte seinerseits, über die Hochfläche in die italienische Poebene zu gelangen. Am 15. Mai 1916 um 6 Uhr morgens griffen die Österreicher an und verzeichneten rasch territoriale Gewinne. Diese groß angelegte Operation ging auch als »Strafexpedition« oder »Frühjahrsoffensive« in die Geschichtsbücher ein. Vier Wochen lang dauerte die Offensive; 220.000 Soldaten auf österreichischer Seite, 600.000 auf italienischer lieferten sich Schlacht um Schlacht. Das Ziel, bis ins Königreich Italien vorzudringen, wurde jedoch aufgrund mangelnden Personals von den Österreichern nicht erreicht, auch weil die erhoffte Unterstützung aus Deutschland ausblieb. Dennoch verschob sich die Frontlinie an den südlichen Rand der Hochebenen, sodass ein relativer Frieden eintrat, der bis zum Ende des Krieges hielt.

endet er an einem Fahrweg, den wir rechts einschlagen. Etwa 15 Min. später gelangen wir in die kleine Ortschaft Masi di Sotto. Hier wandern wir zunächst auf der Hauptstraße, bis nach dem dritten Brunnen rechts ein beschilderter Schotterweg am Ort vorbei abzweigt. Nach einem auffälligen blauen Haus geht es ebenfalls rechts einen kleinen Wiesenweg entlang, der uns zur nächsten Ortschaft Oseli führt. Wir laufen, vorbei am Brunnen, bergan Richtung Ortsausgangsschild. Etwa 50 m nach dem letzten Haus der Ortschaft auf der rechten Seite geht es rechts zum **Forte Belvedere** 4, 1177 m. Von hier aus haben wir eine tolle Sicht über die Hochebene Folgaria-Lavarone und hinüber zum Monte Rust. Die Anlage wieder verlassend, wendet sich der SdP rechts hinauf in den Wald. Etwa 10 Min. später wählen

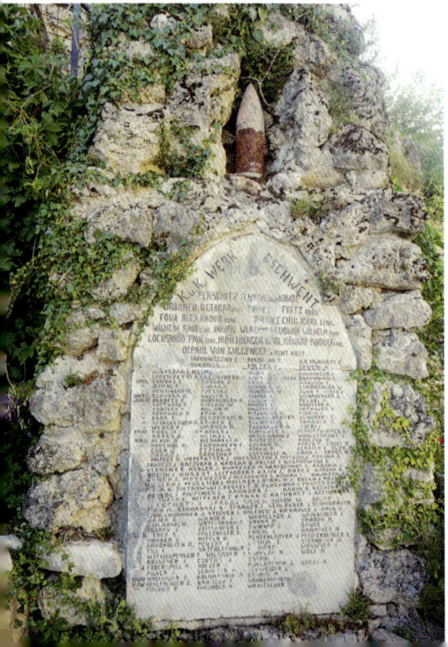

160 Landesschützen des Ersten Regiments der k.u.k.-Armee sind am Forte Belvedere verewigt.

wir an einer Weggabelung den linken Weg. Vom Forte Belvedere bis zum **Passo Cost** ❺, 1298 m, braucht es gute 30 Min. Der SdP verläuft am Passo Cost hinter einer kleinen Gedenkkirche im Wald und trifft wieder auf die Passstraße. Im Sommer 2019 war der Weg aufgrund eines Unwetters jedoch stark zerstört (siehe Variante). An einer Bushaltestelle biegt rechts eine kleine Asphaltstraße ab, die uns zur **Malga Laghetto** ❻ bringt. Vorbei an einem halb verfallenen Hotel-Komplex, zweigt dort vor dem Brunnen links und anschließend rechts ein Weg hinauf in den Wald ab. Nach etwa 15 Min. erreichen wir eine Straße, der wir rechts bergan für einige Minuten folgen. Wir wandern unter einem Sessellift hindurch und wenden uns dann nach links oben. Etwa 20 Min. später, an einem Picknickplatz, halten wir uns an der Kreuzung geradeaus. Wer aufmerksam ist, kann rechter Hand einen Blick zurück auf das Werk Belvedere werfen. Der SdP geht schließlich in eine Asphaltstraße über, der wir für 10 Min. bergab Richtung Lusern folgen. Dann nicht links mit der Straße abbiegen, sondern geradeaus durch die schönen Häuser von **Lusern** ❼ bis zum Dorfplatz absteigen.

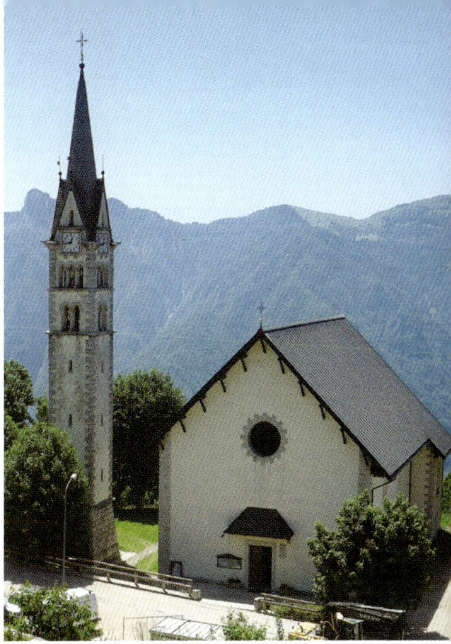

Der Kirchturm von Lusern, der letzten zimbrischen Ortschaft.

***i* »Biar soin Cimbarn«**

Lusern ❼ ist die letzte Ortschaft, die sich das Zimbrische, einen bayrischen Dialekt, bewahrt hat. Dieser und weitere Orte der Hochflächen wurden vor etwa 1000 Jahren von deutschen Bauern besiedelt und waren deutsche Orte, die sich im Bund der Sieben Gemeinden zusammenschlossen. Sie wechselten im Laufe der Geschichte mehrfach die Zugehörigkeit: Republik Venedig, Königreich Österreich und Königreich Italien. Zu Beginn des Ersten Weltkrieges wurden die Dörfer in Schutt und Asche gelegt, die Bewohner ins italienische Landesinnere evakuiert und ihnen die italienische Sprache aufgezwungen. Doch in Lusern hat sich das Zimbrische bis heute erhalten und die Bewohner versuchen, sich ihre Geschichte und Tradition zu bewahren. »Biar soin Cimbarn« – »Wir sind Zimbren!«

28 Lusern – Passo Vezzena – Cima Vezzena

5.30 h | 19,8 km | ↗810 m | ↘710 m

Kurze Etappe mit Abstecher zum Aussichtsgipfel Cima Vezzena

Eine historisch beeindruckende Tagestour vom zimbrischen Städtchen Lusern zum gleichnamigen Werk. Die jederzeit begehbare Befestigungsanlage ist durch zahlreiche Metallsoldaten sehr anschaulich aufbereitet – mit Gruselfaktor! Vom Passo Vezzena können wir diese kurze Wanderung noch um einen tollen Aussichtsgipfel mit Kriegsgeschichte ergänzen. Die Cima Vezzena ist ein hervorragender Aussichtsgipfel und unterstreicht damit zugleich ihre enorme Bedeutung im Ersten Weltkrieg. Auch hier finden sich Festungsanlagen im Gipfelbereich. Vom höchsten Punkt aus erblicken wir das Valsugana, den Caldonazzo- und Levico-See sowie die gleichnamigen Orte.

Ausgangspunkt: Lusern, Dorfplatz.
Endpunkt: Passo Vezzena, 1421 m.
Anforderungen: Wegführung bis zur Malga Millegrobbe uneindeutig und nur unzureichend beschildert. Die Autorin empfiehlt, über das Rifugio Malga Campo bis zum Werk Campo Luserna aufzusteigen und von dort Richtung Malga Millegrobbe abzusteigen.
Eine Alternative wäre, dem E5 bis kurz vor der Malga Millegrobbe und dann rechts den ersten Beschilderungen des SdP in den Wald zu folgen. Sonst unschwierige Etappe.
Einkehr: Malga Millegrobbe (15. Juni bis 30. September, 1 gehobenes Zimmer, Tel. +39 340 953 3476, info@malgamillegrobbe.it, www.malgamillegrobbe.it).
Unterkunft: Hotel Vezzena (ganzjährig geöffnet, 50 Doppel- und Mehrbettzimmer, B&B 55 €, Tel. +39 0464 784 197, info@hotelvezzena.com, www.hotelvezzena.com).
Hund: Unschwierig, Übernachtung mit Hund im Hotel Vezzena und in der Malga Millegrobbe möglich.

Etwas oberhalb von Lusern liegt das Rifugio Malga Campo.

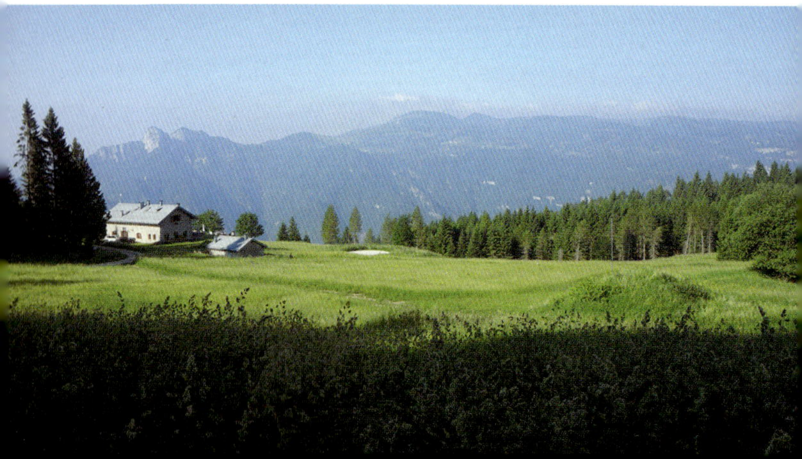

Wir verlassen den Dorfplatz von **Lusern** ❶ links mit der Kirche im Rücken und folgen zunächst den Beschilderungen des E5. Dazu wenden wir uns kurz vor dem Restaurant Ferdy nach links (Achtung: nicht den Beschilderungen zum Rifugio Campo nach, kein direkter Weg). Der sich rasch in einen schmalen Pfad wandelnde Weg steigt auf einer Wiese steil hinauf zu einem verfallenen Schützenvereinsgebäude mit zimbrischer Andachtsstelle. Im Anschluss wenden wir uns kurz nach rechts und 50 m später nach links auf einen mit Trockensteinmauern gesäumten Weg. Kurz bevor wir das Rifugio Malga Campo erreichen, biegen wir links auf ein kleines Schottersträßchen in den Wald ab und folgen den Beschilderungen zum **Forte Campo Luserna** ❷, 1549 m. Das Werk ist jederzeit begehbar und äußerst eindrucksvoll, zuweilen auch gruselig.

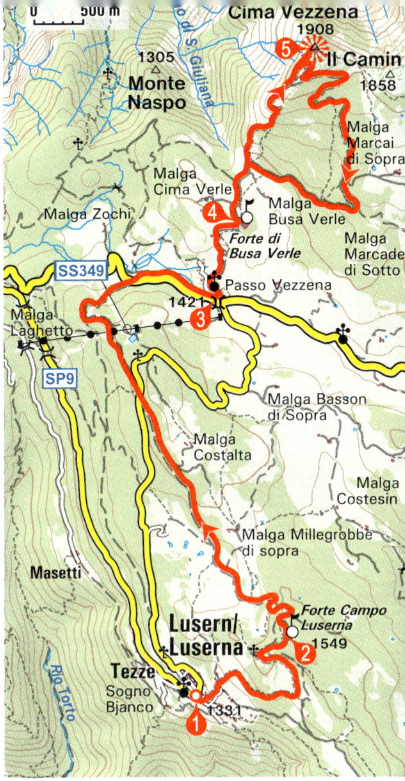

Wir laufen anschließend links an der Anlage vorbei und folgen den Beschilderungen »Malga Millegrobbe di sopra« links den Fahrweg hinab. Nach etwa 20 Min. trifft der E5 auf den Fahrweg und 100 m später – zur Malga Millegrobbe links hinab – biegt der SdP rechts in einen Weg in den Wald ab. Keine 30 Min. später wandern wir an einer Ruine vorbei, queren die Straße und folgen dem SdP auf der anderen Seite weiter. Hier treffen wir auf ein verfallenes Lazarett, das im Ersten Weltkrieg dazu diente, die Kranken hinter der Front zu versorgen.

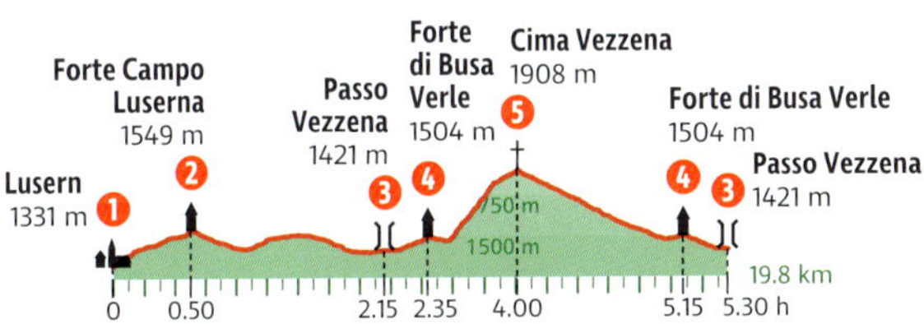

Im Werk Lusern die Nerven verloren

Am 28. Mai 1915 wehten auf dem Werk Lusern ❷ vier weiße Flaggen, die Kapitulation signalisierten. Der Kommandant war »durchgedreht« und hatte mitsamt der Besatzung das Werk verlassen. Zuvor war das Werk schwerstem italienischem Beschuss ausgesetzt. Er zerstörte den bombensicheren Kassemattenblock, Granaten schlugen nur 6 Meter neben dem Munitionslager ein und jede Kommunikation zur Außenwelt war abgeschnitten. Ein Augenzeuge berichtet:

»Die Nacht ist eine zuckende Hölle. Pausenlos fegen Schrappnells über das Werk, die Straßen und Stützpunkte stehen unter schwerem Feuer. Trotzdem schleppen unsere Rekruten Zement durch die Laufgräben, Eisenträger und Spannschrauben, um die Wände des Kasemattenblocks verstärken und pölzen zu können. Zehn Tage rast das Feuer, ehe die Erlösung des Angriffs kommt. Dreitausend Dreißig-Zentimeter-Granaten und doppelt so viele Achtundzwanziger zersieben Decken und Panzer... Das Werk stürzt Teil für Teil zusammen, jede Stunde bringt neue Schreckensbilder. Nur Branntwein schützt uns vor dem Wahnsinn.«

(Aus: Fritz Weber, »Feuer auf den Gipfeln. Südtiroler Alpenkrieg«, 1932).

Der Gipfelbereich des Cima Vezzena mit Blick hinab ins Valsugana.

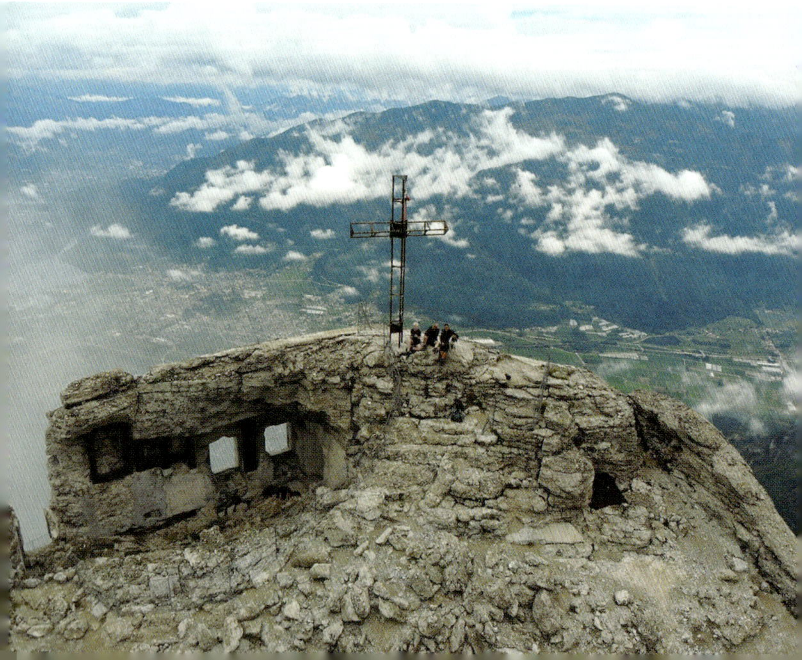

Vom Werk Verle ❹ aus sah man die Flaggen und wusste: Nehmen die italienischen Gruppen die Anlage ein, bricht die Front zusammen. Ein siebzehnjähriger Standschütze meldete sich freiwillig, radelte unter Beschuss zum Werk und entfernte die Flaggen. Er erhielt dafür die Kleine Silberne Tapferkeitsmedaille. Am nächsten Morgen rückte die Besatzung mit neuem Kommandanten wieder ein. Bis Kriegsende konnte das Werk gehalten werden.

Wir gehen an einem Picknickplatz und einem Militärfriedhof vorbei, ehe unser Weg an der Passstraße endet. Auf ihr gelangen wir bergan in 10 Min. zum Passo Vezzena ❸, 1421 m.
Es empfiehlt sich, noch am gleichen Tag hinauf zur Cima Vezzena zu wandern, da diese Tagesetappe doch recht kurz ist. Hierzu wenden wir uns, von der Passstraße kommend, nach links zum Restaurant Baita al Verle und nehmen den sich gabelnden Weg nach rechts. Die kleine Straße führt uns in wenigen Minuten bis zum verfallenen **Forte di Busa Verle** ❹, 1504 m, das sich heute Murmeltiere zurückerobert haben. Später zweigt von der Straße ein kleiner Waldweg (SAT 205) linker Hand ab, der uns in etwa 1 Std. auf einem stufig-steilen Waldweg hinaufführt. Dann geht der Weg in ein altes Militärsträßchen über, welches uns die letzten Höhenmeter hinauf zum Gipfel der **Cima Vezzena** ❺, 1908 m, bringt. Von hier haben wir einen tollen Blick hinab ins Valsugana, nach Caldonazzo, nach Levico Terme und auf die beiden gleichnamigen Seen. Auch das Forte di Busa Verle lässt sich erspähen. Zudem erkennen wir die Reste der Festung Vezzena (ehemals Forte Spiz Verle), die den gesamten Gipfelbereich umschließt. Der Abstieg erfolgt entweder auf dem gleichen Weg oder – weniger steil – auf dem Militärsträßchen. Bei der letzten Variante biegen wir nach etwa 45 Min. auf eine Asphaltstraße nach rechts unten ab und folgen dieser für etwa 20 Min,. bis wir rechter Hand wieder den schmalen Abzweig zur Cima Vezzena erreichen. Ab hier auf gleichem Weg zurück zum **Passo Vezzena** ❸.

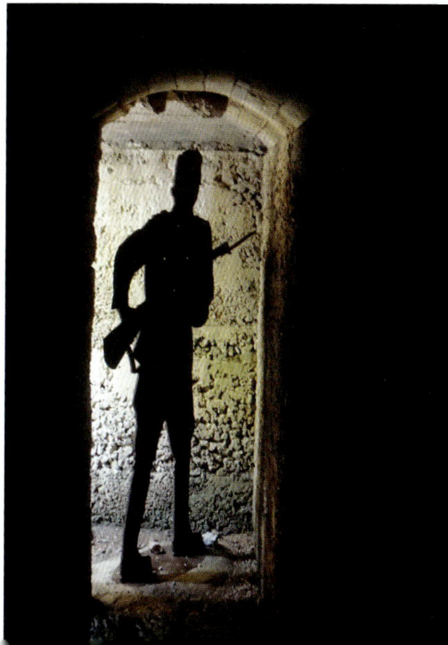

Gruselige Stimmung: Im Werk Lusern stellen Metallsoldaten das Geschehen nach.

29 Passo Vezzena – Caldonazzo

6.30 h	23,8 km
↗ 380 m	↘ 1330 m

Ein famoser Abschluss in den Vizentiner Alpen

Eine anfangs recht unspektakuläre Etappe, die zum Ende hin richtig Fahrt aufnimmt. Wir wandern auf fantastischen Wegen mit traumhaften Panoramablicken hinab zum Caldonazzo-See, nach Levico Terme und ins Valsugana. Zunächst geht es auf einfachen Wegen zum Forte di Busa Verle – einst Stützpunkt von Filmemacher Luis Trenker. Das Werk ist verfallen und wird heute lediglich von Murmeltieren bewohnt. Anschließend führt der Weg zur Ortschaft Bertoldi, wo das Laufen auf breiten Forstwegen durch den Wald ein Ende hat. Ab hier geht es überwiegend auf kleinen Pfaden, später auf einem fantastischen Panoramaweg, der mit Holztreppen, Holzbrücken und spektakulärem Wegverlauf direkt am Hang Wanderherzen höherschlagen lässt, hinab nach Caldonazzo. Ein toller Abschluss in den Vizentiner Alpen!

Ausgangspunkt: Passo Vezzena, 1421 m.
Endpunkt: Caldonazzo, Bahnhof, 467 m.
Anforderungen: Unschwierige, aber lange Wanderung. SdP teilweise beschildert.
Einkehr: In Bertoldi mehrere Restaurants und Bars.
Unterkunft: Einige Hotels in Caldonazzo, z. B. Albergo alla Torre (HP ab 55 €, Tel. +39 0461 723 331, info@albergoallatorre.it, www.albergoallatorre.it); Hotel Monte Cimone (20 Zimmer, HP ab 55 €, Tel. +39 0461 723 100, info@hotelmontecimone.it, www.hotelmontecimone.it); Albergo Due Spade (März–Mitte Oktober, 22 Zimmer, HP ab 60 €, Tel. +39 0461 723 113, info@albergoduespade.it, www.albergoduespade.it).
Hund: Unproblematisch, Übernachtung bspw. im Albergo alla Torre und Albergo Due Spade möglich.

Die Überreste des Forte di Busa Verle.

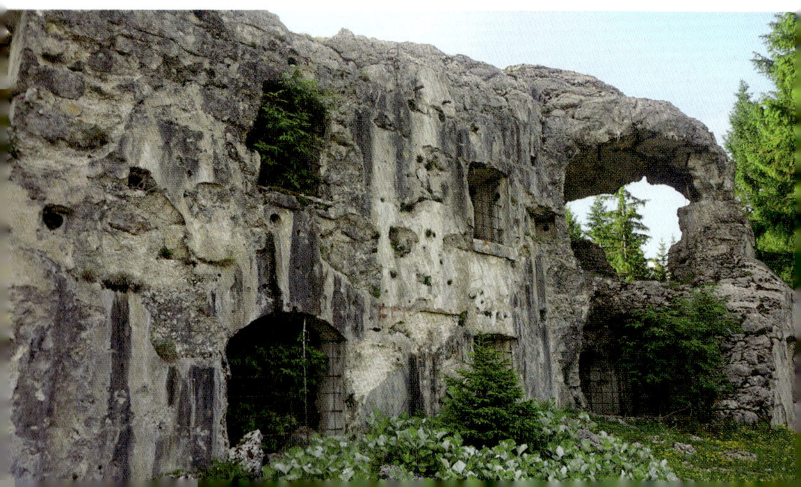

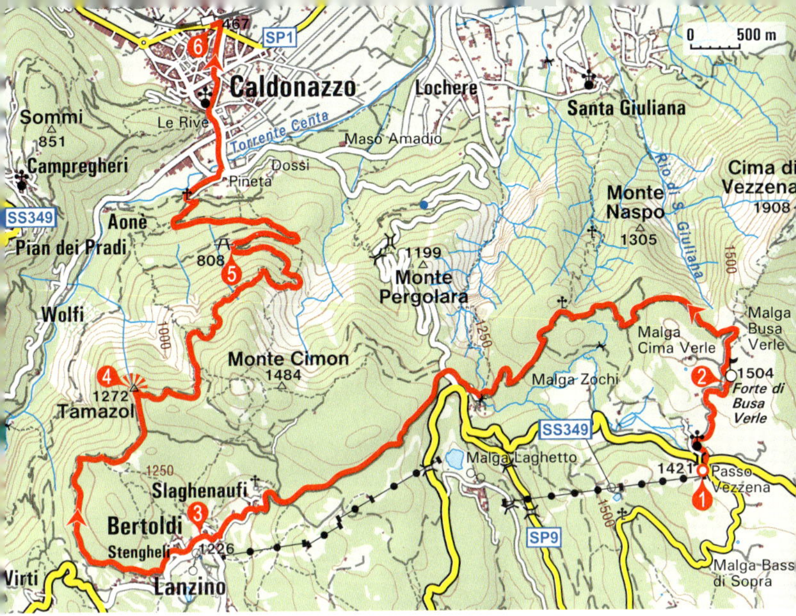

Von der Straße am **Passo Vezzena** ❶, 1421 m, wenden wir uns nach links in Richtung Restaurant Baita al Verle, nehmen anschließend den sich gabelnden Weg nach rechts und folgen der Straße bergan. Auf dieser gelangen wir nach etwa 10 Min. zum verfallenen **Forte di Busa Verle** ❷, 1504 m. Ab hier wandern wir auf der Asphaltstraße für weitere 10 Min. bis zum Schild Malga Busa Verle, wo der SdP links bergab führt. Wir folgen dem Forstweg, zweigen den Schildern nach im Verlauf links sowie rechts ab. An einer geschlossenen SAT-Hütte nehmen wir den Fahrweg links hinab. Nach 30 Min. gehen wir über eine kleine Brücke, erreichen eine Hüttenansammlung und halten uns an den Fahrweg bergan. Bald danach, noch vor den nächsten Häusern, biegt der SdP rechts in den Wald ab und verläuft kurzzeitig parallel zur Straße, ehe er in selbige einmündet. Wir folgen der Straße für ein paar Meter nach rechts und treffen auf ein großes Schild über den SdP. Davor biegen wir links von der Straße und danach erneut links ab. Wir erreichen die Ortschaft Slaghenaufi – rechts bergan können wir zu einem Militärfriedhof gelangen – und wandern auf der Straße hinab nach **Bertoldi** ❸, 1226 m. An der Hauptstraße gehen wir rechts vorbei am Supermarkt und weiter in Richtung Stengheli. Hinter einer Bushaltestelle, nicht einmal 5 Min. später, halten wir uns erneut rechts, folgen dem parallel zur Hauptstraße verlaufenden Sträßchen für 200 m und wenden uns dann rechts in den Wald.

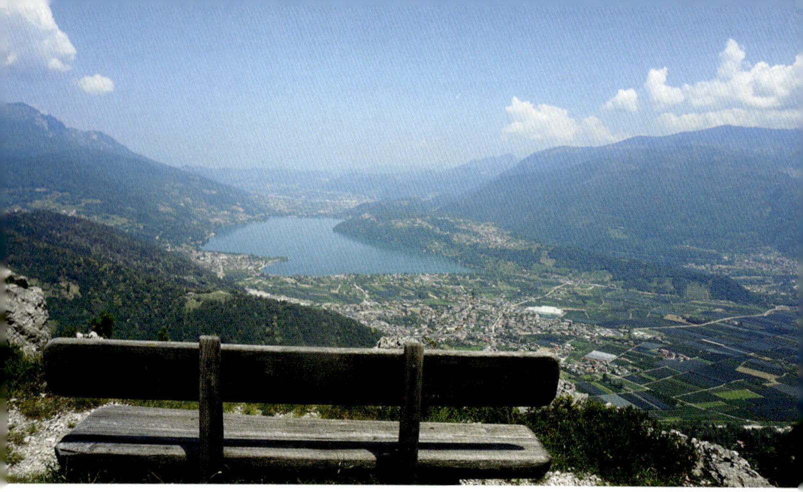

Was für ein Pausenplatz! Caldonazzo und den gleichnamigen See zu Füßen.

Hinter einigen Häusern führt der Weg erst Höhe haltend, später auf steinigem Weg bergab. Wir erreichen einen Fahrweg, auf den wir rechts abbiegen und der uns in einen schönen Wald führt. An der Loc. Castrodis halten wir uns links. Im Verlauf können wir hin und wieder einen traumhaften Panoramablick über den Caldonazzo-See erhaschen. Am **Punto panoramico loc. Tamazol** ④ dürfen wir uns an einem ersten fantastischen Aussichtspunkt erfreuen. Kurz danach geht der Fahrweg in einen kleinen Pfad über und eröffnet weitere tolle Aussichten auf den Caldonazzo-See. An einer Weggabelung im Wald mit etwas uneindeutiger Beschilderung halten wir uns rechts und erreichen kurze Zeit später den Panoramaweg. Es geht hinab auf bestens angelegten Wanderwegen über Holzbrücken, Holztreppen und auf steinigen kleinen Pfaden. Wir können bis Levico Terme, den Lago di Levico, den Caldonazzo-See, die zu bezwingenden Berge des nächsten Tages und später ins Valsugana blicken.

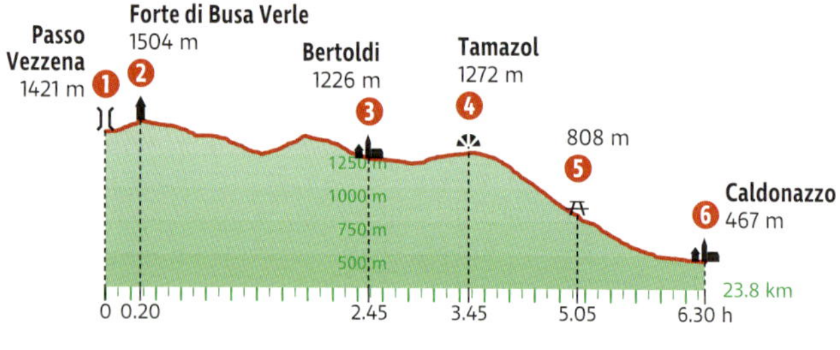

i ***Wie in Luis Trenkers Rucksack!***

Ob bei Luis Trenker wirklich Unordnung und Chaos im Rucksack herrschte, wie es der Ausspruch »Hier sieht's ja aus wie bei Luis Trenker im Rucksack!« glauben macht, ist nicht überliefert. Sicher ist jedoch, dass er auch während des Ersten Weltkrieges einen dabei hatte, der mit Steigeisen, Pickel und Seilen prall gefüllt war. Der bekannte Südtiroler Bergsteiger und Filmemacher kämpfte den gesamten Krieg auf der Seite Österreichs. Zunächst war er Offiziersanwärter im Forte di Busa Verle ❷*, später, nach einer Verletzung, Alpinreferent der k.u.k.-Bergführerkompanien. Dort bildete er Soldaten zu Bergführern aus. Die Inhalte unterschieden sich nicht nennenswert von dem, was man auch heute noch als Bergführer erlernen muss: Fels- und Eistechnik, Kartenlesen und Orientierung, Erste Hilfe, Seilgebrauch und Skifahren. Hinzu kamen kriegsbedingt das Anlegen alpiner Steige, Sprengwesen und Sturmausbildung. Die Bergführer führten selbst Aktionen durch und gaben ihr Wissen an die Kameraden weiter. Später wurde Trenker Mitglied einer Bergführerkompanie, die vor Angriffen die Gegend erkundete, Versicherungen in Fels- oder Eiswänden anlegten, Geschütztransporte in schwierigem Gelände organisierte und auch selbst Stoßtruppenunternehmungen durchführte. Nach dem Krieg wurde er als Filmemacher bekannt. Für jeden Friedenswegwanderer auch heute noch eine Empfehlung: Der Film »Berge in Flammen«, der die Geschichte am Col di Lana (Etappe 41) sehenswert wiedergibt.*

Wir passieren im Abstieg immer wieder weitere Aussichtspunkte. Nach einer scharfen Linkskurve gabelt sich der Weg und wir entscheiden uns für den linken. An einem schönen **Picknickplatz** ❺ geht der Pfad in einen Fahrweg über, auf dem wir die letzten Höhenmeter hinab nach Caldonazzo absteigen. Nachdem wir die ersten Häuser passiert haben, queren wir eine Straße, wenden uns nach rechts und biegen vor den Sportplätzen nach links ab. Hier folgen wir dem Wegverlauf der Straße, zweigen vor der Kirche nach rechts und gleich wieder nach links in eine Einbahnstraße ab. Bei den »Ambulatori« (Arztpraxen) geht es erneut links und dann folgen wir dieser Straße bis zum Erreichen der Bahnschienen, vor denen wir links zum Bahnhof in **Caldonazzo** ❻, 467 m, abbiegen können.

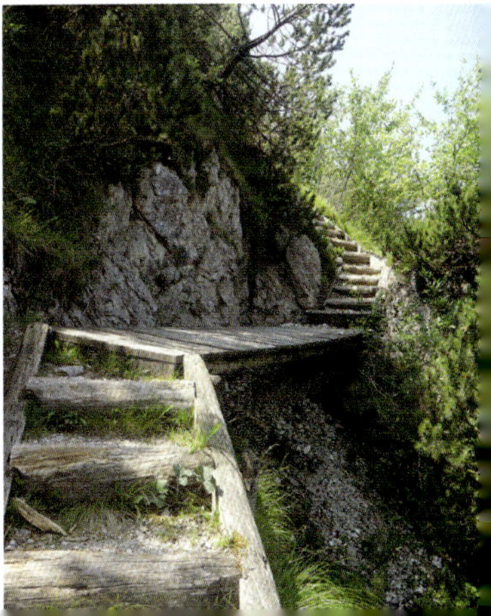

Am Ende der Tagestour beeindruckt ein toll angelegter Panoramaweg.

Fleimstaler Alpen

Die nach dem Fleimstal (ital. = Val di Fiemme) benannten Alpen schließen sich an die Vizentiner Alpen bzw. ans Valsugana an und werden im Norden und Osten von den eindrucksvollen Dolomiten begrenzt. Im Westen verläuft die Grenze entlang der Autobahn von Bozen nach Trient. Die großen Bergriesen findet man hier nicht, ist die Cima d'Asta mit 2847 m doch die höchste Erhebung der Fleimstaler Alpen. Die etwa 30 km lange Bergkette des Lagorai, die sich quer hindurchzieht, prägt die Region. Geografisch betrachtet gehört die Lagorai-Kette zu den Dolomiten, aus geologischer Sicht jedoch nicht. Die Berge des Lagorai bestehen nämlich nicht aus Dolomit, sondern aus Porphyr, der je nach Lichteinfall in verschiedenen Farben leuchtet.

Die Fleimstaler Alpen zählen zu den unberührtesten Landschaften im Alpenraum. Hier trifft man noch auf verwilderte und nahezu menschenleere Täler wie das Vanoi- oder das Canali-Tal. Doch nicht die Berge und Täler bestimmen das Erscheinungsbild der Region. Vielmehr sind es die etwa 20.000 Hektar großen Wälder sowie Almen und Wiesen. Die Fleimstaler Alpen verfügen über zwei Naturparks, den Südtiroler Naturpark Trudner Horn und den Trentiner Parco Naturale Paneveggio. Sie liegen – für diese Region untypisch – vollständig unter der 2000-Meter-Marke, sind vom milden, mediterranen Klima geprägt und reich an vielfältiger Flora und Fauna. Die Bäume in den Wäldern erreichen oftmals eine Höhe bis zu 40 Meter.

Die Teilstrecke Fleimstaler Alpen eignet sich auch für Trekking-Anfänger.

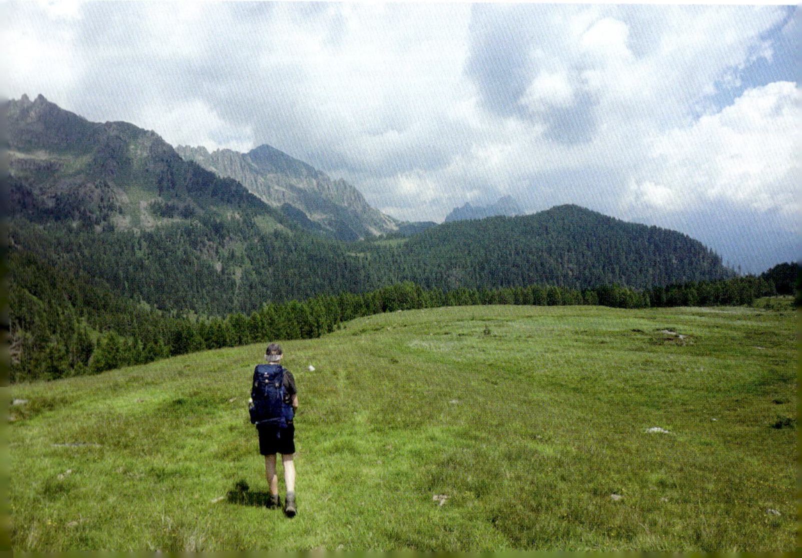

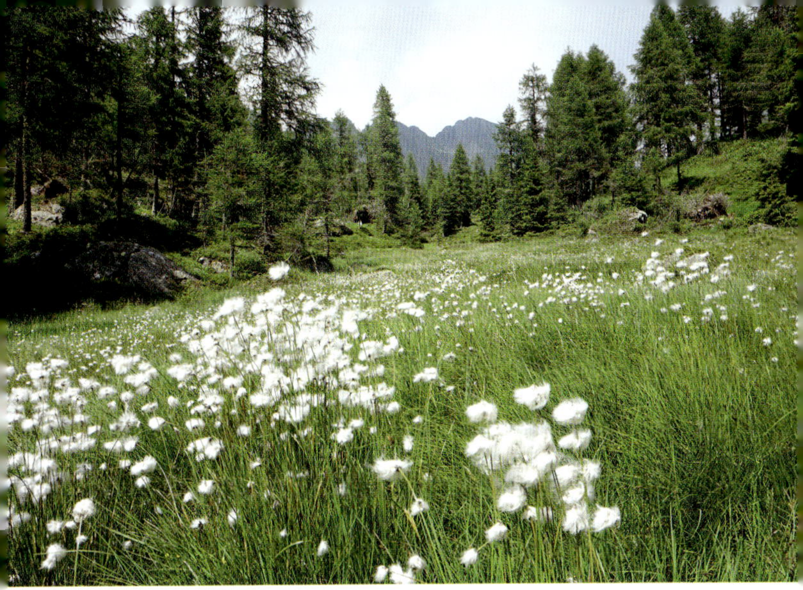

Grün ist die Farbe der Fleimstaler Alpen.

Darunter befinden sich auch die Haselfichten im Naturpark Paneveggio, die bei Geigenbauern besonders beliebt sind und dem Wald den Beinamen »Geigenwald« geben. Zudem gibt es Buschwälder, Mischwälder, Feuchtwiesen und Moore. Hirsche und Rehe, Murmeltiere, Füchse und manchmal Steinböcke sowie Eichhörnchen und Feuersalamander fühlen sich in den Fleimstaler Alpen heimisch.

Geschichte

Im Ersten Weltkrieg zog sich der Frontabschnitt im Fleimstal von Caldonazzo über die Bergkette des Lagorai und den Colbricon bis hin zum Rollepass. Aufgabe der Österreicher, die lediglich verteidigten, war es einerseits, den Durchbruch der Italiener über Caldonazzo nach Trient zu verhindern. Andererseits galt es, den Zugang zum Fleimstal selbst zu sperren. Auch hier wäre ein Vormarsch der italienischen Truppen nach Trient und ins Etschtal möglich gewesen. Die zuweilen groß angelegten italienischen Offensiven konzentrierten sich am Lagorai, hier insbesondere am Cauriol und am Colbricon. Letzterer war zugleich Schauplatz eines Minenkrieges. Am Frontverlauf änderten die Bemühungen jedoch im gesamten Kriegsverlauf nichts. Noch schwerer als die Verluste durch den Feind wogen die Opfer der Kriegswinter. Allein im Dezember 1916 zählten beide Seiten etwa 1000 Lawinentote.

30 Caldonazzo – Vetriolo Terme

6.00 h	15,0 km
↗ 1160 m	↘ 250 m

Entlang des Lago di Levico hinauf zum Werk Colle delle Benne

Eine recht urbane Etappe, die uns zum schönen Levico-See führt. Doch zunächst verlassen wir Caldonazzo, steigen hinauf zum Werk Tenna und anschließend in den gleichnamigen hübschen Ort. Auf kleinen Sträßchen wandern wir hinauf zum Werk Colle delle Benne, das restauriert und zu besichtigen ist. Es gibt eindrücklich den Aufbau eines Festungswerkes dieser Zeit wieder und vermittelt, unter welchen Bedingungen die Soldaten dort vier Jahre ausharrten. Im Anschluss geht es durch den Wald hinauf zum Etappenziel Compet.

Ausgangspunkt: Caldonazzo, Bahnhof, 467 m.
Endpunkt: Compet, Ortseingangsschild, 1383 m.
Anforderungen: Grundsätzlich unschwierige Wanderung, Aufstieg ab dem Colle delle Benne steil. Weg ist mäßig mit SdP-Symbolen gekennzeichnet.
Einkehr: In Tenna Bar Spiaggia Libera, etwas abseits vom Weg (Do Ruhetag). In Levico Terme mehrere Bars und Restaurants.

Unterkunft: Mehrere Hotels in Compet, z. B. Hotel Aurora (B&B 45 €, Tel. +39 0461 7064 67, info@auroracompet.it, www.aurora-anderle.com); etwa 1.30 Std. weiter auf dem Friedensweg: Malga Masi (2022 vorübergehend geschlossen, 4 kleine Mehrbettzimmer, 1 Lager, HP 68 €/B&B 40 €, +39 340 4988 781 und +39 345 0107 341, info@malgamasi.it, www.malgamasi.it, sehr empfehlenswerte, urige Alm); etwa 1.30 Std. entfernt: Rifugio Erterle (ganzjährig, 24 Betten

Blick zurück auf Caldonazzo.

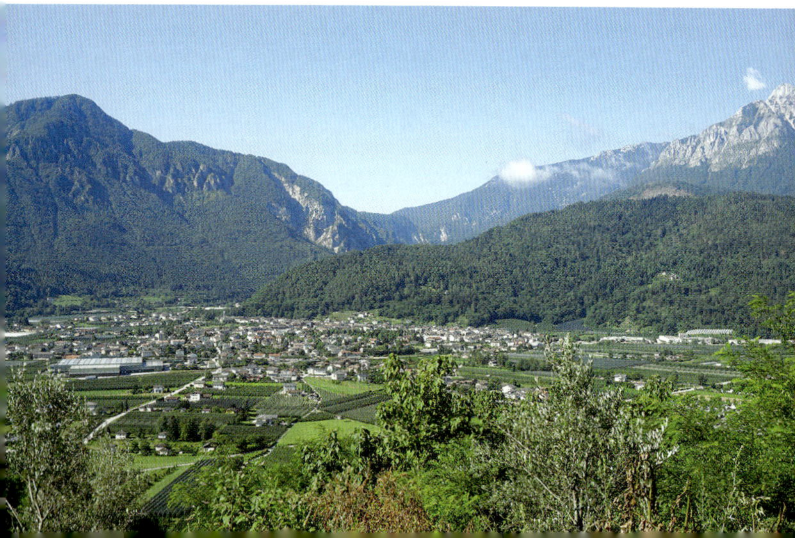

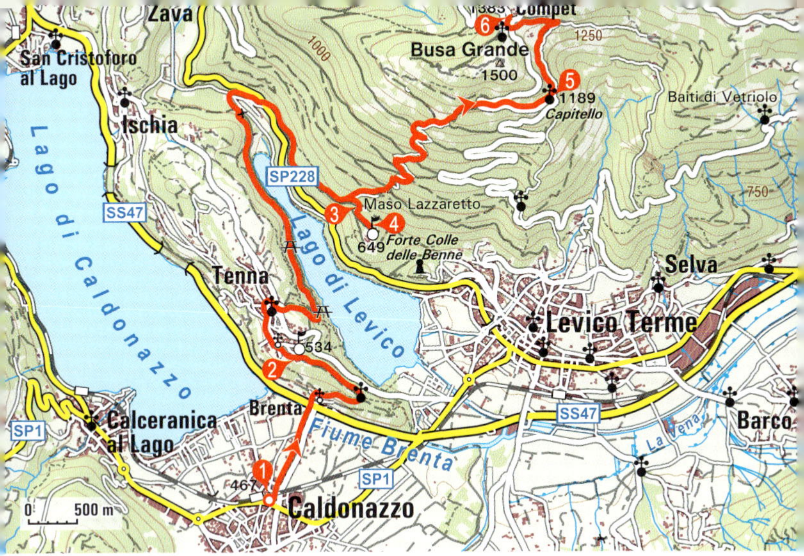

in 6 Zimmern, B&B ab 33 €, Tel. +39 346 2304 405, rifugioerterle@gmail.com, www.rifugioerterle.eu).

Hund: Problemlose Etappe mit Hund. Auch ins Werk Colle delle Benne darf der Hund kostenlos mit. Keine Übernachtungsmöglichkeit mit Hund in Compet, aber in der sehr empfehlenswerten Malga Masi (2022 geschlossen) und im Rifugio Erterle.

Hinweis: Forte Colle delle Benne, Dienstag–Sonntag 10–18 Uhr, Eintritt 4 €.

Vom Bahnhof in **Caldonazzo** ❶, 467 m, wenden wir uns nach Süden, folgen der Hauptstraße links in Richtung Caldonazzo-See. An der nächsten Möglichkeit sowie an der nachfolgenden T-Kreuzung der Via Brenta wählen wir jeweils den linken Weg. Dieser Straße folgen wir über die Bahnschienen für etwa 15 Min., bis wir durch eine Unterführung die Hauptstraße queren. Anschließend wandern wir für wenige Meter bergan und biegen nach links in Richtung »ex Forte Tenna« (SAT-Weg 5). Der Weg zweigt nach wenigen Metern zweimal nach rechts oben ab und führt uns für etwa 10 Min. entlang von Weinstöcken durch terrassierte Landschaft recht steinig-steil hinauf. Bei einer kleinen Kirche wenden wir uns nach links, kurz darauf an einer Weggabelung nach rechts und gelangen zum geschlossenen **Werk Tenna** ❷, 534 m. Von hier aus haben wir einen herrlichen Blick über den Levico-See und bis nach Levico Terme.

Anschließend erreichen wir die hübsche Ortschaft Tenna. Auf einem Asphaltweg gehen wir zur Via Venezia, queren diese und laufen geradeaus weiter auf dem Kopfsteinpflasterweg. Kurz hinter Rathaus (Municipio) und Brunnen biegen wir rechts in den SAT-Weg 1 ein. Dieser wendet sich an der

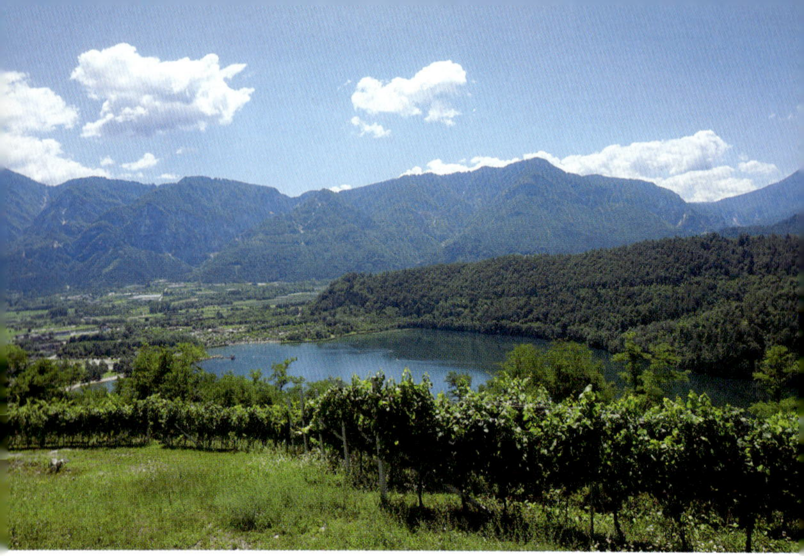

Der Lago di Levico: Nur das Südostufer ist erschlossen.

Via Cimone nach rechts und, nachdem wir einen kleinen Straßentunnel durchlaufen haben, nach links. Dort, wo der Asphalt der kleinen Straße endet, biegen wir nach rechts in einen schmalen, etwas zugewachsenen Wiesenweg ab. Für etwa 2 km wandern wir nun oberhalb des Lago di Levico und erhaschen immer wieder schöne Ausblicke. Kurz bevor wir das Westufer des Sees etwas oberhalb passieren, ergibt sich die Möglichkeit, zum See hinabzusteigen (Badegelegenheit).
Etwas später laufen wir am Fluss vorbei, gehen anschließend über die Brücke und wandern fortan auf der rechten Seite des Flusses ein paar Meter bergan. Mit Erreichen der Fahrstraße wenden wir uns auf dieser kurz nach

i Eine Ehrensalve für die Italiener

Mit Beginn des Ersten Weltkriegs verfügten die Österreicher im Valsugana nur über die beiden Festungswerke Tenna ❷ und Colle delle Benne ❹, die zudem veraltet waren und den Anforderungen des damaligen Krieges nicht mehr entsprachen. Dennoch zögerten die Italiener und machten keinerlei Anstalten, ins Valsugana einzumarschieren. Noch Ende Juni 1915 wurde das Tal von nur knapp 2000 Standschützen mit mangelnder Feuerkraft gehalten. Diese bedienten sich einer Täuschung: Um die Italiener zu verwirren und einen möglichen Vormarsch aufzuhalten, stellten sie in den Dörfern Salutkanonen auf, um Waffenstärke zu demonstrieren.

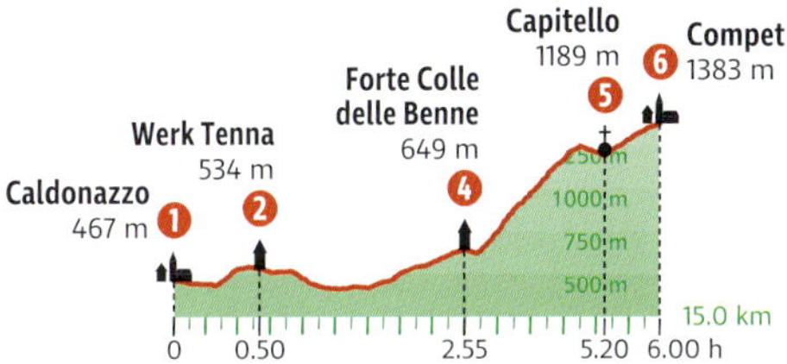

rechts und biegen an der nächsten Kreuzung wieder rechts ab. Noch bevor wir zu einer kleinen Häusersiedlung gelangen, folgen wir an einem Stopp-Schild der Straße links und erreichen rasch die Hauptstraße. Weiter geht es auf dieser 10 m hinauf und dann rechts in einen kleinen Fahrweg zum Forte Colle delle Benne. Nach etwa 20 Min. biegt der SdP links am Gehöft **Maso Lazzaretto** 3 markiert ab.

Hier lohnt sich ein Abstecher: Der rechte Weg führt uns in wenigen Minuten zum **Forte Colle delle Benne** 4, 649 m. Auf gleichem Weg geht es zurück zum Maso Lazzaretto 3 und dann durch den Wald in etwa 2 Std. hinauf nach Compet. Die Route verläuft zunächst durchaus steil auf einem zuweilen überwachsenen Waldweg, der später viermal kurz ein Fahrsträßchen kreuzt. Bei der nächsten Querung biegen wir nach rechts auf den Fahrweg und gelangen auf die Serpentinenstraße, die uns zur Andachtsstätte **Capitello** 5, 1189 m, bringt. Ab hier folgen wir rechts dem breiten Wanderweg hinauf bis nach **Compet** 6, 1383 m.

Am Westufer des Lago di Levico.

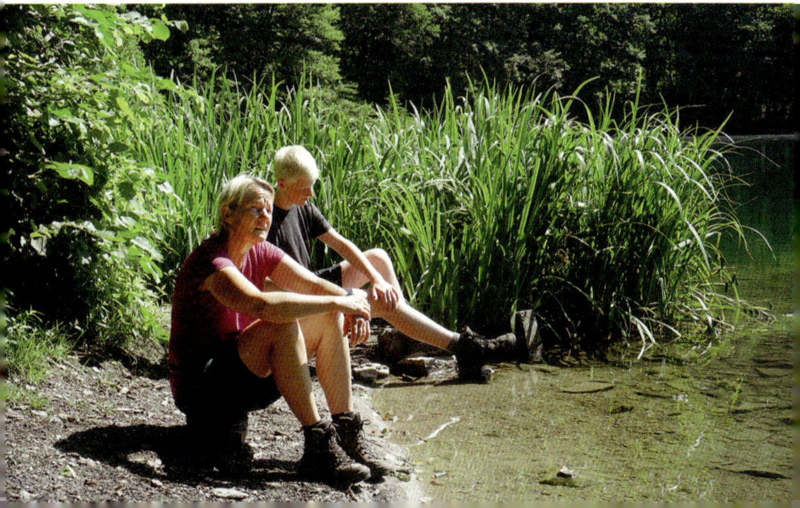

31 Vetriolo Terme – Rifugio Serot

3.30 h	13,1 km
↗ 530 m	↘ 320 m

Einfache Wanderung zu einer idyllischen Alm

Eine überwiegend im Wald verlaufende Etappe, die kurz ist, über einfache Wege führt und Regeneration verspricht. Auf unschwierigen Forstwegen geht es zunächst leicht bergan bis zur idyllischen Malga Masi mit einem überaus freundlichen Almwirt, der einiges über den Ersten Weltkrieg zu erzählen hat. Die Malga Masi, auf der heute Kühe frei umherlaufen, beherbergte im Ersten Weltkrieg eine Kommandozentrale. Von dort geht es hinauf zur Hochebene La Bassa, von der aus wir noch zum Fravort (auch Hoabort, 2383 m) oder einem der Vorgipfel aufsteigen können. Der sich anschließende, einfache Waldweg führt uns überwiegend bergab bis zum Rifugio Serot.

Ausgangspunkt: Compet, Ortseingangsschild, 1383 m.
Endpunkt: Rifugio Serot, 1566 m.
Anforderungen: Einfache Wanderwege ohne besondere Schwierigkeiten, SdP überwiegend markiert.
Einkehr: Malga Masi (Juni–Oktober täglich geöffnet, vorübergehend in 2022 geschlossen).
Unterkunft: Rifugio Serot (Ende Mai–Ende September, sonst wochenends, 10 Zimmer für 2–4 Personen, HP 58–75 €, +39 349 6011 481, info@rifugioserot.eu, www.rifugioserot.eu).
Hund: Keine Schwierigkeiten mit Hund, Übernachtung im Rifugio Serot möglich.

Blick hinab ins Valsugana.

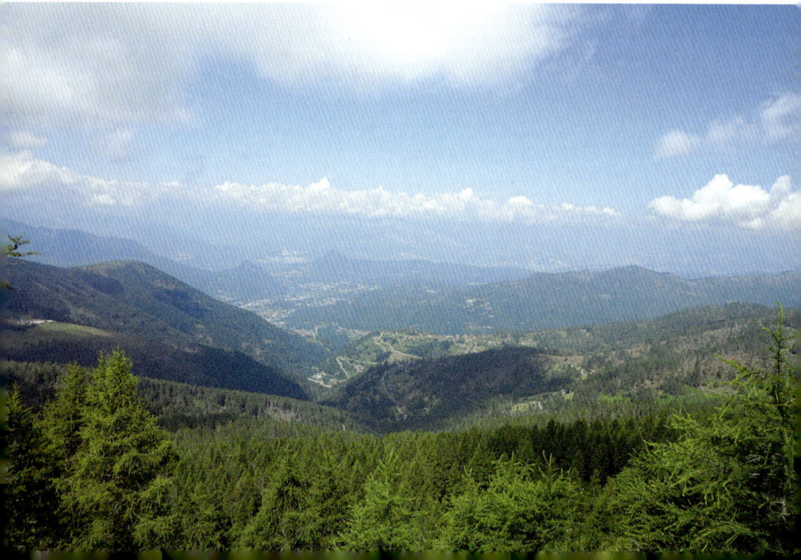

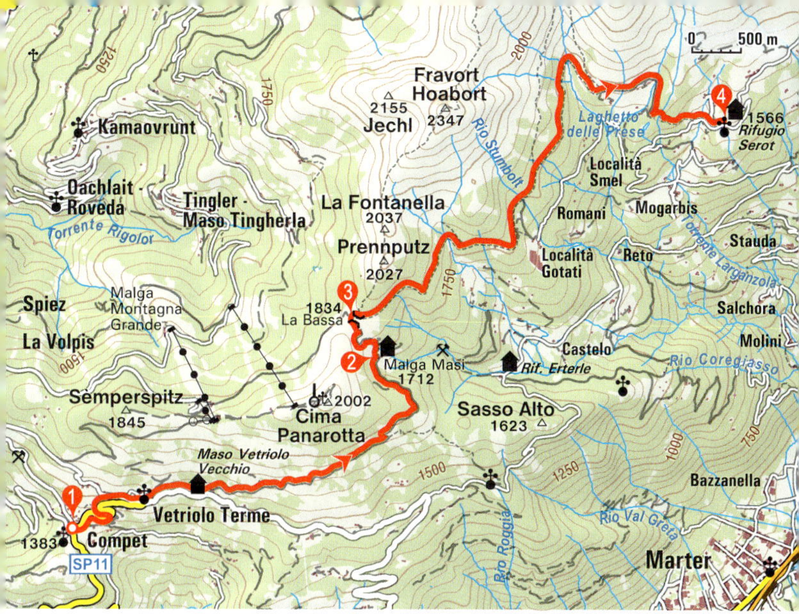

Vom Ortseingangsschild in **Compet** ❶, 1383 m, folgen wir rechts der Asphaltstraße zunächst bergan, bis wir nach Vetriolo Terme kommen. Auf der Straße geht es weiter, bis wir nach etwa 15 Min. eine kleine Häusersiedlung erreichen. Rechts befindet sich ein Paragleiter-Startplatz, von dem aus wir einen aussichtsreichen Blick hinab ins Valsugana und nach Caldonazzo haben. Hier zweigt von der Asphaltstraße links beschildert der SdP (SAT-Weg 309) in Richtung Malga Masi ab. Dem Forstweg für etwa 1 Std. folgend, erreichen wir die Alm **Malga Masi** ❷, 1712 m. Wir gehen rechts am Haupthaus vorbei und biegen noch vor den Stallungen steil nach links oben ab. Der schmale Pfad wird im Verlauf etwas breiter und führt uns auf das Hochplateau **La Bassa** ❸, 1834 m. Von hier aus können wir noch einen Gipfelabstecher zum Fravort oder einen seiner Vorgipfel wie dem Penneputz machen. Auf dem Fravort lassen sich Schützengräben entdecken, und der Aufstieg

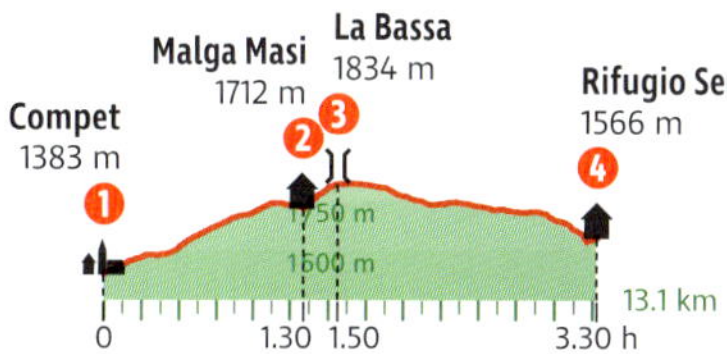

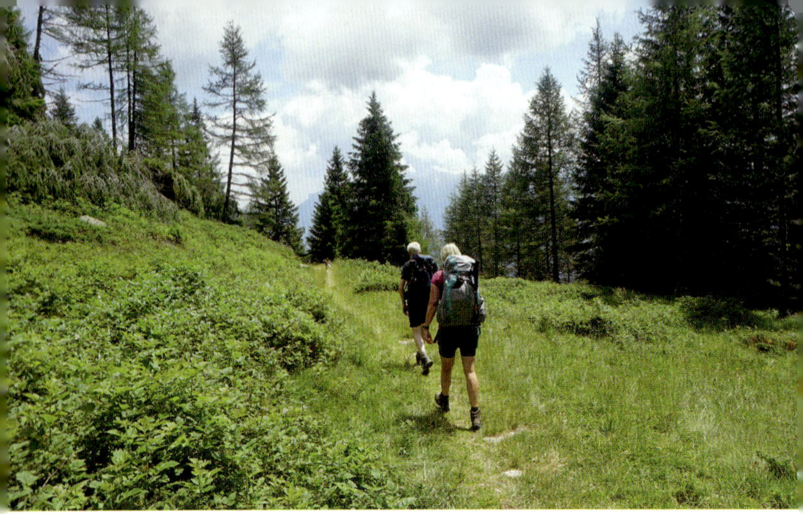

Wiesen und Wälder prägen diese Tagesetappe.

wird mit einer tollen Sicht ins Valsugana, zu den Berggruppen Adamello-Presanella und Ortler belohnt. An einem sehr klaren Tag lässt sich sogar die Adria entdecken.

Am Schild »La Bassa« biegen wir scharf rechts auf den SAT-Weg 372 ab, der uns auf einem schmalen Waldpfad hinabführt. Nach etwa 30 Min., kurz nachdem wir zwei Hütten passiert haben, müssen wir an einer Gabelung den Weg links (nicht nach rechts hinab!) nehmen. Er führt uns durch einen Lärchenwald und mündet in einen Fahrweg, dem wir leicht bergan folgen. In einer scharfen Rechtskurve leitet der SdP links auf einen kleinen Weg und schon kurz danach können wir, etwas tiefer liegend, einen kleinen Waldsee erkennen. Wir folgen dem kleinen Pfad und gelangen rasch zur Malga Fravort. Ab hier wandern wir auf der Asphaltstraße leicht bergan und erreichen nach wenigen Minuten das **Rifugio Serot** 4, 1566 m.

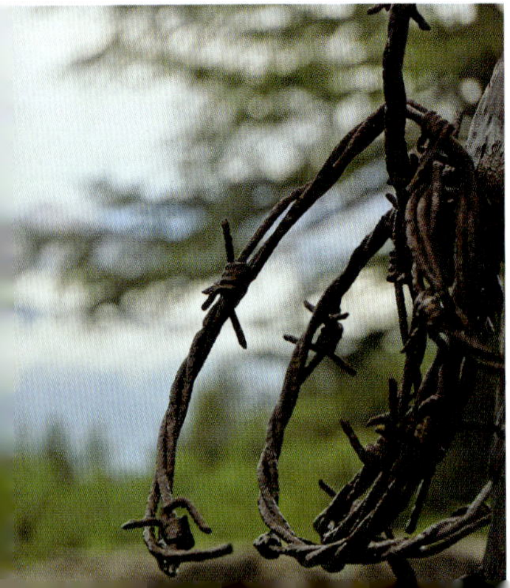

Mit etwas Glück findet man auf dem Friedensweg Stacheldraht aus dem Ersten Weltkrieg.

6.00 h	17,9 km
↗890 m	↘1130 m

Rifugio Serot – Albergo La Ruscoletta

32

Wald- und Almenwanderung mit Aussicht

Auf federnden Waldwegen hinauf zu Hochebenen und vorbei an Almen – so lässt sich diese Etappe auf dem Sentiero della Pace zusammenfassen. Im Verlauf des Tages verwandeln sich die Waldwege zunehmend in alte, aber gut zu gehende Militärsträßchen. Im langen Abstieg kann dies aber etwas zäh werden. Dennoch sind wir heute einsam in der Natur unterwegs und dürfen hin und wieder tolle Blicke hinab in die Täler erhaschen. Nach der Ortschaft Campestrini geht es wieder auf sehr schönen Waldwegen hinauf, ehe wir in einem einfachen Albergo herzlich empfangen werden.

Ausgangspunkt: Rifugio Serot, 1566 m.
Endpunkt: Albergo La Ruscoletta, 1347 m.
Anforderungen: Einfache Wanderwege ohne besondere Schwierigkeiten, SdP überwiegend markiert.
Einkehr: Unterwegs keine.
Unterkunft: Albergo La Ruscoletta (April–Dezember, 25 Betten in kleinen Zimmern, HP 55–70 €, Tel. +39 344 2797 299 und +39 346 6361 131, info@laruscoletta.it, www.laruscoletta.it).
Hund: Keine Schwierigkeiten mit Hund, Übernachtung im Albergo La Ruscoletta möglich.

Vom **Rifugio Serot** ❶, 1566 m, laufen wir ein paar Minuten auf der Asphaltstraße in Richtung Norden (SAT-Weg 323). Der SdP zweigt nach 5 Min. in einer Linkskurve rechts von der Straße in einen schmalen Pfad ab. Kurz darauf geht dieser wieder in einen kleinen Fahrweg über, den wir – noch bevor dieser das Flussbett quert – am Schild »Trenca« nach links oben verlassen. Wir queren das Flussbett neben dem Fahrweg und folgen den rot-weißen Wandermarkierungen über eine wunderschöne Almwiese hinauf. Recht schnell gelangen wir zum nur wenig Wasser führenden **Lago delle Carezze** ❷, 1763 m. Wir wandern auf der linken Seite des kleinen Natursees und

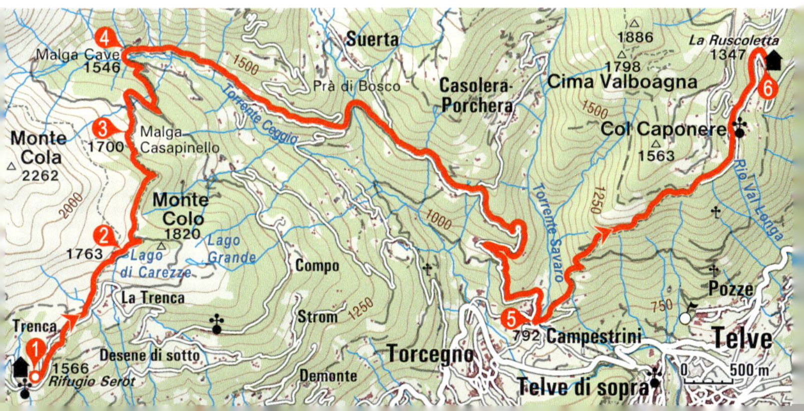

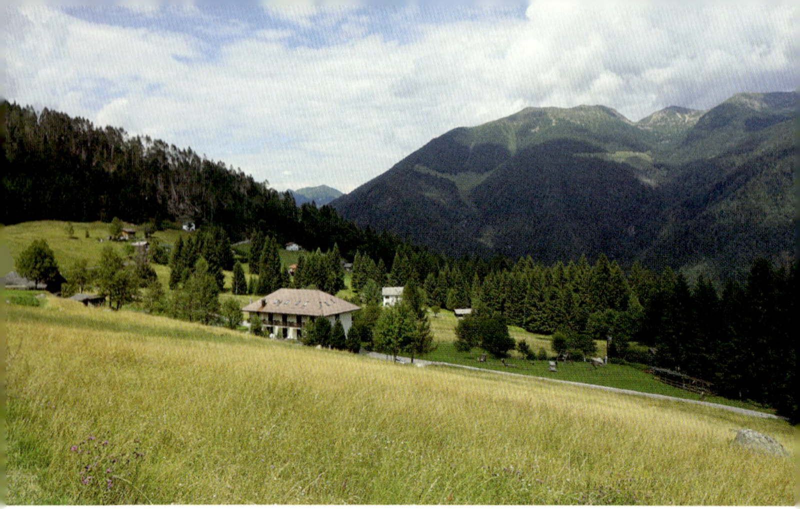

Das Albergo La Ruscoletta: tolles regionales Essen mit Gemüse aus dem eigenen Garten.

folgen dem schmalen Pfad bis zu einer Forststraße. Auf dieser biegen wir links ab und erreichen kurz darauf eine Alm mit Brunnen. Hier führt uns der schmale Waldweg rechts an der verlassenen Alm vorbei und wieder in den Wald. Auf dem schönen Pfad, der mal durch Wiesen und mal durch den Wald führt, gelangen wir zur Alm **Malga Casapinello** ❸, 1700 m, an der wir etwas unterhalb vorbeiwandern. Wir treffen schließlich auf die Forststraße und folgen dieser bergab, bis nach 5 Min. ein sehr schöner Picknickplatz mit kleinem See auftaucht.

Weiter geht es für Wanderer des SdP auf der Fahrstraße hinab, auf der wir uns nach ein paar Minuten scharf links halten und ihr bis zur **Malga Cave** ❹, 1546 m, folgen. Hier biegen wir nach rechts unten. Der Forstweg geht später in eine Asphaltstraße über. Nach ein paar Minuten verlassen wir die Straße in einer scharfen Rechtskurve und laufen geradeaus weiter

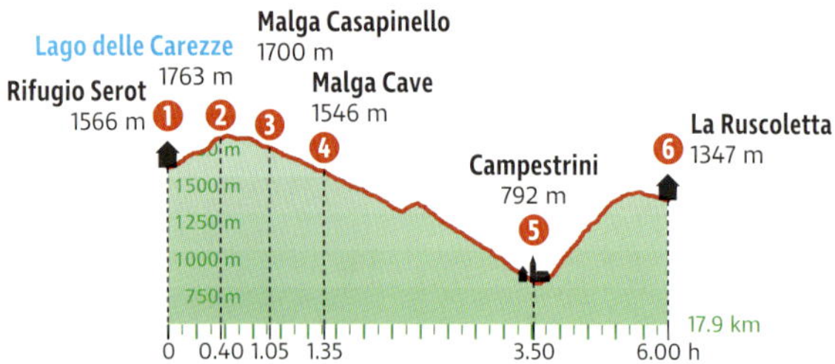

auf einem Forstweg. Nach kurzem Gegenanstieg geht es hinab und gleich wieder leicht hinauf (nicht nach rechts unten in den Wald). Wir treffen erneut auf eine Asphaltstraße und wandern bergab. Entlang blühender Almwiesen haben wir eine schöne Aussicht nach Torcegno und bis nach **Campestrini** 5, wohin wir rasch gelangen.

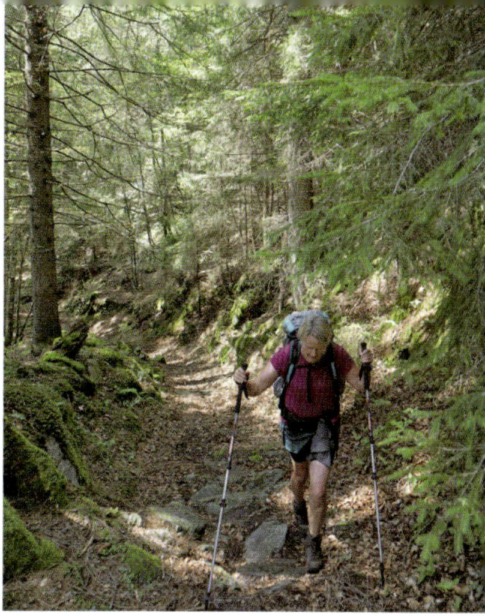

Steile Anstiege durch den Wald.

Dort folgen wir der hinabführenden Straße und den Beschilderungen zum Hotel Negritella. Hier angekommen, biegen wir nach links in Richtung Bushaltestelle ab und dort erneut nach links. Nach dem Überqueren des Flusses wendet sich der SdP nach etwa 200 m am Schild Arlè nach links oben (SAT-Weg 381). Der Weg steigt steinig-steil auf und quert im Verlauf eine Schotterstraße. Beim Schild »Donaelo« treffen wir erneut auf eine Fahrstraße und folgen dieser für etwa 2 km mit schönen Blicken ins Valsugana. Am Schild »Musiera di Sotto« wenden wir uns nach rechts unten zum **Albergo La Ruscoletta** 6, 1347 m.

i ***Fleimstaler – Österreicher mit italienischer Muttersprache***

Schon im Ersten Weltkrieg wurde im Fleimstal trotz österreich-ungarischer Zugehörigkeit italienisch gesprochen. Aber hier fühlte man sich nicht als Italiener, sondern als Österreicher. Die Fleimstaler kämpften daher in Standschützenkompanien an der Seite Österreichs. Ein Fleimstaler, der mit über 500 Mann an der Presanella-Front diente, berichtet:

»Italienisch war unsere Muttersprache, aber wir waren Tiroler Fleimstaler. Für uns gab es nur eines: Dem Ruf des Kaisers in Wien zu folgen und als Tiroler Schützen getreu unserer Tradition – und voller Überzeugung – Tirol zur Seite zu stehen. Denn Tirol war und ist unsere Heimat. Damals, im Jahre 1915, sind alle einrollierten (eingetragenen) Standschützen des italienischen Bataillons Cavalese ohne Ausnahme freiwillig zu den Waffen geeilt. Nicht ein einziger italienischer Standschütze des Bataillons hat uns bei Kriegsausbruch oder während des Krieges verlassen, weil er meinte, er sei plötzlich Italiener. Wir waren und sind Fleimstaler. Ich bin heute noch stolz darauf… Ich möchte keine Minute davon missen. Auch wenn wir im Jahre 1918 bittere und unvorstellbare Not gelitten haben.«

(Aus: Heinz von Lichem, »Gebirgskrieg 1915–1918«, Band 1)

33 Albergo La Ruscoletta – Rifugio Consèria

6.00 h | 17,1 km | ↗1080 m | ↘580 m

Ins idyllische Val Campelle

Eine einfache Wanderung überwiegend auf Forstwegen steht an diesem Tag auf dem Programm. Wir wandern beim zunächst anstehenden Abstieg überwiegend durch den Wald. Beim späteren Aufstieg im Val Campelle geht es am laut hinabprasselnden Maso di Spinelle hinauf. Uns erwartet am Ende des Tages eine sattgrüne Hochebene, auf der Esel, Kühe und Pferde grasen und die von einem schönen Bergpanorama eingerahmt wird. Nach dem Schlussanstieg können wir uns nicht nur an einer tollen Almlandschaft erfreuen, sondern auch an fantastischen Aussichten und einem wunderbar gelegenen Rifugio.

Ausgangspunkt: Albergo La Ruscoletta, 1347 m.
Endpunkt: Rifugio Consèria, 1857 m.
Anforderungen: Einfache Wanderwege ohne besondere Schwierigkeiten, SdP überwiegend markiert.
Einkehr: Rifugio SAT Lagorai (ganzjährig geöffnet) oder Rifugio Carlettini (ganzjährig, außer im Nov. geöffnet).
Unterkunft: Rifugio Consèria (Juni–Oktober, von Dezember bis März wochenends, 24 Betten in kleinen Zimmern, HP 50 €, Tel. + 39 349 550 7733, info@rifugioconseria.it, www.rifugioconseria.it); Rifugio SAT Lagorai (ganzjährig bis auf November, 35 Betten in kleinen Zimmern, B&B ab 30 €, Tel. +39 0461 158 0558 und +39 347 89 35 693, infosatlagorai@gmail.com, www.satlagorai.it); Rifugio Carlettini (ganzjährig bis auf November geöffnet, 30 Betten in 14 Zimmern, Tel. +39 345 9724 899, info@rifugiocarlettini.it, www.rifugiocarlettini.it).
Hund: Keine Schwierigkeiten mit Hund, Übernachtung in allen genannten Unterkünften auf Anfrage möglich. Auf frei laufende Kühe auf den Almwiesen achten.

Idyllische Picknickplätze finden sich nach der Ponte Salton.

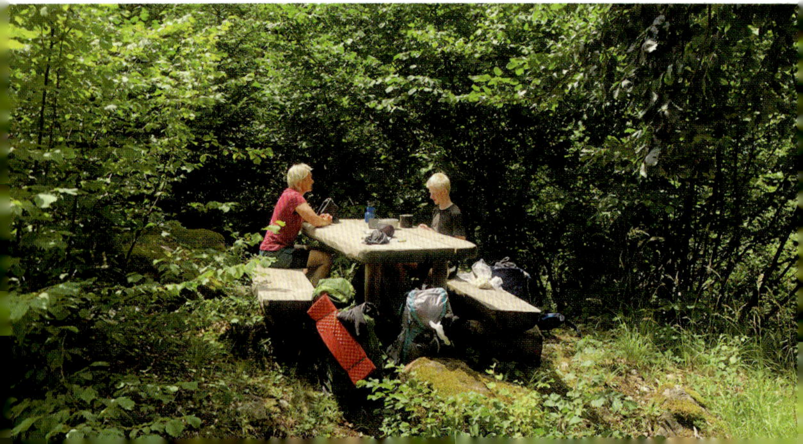

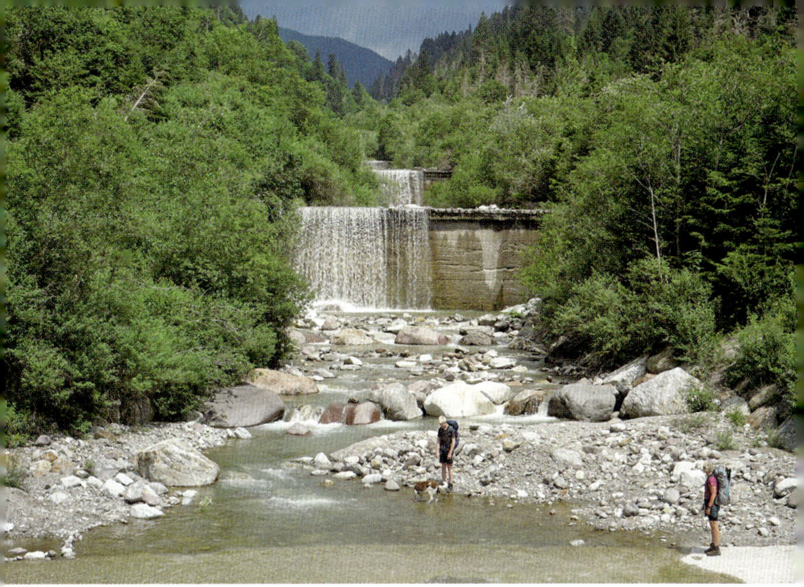

Der Maso di Spinelle begleitet uns für zwei Stunden.

Wir verlassen das **Albergo La Ruscoletta** ❶, 1347 m, und wenden uns auf der Asphaltstraße nach links bergan. Dieser Straße folgen wir für etwa 10 Min. vorbei an kleinen, hübschen Hütten und Häusern. Dann biegen wir in einer scharfen Linkskurve an der Volta del Corno von der Asphaltstraße nach rechts oben ab. An der kurz darauffolgenden Weggabelung halten wir uns rechts. Dem Forstweg folgen wir für etwa 1.30 Std., zunächst Höhe haltend, später steiler hinab. An einem kleinen Picknickplatz biegt die Forststraße rechts hinab und führt uns kurz darauf zur **Ponte Salton** ❷, 1062 m. Hier erreichen wir die Hauptstraße, auf der wir links über die Brücke gehen und gleich danach wieder rechts in einen kleinen Fahrweg abbiegen. Auch an der nächsten Weggabelung halten wir uns rechts. Nach etwa 5 Min. zweigt der SdP recht unscheinbar erneut rechts in einen zuweilen zugewachsenen Wiesenweg (Weg L18) ab. Auf diesem schönen Teilabschnitt geht es hinab durch den Wald und es bieten sich Möglichkeiten zur Rast. Wir erreichen auf dem schmalen, etwas steinigen Weg das Ufer des Maso di Spinelle. Den Fluss queren wir zunächst nicht, sondern laufen am linken Ufer entlang bis zu einer Stahlbrücke, auf der wir schließlich die Seite wechseln. Nun geht es auf dem Schottersträßchen, das später in einen Asphaltweg übergeht, am rechten Flussufer für 2 Std. durch das Val Campelle bergan. Wir erreichen so die Häuseransiedlung Cenon mit einigen Almwiesen vor einem tollen Bergpanorama. Weiter geradeaus – links hinab geht

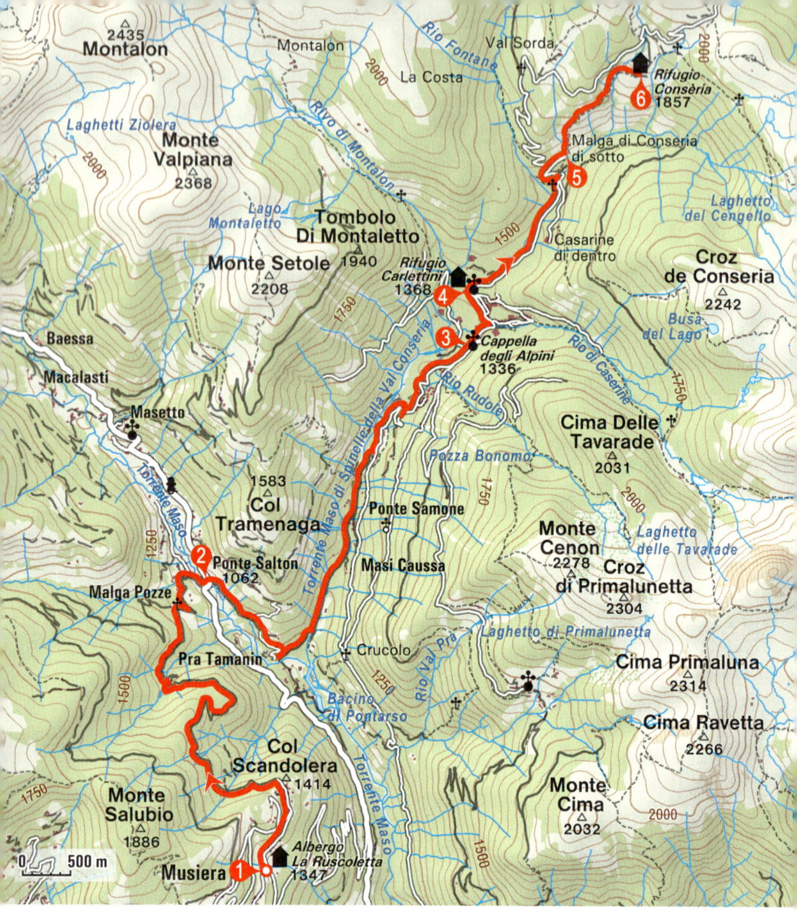
Montalon
2435
Montalon
Val Sorda
Rio Fontana
La Costa
2000
Rifugio Consèria
1857
Laghetti Ziolera
Monte Valpiana
2368
Rivo di Montalon
Malga di Conseria di sotto
Lago Montaletto
Tombolo Di Montaletto
1940
Laghetto del Cengello
Casarine di dentro
Monte Setole
2208
Rifugio Carlettini
1368
Croz de Conseria
2242
Busa del Lago
Baessa
Cappella degli Alpini
1336
Rio di Caserine
Macalasti
Masetto
Rio Rudole
Torrente Maso di Spinelle della Val Conseria
Cima Delle Tavarade
2031
Pozza Bonomo
Torrente Maso
1583
Col Tramenaga
Ponte Samone
Monte Cenon
2278
Laghetto delle Tavarade
Ponte Salton
1062
Masi Caussa
Croz di Primalunetta
2304
Malga Pozze
Laghetto di Primalunetta
Crucolo
Pra Tamanin
Rio Val Pra
Cima Primaluna
2314
Bacino di Pontarso
Cima Ravetta
2266
Col Scandolera
1414
Monte Salubio
1886
Monte Cima
2032
Albergo La Ruscoletta
1347
0 500 m
Musiera

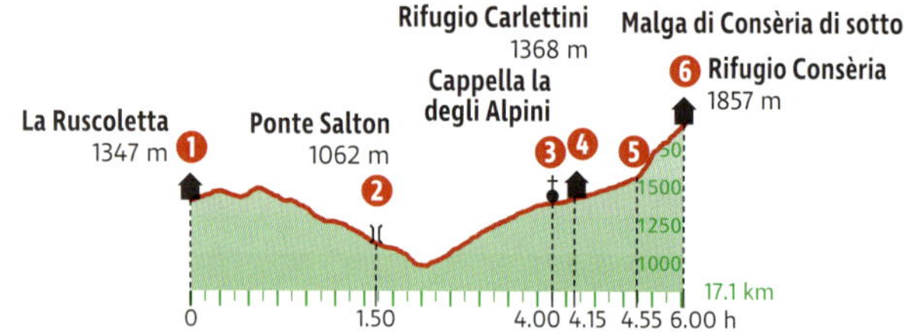
Rifugio Carlettini
1368 m
Malga di Consèria di sotto
6 Rifugio Consèria
1857 m
Cappella la degli Alpini
La Ruscoletta
1347 m
Ponte Salton
1062 m
1500
1250
1000
17.1 km
0
1.50
4.00
4.15
4.55
6.00 h

Kämpfe am Lagorai

Das Lagorai-Gebirge zieht sich vom Passo Rolle im Norden 70 Kilometer lang bis ans Valsugana-Tal im Süden, also einmal längs durch die Fleimstaler Alpen. Hier saßen zu Beginn des Krieges die Tiroler Standschützen. Die Italiener legten zunächst wenig Wert auf diese Gebirgsgruppe, was sich nach der Südtirol-Offensive (siehe Seite 162) kurzzeitig änderte. So versuchten sie insgesamt durch sechs Offensiven, die Gipfel des Lagorai-Bergkamms zu erstürmen. Mit diesen Fleimstal-Offensiven am östlichen Lagorai-Kamm wollte man vorwiegend österreichisch-ungarische Kräfte binden, um die Hauptfront am Isonzo zu entlasten. Unter großen Verlusten – die Italiener verloren am Lagorai mehr als 10.000 Mann – gelang es aber nur, einzelne Gipfel zu besetzen. Später verfestigte sich die Front ohne weitere größere Angriffe von beiden Seiten.

es zum Rifugio SAT Lagorai – passieren wir eine kleine Kirche, die **Cappella degli Alpini** 3, 1336 m.

Von der kleinen Kirche geht es zunächst weiter auf der Asphaltstraße bis zum **Rifugio Carlettini** 4, 1368 m, und später weiter bergan auf der Straße. Alternativ können wir ab dem Rifugio auch dem kleinen schmalen Pfad direkt am Flussufer für ein paar Hundert Meter folgen, der uns dann zurück auf die Straße führt. Hier queren wir nach etwa 20 Min. an einem Parkplatz den Fluss und wandern nun die Serpentinen weiter hinauf. In der zweiten Kehre an der **Malga di Consèria di sotto** 5 biegt der SdP nach rechts in den Forstweg und kurz darauf steil nach links oben in den SAT-Weg 326 ab. Er führt uns direkt zum schönen **Rifugio Consèria** 6, 1857 m.

Blick vom Rifugio Consèria auf die tiefer gelegene Malga Consèria.

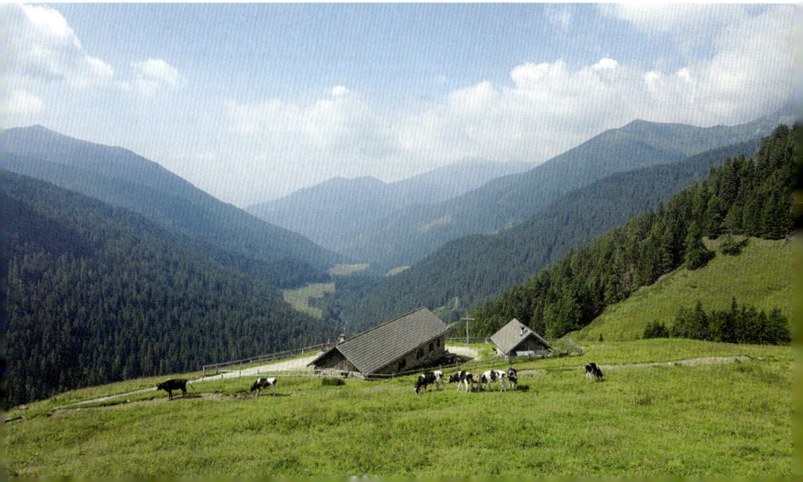

34 Rifugio Consèria – Caoria

6.00 h | 21,5 km
↗560 m | ↘1580 m

Einsam am Fuße des Lagorai durch Wiesen und Wälder

Mit dem Passo Cinque Croci liegt der höchste und aussichtsreichste Punkt gleich am Anfang dieser Wanderung. Pferde und Kühe kreuzen unseren Weg, auf dem wir die sich im Nordwesten befindende Lagorai-Kette immer wieder bewundern können. Ab der Malga Val Cion dürfen wir auf der sehr einsamen und wenig begangenen Strecke Natur pur genießen. Wir wandern durch Almwiesen, vorbei an ungenutzten und als Biwaks umfunktionierten Almen und durch lichten Wald. Ziel für heute ist das beschauliche, sehr hübsche Örtchen Caoria.

Ausgangspunkt: Rifugio Consèria, 1857 m.
Endpunkt: Caoria, Museo della Grande Guerra, 847 m.
Anforderungen: Zu Beginn gut erkennbare, wenn auch steile Wanderwege. Ab der Malga Val Cion für ein kurzes Stück teilweise wegloser Abstieg, auch ab dem Passo Copolà und der Malga Copolà di sopra Orientierungssinn auf schmalen Pfaden erforderlich. GPS empfehlenswert.
Einkehr: Rifugio Refavaie (Juni–Oktober, täglich).
Unterkunft: Rifugio Refavaie (Juni–Oktober, 15 Betten in 5 Zimmern, zusätzlich Lager, HP 50 €, Tel. +39 439 7100 09 und +39 349 4961 441, info@rifugiorefavaie.com, www.rifugiorefavaie.com); In Caoria: Albergo Al Pin (ganzjährig, 33 Betten in 14 Zimmern, HP ab 58 €, Tel. +39 0439 710 265, info@albergo-alpin.it, www.albergo-alpin.it).
Hund: Keine Schwierigkeiten mit Hund. Übernachtung sowohl im Rifugio Refavaie als auch im Albergo Al Pin möglich. Anfangs auf frei laufende Kühe auf den Almwiesen achten.
Variante: Kürzer: ab der Malga Copolà di sopra ❹ in Richtung Osten über die alte Almwiese bergab. Dann geht es links hinab bis zum Fluss, den wir im Anschluss über eine schmale Holzbrücke queren. Auf mittelbreitem, anfangs etwas zugewachsenem Weg weiter hinab bis zur Forststraße, hier links und vorbei am Biwak Malga Copolà di sotto bis zur Brücke Ponte Refavaie, dann links bis zum Rifugio Refavaie ❻.

Wir starten diese Tagesetappe am **Rifugio Consèria** ❶, 1857 m, und wenden uns auf dem Fahrweg für etwa 200 m bergan. Rechts zweigt dort etwas unauffällig der SdP steil bergauf ab. Auf dem Pfad gelangen wir über Almwiesen, vorbei an einem kleinen Friedhof, bis zum **Passo Cinque Croci** ❷, 2018 m. Am Pass gehen wir kurz nach links und folgen dann dem sehr aussichtsreichen Fahrweg rechts. Nach etwa 25 Min. erreichen wir das erste Biwak, die **Malga Val Cion** ❸, 1972 m. Hier laufen wir (Sat-Weg 301) rechts am Stallgebäude vorbei, zunächst geradeaus, später leicht rechts haltend und dann links kurz weglos durch den lichten Lärchenwald hinab bis zum Fluss. Nachdem wir den Fluss gequert haben, wenden wir uns nach rechts und erkennen rasch den weiteren Weg, der kurz links am Fluss vorbei und später über Almwiesen leicht bergan führt. Wir steigen auf dem schmalen,

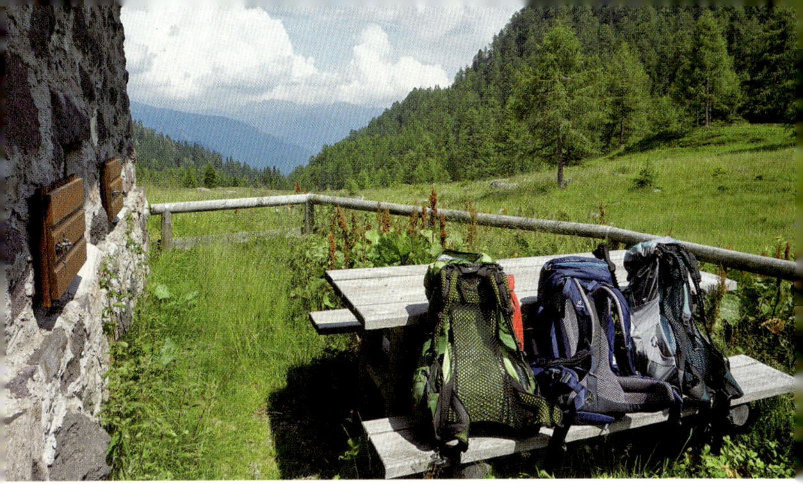

Am Biwak Malga Copolà di sopra, einer ehemaligen Alm.

Der Winter 1916/1917 im Fleimstal

Allein der Winter 1916/1917 kostete im Fleimstal auf österreichischer und italienischer Seite 3000 Mann nur durch Lawinen das Leben. Insgesamt müssen es viele Tausend gewesen sein. Besonders betroffen war der Abschnitt zwischen dem Monte Cauriol (diese Etappe) und dem Colbricon (Etappe 36). Ein Augenzeuge berichtet:

»Und so kam schließlich Weihnachten heran. Um diese Zeit begann das große Schneetreiben, von dem alle Frontteilnehmer dieses Abschnitts nur mit Schaudern erzählen. Unsere Baracke war mit Drahtseilen am Felsen befestigt... . Die Posten waren halbstündig abzulösen, und wer nur halbwegs konnte, mußte Posten stehen, um die Barackentür freizuhalten. Ich selbst wurde dabei von einem Patrouillenführer abgelöst, dem ich auf das allerschärfste auftrug, nur ja auf diese Türe zu achten. Inzwischen machte sich der Gute mit seiner gefrorenen Nase zu schaffen. Plötzlich schrie er 'Herr Zugführer, ich bring die Tür nimmer auf'. Das hieß also mit dürren Worten, daß wir eingeschneit waren, und in der Tat waren wir zehn Tage lang eingeschneit. Dazu gab es fast keine Reserveportionen, und die letzten drei Tage überhaupt nichts mehr zu essen. Auch ein Heizen gab es nicht – mit einem Wort, es war eine verzweifelte Situation.... Wir hatten uns selbst schon aufgegeben, als wir endlich am zehnten Tage freigeschaufelt wurden.... Langsam, nur ganz langsam mußten wir wieder aufgefüttert werden, und erst nach einigen Tagen war es möglich, normal zu essen.«

(Aus: Heinz von Lichem, »Gebirgskrieg 1915–1918«, Band 1)

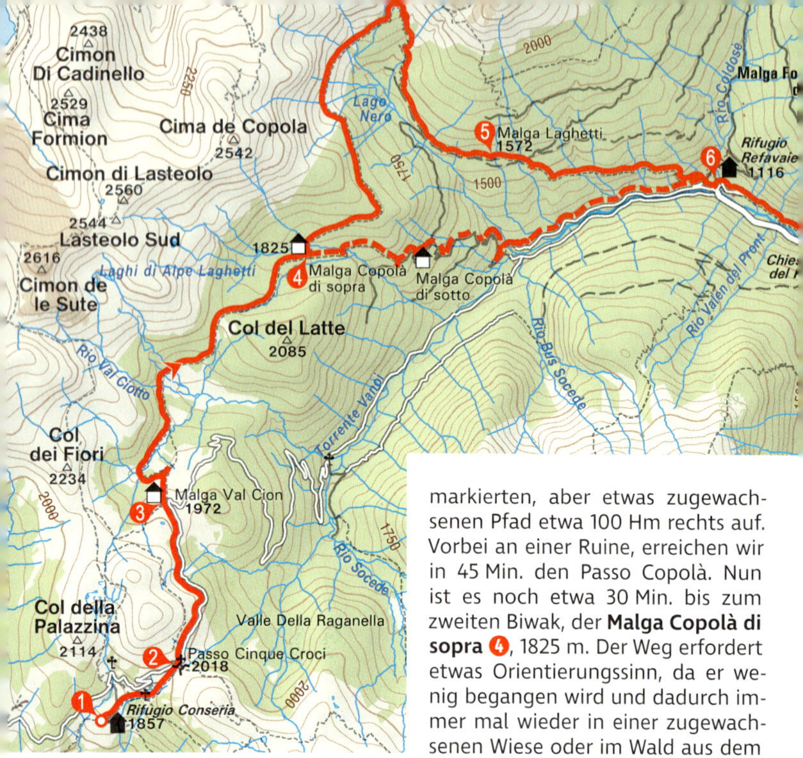

markierten, aber etwas zugewachsenen Pfad etwa 100 Hm rechts auf. Vorbei an einer Ruine, erreichen wir in 45 Min. den Passo Copolà. Nun ist es noch etwa 30 Min. bis zum zweiten Biwak, der **Malga Copolà di sopra** ❹, 1825 m. Der Weg erfordert etwas Orientierungssinn, da er wenig begangen wird und dadurch immer mal wieder in einer zugewachsenen Wiese oder im Wald aus dem Blickfeld verschwinden kann.

Ab der Malga Copolà di sopra führt der SdP auf dem SAT-Weg 301 nach links. Im leichten Auf und Ab geht es auf schmalem Pfad über Almflächen, durch den Wald und später zunehmend lichter in etwa 1.30 Std. zum SAT-

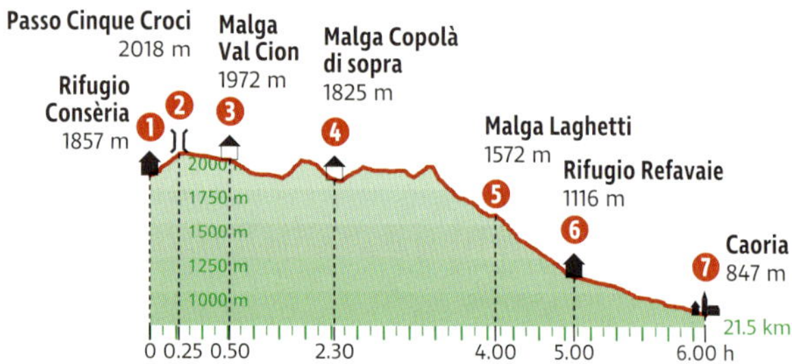

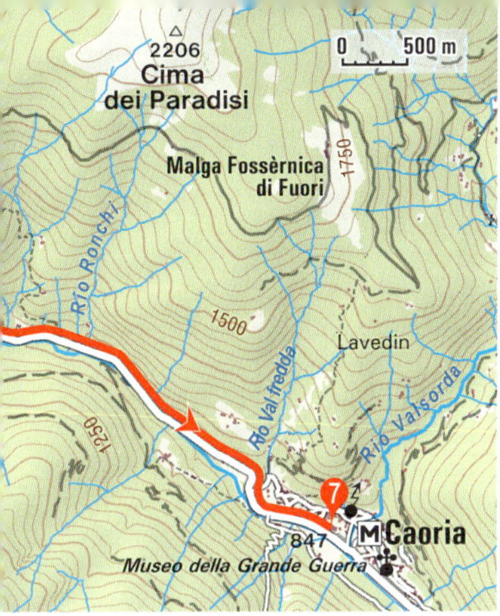

Weg 320. Wer einen Abstecher zum meist umkämpften Berg dieser Region, dem Monte Cauriol (2494 m) – die Italiener eroberten ihn erst im 4. Versuch – machen will, wendet sich nach links und am Passo Sadole nach rechts.

Der SdP führt uns jedoch nach rechts in Richtung **Malga Laghetti** 5, 1572 m. Dort gehen wir nach links und erreichen nach etwa 1 Std. das **Rifugio Refavaie** 6, 1116 m. An diesem laufen wir rechts vorbei, verlassen nach wenigen Metern die Asphaltstraße und nehmen geradeaus einen kleinen Kopfsteinpflasterweg. Kurz danach überqueren wir eine Holzbrücke und wenden uns im Anschluss nach rechts. Zwangsläufig gelangen wir wieder auf die Asphaltstraße, der wir noch für 45 Min. bergab bis nach **Caoria** folgen. Im Ort bleiben wir auf der Hauptstraße, bis linker Hand das **Museo della Grande Guerra** 7, 847 m, auftaucht, der Endpunkt dieser Etappe.

Zurück in der Zivilisation, im hübschen Caoria.

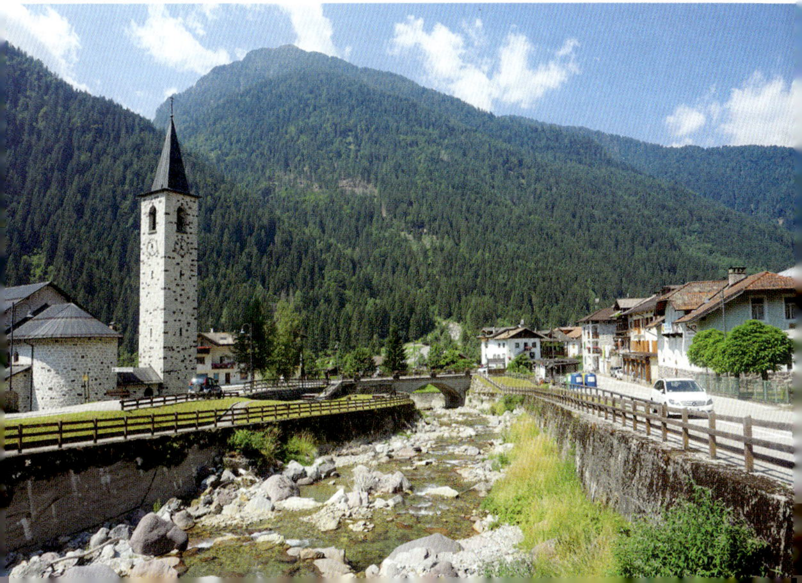

35 Caoria – San Martino di Castrozza

5.30 h | 16,8 km
↗1170 m | ↘590 m

Auf schönen Wegen hinauf zur Tognola-Hochfläche mit Dolomiten-Blick

Ein langer, aber lohnenswerter Aufstieg hinauf zur Malga Tognola di Siror wird an diesem Tag mit einem traumhaften Blick in die Dolomiten belohnt. Nachdem wir das hübsche Städtchen Caoria verlassen haben, wandern wir entlang des mächtigen Rio Valsorda, der ein ums andere Mal rauschend einige Meter abfällt. Der Fluss lädt an heißen Tagen auch zum Baden ein. Später geht es durch den Wald bis auf eine schöne, mit kleinen Bächen durchzogene Hochebene, auf der Almtiere grasen. Der doch recht lange Aufstieg wird mit toller Aussicht belohnt: Am Ende rückt mit jedem Höhenmeter immer mehr von der mächtigen Pala-Gruppe ins Blickfeld. Auf der Malga angekommen, zeigen sich diese Dolomitenberge nicht nur in voller Pracht, sondern auch das Etappenziel San Martino di Castrozza liegt zu unseren Füßen.

Ausgangspunkt: Caoria, Museo della Grande Guerra, 847 m.
Endpunkt: San Martino di Castrozza, Talstation der Seilbahn Tognola.
Anforderungen: Der kleine Weg R06 ab Caoria ist aufgrund einiger Felsstürze etwas schwierig zu begehen. Er führt schmal am Hang entlang, kann aber durch eine Straße auch umgangen werden. Der Aufstieg zur Malga Tognola ist steil. Die Wege sind überwiegend mit SdP-Zeichen markiert.
Einkehr: Bar a la Siega an der Ponte Stel (Ende Juni–Anfang September 11–17 Uhr, Tel. +39 0439 719 106); Malga Tognola di Siror.
Unterkunft: Zahlreiche, wenn auch nicht gerade günstige Übernachtungsmöglichkeiten in San Martino di Castrozza. Keine Übernachtung in der Malga Tognola di Siror!
Hund: Keine Schwierigkeiten mit Hund. Übernachtung in San Martino di Castrozza mit Hund z. B. im Albergo Centrale.
Variante: Ab der Malga Tognola di Siror ❹ besteht die Möglichkeit, sich den Abstieg nach San Martino di Castrozza ❺ zu ersparen. Dazu nach der Malga rechts ca. 200 Hm weiter hinaufsteigen und dann vom Rifugio Tognola die Gondelbahn nehmen (Mitte Juni–Mitte September, 8.30–16.45 Uhr, einfache Fahrt 11 € / Hin- und Rückfahrt Erwachsene 18 €, www.tognola.it).

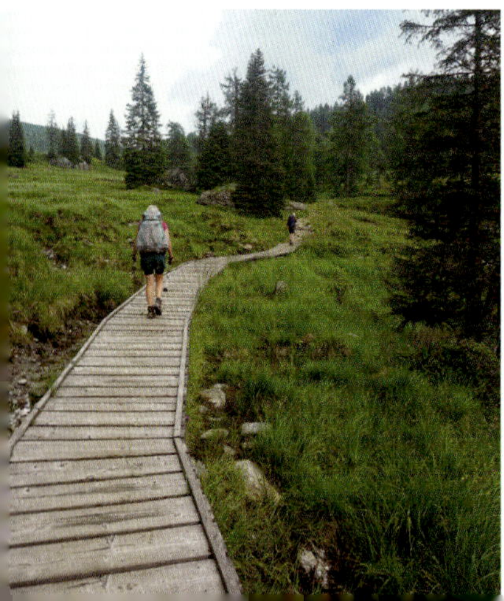

Hübsche Holzstege sorgen für trockene Füße.

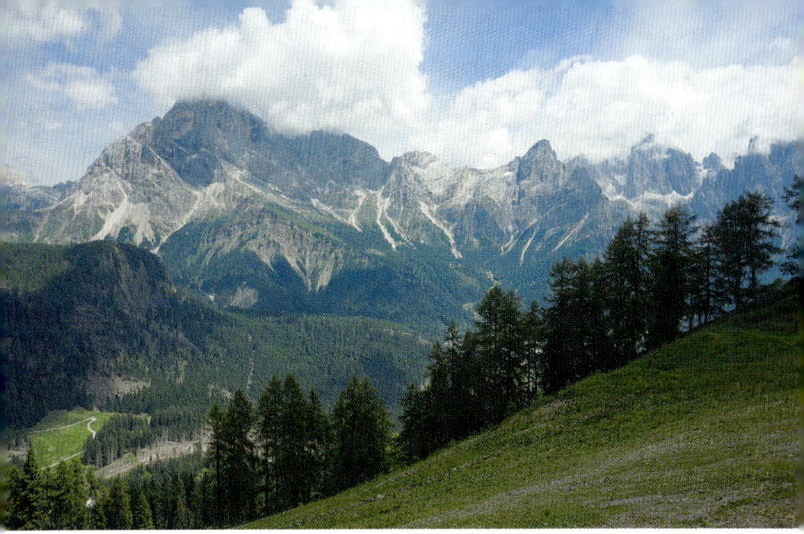

Belohnung nach einem anstrengenden Marsch: Dolomiten-Blick auf die Pala-Gruppe.

Vom Museo della Grande Guerra in **Caoria** ①, 847 m, wenden wir uns nach Süden und nehmen für einige Meter die Hauptstraße. An der ersten Möglichkeit biegen wir nach links ab und orientieren uns an dem kleinen Flüsschen rechts von uns, bis wir an eine überdachte Holzbrücke kommen. Auf dieser überqueren wir den Fluss. Im Anschluss biegen wir nach links und folgen dem steilen Wiesenweg bergauf. Für etwa 20 Min. wandern wir nun auf einem kleinen schmalen Hangweg bergan. Der Weg ist durch Felsstürze etwas beschädigt und zugewachsen, lässt sich aber recht gut passieren. An der Schotterstraße biegen wir nach links in den SAT-Weg 352 ab. Wir befinden uns nun inmitten des Nationalparks Paneveggio. Nach etwa 30 Min. wechseln wir an der **Ponte Stel** ② auf die andere Seite des beeindrucken-

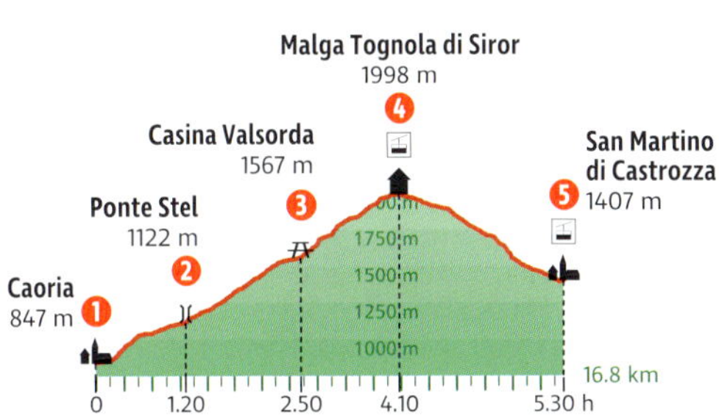

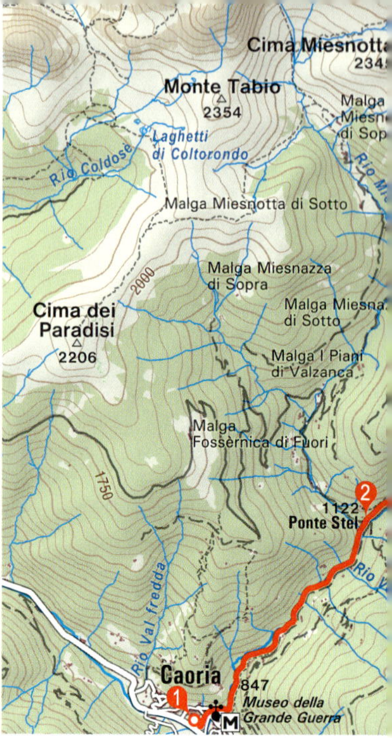

den Rio Valsorda und wenden uns nach rechts. Hin und wieder bietet sich die Möglichkeit, für eine Pause zum Wasser hinabzusteigen.
Weiter geht es auf dem Fahrweg, der im Verlauf mehrfach die Flussseite wechselt. An der **Casina Valsorda** ❸ biegen wir von dem Fahrweg über eine kleine Holzbrücke nach links zu einer kleinen Hütte mit Picknickplatz ab. Unser Weg führt zwischen beiden hindurch und weiter bergan. Der schmale, zuweilen steile Weg bringt uns in den Wald und später in eine wunderschöne Almlandschaft. Sobald der Wald etwas lichter wird, queren wir rechts einen Fluss. Satte, mit Wollgras gespickte Grünflächen sind hier von kleinen Bächen durchzogen. Auf Holzstegen wandern wir aussichtsreich weiter bergan in Richtung Passo Tognola bzw. **Malga Tognola di Siror** ❹, 1998 m. Nun offenbart sich ein toller Blick auf die Pala-Gruppe und auf San Martino di Castrozza.
Die letzten 500 Hm geht es auf dem Fahrweg in Serpentinen für etwa 1 Std. hinab. Nach der dritten großen Kehre wenden wir uns dann nach rechts und treffen auf den SAT-Weg 350. Diesem folgen wir für wenige Meter nach links und halten uns erneut rechts. Rasch gelangen wir zu einer Hauptstraße, in die wir links einbiegen und die uns zur Talstation der Seilbahn Tognola in **San Martino di Castrozza** ❺ bringt. Folgen wir der kurvigen Hauptstraße weiter leicht bergan, erreichen wir das Stadtzentrum des lebendigen Städtchens in wenigen Minuten.

***i* San Martino di Castrozza in Flammen**

Der Verteidigungsplan der Österreicher sah bei Ausbruch des Ersten Weltkrieges vor, sich vom Primiero-Tal auf die umliegenden Berggipfel zurückzuziehen. Damit wurde San Martino di Castrozza ❺ aufgegeben. Beim Rückzug brannten die Österreicher 1915 den Ort nieder, nur der romanische Kirchturm und die kleine mittelalterliche Brücke blieben vom Feuer verschont.

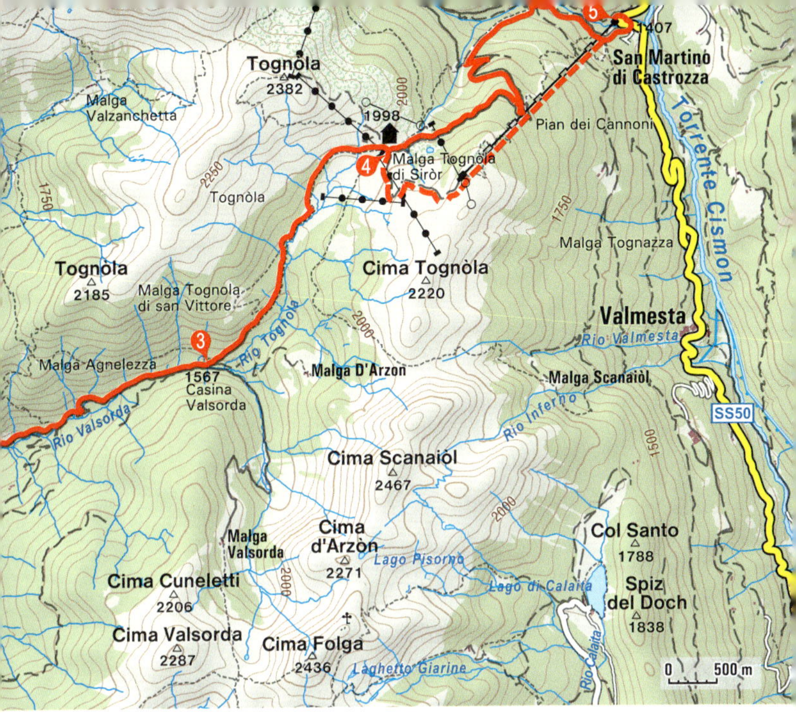

Am Rio Valsorda bieten sich herrliche Pausen am Wasser an.

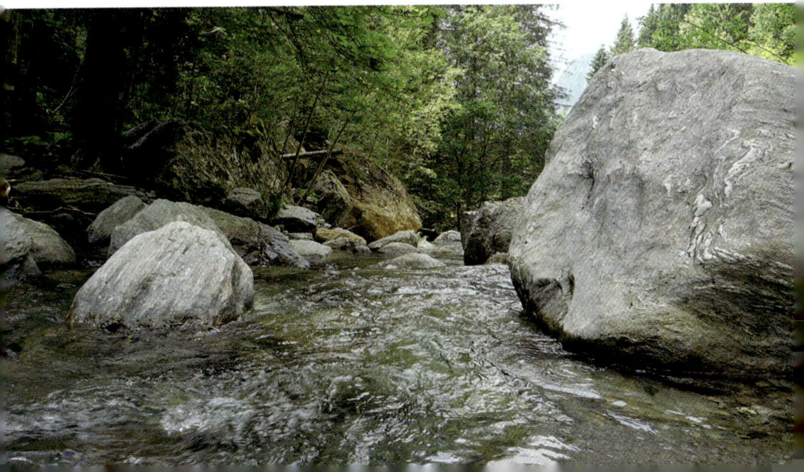

36 San Martino di Castrozza – Passo Rolle

4.30 h | 15,0 km | ↗850 m | ↘300 m

Tolle Abschlusstour in den Fleimstaler Alpen

Heute geht es auf wunderbaren, aussichtsreichen Wanderwegen in die Dolomiten. Diese letzte Etappe in den Fleimstaler Alpen bietet aber nicht nur einen herrlichen Dolomitenblick, sondern führt uns am Ende zum schönen, wenn auch oft gut besuchten Lago di Colbricon. Zuvor wandern wir mäßig bergan auf schönen Höhenwegen oberhalb von San Martino di Castrozza, mal durch den Wald, mal über freie Flächen. Der Aufstieg hinauf zum Passo del Colbricon durch das Val Bonetta ist etwas herausfordernd, aber gut zu meistern und wird am Ende mit einem tollen Blick über den Lago di Colbricon belohnt. Der kurze Weg vom traumhaften Berg-See-Panorama hinauf zur Malga Rolle ist oft stark frequentiert, aber sehr schön.

Ausgangspunkt: San Martino di Castrozza, Talstation der Seilbahn Tognola.
Endpunkt: Passo Rolle, Parkplatz am Albergo Venezia, 1955 m.
Anforderungen: Nur wenige SdP-Beschilderungen, Weg dennoch gut zu finden. Für SdP-Verhältnisse einfache Wanderwege.
Einkehr: Malga Valcigolera (ab Ende Juni täglich 8.30–16 Uhr, Tel. +39 0439 026 176); Rifugio Laghi di Colbricon (20. Juni–20. September täglich, Tel. +39 348 795 2430); Malga Rolle (Juni–September täglich 8–18 Uhr, Tel. +39 0439 768 659).
Unterkunft: Am Passo Rolle: Hotel Venezia (Ende Juni–Mitte September, 50 Betten, HP ab 65 €, Tel. +39 0439 62445 und +39 349 065 2054, info@albergovenezia.it, www.albergovenezia.it); Rifugio Capanna Cervino (empfehlenswert, Mitte Juni–Ende September, 18 Betten in Zimmern (wird ab Sept. 2022 renoviert, daher in 2022 ab 1.9. geschlossen, dann 24 Betten in 2- bis 4-Bett-Zimmern), HP ab 55 €, Tel. +39 3400 747 643, info@capannacervino.it, www.capannacervino.it).
Hund: Keine Schwierigkeiten mit Hund. Übernachtung im Hotel Venezia und Capanna Cervino möglich.
Variante: Den ersten, etwa 500 Hm langen Aufstieg kann die Gondelbahn hinauf zum Rifugio Tognola übernehmen. Dann für etwa 200 Hm abwärts zur Malga Tognola di Siror und weiter auf der Fahrstraße, bis links der SdP abzweigt.

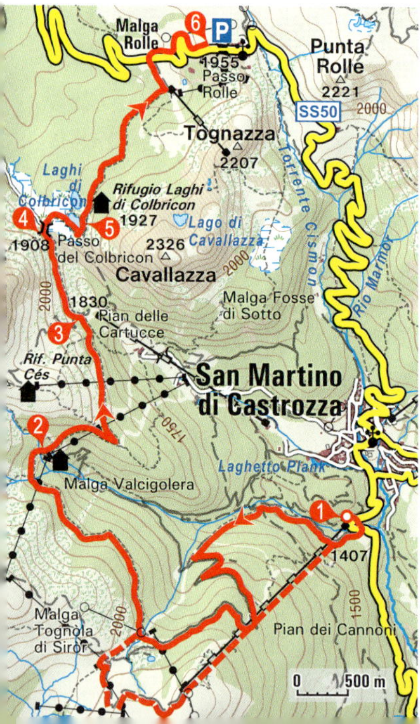

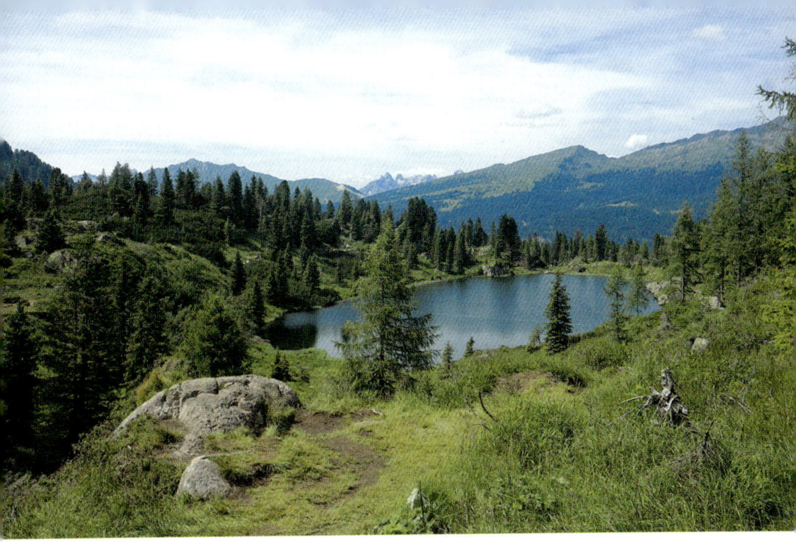

Ein echtes Naturjuwel ist der kleinere der beiden Laghi di Colbricon.

Diese Etappe beginnt an der Talstation der Seilbahn Tognola in **San Martino di Castrozza** ❶, um zunächst wieder auf den SdP zu gelangen. Zu Fuß geht es etwa 500 Hm auf dem Abstiegsweg des Vortags hinauf. Dazu gehen wir an der Liftstation die Hauptstraße ein paar Meter hinab, wenden uns dann nach rechts, bis wir auf den SAT-Weg 350 treffen. Hier für ein paar Meter nach links und dann rechts auf die Forststraße. Ihr folgen wir durch drei Kehren und zweigen – noch bevor wir die Sesselliftanlage passieren – nach rechts unten ab. Hier halten wir uns an die Beschilderungen Richtung Malga Valcigolera auf dem Weg Nummer 9. Nach Querung eines kleinen Flüsschens am Fuße des Liftes wenden wir uns kurz nach rechts und wählen kurz darauf den linken, schmalen Pfad, der uns mäßig steil bergan führt. Durch lichten Lärchenwald geht es mit traumhaften Blicken zur Pala-Gruppe auf einem schönen Höhenweg zur **Malga Valcigolera** ❷, 1952 m.

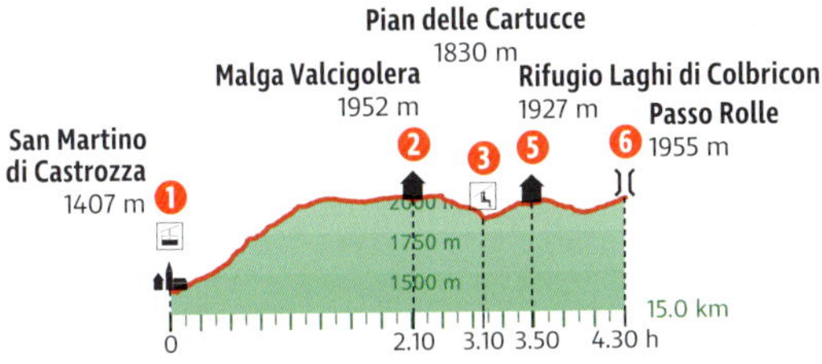

Wir halten uns – sofern keine Einkehr geplant ist – kurz vor der Malga jedoch links bergan und umwandern sie etwas oberhalb. Kurz darauf queren wir eine Schotterstraße und folgen im leichten Auf und Ab dem schmalen Waldweg mit Aussicht auf die Dolomiten und San Martino di Castrozza. Er führt uns nach etwa 20 Min. erneut auf eine kleine Freifläche, auf der wir uns für einige Meter nach rechts wenden und im Anschluss scharf links in einen kleinen Pfad abbiegen. Auf diesem geht es zuweilen etwas steil ca. 100 Hm hinab zum **Pian delle Cartucce** 3, 1830 m, wo sich ebenfalls eine Sesselliftstation befindet. Weiter wandern wir auf der anderen Seite des Fahrwegs nun wieder für etwa 100 Hm hinauf. Der Weg erfordert etwas Trittsicherheit, da er für ein kurzes Stück über Blockwerk bis zum **Passo del Colbricon** 4, 1908 m, führt. Hier entdecken wir auch wieder eines der Gedenkkreuze für Tiroler Standschützen (siehe Seite 11), die uns schon mehrfach auf dem SdP begegnet sind.
Am Pass wenden wir uns nach rechts und bewältigen rasch die letzten Höhenmeter, bevor malerisch der Lago di Colbricon vor uns auftaucht. Diesen umwandern wir rechter Hand bis zum gegenüberliegenden **Rifugio Laghi di Colbricon** 5, 1927 m. Hinter dem Rifugio führt der SdP, sich leicht rechts haltend, auf einem breiten Waldweg (SAT-Weg 346) bis zu einem Fahrsträßchen, an dem zwei weitere Liftanlagen stehen. Wir wenden uns auf dem Weg nach links, bis wir an der Malga Rolle die Passstraße erreichen.
Wir folgen der Straße für etwa 10 Min. bergan, bis wir den Parkplatz am **Passo Rolle** 6, 1955 m, erreichen.

Das Rifugio Laghi di Colbricon: keine Übernachtungen, aber eine gute Einkehrmöglichkeit.

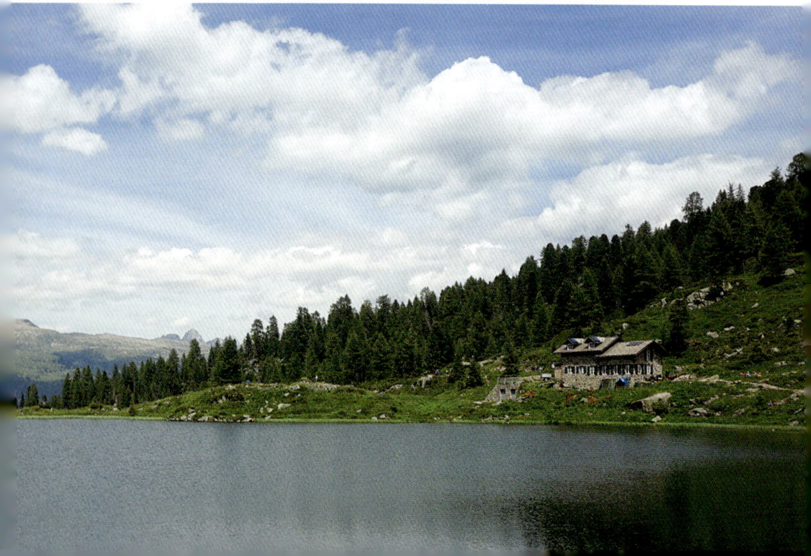

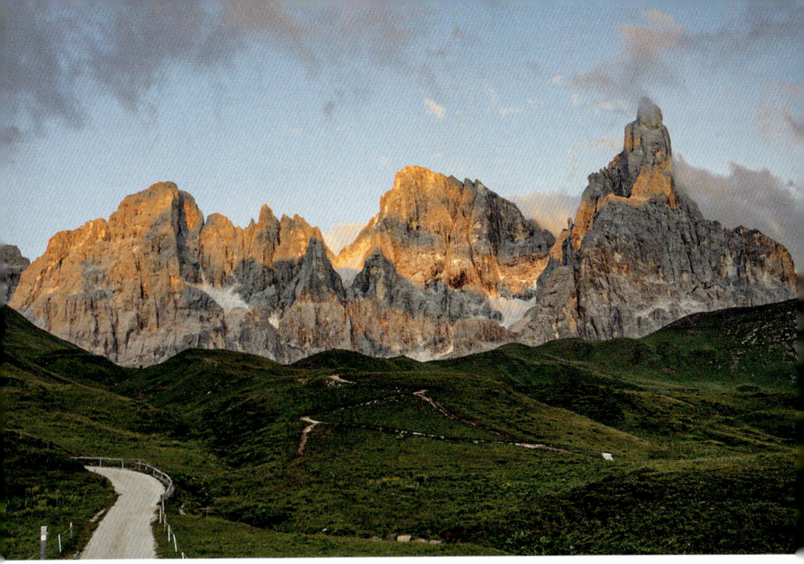

Sonnenuntergang am Passo Rolle.

Die Kämpfe am Colbricon

Erst 1916 unternahmen die Italiener Versuche, zwischen Lagorai-Kette und dem Colbricon die Gipfel zu erobern. Bis zu diesem Zeitpunkt gehörten die Fleimstaler Berge den Tirolern, die hier einsam zu Fuß oder auf Skiern ihre Patrouillen zogen. Auch wenn die Italiener von der Truppenstärke den Österreichern haushoch überlegen waren, gelang es ihnen nicht, sie von den Gipfeln zu verdrängen. Ziel der italienischen Bemühungen ab 1917 an der Fleimstal-Front war ein Durchbruch am Colbricon- 4 oder Rollepass 6. Die Versuche brachten jedoch nur mäßige Erfolge: Zwar eroberten die Italiener den Gipfel des Colbricon, konnten die Österreicher aber nur bis wenige Meter unterhalb der Gipfelstellungen zurückdrängen. Nichts bewegte sich mehr. Also begann, wie an so vielen Bergen, ein furchtbarer Minenkrieg. Beide Kriegsparteien trieben Stollen in Richtung des Gegners und versuchten, den feindlichen Stollenbau aufzuhalten – immer in der Gewissheit, dass die Sprengung der eigenen Stellung irgendwann erfolgen würde. Am Colbricon waren die Italiener schneller. Sie zündeten im September 1917 ihre Sprengkammer, wodurch zahlreiche Österreicher ums Leben kamen. Die Überlebenden verteidigten ihre Stellung jedoch unerbittlich, sodass sich an der Gesamtsituation wenig änderte. Im Oktober des gleichen Jahres zogen sich die Alpini aufgrund anderer Kriegsereignisse aus den Fleimstaler Bergen zurück.

Dolomiten

Die südlichen Kalkalpen oder auch »Monti Pallidi« – die bleichen Berge – genannt, gehören wohl zu den spektakulärsten Felsformationen der Alpen. Ihre schroffen, gezackten Gipfel aus Dolomitgestein sind nicht nur besonders charakteristisch, sondern zugleich aus geologischer Sicht interessant. Die Berge bestehen überwiegend aus geschichtetem Sedimentgestein, dazwischen befinden sich Lagen aus versteinerten Korallenriffen. Dort, wo sich heute über 3000 Meter hohe Berge mit sanften Almlandschaften abwechseln, war vor Millionen Jahren das Meer. Auch aufgrund dieser Besonderheit wurden die Dolomiten 2009 in die UNESCO Weltnaturerbe-Liste aufgenommen.

Im Süden und Westen werden die Dolomiten von den Fleimstaler Alpen und dem Eisacktal begrenzt, im Norden schließt sich das Pustertal an und im Osten bildet der Fluss Piave die natürliche Grenze. Mit 3342 Metern ist die Marmolada die Königin der Dolomiten, also höchster Gipfel. Die Drei Zinnen hingegen stellen die bekannteste Felsformation dar, sie liegen in den Sextener Dolomiten. Weitere bekannte Gebirgsmassive sind die Sella-Gruppe, der Rosengarten, die Geislergruppe und die Langkofelgruppe.

Mit etwas Glück lassen sich in den Dolomiten Rotwild, Murmeltiere und Füchse beobachten, manchmal auch Gämsen, Hirsche und Steinböcke. In manchen Teilen der Dolomiten wie bspw. in der Region der Marmolada ist auch das Mufflon heimisch. Bisweilen kreist ein Steinadler am Himmel, und in ruhigen Gegenden begegnet man vielleicht dem Auerhahn. Zudem zeichnet die Dolomiten ein besonderer Pflanzenreichtum aus: Neben alpentypischen Pflanzen wie Enzian, Rhododendron, Edelweiß und Männlichem Knabenkraut finden sich auch seltene, geschützte Pflanzen wie die Dolomiten-Glockenblume, Facchinis Steinbrech und die Südtiroler Primel.

Der SdP führt direkt zu den Drei Zinnen und zum Teil um sie herum.

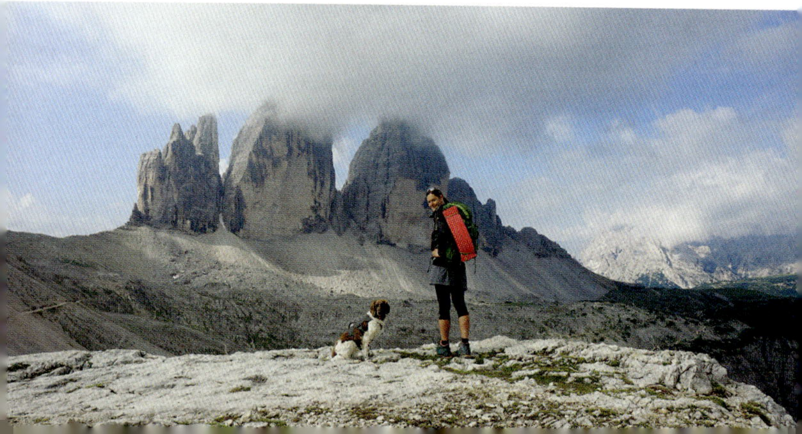

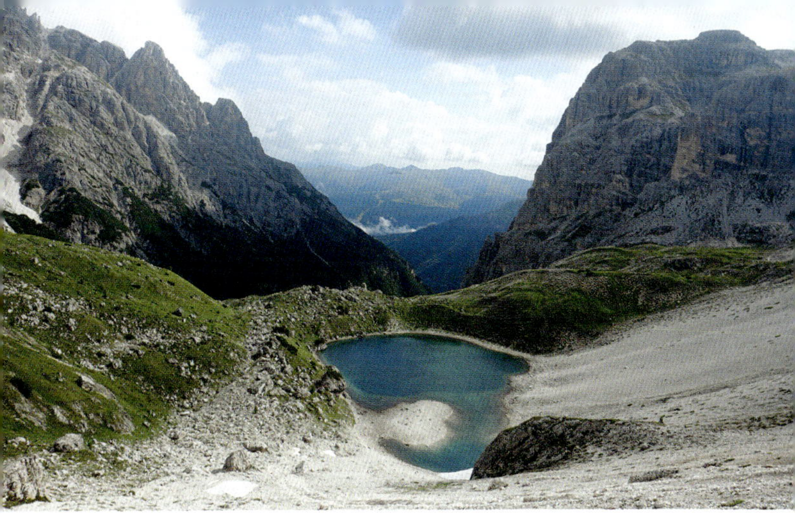

Zackige Dolomitenberge stehen im Kontrast zu grünen Hängen und blauen Bergseen.

Geschichte

Die Dolomiten gehören zu den bekannteren Schauplätzen des Gebirgskrieges. Diese traurige Berühmtheit erlangte diese Alpenregion aufgrund der vielen spektakulären Einzelaktionen: Ob am Col di Lana, wo der Berg mitsamt der Besatzung in die Luft gesprengt wurde, an der Marmolada, wo eine komplette Stadt im Bauch des Gletschers entstand, oder in den Sextener Dolomiten, wo nur die besten Kletterer die hohen Gipfel erklimmen konnten. Im Grunde aber bleibt festzuhalten, dass der Gebirgskrieg hier nicht heftiger verlief als an anderen Fronten in den Alpen. Wie überall wurden Gipfel von wenigen Männern verteidigt oder erobert, Kaiserjäger und Alpini rieben sich im Nahkampf auf oder griffen zum letzten Mittel, der Sprengung ganzer Berge oder Bergkämme. Das Übrige trugen hochalpines Wetter, Lawinen und Orkane bei. Viele Tausend ließen ihr Leben in den Dolomiten, an einer Front, die sich kaum bewegte.
Die Frontlinie verlief im Ersten Weltkrieg vom Passo Rolle bis zum Passo di San Pellegrino, hinauf zur Marmolada und wieder hinab in Richtung Pieve di Livanallongo; von dort über die berühmten Kriegsberge Col di Lana, Lagazuoi und Tofana di Rozes und weiter über die Cristallo-Gruppe zum Monte Piano und in die Sextener Dolomiten. Hauptziel der angreifenden Italiener war der Durchbruch ins Pustertal, das als wichtigste Nachschublinie der Tiroler galt. In den Dolomiten endete der Krieg bereits 1917, also ein Jahr vor offiziellem Kriegsende, da die Österreicher am Isonzo siegreich waren und den Gegner von Süden einkesselten. Die Italiener zogen sich daraufhin aus den Dolomiten zurück.

37 Passo Rolle – Passo San Pellegrino

8.00 h | 22,7 km | ↗1040 m | ↘1090 m

Famose Auftakttour in den Dolomiten

Diese Wanderung beginnt mit einem schönen Aufstieg durch den Wald. So führt uns der Friedensweg rasch über die Baumgrenze und belohnt die Anstrengung mit tollen Ausblicken über saftige Almwiesen. Im Hintergrund ragen bizarre Dolomiten-Gipfel in den Himmel. Wir nehmen uns an diesem Tag den recht unbekannten Bocchekamm vor, der von den Dolomitenbergen Pale di San Martino und der Lagorai-Kette eingerahmt wird. Bei der Routenwahl haben wir die Qual der Wahl. Eindrucksvolle Kriegsreste mit unzähligen Schützengräben und Baracken sehen wir auf der Originalroute des SdP. Wer hingegen lieber eine unberührte Naturlandschaft wie aus dem Bilderbuch genießen will, wählt die Variante zum Lago di Juribrutto – ein echtes Naturjuwel abseits der Touristenmassen. Die letzten knapp 200 Höhenmeter an diesem Tag durchwandern wir in ebenso karger wie faszinierender Bergwelt und dürfen tolle Ausblicke hinüber auf die Berge der nächsten Tagesetappe werfen. Auf einem wunderschönen Höhenweg geht es weiter bis zum Col de Le Palue, von dem wir einen traumhaften Blick ins Val di San Pellegrino werfen können.

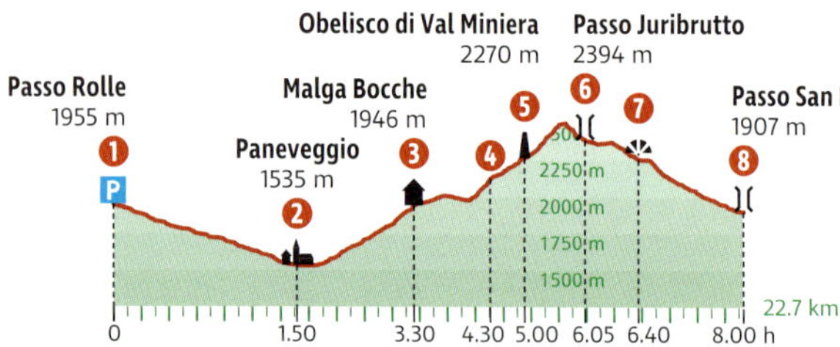

Ausgangspunkt: Passo Rolle, Parkplatz am Albergo Venezia, 1955 m.
Endpunkt: Passo San Pellegrino, Kirche, 1907 m.
Anforderungen: Recht lange Etappe hinsichtlich Strecke und Höhenmetern auf nicht immer einfachen Wegen. Trittsicherheit erforderlich. Vor allem der Abstieg vom Col de le Palue am Ende ist anstrengend. SdP nicht durchgehend beschildert.
Einkehr: Malga Bocche (20. Juni–20. September, Tel. +39 335 5946 308).
Unterkunft: Zahlreiche Möglichkeiten am Pellegrino-Pass, z. B. Hotel Costabella (Anfang Juni–Mitte September, 23 Zimmer, HP ab 78 €, Tel. +39 0462 573 326, info@costabella.it, www.costabella.it); Albergo Miralago (14 Zimmer, HP ab 65 €, Tel. +39 0462 573 791, miralago@dolomiti.com, www.albergomiralago.com).
Hund: Keine Schwierigkeiten mit Hund, sofern dieser trainiert und trittsicher ist. Auf frei laufende Almkühe achten. Übernachtung in beiden genannten Hotels möglich.

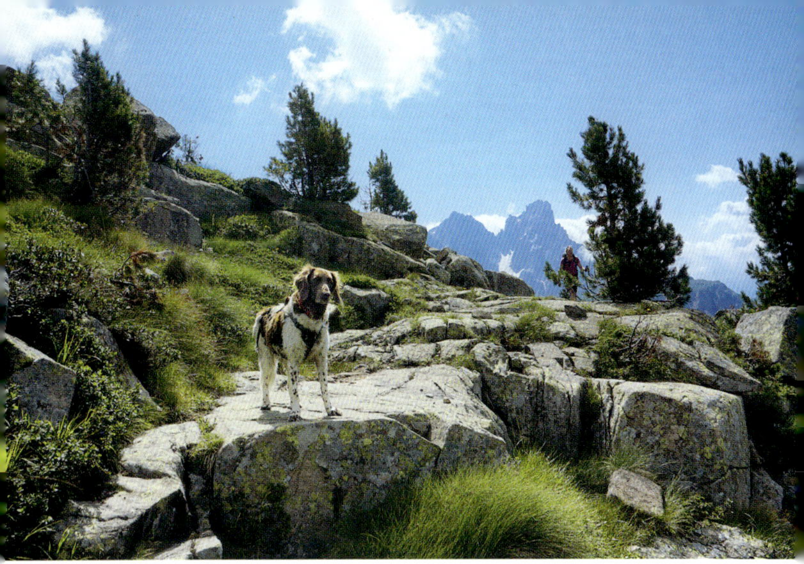

Grüne Landschaften, mit Felsen durchsetzt, zeichnen den Bocchekamm aus.

Variante: 1) Etwas einfachere, aber auch längere Strecke über den traumhaften Lago di Juribrutto. Dazu ab der Galleria Cortivi ❹ rechts ins Val Miniera Richtung Malga Juribrutto. An der Wegkreuzung links über den SAT Weg 629 zum Lago di Juribrutto. See umwandern und 200 Hm weiter hinauf zum Passo Juribrutto ❻ (+3 km, + 150 Hm Aufstieg, + 150 Hm Abstieg, + 30 Min).
2) 2021 zerstörte ein Erdrutsch einen Teil des Wegabschnitt vom Passo Juribrutto ❻ zum Col de le Palue ❼. Wer absolut trittsicher, schwindelfrei und erfahren ist, kann sehr vorsichtig den bisherigen Wegabschnitt nutzen. Allen anderen sei ein Umweg von 45 Min. empfohlen: Kurz nach dem Passo Juribrutto ❻ auf den Weg 628A nach links bis zum Restaurant Negritella und von dort rechts in Nähe der Passstraße hinauf zum Passo San Pellegrino ❽.

Diese erste Dolomiten-Etappe beginnt am Parkplatz am **Passo Rolle** ❶, 1955 m, und sieht vor, für knapp 7 km (1.30 Std.) der Passstraße hinab bis nach Paneveggio zu folgen. Die Autorin empfiehlt hingegen, diesen Asphalt-Abschnitt mit den regelmäßig verkehrenden Bussen zu überbrücken: Zustieg am Passo Rolle direkt am Albergo Venezia in den Bus 122 (www.trentinotrasporti.it). In diesem Fall an der ersten Haltestelle nach dem Ortseingangsschild Paneveggio (Station Forestale) aussteigen.
Von der Station Forestale in **Paneveggio** ❷ wenden wir uns nach links und laufen, vorbei an einem Picknickplatz, in Richtung eines gelben Hauses. Nach wenigen Metern zweigt rechts der SAT-Weg 626 ab, der uns zunächst auf einem alten Militärweg nach oben bringt. Am Rio di Bocche geht die-

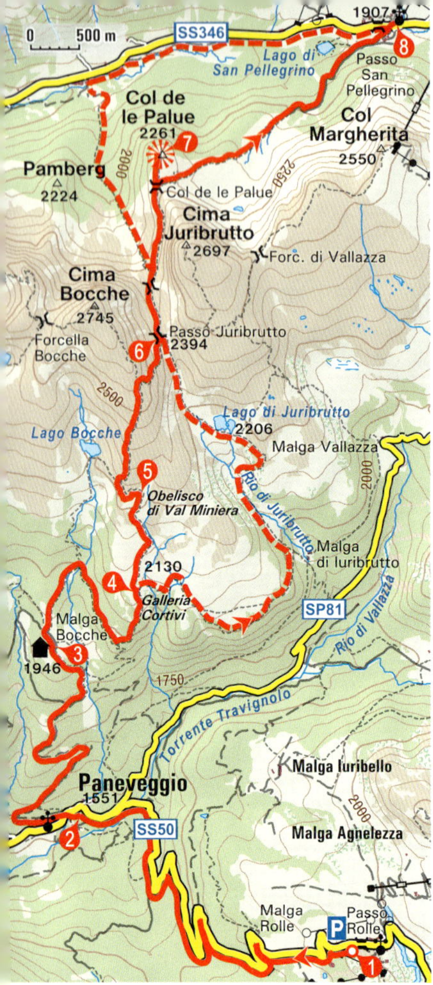

ser in einen kleinen Pfad über, der in 15 Min. zur **Malga Bocche ❸**, 1946 m, führt; hier rechts vorbei. Etwa 100 m später biegt der SdP rechts in einen Wiesenweg ab, der uns wieder in den Wald leitet. Ab hier folgen wir den Beschilderungen in Richtung Passo Juribrutto und biegen vor einer Holzbrücke rechts ab. Auf einem schönen Waldweg gelangen wir in etwa 1 Std. zur **Galleria Cortivi ❹**, 2130 m. Wer die Variante gehen will, schwenkt hier nach rechts. Wir aber wandern weiter mäßig steil geradeaus bis zum Biwak Val Miniera, einem kleinen Steinhäuschen. Den Beschilderungen Richtung Lago Bocche nach, biegen wir hier nach links. Der folgende Weg wird nun wieder steiler und führt uns später an einem turmähnlichen Kriegsdenkmal, dem **Obelisco di Val Miniera ❺**, 2270 m, vorbei. Nur wenige Minuten später erreichen wir die gleichnamige Wegkreuzung (ital. = Bivio) und nehmen den rechten Weg hinauf Richtung Cima Bocche. Der Weg ist gesäumt von zahlreichen zusammengefallenen Schützengräben. Welches Ausmaß diese hatten, wird uns allerdings erst bewusst, wenn wir den Bocchekamm erreichen und einen Blick zurückwerfen. Kilometerlang ziehen sich die Schützengräben in mehreren Reihen über den Bergrücken. An dieser Scharte kann man das fantastisch überblicken, während man selbst direkt in einem dieser Gräben steht. Wer noch mehr will, macht hier einen Abstecher (ca. 40 Min. einfache Strecke) zum höchsten Gipfel des Bocchekamms zur Cima Bocche (2745 m). Es ist ein fantastischer Aussichtsberg, der eine Traumsicht auf die Dolomitenberge Latemar, Rosengarten, Sella, Geisler, Marmolada und viele mehr bietet.

Feldwachen in den Fassaner Dolomiten

Die Gipfel der Fassaner Dolomiten stellten im Ersten Weltkrieg einen hervorragenden Sperrriegel dar und ermöglichten es den Österreichern, eine effektive Verteidigungslinie aufzubauen. Speziell in diesem Abschnitt verteidigten die Österreicher mit einem besonders dichten Netz an Tiroler Feldwachen. Diesen kleinen Vorposten, meist nur aus wenigen Männern bestehend, kam zunächst die wichtige Aufgabe der Beobachtung des Gebietes zu. Jede Angriffsbemühung wurde unverzüglich gemeldet und der Gegner so lange mit Beschuss hingehalten, bis Verstärkung eintraf. Nicht selten hatten die Feldwachen dabei nicht einmal ein Dach über dem Kopf und dennoch verrichteten sie Tag und Nacht bei jeder Witterung ihren zumeist vier- bis achtstündigen Dienst. Das System der Tiroler Feldwachen funktionierte in den Fassaner Dolomiten so gut, dass die Italiener im Laufe des Krieges alle Bemühungen einstellten, hier durchzubrechen.

Wir gehen an der Scharte am Weg 628, der links zur Cima Bocche führt, nach rechts und steil hinab zum **Passo Juribrutto** 6, 2394 m (Hinweis zur Variante 2 beachten!). Am Biwak Juribrutto – nur ein Holzunterstand – gehen wir links den Weg hinab. Der namensgebende Berg Juribrutto befindet sich nun rechts von uns und wir umwandern ihn zunächst durch Blockwerk, später auf einem schönen Aussichtsweg in Richtung Passo San Pellegrino. An der Weggabelung Forcella Grana kurz hinter dem Passo Juribrutto halten wir uns rechts und erreichen den **Col de le Palue** 7, 2261 m, eine aussichtsreiche Kuppe, von der wir einen fantastischen Blick ins Val di San Pellegrino, hinab zum Pass und hinauf auf die morgen zu durchwandernden Berge werfen können.

Nach dem Rundumblick gehen wir ein Stück zurück und machen uns links an den etwas mühseligen Abstieg auf einem alten Fahrweg. Vorbei an alten Feldwachen und Stollen laufen wir hinab bis zum **Passo San Pellegrino** 8. Der Weg führt uns zwangsläufig zur Malga San Pellegrino, wo wir links in Richtung Passstraße gehen und auf der gegenüberliegenden Straßenseite die kleine Kirche, 1907 m, erkennen können.

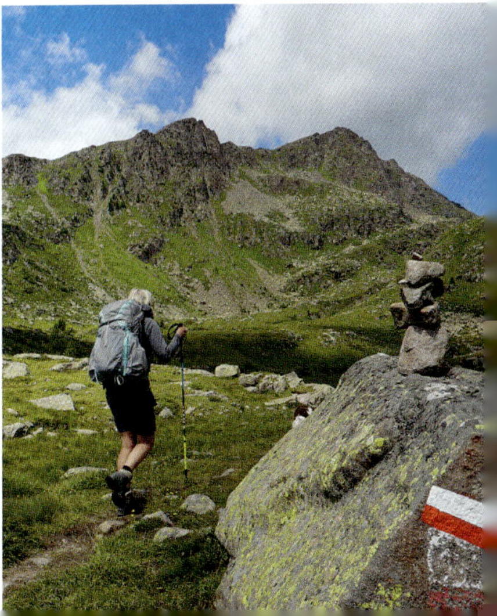

Auf dem Weg zum Lago di Juribrutto (Variante).

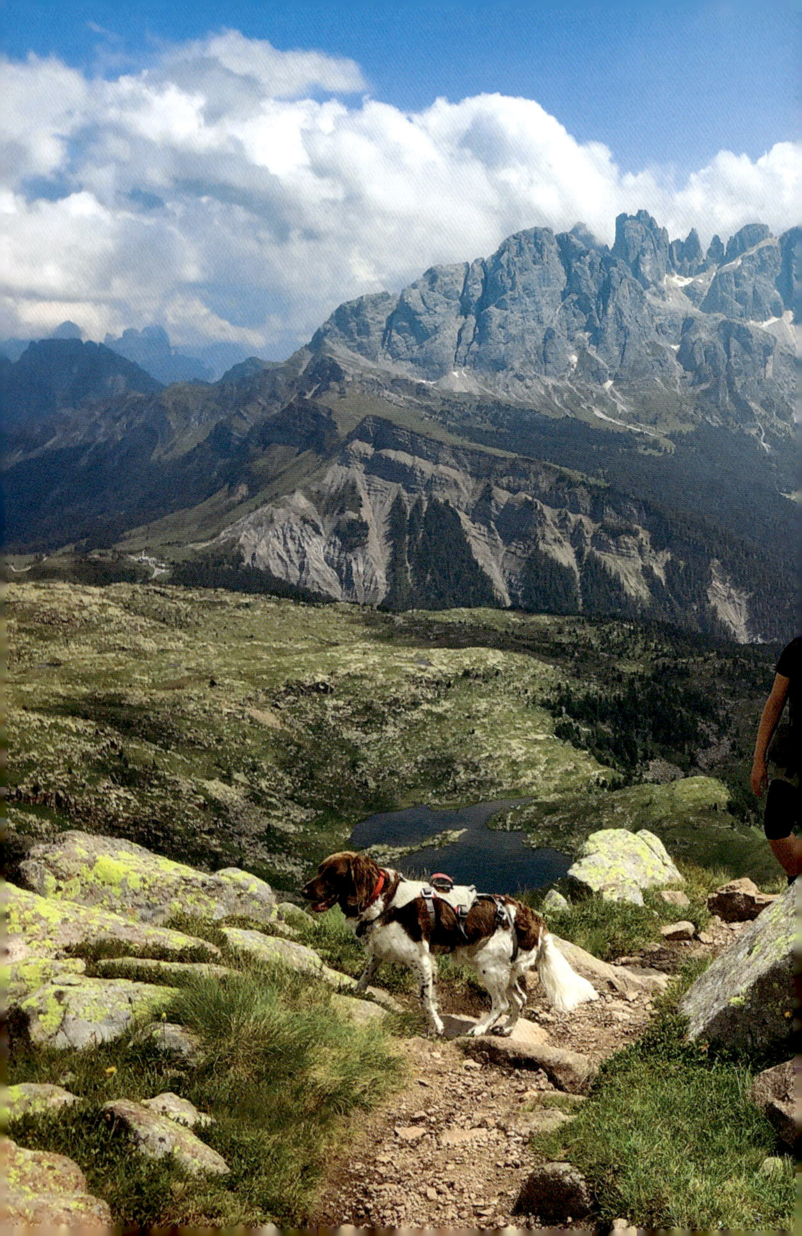

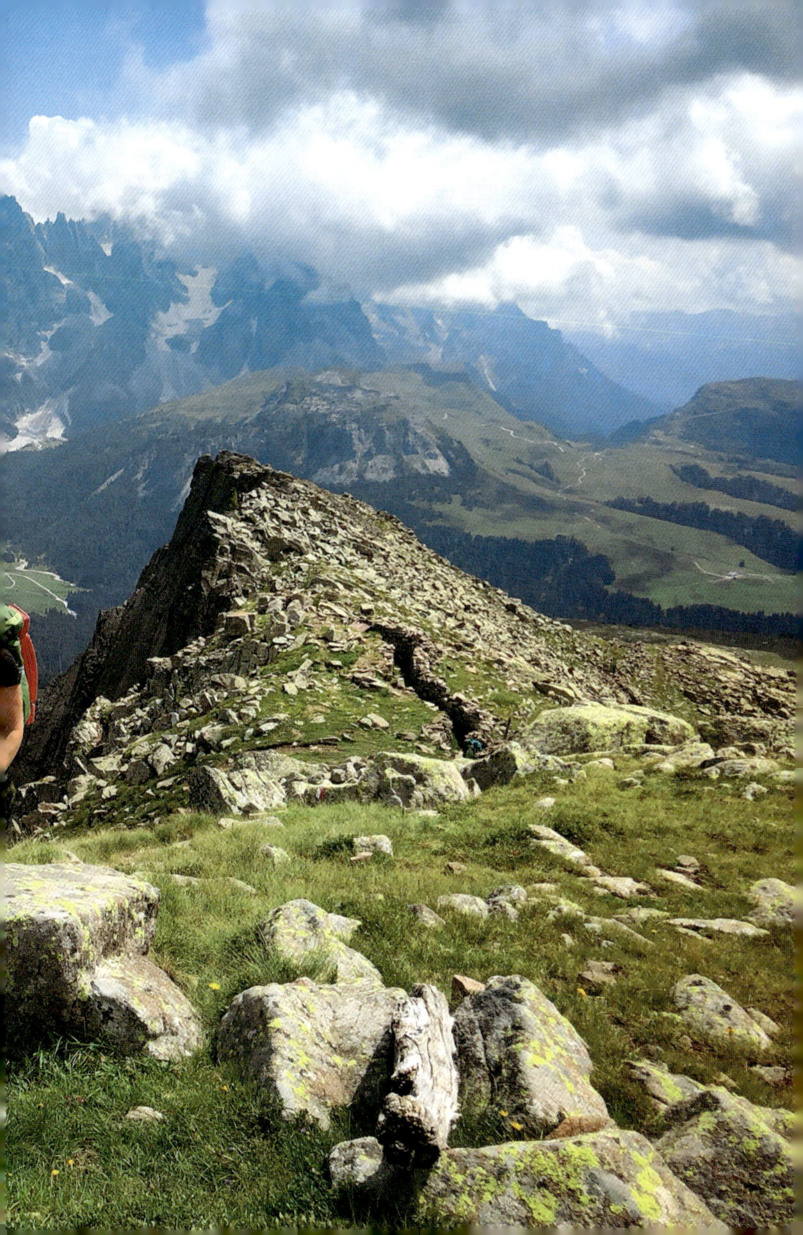

38 Passo San Pellegrino – Rifugio Contrin

8.15 h | 19,0 km | ↗1630 m | ↘1520 m

Traumhafte Dolomiten-Tour zum Fuße der Marmolada

Diese Tagesetappe lässt die Herzen von Bergfexen höher schlagen. Insgesamt vier Pässe über 2000 Meter gilt es zu bezwingen – einer aussichtsreicher als der andere. In überwältigendem Dolomiten-Panorama gilt es, dementsprechend viele Höhenmeter zu absolvieren. Die Anstrengungen werden jedoch mit jedem Schritt belohnt. Herrliche Bergwanderwege führen uns zunächst zur schönen Bergvagabunden-Hütte, von der wir einen traumhaften Blick zurück auf den Passo San Pellegrino haben. Hinab zum ebenso schönen Rifugio Taramelli begleitet uns das Pfeifen der Murmeltiere. Am dritten Pass, der Sella Palacia, dürfen wir einen ersten beeindruckenden Blick auf die Marmolada werfen. Der höchste Dolomiten-Gipfel erscheint uns von hier aus unbezwingbar. Der letzte steile Aufstieg zum Pas Pasche fordert noch einmal alle Kraftreserven. Wir werden hier aber nicht nur mit tollen Ausblicken belohnt, sondern können auch Schützengräben erkunden. Eine der schönsten Touren in den Dolomiten!

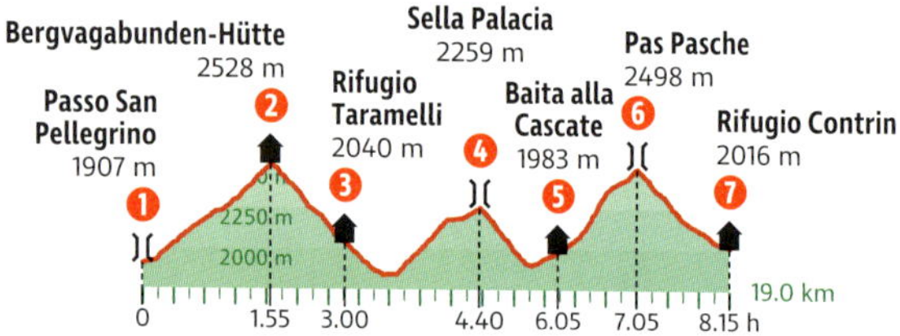

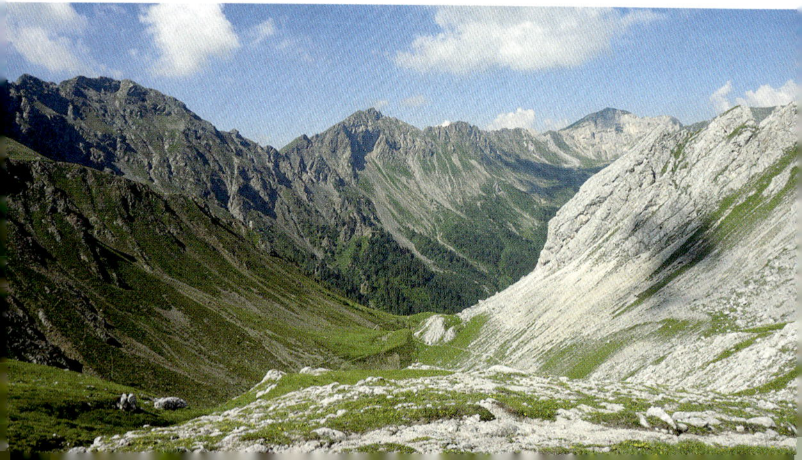

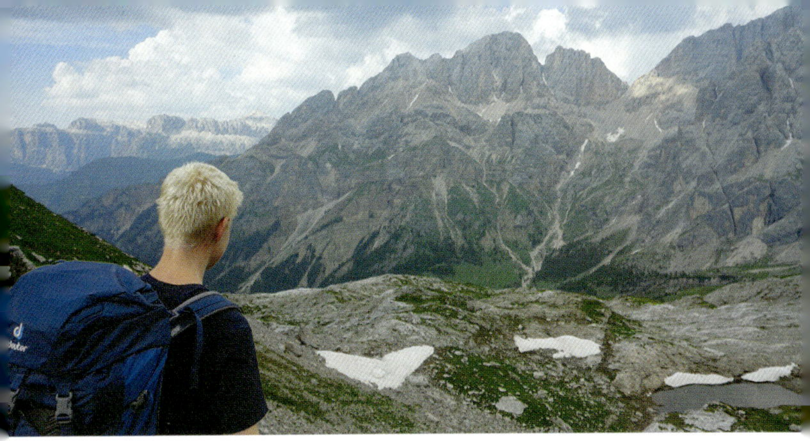

Oben: Ab dem Pas Pasche geht es hinab, vor uns majestätisch die Marmolada.
Links: Aussicht auf den vor uns liegenden Weg von der Bergvagabunden-Hütte.

Ausgangspunkt: Passo San Pellegrino, Kirche, 1907 m.
Endpunkt: Rifugio Contrin, 2016 m.
Anforderungen: Lange, kräftezehrende Etappe. Höhenmeter und Strecke erfordern sehr gute Kondition. Früh starten! Wanderung erfolgt auf anspruchsvollen, steilen Bergwanderwegen, die Trittsicherheit erfordern. Orientierungssinn beim letzten Abstieg über kleine, teilweise zugewachsene Pfade nötig.
Einkehr: Bergvagabunden-Hütte (Mitte Juni–Ende September, Tel. +39 347 4039 331); Rifugio Taramelli (Mitte Juni–Ende September, Tel. +39 360 879 719); Baita alle Cascate (Mitte Juni–Anfang Oktober, Tel. +39 330 841 692).
Unterkunft: Rifugio Contrin (Mitte Juni–Ende September, 40 Betten in kleinen Zimmern, 90 Betten in Lagern, HP in Zimmern 60–70 €, 50 € im Lager, Tel. +39 0462 601101 und +39 392 9480 794, info@rifugiocontrin.it, www.rifugiocontrin.it).
Tipp: Wer die Etappe teilen möchte, kann im Rifugio T. Taramelli übernachten (Mitte Juni–Ende September, 14 Betten in einem Lager und einem kleinen Zimmer, HP 50 € für AV-Mitglieder, sonst 66 €, Tel. +39 360 879 719 und +39 340 2781 536, info@rifugiotaramelli.it, www.rifugiotaramelli.it). Keine Übernachtung in der Baita alla Cascate!
Hund: Keine Schwierigkeiten mit Hund, sofern dieser über sehr gute Kondition verfügt und trittsicher ist. Frei laufende Almkühe möglich. Übernachtung mit Hund im Rifugio Contrin im Zimmer. Auch im Rifugio Taramelli Hund erlaubt, aber nicht im Zimmer, Hunde müssen unten schlafen.

Vor der kleinen Kirche am **Passo San Pellegrino** ①, 1907 m, biegen wir in die schmale asphaltierte Fahrstraße nach oben ab. Nach etwa 300 m zweigt links ein Wiesenweg ab, der kurz darauf wieder in eine Schotterstraße mündet. Dieser folgen wir rechts und laufen zweimal unter einer Liftanlage hindurch. Kurz vor einem kleinen Gebirgsbach schwenken wir rechts in einen schmalen, steilen Bergwanderweg, der uns hinauf zur schon sichtbaren **Bergvagabunden-Hütte** ②, 2528 m, bringt. Wer sich diese ers-

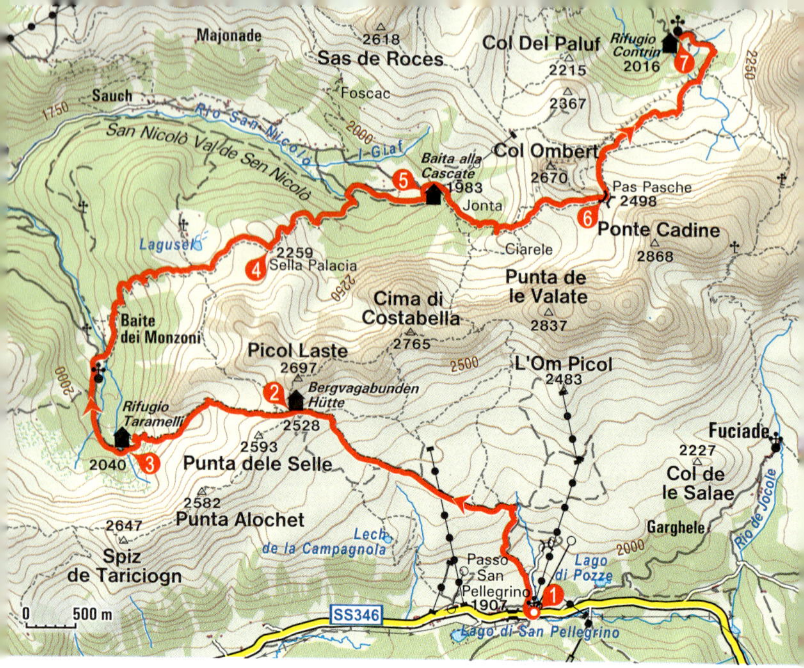

ten etwa 600 Hm sparen will, kann auch den Sessellift nehmen, dessen Talstation sich hinter dem Hotel Costabella befindet. Ab der Bergstation folgt man dann dem Weg 204A und 204B bis zur Bergvagabunden-Hütte. Diese befindet sich direkt am Passo delle Selle, von dem der Blick über das Val di San Pellegrino bei gutem Wetter fantastisch ist.

Weiter geht es geradeaus über den Passo delle Selle mit toller Aussicht hinab ins Val delle Selle, eingerahmt von schroffen Dolomiten-Gipfeln. Am mit weißen Steinen eingefassten Hubschrauberlandeplatz halten wir uns leicht rechts. Etwa 1.30 Std. dauert der zuweilen steile, steinige Abstieg zum **Rifugio T. Taramelli** ❸, 2040 m. Wir wandern links am kleinen Rifugio vorbei und steigen noch etwa 200 Hm, jetzt aber etwas weniger steil, hinab zur Malga Monzoni. Diese passieren wir links. Nach etwa 100 m zweigt der SdP rechts vom Fahrweg ab, führt uns über ein Flüsschen und dann rechts nach oben auf einem Wiesenweg in einen kleinen, lichten Wald. Dieser Weg endet erneut in einem Fahrsträßchen, dem wir nach rechts folgen. Nach etwa 45 Min. erreichen wir die Forcella dal Pièf und 20 Min. später, durch eine wunderschöne Hochebene wandernd, die **Sella Palacia** ❹, 2259 m. Von hier aus haben wir nicht nur einen fantastischen Blick ins Val di San Nicolò, sondern auch auf die Marmolada.

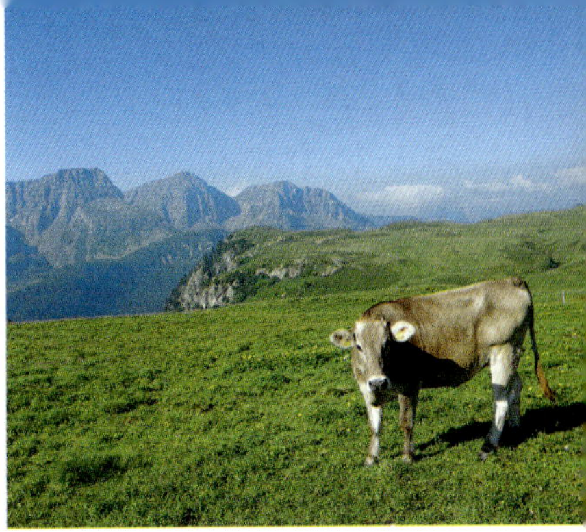

Bis zur Bergvagabunden-Hütte geht es durch Almwiesen.

Hinab geht es über den Pass auf einem zunächst schmalen, später breiten Weg (SAT-Weg 641) bis zu einer Fahrweg-Kreuzung. Hier, noch vor dem Fluss, wenden wir uns nach rechts und wandern entlang des Rio de San Nicolò zunächst auf einem breiten, später auf einem schmalen, zuweilen glitschigen Weg bis zur **Baita alla Cascate** 5. Ein Wasserfall kündigt die Hütte an, an der wir links vorbeiwandern und uns kurz darauf rechts halten. Nachdem wir die kleine Wiese gequert haben, biegen wir nach rechts in den SAT-Weg 609 Richtung Pas Pasche und Rifugio Contrin ab. Der sehr steile Weg führt uns in 50 Min. durch schroffe Felsen hinauf bis zum **Pas Pasche** 6, 2498 m. Kurz zuvor können wir Schützengräben erkunden. Auf der anderen Seite des Passes – auf dem SAT-Weg 609 in Richtung Rifugio Contrin – geht es ein letztes Mal an diesem Tag hinab. Der Weg erfordert ein wenig Orientierungssinn, da er über teilweise zugewachsene Wiesen führt und leicht aus den Augen zu verlieren ist. Neben dem Weg finden sich Überreste von Stollen, Baracken und Schützengräben. Der schmale Pfad bringt uns in etwa 1 Std. zunächst zur Malga Contrin und dann rechts an dieser vorbei auf einem breiten Fahrweg zum **Rifugio Contrin** 7, 2016 m.

i ***Das deutsche Alpenkorps am Passo delle Selle***

Zu Beginn des Gebirgskrieges im Mai 1915 besetzte das Deutsche Alpenkorps den Kamm von der Punta Alochet über den Passo delle Selle 2 *bis zur Cima di Costabella. In den ersten Kriegswochen versuchten die Italiener, dort immer wieder durchzubrechen. Das Deutsche Alpenkorps, hier vertreten durch das bayerische Schneeschuhbataillon, hielt die Linie, auch wenn es kurzfristig die Punta Alochet verlor, später aber zurückeroberte. Das Alpenkorps gehörte zu den Eliteeinheiten und wurde schon wenige Tage, bevor Italien in den Krieg eintrat, in Erwartung desgleichen zusammengestellt. Es dauerte nur wenige Tage, bis es in den Alpen eintraf. Es sicherte in den ersten Kriegswochen einen 100 Kilometer langen Frontabschnitt vom Fleimstal bis ins Pustertal. Jegliche Offensiven waren ihm jedoch untersagt, da sich Deutschland offiziell nicht mit Italien im Krieg befand. Im Oktober 1915 wurde das Alpenkorps aus den Alpen wieder abgezogen und an verschiedenen anderen Fronten in Serbien, Frankreich, Rumänien, Italien und Belgien eingesetzt.*

39 Rifugio Contrin – Lago di Fedaia

7.40 h | 9,4 km
↗1310 m | ↘1220 m

Hochtour auf die Königin der Dolomiten

Die wohl spektakulärste Etappe des gesamten Friedenswegs führt uns auf den Gipfel des höchsten Dolomitenberges, der Marmolada auf 3343 m. Dabei gilt es, einen leichten (A/B-Stellen), aber langen Klettersteig zu meistern und im Anschluss über den Marmolada-Gletscher abzusteigen. Die Marmolada ist nicht nur der höchste Berg der Dolomiten, sondern hat auch den einzigen großen Gletscher in den Dolomiten. Obwohl der Ghiacciaio della Marmolada im Vergleich zu anderen Gletschern nicht sonderlich imposant wirkt, darf er bei der Tour nicht unterschätzt werden. Wer oben am Gipfelkreuz steht, darf sich an einer traumhaften Gipfelschau erfreuen, wenn denn die Sicht stimmt. Der Gletscherkontakt und das 360-Grad-Panorama vom Gipfel über die Dolomiten und hinab zum Lago di Fedaia bleiben ewig in Erinnerung. Eine ebenfalls lohnenswerte Variante zur Umgehung der Marmolada wird zusätzlich beschrieben.

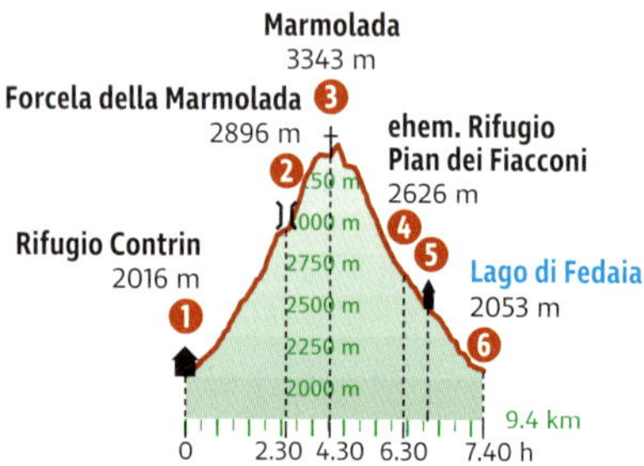

Ausgangspunkt: Rifugio Contrin, 2016 m.
Endpunkt: Lago di Fedaia, 2053 m.
Anforderungen: Der Aufstieg zur Forcella della Marmolada erfordert auf den letzten 300 Hm absolute Trittsicherheit. Auch die Marmolada-Scharte ist nur mit vollständiger Klettersteigausrüstung passierbar. Klettersteig zum Gipfel Schwierigkeit A/B, aber mit etwa 500 Hm recht lang. Erfordert Trittsicherheit, Kondition und Schwindelfreiheit. Abstieg zunächst auf kleinem Gletscher und kurzem Klettersteig hinab bis zum Marmolada-Gletscher. Achtung: keine Alleinbegehung des Gletschers! Bei guter Schneeabdeckung nur bedingt sichtbar: Der Gletscher verfügt über eine eindrucksvolle Spaltenzone! Nur für erfahrende Hochtourengeher oder mit Bergführer möglich, sonst Lebensgefahr. Anschließend weglos über Geröll hinab zum ehemaligen Rifugio Pian dei Fiacconi. Der Abstieg zum Lago di Fedaia erfordert Trittsicherheit, hier auch eine kurze seilversicherte Passage.
Ausrüstung: Für diese Etappe ist eine Klettersteigausrüstung mit Klettergurt, Klettersteigset und Helm sowie Gletscherausrüstung mit Seil, Pickel und Steigeisen erforderlich.
Einkehr: Capanna Punta Penìa (Mitte Juni–Mitte September) direkt am Marmolada-Gipfel.
Unterkunft: Zahlreiche Übernachtungsmöglichkeiten am Fedaia-See, z. B. Rifugio Fedaia (37 Betten in Zimmern und Lager, Mitte Juni–Ende September, HP ab 55 €, Tel. +39 0437 722 007, rifugiofedaia@gmail.com, www.rifugiofedaia.com).
Hinweis: Im Winter 2020 zerstörte eine

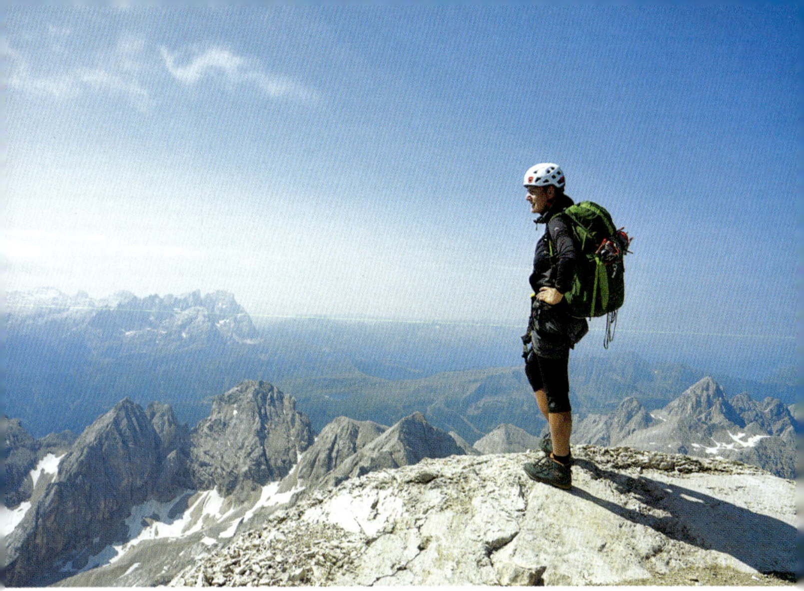

Verschnaufpause auf halber Strecke des Klettersteigs zum Gipfel.

gewaltige Lawine das Rifugio Pian dei Fiacconi sowie den Korblift vom Rifugio hinab zum Lago di Fedaia. Eine Übernachtung bzw. Abkürzung der Strecke mit dem Lift ist somit nicht mehr möglich. Derzeit ist unklar, ob und wenn ja wie ein Wiederaufbau stattfindet.
Hund: Mit Hund unbedingt Variante 1 wandern, dann unschwierig. Auf frei laufende Almtiere achten. Übernachtung in allen genannten Unterkünften mit Hund möglich.
Varianten: 1) Ohne Gletscherberührung und Klettersteig auf guten Wanderwegen über die Via Alpina bis zum Fedaia-See. Dazu über SAT-Weg 602 bis Penìa und dann über Weg 605 bis zum Lago di Fedaia. Etwa 4.15 Std., 600 Hm hinauf und 580 hinab, 13,2 km.
2) Für Alleinwanderer: Ab dem Marmolada-Gipfel ❸ auf gleichem Weg über den Westgrat-Klettersteig wieder hinab zur Forcella della Marmolada ❷. Über den kurzen Klettersteig mit teilweise ausgesetzten Passagen hinab zum Rand des Vernel-Gletschers. Auf meist vorhandener Trasse (häufig Blankeis, dann Steigeisen erforderlich) über die spaltenlosen Reste des Gletschers. Anschließend steiler Abstieg über Moränengelände auf dem markierten Steig Nr. 606 bis zum ehemaligen Rifugio Pian dei Fiacconi ❹.

Wir wandern ein kurzes Stück vom **Rifugio Contrin** ❶, 2016 m, auf dem Fahrweg in Richtung Malga Contrin und biegen dann links auf einen kleinen, etwas unscheinbaren Pfad in Richtung Marmolada ab. Nach etwa 45 Min. durch offene Landschaft, die Marmolada immer direkt vor Augen, halten wir uns am Schild Val Rosella links. Mit Glück können wir am frühen Morgen Gämsen und Steinböcke beim Äsen beobachten.

Eine Stadt im Eis

Auf der Marmolada war die Lage für die Österreicher im ersten Kriegsjahr nahezu aussichtslos: Die Italiener saßen auf einer besseren Position und beschossen auf dem Marmolada-Gletscher alles, was sich bewegte – Tag und Nacht. Mit riesigen Scheinwerfern ausgeleuchtet, war es hier auch in der Nacht taghell und die Tiroler hatten große Verluste zu beklagen. Trägerkolonnen konnten daher nur im Schutz des schlechten Wetters den Gletscher queren. Die Tiroler dachten zwischenzeitlich gar an Rückzug auf den Padon-Kamm (Etappe 40). Im Frühjahr 1916 kam Leutnant Leo Handl die Idee, mit Gletscherstollen die Stellungen zu versorgen. Er entwickelte das dafür notwendige Werkzeug selbst. Sprengungen kamen nicht in Betracht, da die dadurch entstehenden Gase nicht mehr aus den Stollen entweichen konnten. Teilweise 1000 Höhenmeter stiegen die Stollen auf, zogen sich über mehrere Kilometer durch den Bauch des ewigen Eises. Anmarsch- und Versorgungswege, Baracken, Krankenstationen, Lager, sogar eine Bar und eine von Eiskristallen umgebene Kirche errichteten die Österreicher im Marmolada-Gletscher. Das Leben im Gletscher war im Vergleich zum Leben auf dem Gletscher nahezu luxuriös, aber dennoch gefährlich: Männer verirrten sich in den Spalten, stürzten in die Tiefe und konnten sich nur mit großer Vorsicht unter ständiger Kontrolle der Gletscherbewegungen über Brücken und Leitern bewegen. Mit dieser bis dato noch nie dagewesenen Konstruktionsleistung errichteten die Österreicher eine uneinnehmbare Festung im Eis, sodass sich die Italiener schließlich zurückzogen. Später wurde das Prinzip der Eisstollen auch in der Ortler- sowie Adamallo-Presanella-Gruppe übernommen.

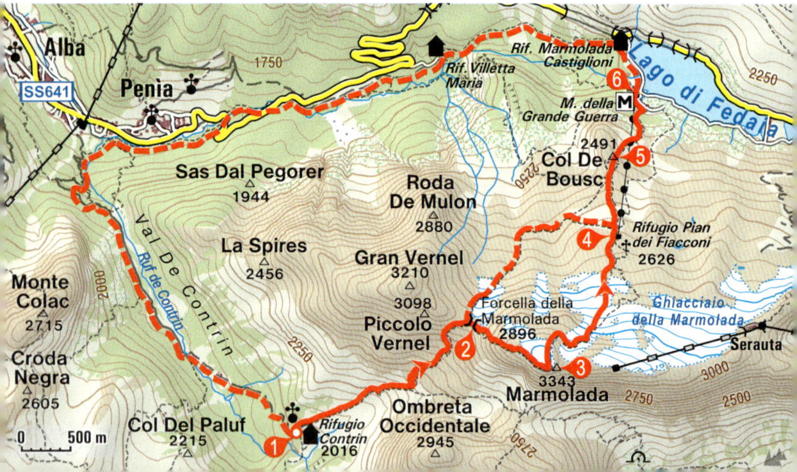

Auf dem SAT-Weg 606 steigen wir weiter in Richtung Forcella della Marmolada auf. Nach etwa 20 Min. führt uns der Bergweg durch Schuttfelder, die uns Aufmerksamkeit und Trittsicherheit abverlangen. Die letzten Höhenmeter gilt es bereits im Klettersteig zu erklimmen, bevor wir die **Forcella della Marmolada** **2**, 2896 m, erreichen. Der Blick zurück ins Val Contrin und bis zum Bergkamm um den Passo delle Selle ist fantastisch.

Weiter geht es rechts über den Westgrat-Klettersteig (Hans-Seyffert-Weg) hinauf zur Schutzhütte Capanna Punta Penìa und zum Gipfel der **Marmolada** **3**, 3343 m. Kurz vor dem Gipfelbereich endet der Klettersteig, und wir steigen weglos

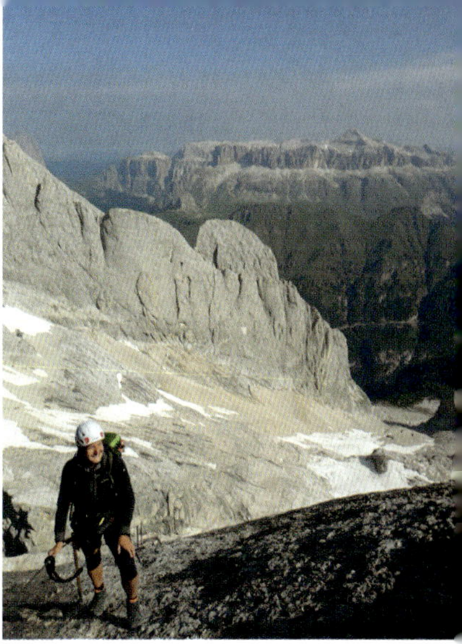

Oben: Der Westgratklettersteig, im Hintergrund ragt der Piz Boè aus der Sellagruppe.
Unten: Abstieg über den Gletscher mit Blick auf den Lago di Fedaia.

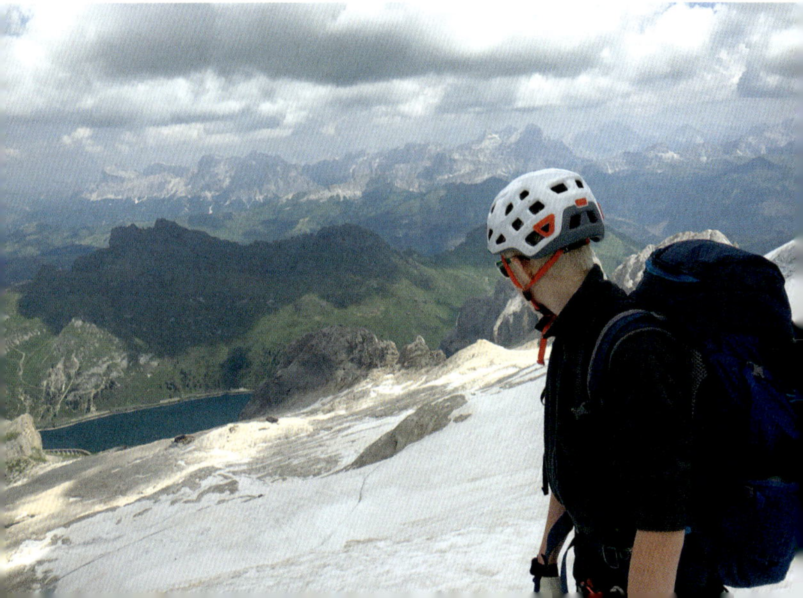

i *Der größte Feind an der Marmolada*

Die wohl bitterste Erkenntnis des Gebirgskrieges war, dass mehr Menschen durch die katastrophalen Witterungsbedingungen im Hochgebirge starben als durch eigentliche Kampfhandlungen. Auch an der Marmolada-Front traf dieses traurige Gesetz aufgrund der zahlreichen Lawinenkatastrophen zu. Im Barackenlager Gran Poz am Fuß des Col di Bousc 5 ereignete sich im Jahr 1916 das schwerste Lawinenunglück der ganzen Alpenfront: Am Gletscher der Marmolada ging im Dezember eine gewaltige Schneelawine ab, die über das gesamte Barackenlager hinwegfegte. Einige Hütten sollen bis zu einem halben Kilometer weit durch die Luft geschleudert worden sein. 300 Soldaten fanden den Tod. Makaberes Detail: Der Kommandant hatte zuvor mehrmals um die Erlaubnis zur Räumung des Lagers gebeten, was ihm schließlich die Androhung eines Kriegsgerichtsverfahrens einbrachte. Dabei schienen die Vorgesetzten die Lawinenlage unterschätzt zu haben, denn militärische Auswirkungen hätte ein kurzfristiges Verlassen des Barackenlagers wohl nicht gehabt.

über die Flanke auf. Mit Blicken auf Langkofel, Sellagruppe, Piz Boè und Rosengarten offenbart sich ein fantastisches Dolomiten-Panorama. Wir können sogar bis zur Adamello-Gruppe, zum Ortler, in die Ötztaler Alpen und zu den Hohen Tauern blicken. Auch der Lago di Fedaia liegt uns tiefblau zu Füßen. Nicht zuletzt lassen sich der Col di Lana (Etappe 41), der Lagazuoi und die Tofana di Rozes (beide Etappe 42) ausmachen. Ein unvergessliches 360-Grad-Panorama!

Zum Abstieg biegen wir auf halber Strecke zwischen Gipfelkreuz und Capanna Punta Penìa scharf rechts ab, um zunächst kurz über den Gletscher abzusteigen. Er führt uns zu einer Rinne, in der wir etwa 15 Min. über den Klettersteig absteigen. Anschließend gehen wir weiter über den Marmolada-Gletscher hinab. Vor uns liegt eindrucksvoll der Padon-Kamm, den wir am nächsten Tag passieren. Im Anschluss geht es weglos über Schotter und Felsen abwärts, anfangs noch mit Blick auf das ehemalige Rifugio Pian dei Fiacconi. Später verschwindet es hinter einem großen, glatten Felsen, neben dem die Capanna al Ghiacciaio steht. Diesen müssen wir links passieren, um zum ehemaligen **Rifugio Pian dei Fiacconi** 4, 2626 m, zu gelangen. Wir verabschieden uns nun endgültig von den großen Gletschern und wenden uns hinab auf den SAT-Weg 606 zum Lago di Fedaia. Der Abstieg erfolgt zunächst gut markiert auf Schuttfeldern in Nähe des ehemaligen Korbliftes. Später geht es stufig-steil hinab zum Fuße des **Col di Bousc** 5, an dem man heute noch deutlich sichtbar Überreste des Barackenlagers Gran Poz erkennen kann. Ab hier laufen wir weiter auf schmalen Pfaden bis zum **Lago di Fedaia** 6, 2053 m. Hier befindet sich auch ein privates Kriegsmuseum, das Gegenstände aus dem Ersten Weltkrieg zeigt, die der Marmolada-Gletscher bis heute freigibt.

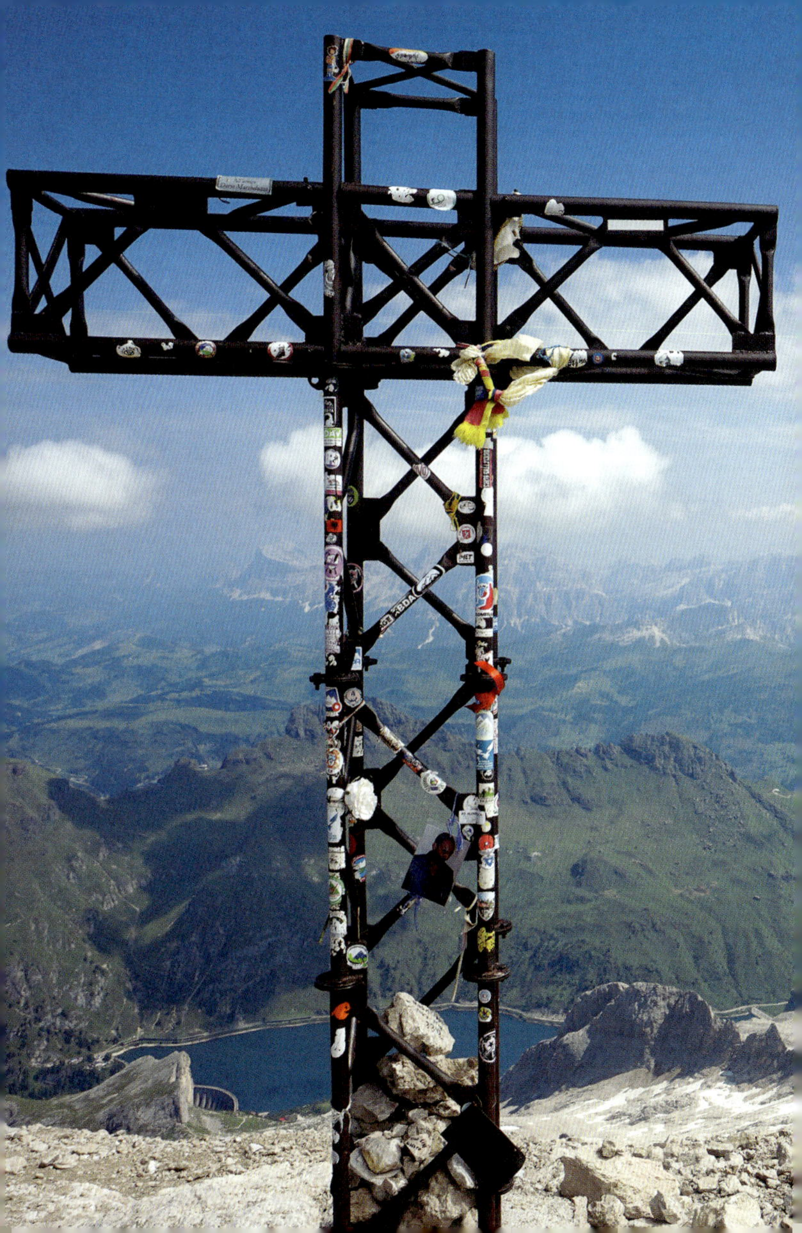

40 Lago di Fedaia – Pieve di Livinallongo

5.20 h	14,9 km
↗ 660 m	↘ 1260 m

Abschied von der Marmolada

Dieser Tag beginnt mit fantastischer Sicht auf den Lago di Fedaia und den Bergkamm des Padon, auf dem die Österreicher eine starke Verteidigungslinie aufbauten für den Fall, die Marmolada nicht halten zu können. Wir verlassen nun die Marmolada. Am in der Sonne glitzernden, gewaltigen Lago di Fedaia überschreiten wir auf dessen Staumauer einmal mehr eine inneritalienische Grenze. Vom Trentino geht es nun nach Venetien. Der Aufstieg auf der anderen Seite hinauf zum Padon-Kamm wird uns mit beeindruckenden Aussichten versüßt. Die anschließende Wanderung durch das Skigebiet Arabba hingegen erfreut das Wanderherz nur bedingt. Unser Etappenziel, das lebendige, ladinische Örtchen Pieve di Livinallongo, trägt zwei weitere Namen: Buchenstein ist die deutsche Variante, Fodom die ladinische.

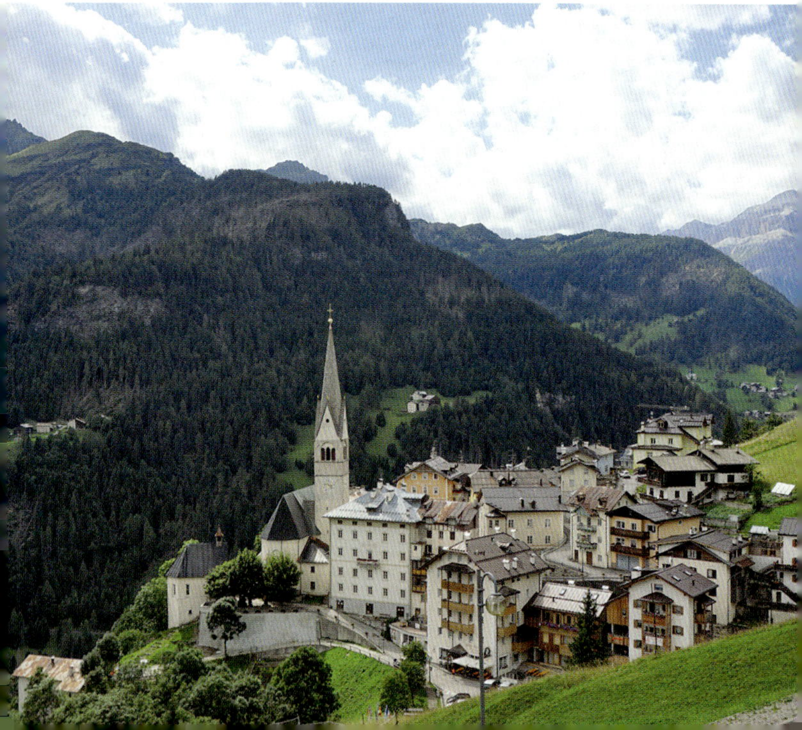

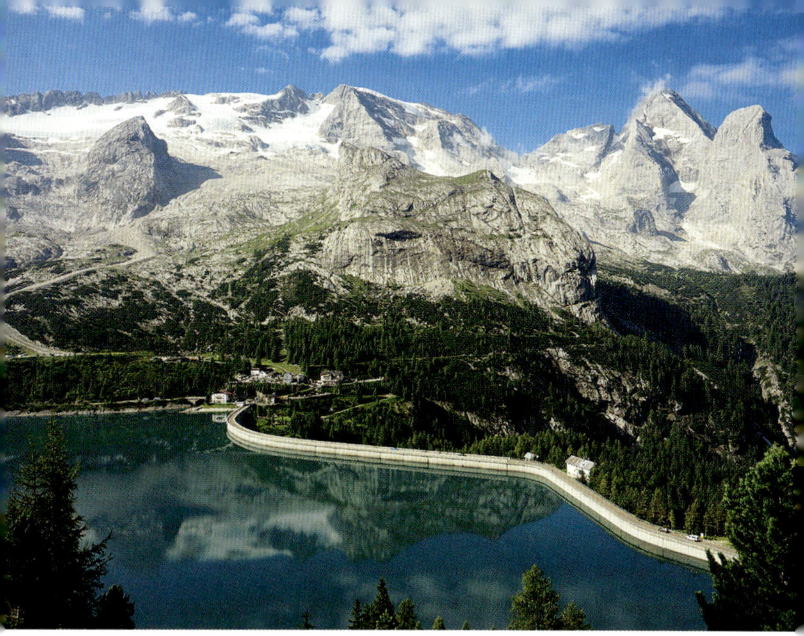

Oben: Der Lago di Fedaia vorn, die Marmolada dahinter.
Links: Pieve di Livanallongo, auf Deutsch Buchenstein.

Ausgangspunkt: Lago di Fedaia, 2053 m.
Endpunkt: Pieve di Livinallongo, 1471 m.
Anforderungen: Überwiegend unschwierige Etappe ohne SdP-Beschilderungen. Sehr langer, steiler Abstieg ins Buchensteintal.
Einkehr: Rifugio Gorza an der Porta Vescovo (Mitte Juni–Ende September).
Unterkunft: Albergo Alpino (10 Zimmer, HP ab 65 €, Tel. +39 0436 71 89, info@albergoalpino.com, www.albergoalpino.com); Hotel Cesa Padon (Mitte Mai–Anfang Oktober, HP ab 71 €, Tel. +39 0436 71 09, info@cesa-padon.it, www.cesa-padon.it).
Hund: Keine zu erwartenden Probleme mit Hund, Übernachtung im Albergo Alpino und Hotel Cesa Padon möglich.

Wir wandern über die Staumauer des **Lago di Fedaia** ❶, 2053 m, und überqueren am Ende die Hauptstraße. Zunächst rechts und später steil bergauf folgen wir nun dem SAT-Weg 698. Zuweilen fällt die Orientierung auf dem Weg etwas schwer. An einer kleinen Hütte nach etwa 30 Min. wenden wir uns nach rechts und weiter bergan bis zur **Porta Vescovo** ❷, 2478 m, an der sich eine Liftstation sowie das Rif. Gorza befindet.
Auf der anderen Seite geht es auf dem breiten Fahrweg hinab, auf dem wir nach 10 Min. nach rechts (SAT-Weg 669, Richtung Passo Padon) gehen. Im Skigebiet wandern wir ein ums andere Mal durch Liftanlagen hindurch.

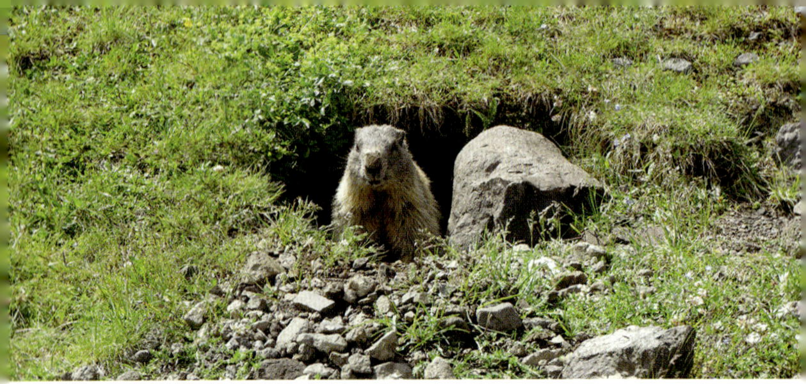

Muntern uns auf dem etwas tristen Weg durch das Skigebiet auf: Murmeltiere.

Etwas unterhalb einer Liftstation bei einer verfallenen Hütte wenden wir uns nach links und verlassen den SAT-Weg 669. Schon kurz darauf, an der nächsten Liftanlage, biegen wir nach rechts auf einen breiten, unscheinbaren Wiesenweg und nach etwa 150 m nach links, um einen schmalen Pfad auf einer Wiesenfläche zu erreichen. Kurz darauf gabelt sich der Weg: hier den linken SAT-Weg 634 nehmen, der uns fortan bergab führt, zeitweise auch für kurze Strecken über Blockwerk. Wir verlassen das Skigebiet und laufen nun durch einen Lärchenwald auf wechselndem Untergrund recht

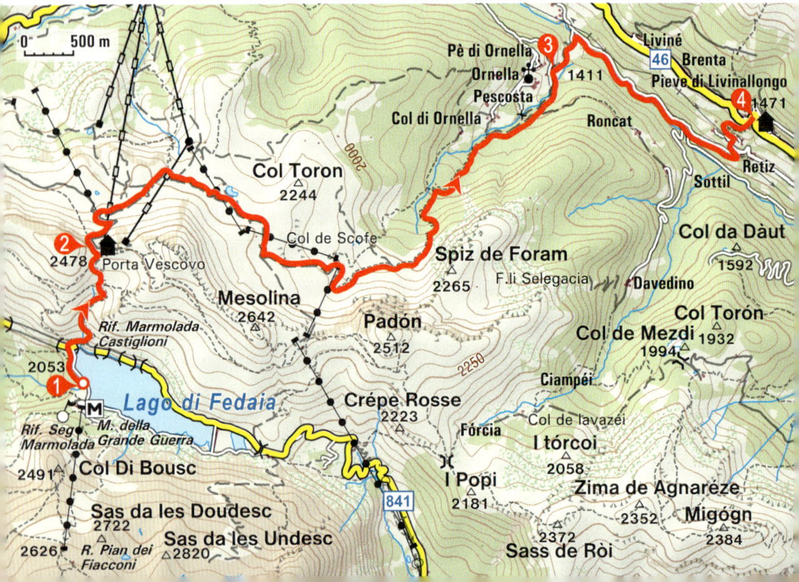

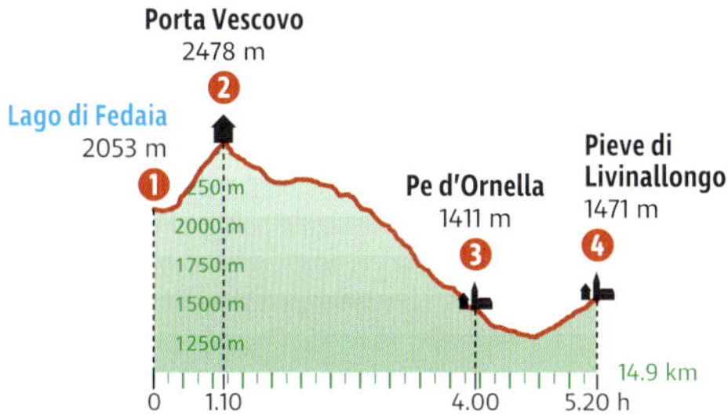

steil hinab. Wir halten uns immer rechts vom Fluss. Kurz nachdem wir links einen Blick auf das Dorf Col d'Ornella mit Kirche werfen konnten, queren wir schließlich einen Fluss und wenden uns nach rechts. In einer Kurve knicken zwei Wege erneut nach rechts ab, wobei wir den steileren zweiten, zum Fluss führenden nehmen. An einer Hütte mit Wellblechdach und einem Wasserlauf aus Holz biegen wir nach links und queren erneut einen Fluss. In der Ortschaft **Pe d'Ornella** ❸ folgen wir der Hauptstraße nach oben und steigen nach einem kleinen Anstieg rechts zwischen Häusern hindurch ab. Der SdP führt uns bergab bis zu einer Brücke, hinter der wir nach rechts gehen. Auf Höhe eines kleinen Gehöfts mit Holzbrücke laufen wir geradeaus und folgen nicht den Beschilderungen nach links oben (dieser Weg verläuft sich). Auf der Asphaltstraße geht es vielmehr für gut 1 km geradeaus, bis wir am Schild »Molinat de Fopa« an einem Gedenkkreuz nach links oben abbiegen. Mit Erreichen einer kleinen Häuseransiedlung gehen wir erst nach links, dann nach rechts und wenden uns am nächsten Haus erneut nach links auf den schmalen Pfad, der uns nach **Pieve di Livinallongo** ❹ zum Fuße der Kirche führt. Hier steht auch eine Bronzestatue, die daran erinnert, dass das Buchensteintal bis zum Ersten Weltkrieg zu Tirol gehörte.

Die Bronzestatue erinnert an die Tiroler Vergangenheit von Pieve di Livinallongo.

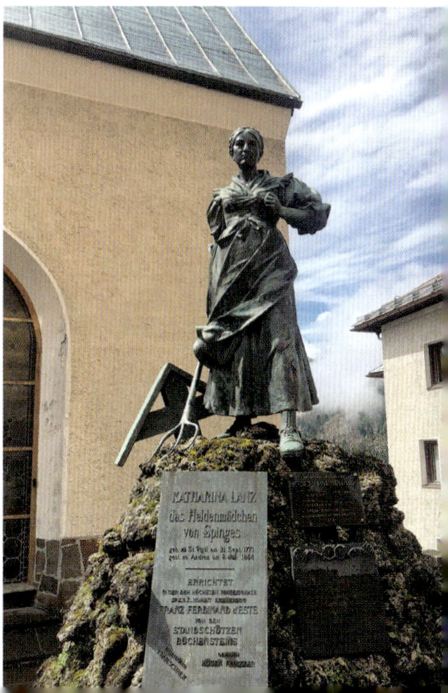

41 Pieve di Livinallongo – Valparolapass

5.45 h | 12,7 km
↗1250 m | ↘550 m

Ergreifende Kriegsschauplätze und famose Ausblicke

Eine beeindruckende, äußerst geschichtsträchtige Wanderung steht uns an diesem Tag bevor. Wir steigen zum Col di Lana, auch als »Blutberg« bekannt und Inbegriff des Dolomiten-Krieges. Vom Berggipfel haben wir eine atemberaubende Aussicht hinüber zum Kleinen Lagazuoi und zur Tofana di Rozes (beide Etappe 42), zur Marmolada (Etappe 39) und bis hin zur Sellagruppe und zum Rosengarten. Eine Kirche auf 2452 Metern erinnert an die im Krieg gefallenen Soldaten.

Der Col di Lana wurde in der Nacht vom 17. auf den 18. April 1916 durch eine gewaltige Mine gesprengt. Wir wandern direkt durch den halb weggesprengten Berg auf Steigen hinüber zum Monte Sief, der durch einen Grat mit dem Col di Lana verbunden ist. Fast den ganzen Weg bis zum Passo Sief können wir in gut erhaltenen Schützengräben hinabsteigen. Durch zunächst schroffe Dolomitenlandschaft und später durch satt-grüne Wiesen geht es zum Valparolapass, wo uns Carmen im Rifugio umsorgt wie eine Mutter. Eine der historisch beeindruckendsten Touren auf dem ganzen Friedensweg.

Ausgangspunkt: Pieve di Livinallongo, Kirche, 1471 m.
Endpunkt: Valparolapass, Rifugio Valparola, 2168 m.
Anforderungen: Einem langen, aber unschwierigen Aufstieg zum Col di Lana folgt ein schwieriger Ab- und Aufstieg zum Monte Sief auf einem Steig. Seilversicherte Passagen, bei Nässe oder Schnee sehr gefährlich. Auch etwa 30 Min. vor dem Rifugio Valparola kurze drahtseilversicherte Passage. SdP-Markierungen fehlen.
Einkehr: Unterwegs keine.
Unterkunft: Rifugio Valparola (ganzjährig geöffnet, 22 Betten in 2- bis 4-Bett-Zimmern, HP 70 €, Tel. +39 0436 866556, rifugiovalparola@gmail.com, sehr herzliche Gastgeberin, unbedingt den selbst gemachten Grappa probieren!).
Hund: Mit trittsicherem, gut erzogenem und trainiertem Hund problemlos möglich. Hund braucht ggf. bei Kletterei Unterstützung. Übernachtung im Rifugio Valparola möglich.

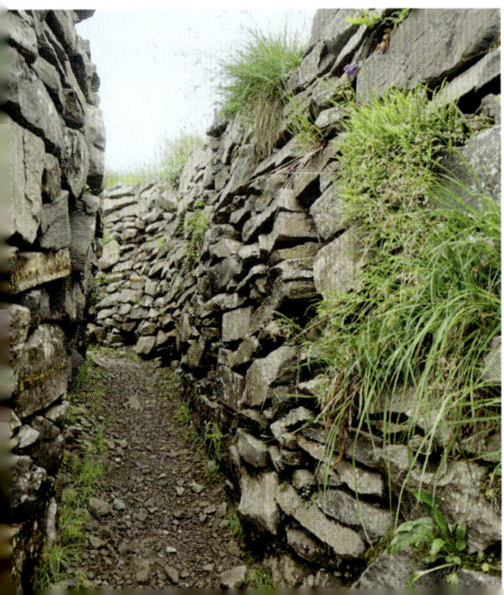

Rechts: Gedenkkirche am Gipfel des Col di Lana mit Blick hinab nach Pieve di Livinallongo.
Links: Der Wanderweg führt durch restaurierte Schützengräben.

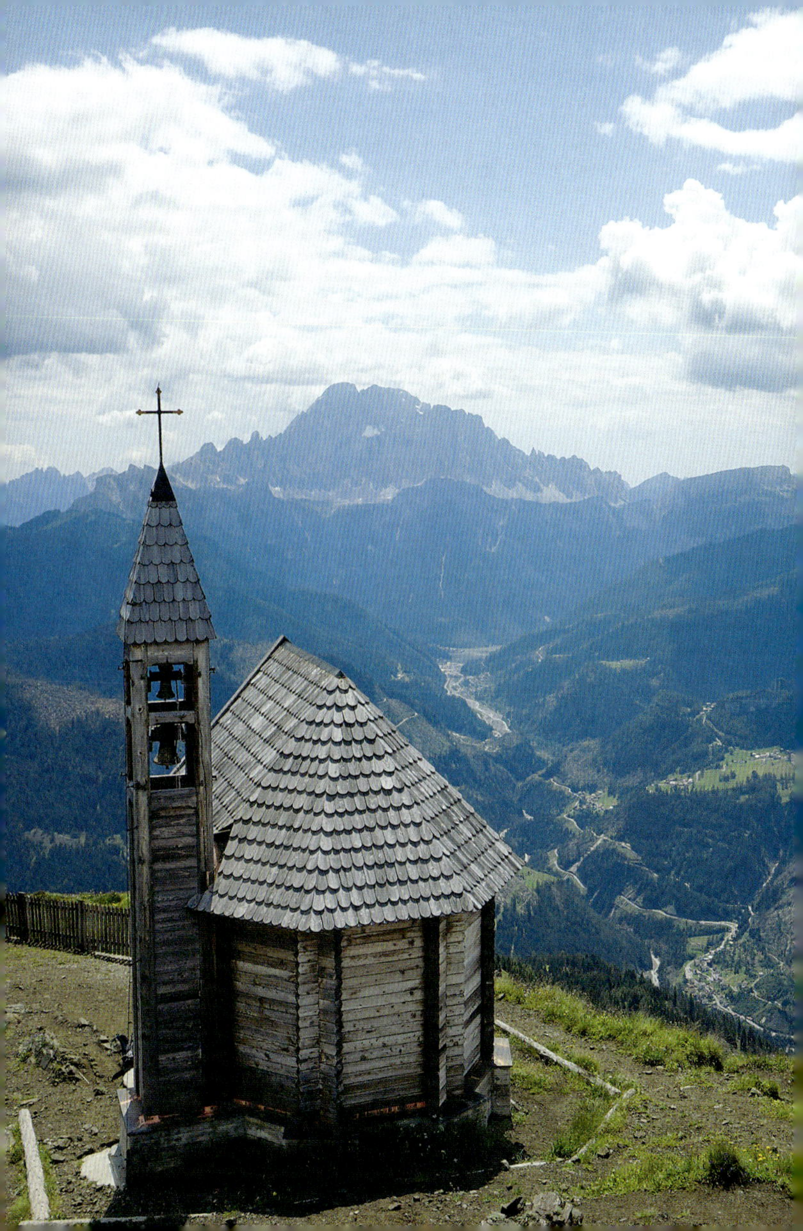

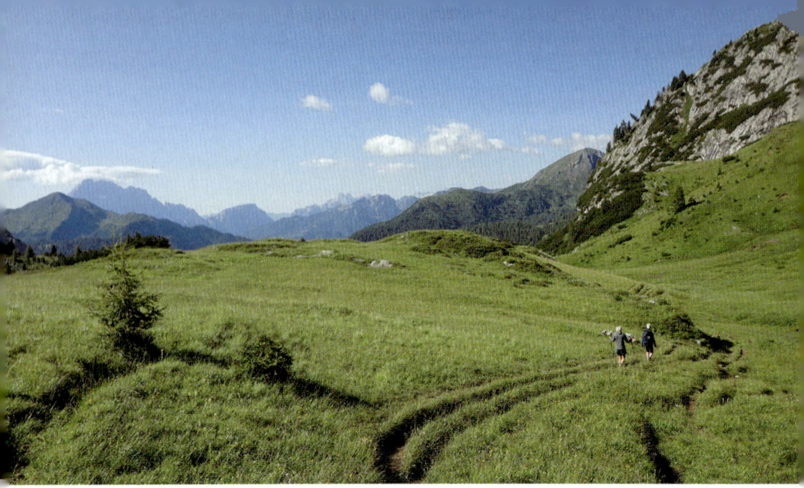

Saftige Wiesen inmitten großer Dolomitenberge kündigen das Ziel an.

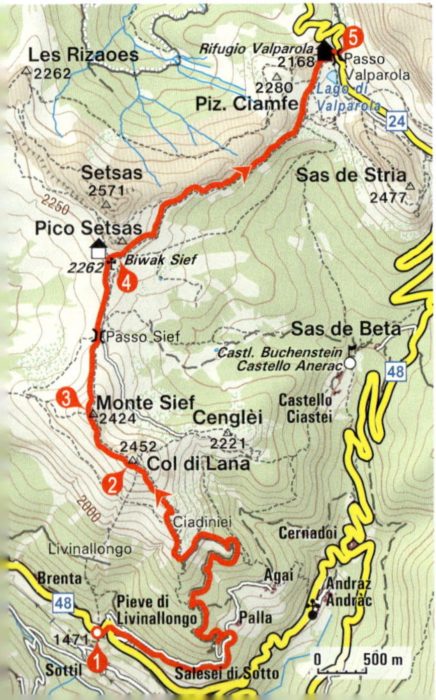

Von der Kirche in **Pieve di Livinallongo** ❶ wenden wir uns vorbei am Albergo Alpino zur Hauptstraße, auf der wir nach rechts unten gehen. Vor dem Fluss Rio Chiesa biegen wir nach links oben auf eine wenig befahrene Asphaltstraße ein, der wir bis Palla folgen. Noch vor dem Ortseingangsschild wenden wir uns nach links auf eine kleine Schotterstraße (Weg 21), die uns zum geschlossenen Rifugio Alpino bringt, an dem wir links vorbeiwandern. Wir können die Serpentinen durch kleine Waldwege abkürzen. Nach einem Holzschuppen auf der linken Seite folgen wir der Straße weiter bergan und biegen nicht nach rechts auf den beschilderten Weg zum Col di Lana ab. Vielmehr führt uns der Schotterweg (Richtung Col di Lana per Panettone) an einen Picknickplatz mit tollem Marmolada-Blick.

Ab hier steigen wir auf dem rechten, schmalen Pfad weiter auf. Nach nur wenigen Minuten erreichen wir die Plan de la Chicia, an der wir nach rechts oben abbiegen. Nachdem wir den Wald verlassen haben, erreichen wir im weiteren Verlauf eine Senke. Hier wenden wir uns nach rechts und steigen aussichtsreich und bereits begleitet von ersten Bunkern und Schützengräben weiter hinauf zum immer deutlicher zu erkennenden Biwak Col di Lana. Kurz dahinter befindet sich in imposanter Höhe die Gedenkkirche und kurz darauf das Gipfelkreuz des **Col di Lana** ❷, 2452 m.
Um zum Steig zu gelangen, wenden wir uns leicht nach links und laufen nun auf teilweise seilversichertem Weg durch den weggesprengten Teil des Col di Lana hinab. Wir passieren dabei beeindruckende Schützengräben, bevor es ebenfalls auf versichertem Steig wieder hinauf zum Gipfel des **Monte Sief** ❸, 2424 m, geht. Ab hier können wir für mehrere Hundert Höhenmeter direkt im Schützengraben (Weg 21) hinabsteigen und erreichen alsbald den Passo Sief. Wir erkennen rechts vor uns das **Biwak Sief** ❹, 2262 m, zu dem wir abbiegen, und wandern im leichten Auf und Ab auf

***i* »Das ist kein Berg, sondern ein Haupt voll Blut und Wunden«**

Diese berührenden Worte eines einstigen Soldaten am Col di Lana ❷ mögen im Ansatz vermitteln, was dieser Berg für die Soldaten bedeutete. Der »Blutberg« war Inbegriff des Gebirgskrieges. Die Italiener hofften, am Col di Lana, der tiefen Stelle zwischen Marmolada und Lagazuoi, durchbrechen zu können und setzten alle Mittel ein, um dieses Ziel zu erreichen; zunächst im Nahkampf, später im Minenkrieg. Sie trieben einen Stollen unter den Gipfel und füllten ihn mit 5 Tonnen Dynamit. Auf dem Gipfel saßen die Tiroler in dem Wissen, wenn die Bohrgeräusche aufhören, würden sie mitsamt dem Berg in die Luft fliegen – ein sicheres Todeskommando. Das Inferno setzte am 17. April 1916 um Mitternacht ein. Zahlreiche Österreicher ließen ihr Leben. Doch umsonst: Die Österreicher zogen sich auf den Nachbargipfel Monte Sief ❸ zurück und bauten diesen zu einer unüberwindbaren Stellung aus. Fast 8000 Soldatenleben, darunter 6000 Italiener, forderte der Krieg am Col di Lana, ohne eine Entscheidung zu bringen. Die einleitenden Worte sprach der Soldat übrigens als 86-Jähriger bei einer Rückkehr auf den Col di Lana – er hatte den Berg nach Kriegsende fast 60 Jahre lang nicht mehr betreten. Er sagte zudem:
»Nie habe ich so viele und herrliche Bergblumen gesehen. Ich glaube, dass diese Blumen so edel sind, weil sie aus dem Boden wachsen, der so viel Blut in sich aufgesogen hat. Für mich sind diese Blumen zu einem Gleichnis des Lebens geworden, das ich im Bild festhalten wollte, um es im Tal immer wieder und wieder sehen zu können. Mit dem Col di Lana habe ich Frieden geschlossen. Aber ich werde ihn nie mehr besteigen, denn wer weiß schon, ob dann wieder so herrliche Blumen blühen werden…«
(Aus: Heinz von Lichem, »Gebirgskrieg 1915–1918«, Band 2)

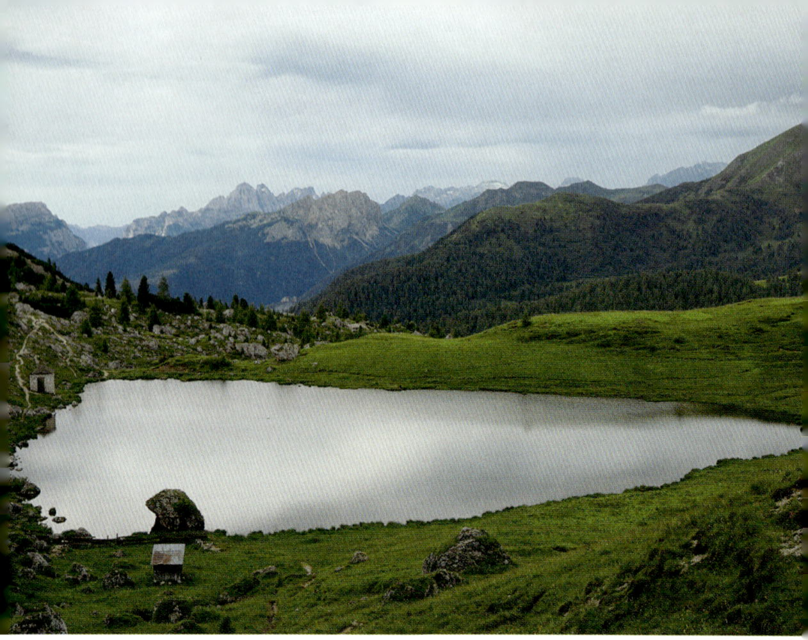

Der Lago di Valparola kurz vor dem Rifugio Valparola.

dem schmalen Bergweg 23 an der scharfkantigen Steilwand des Le Pale di Gerda entlang. Der SdP biegt schließlich hinter dem Bergrücken leicht nach links und führt uns über eine unendliche Weite grüner Wiesenflächen. Rechter Hand können wir bereits einen Blick auf das Museum im ehemaligen Festungswerk Tre Sassi werfen, unterhalb liegen der Lago di Valparola und alte Barackenstellungen. Den See umrunden wir, bis uns der Weg zum **Rifugio Valparola** 5, 2168 m, an der Passstraße bringt.

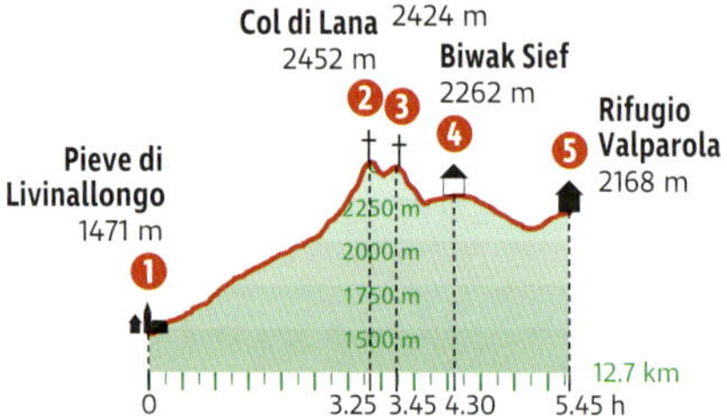

3.45 h	10,0 km
↗500 m	↘650 m

Valparolapass – Rifugio Dibona

Auf Kriegserkundungstour inmitten perfekter Dolomitengipfel

Eine kurze Etappe liegt vor uns, die uns an nahezu jeder Ecke auf Erkundungstour einlädt. Wir starten noch recht ruhig am Valparolapass und können kurz darauf entweder das Museum im ehemaligen Festungswerk Tre Sassi oder, etwas unterhalb, alte, gut erhaltene Baracken erkunden. Am Falzaregopass teilen wir uns den Aufstieg mit jeder Menge Tagestouristen. Es bietet sich ein Abzweig am Vorgipfel des Kleinen Lagazuoi zur Galleria Lagazuoi an. Ab der Forcella Travenànzes geht es wieder ruhiger durch ein nahezu perfektes Dolomiten-Panorama zum ebenso umkämpften Berg Tofana de Rozes. Auf dem Weg lassen sich weitere Stollen und Baracken erkunden oder nach metallischen Überresten aus dem Ersten Weltkrieg suchen. Auf einem tollen Höhenweg, der uns am Fuße der Tofana de Rozes entlangführt, steigen wir zum Tagesziel hinab.

Ausgangspunkt: Valparolapass, Rifugio Valparola, 2168 m.
Endpunkt: Rifugio Dibona, 2037 m.
Anforderungen: Etappe mit grundsätzlich guten Wanderwegen, allerdings ohne SdP-Markierungen. Kurz vor dem Falzaregopass und nach der Forcella Travenànzes etwas Orientierungssinn erforderlich.
Einkehr: Am Falzaregopass mehrere Möglichkeiten oder – bei Begehung der Variante – am Rifugio Lagazuoi (Anfang Juni–Mitte Oktober).
Unterkunft: Rifugio Dibona (Mitte Juni–Ende September, 64 Betten in Mehrbettzimmern, HP 55 €, Tel. +39 0436 860 294 und +39 333 143 4408, rifugiodibona@gmail.com). Alternative Übernachtungsmöglichkeit besteht in einem der zahlreichen Hotels in Cortina d'Ampezzo.
Hinweise: Bei der nächsten Etappe sieht der SdP kurz nach dem Start eine Busfahrt nach Misurina über Cortina d'Ampezzo vor. Wer einen der beiden Busse am späten Nachmittag/Abend nach Cortina d'Ampezzo nimmt, kommt allerdings zu spät für den letzten nach Misurina. Daher ist dort nur eine Übernachtung möglich, wenn ein Taxi von Cortina d'Ampezzo nach Misurina genommen wird.

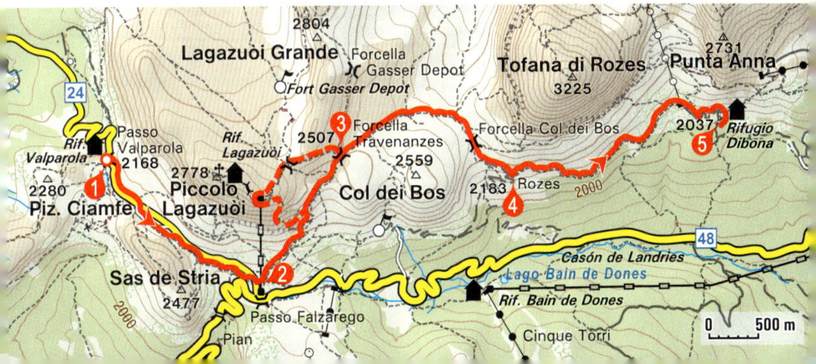

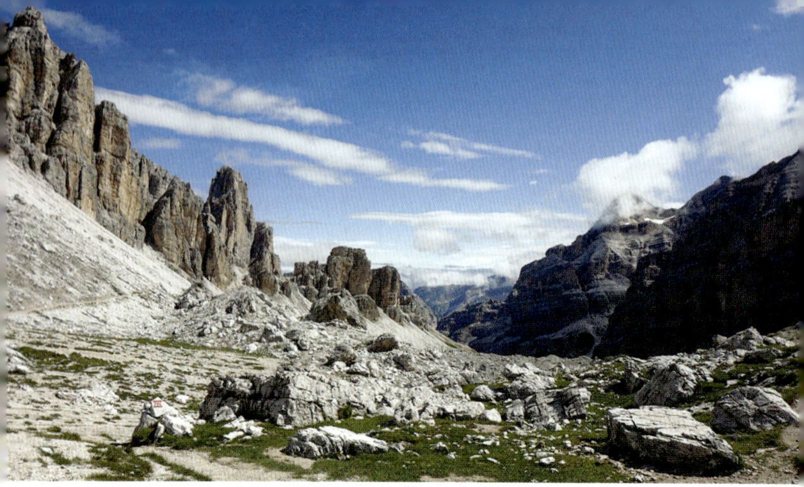

Kurz hinter der Forcella Travenànzes offenbart sich dieses Panorama.

Museum im Festungswerk Tre Sassi (Mitte Juni–Ende September, 2000 historische Erinnerungsstücke, 10–13 und 14–17 Uhr, 10 € Erwachsene).
Hund: Problemlose Etappe für den Hund. Übernachtung mit Hund im Rifugio Dibona nicht erlaubt, auf Unterkünfte in Cortina d'Ampezzo oder Misurina (nächste Etappe) zurückgreifen.
Variante: Für Trittsichere ohne Platzangst bietet sich ein Abstecher zur Galleria am Lagazuoi an. Hier können wir in einem fast 1 km langen Tunnel hinauf zum Rifugio Lagazuoi steigen, von dem wir über den Weg 401 wieder auf den SdP zur Forcella Travenànzes ❸ gelangen. Wer den Abstecher zur Galleria Lagazuoi macht, benötigt Helm und Taschenlampe. Ausleihbar gegen Gebühr am Lagazuoi Infopoint (Falzaregopass, an der Talstation der Lagazuoi-Seilbahn, in der Sommersaison 9–17 Uhr).

Vom **Rifugio Valparola** ❶, 2168 m, laufen wir in Richtung Festungswerk Tre Sassi für 10 Min. die Passstraße hinauf. Von hier können wir rechter Hand Überreste von Kavernen und Baracken sehen, zu denen wir auch hinabsteigen können. Kurz nach dem Museum biegt rechts ein breiter Fahrweg ab, der später rechts mit der Markierung 424 auf einem schmalen Pfad zum **Falzaregopass** ❷, 2119 m, führt. Mit Erreichen der Hauptstraße wenden wir uns nach links und sofort wieder nach rechts auf den Schotterweg. Der gut beschilderte Weg 402 führt uns mäßig steil zu einem Abzweig: Wer den Abstecher durch die Tunnel (Galleria Lagazuoi) zum Rifugio Lagazuoi machen möchte (s. Variante), geht hier links.
Der rechte Weg führt direkt zur **Forcella Travenànzes** ❸, 2507 m. Hier leicht rechts haltend weiterhin dem Weg 402 folgen. Eingerahmt von tollen Dolomitenbergen, folgen wir dem steinigen Weg bergab. Vorbei an Stollen, alten Kavernen und Baracken und mit beeindruckendem Blick auf

Lagazuoi – ein Inferno jagt das nächste

Am kleinen Lagazuoi verhielt es sich ähnlich wie am Col di Lana: Österreicher und Italiener lieferten sich einen Stellungskrieg, später einen unerbittlichen Minenkrieg, der aber an der Frontlinie kaum einen Zentimeter änderte. Den Reigen eröffneten in der Silvesternacht 1915/1916 die Italiener mit der ersten Sprengung eines Stollens unter dem kleinen Lagazuoi. Minenstollen wurden auf beiden Seiten in den Berg getrieben und ein unterirdischer Wettlauf begann. Im Mai 1917 jagten die Österreicher 130.000 Kubikmeter Stein an der Südseite des Berges in die Luft, was für immer das Erscheinungsbild des kleinen Lagazuoi veränderte. Die Italiener antworteten mit einer Sprengung der Vorkuppe im Juni des gleichen Jahres. Obwohl die Aktionen keine militärischen Erfolge brachten, wurde immer weiter gebohrt, zu weiteren Sprengungen kam es aber nicht mehr.

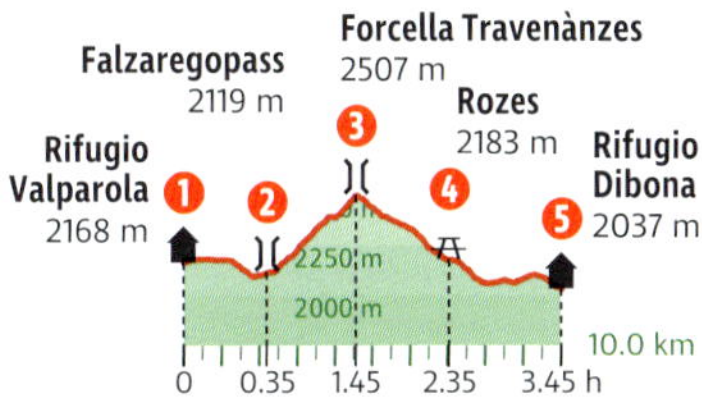

die Tofana di Rozes, gelangen wir an die Forcella Col dei Bos, wo wir uns nach rechts wenden und kurz darauf einen Fahrweg erreichen. An einem kleinen Picknickplatz am **Rozes** ❹, 2183 m, biegen wir nach links auf einen schmalen Hangweg ab, der uns aussichtsreich in etwa 1 Std. zum Schild Sotecòrdes und weiter zum Fuße einer Materialseilbahn führt. Kurz darauf gehen wir leicht nach rechts, dem SAT-Weg 403 folgend, zum **Rifugio Dibona** ❺, 2037 m.

Beim Aufstieg zum Lagazuoi darf man einen letzten Blick auf die Marmolada werfen.

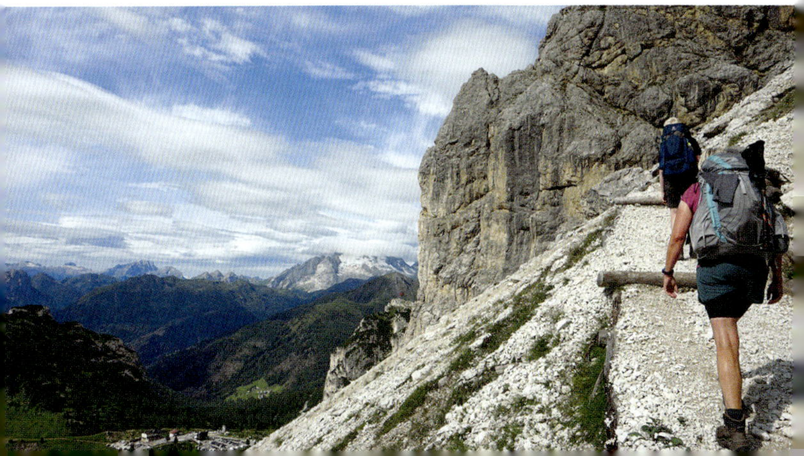

43 Rifugio Dibona – Rifugio Auronzo

5.30 h | 15,8 km | ↗1030 m | ↘770 m

Zum beeindruckenden Monte Piano

Mit dem Monte Piano besuchen wir den letzten großen Kriegsgipfel des Friedenswegs, auf dem sich heute ein beeindruckendes Freilichtmuseum befindet. Kilometerlange Schützengräben durchziehen den Berg und lassen sich begehen. Stollen, Tunnel, Baracken und Überreste von Maschinengewehrstellungen und Kompaniezentralen vermitteln eindrücklich, wie das Leben auf dem Berg gewesen sein muss. Schilder helfen bei der Zuordnung. Vor grandiosem Dolomiten-Panorama mit tollem Seitenblick auf die Drei Zinnen, Wahrzeichen der Sextener Dolomiten, lässt sich hier viel Zeit verbringen. Nach dem Abstieg vom Monte Piano geht es auf einem guten, aber stark frequentierten Wanderweg hinauf zur großen Auronzohütte, die aufgrund der Busanbindung ein wahrer Umschlagplatz für Drei-Zinnen-Besucher und damit sicher nicht das Highlight auf dem Weg ist. Am Abend jedoch kehrt etwas Ruhe ein und das wirklich schöne Bergpanorama lässt sich besser genießen.

Ausgangspunkt: Rifugio Dibona, 2037 m.
Endpunkt: Rifugio Auronzo, 2320 m.
Anforderungen: Problemlose Etappe auf guten, aber nicht SdP-beschilderten Wanderwegen.
Einkehr: Zahlreiche Möglichkeiten in Misurina; Rifugio Piana A. Bosi (Mitte Juni–Ende September, https://rifugiobosimontepiana.business.site/).
Unterkunft: Rifugio Auronzo (Anfang Juni–Ende September, 100 Betten in kleinen Zimmern und Lagern, HP 48 € für AV Mitglieder, sonst 60 €, Tel. +39 0435 39 002, info@rifugioauronzo.it, www.rifugioauronzo.it); Rifugio Lavare-

Der Misurinasee ist trotz der Hotelanlagen äußerst beeindruckend.

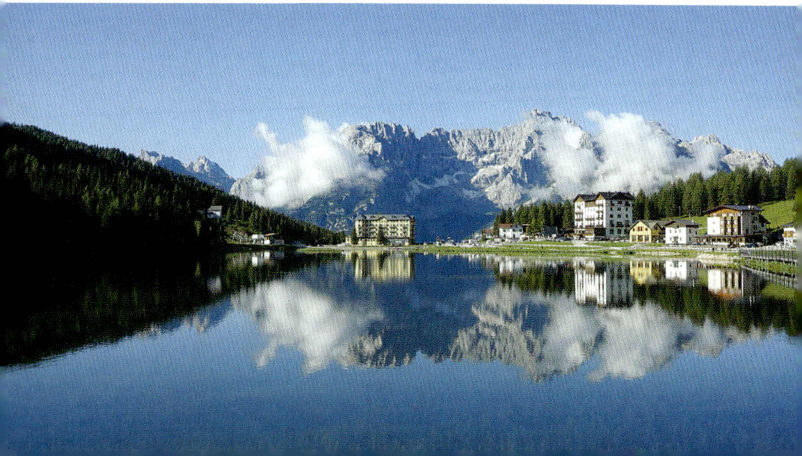

do (Mitte Juni–Ende September, 24 große Zimmer, HP 70 €, Tel. +39 349 6028 675, rifugiolavaredo@hotmail.it, www.rifugiolavaredo.com); Dreizinnenhütte (Ende Juni–September, 140 Betten in kleinen Zimmern und Lager, HP ab 57 € für AV-Mitglieder, sonst ab 67 €, WhatsApp-Mitteilung schriftlich +39 389 9076228 / Winter: +39 329 6690 335, dreizinnenhuette@rolmail.net, www.dreizinnenhuette.com).

Hinweis: Hütten in den Sextener Dolomiten sind oft lange im Voraus ausgebucht, daher mindestens 3 Monate vorher reservieren.

Hund: Problemlose Etappe für den Hund, Übernachtung in der Auronzohütte möglich.

Hinweis Bus: Die offizielle Routenführung des SdP sieht vor, kurz nach dem Rifugio Dibona per Bus (Linie 30/31) über Cortina d'Ampezzo nach Misurina zu fahren. Von der Bushaltestelle ❷ gibt es morgens und mittags eine Direktverbindung nach Misurina (ca. 9.10 und 13.20 Uhr). Nachmittags fahren zwei Busse nach Cortina d'Ampezzo (17.10 und 18.25 Uhr), allerdings keine öffentlichen Verkehrsmittel mehr nach Misurina. Bitte Fahrpläne vor Ort prüfen!

Variante: Wer die Strecke nach Misurina nicht mit dem Bus überbrücken möchte, kann es in zwei Tagesetappen auch zu Fuß erreichen. Dazu vom Rifugio Dibona auf dem Weg 403 absteigen, bis nach Pocòl und weiter ins Örtchen Peziè. Ab hier dem Dolomitenhöhenweg Nr. 3 bspw. bis zum Rifugio Tondi folgen (ca. 16,8 km, 1000 Hm Auf-, 950 Abstieg, ca. 5.30 Std.). Am nächsten Tag geht es weiter auf dem Dolomitenhöhenweg (SAT-Weg 223) und SAT-Weg 213 bis zum Passo Tre Croci. Von dort auf den Wegen 215, 222 sowie 224 (Dolomitenhöhenweg Nr. 3 sowie Variante) bis nach Misurina (ca. 19 km, 1100 Hm Auf-, 1450 Abstieg, ca. 6.30 Std.).

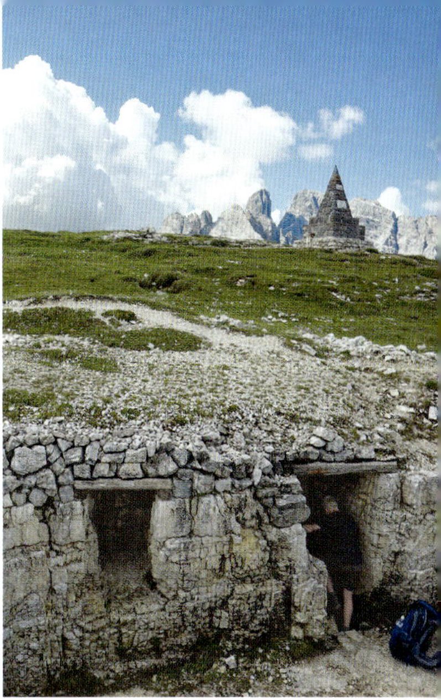

Eine Erkundungstour auf und im Monte Piano.

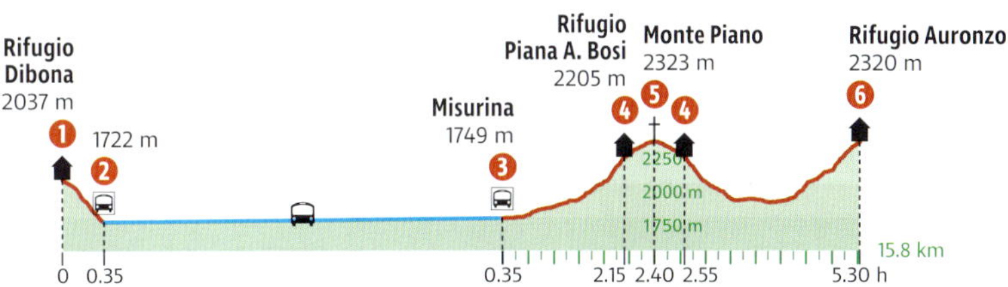

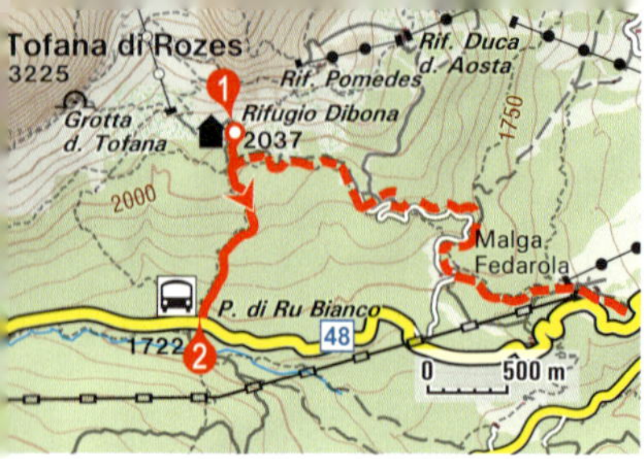

Wir gehen vom **Rifugio Dibona** ❶, 2037 m, die Fahrstraße für etwa 5 Min. bergab. In einer Linkskurve biegt ein kleiner Pfad (SAT-Weg 442) nach rechts in den Wald ab, dem wir für etwa 30 Min. bis zur Straße folgen. Gegenüber befindet sich die **Haltestelle** ❷, wo man den Bus (Line 30/31) nach Misurina bzw. Cortina d'Ampezzo nehmen kann.

An der Bushaltestelle im doch recht touristischen **Misurina** ❸ wenden wir uns vorbei am Grand Hotel nach Norden (Richtung Pizzeria, Straße Guide Alpine) und wandern zunächst an der linken Uferseite des hübschen Lago di Misurina entlang. Zwischen dem Albergo Miralago und dem Campingplatz gehen wir kurz bergan, queren die Hauptstraße und biegen nach rechts auf den asphaltierten Fahrweg in Richtung Monte Piano ab. Wer sich den Aufstieg sparen will, nimmt den Jeep-Shuttle hinauf zum Rifugio Piana A. Bosi (9 € einfache Fahrt, Juni bis Oktober). Allen anderen steht ein mäßig steiler, etwa 500 Hm langer Anstieg auf Asphalt und Schotter zunächst durch Wald und Almwiesen, später sehr aussichtsreich, bevor. Zunächst geht es bis zur Forcella Bassa, wozu wir uns an einer Weggabelung rechts halten, und weiter bis zur Forcella Auta. Die letzten Serpentinen bis zum **Rifugio Piana A. Bosi** ❹, 2205 m, lassen sich durch steile Wanderwege abkürzen. Am Rifugio haben wir einen tollen Blick nach Misurina. Wir wenden uns nach links

Schützengräben auf dem Monte Piano, rechts die unbekanntere Seitenansicht auf die Drei Zinnen.

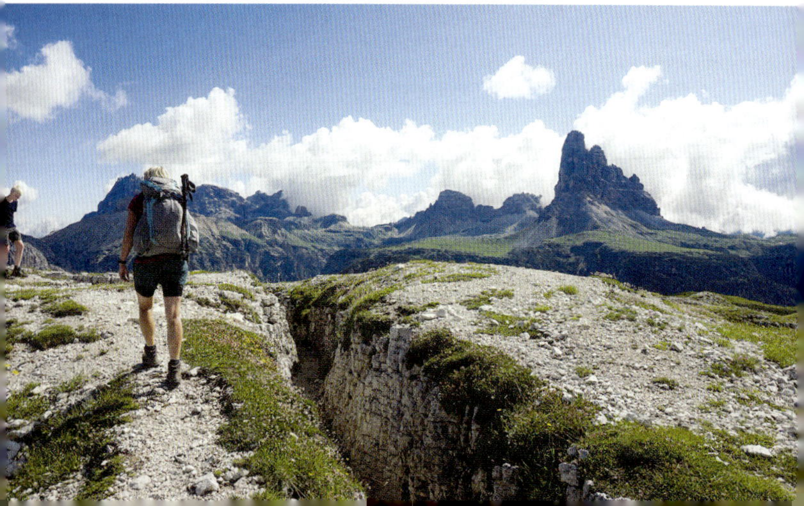

und folgen dem Weg 122 hinauf zum Gipfelplateau der Südkuppe des Monte Piano. Hier lassen sich rechts und links vom Weg zahlreiche italienische Stellungen erkunden, bis uns der Weg zur **Pyramide** ❺, 2323 m, und ein paar Meter später zum Gipfelkreuz führt. Wer möchte, kann noch weiter bis zur Nordkuppe des Monte Piano gehen, auf dem sich die österreichischen Stellungen befinden.

Auf gleichem Weg geht es über das **Rifugio Piana A. Bosi** ❹, die Forcella Auta und Forcella Bassa wieder hinab. An letzterer zweigt der SdP auf einen schönen Waldweg (SAT-Weg 122) Richtung Lago d'Antorno ab. Kurz bevor wir diesen erreichen, queren wir die Hauptstraße, laufen 20 m weglos bis zum Wanderweg und biegen auf diesem nach links. Er bringt uns durch Wald und Almflächen hinauf zum **Rifugio Auronzo** ❻, 2320 m.

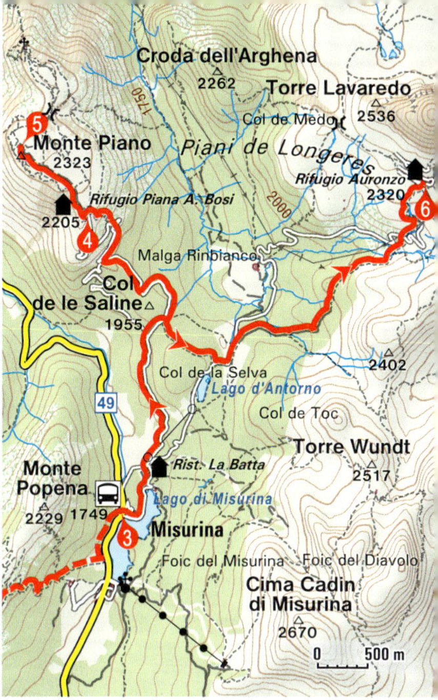

i *Monte Piano – ein Freilichtmuseum*

Von Weitem betrachtet ist der Monte Piano (ital. Monte Piana) – umgeben von den spektakulären Dolomitengipfeln Monte Cristallo, Drei Zinnen und Hohe Gaisl – ein unscheinbarer Bergrücken. Doch die für diese Bergwelt vergleichsweise tief gelegene Stelle erlangte im Ersten Weltkrieg traurige Berühmtheit. Immerhin 14.000 Soldaten beider Kriegsparteien ließen hier ihr Leben. Der Monte Piano galt als wichtigste Durchbruchstelle für die Italiener. Der Südtiroler Ort Toblach liegt nur 12 Kilometer entfernt. Daher wurde auf den beiden Gipfelerhebungen des Berges bitterlich gerungen. Auf der Nordkuppe agierten die Österreicher, auf der Südkuppe die Italiener. Der Kriegsbeginn war zugleich die härteste Zeit: Es gab kein Wasser, keine Deckung und kaum Nachschub. Diese Probleme wurden mit großem Aufwand noch im ersten Jahr behoben: Es entstanden Kavernen, Kommandozentralen, Schützengräben, Galerien, Truppenstützpunkte, Beobachtungs- und Geschützstellungen sowie eine Seilbahn. Die gut erhaltenen Überreste lassen sich im Freilichtmuseum Monte Piano hervorragend erkunden.

44 Rifugio Auronzo – Zsigmondy-Comici-Hütte

3.15 h | 9,3 km | ↗430 m | ↘520 m

Von den Drei Zinnen zur Sextner Rotwand

Im Banne der Drei Zinnen: Wir umrunden heute zu Beginn unserer Wanderung das Wahrzeichen der Dolomiten von Süd nach Nord auf der Ostseite. Der Postkarten-Blick vom Fuße der Drei Zinnen Hütte ist fantastisch und wohl das meist fotografierte Motiv der Alpen. Herrlichste Aussichten begleiten uns auch nach den Drei Zinnen: Bergseen, steil abfallende Dolomitenwände und fragile Felszacken, wohin wir auch blicken. Das i-Tüpfelchen ist die wunderbare Büllelejoch-Hütte – inklusive Südtiroler Herzlichkeit und leckerer Spezialitäten. Rund um die Hütte sind Barackenüberreste und Stollen ein letztes Mal stille Zeitzeugen des Ersten Weltkrieges auf dem Friedensweg. Auf einem tollen Bergwanderweg geht es anschließend zur ebenso schön gelegenen Zsigmondy-Comici-Hütte, eingerahmt vom Zwölferkofel und der beeindruckenden Sextner Rotwand.

Ausgangspunkt: Rifugio Auronzo, 2320 m.
Endpunkt: Zsigmondy-Comici-Hütte, 2224 m.
Anforderungen: SdP-Beschilderungen fehlen, Trittsicherheit auf mittelschweren Bergwegen ab der Dreizinnenhütte erforderlich.
Einkehr: Rifugio Lavaredo (Mitte Juni–Ende September); Dreizinnenhütte (Ende Juni–September); Büllelejoch-Hütte (Mitte Juni–Anfang Oktober).
Unterkunft: Büllelejoch-Hütte (Mitte Juni–Anfang Oktober, 15 Betten im Lager, HP 68 €, Tel. +39 337 451 517, info@buellelejoch.it, www.rifugiopiandicengia.it); Zsigmondy-Comici-Hütte (20. Juni–Anfang Oktober, 30 Betten in Zimmern und Lager, HP 62–72 €, Tel. + 39 0474 710 358 und +39 0474 646 273, info@zsigmondyhuette.com, www.zsigmondyhuette.com).
Hinweis: Hütten in den Sextener Dolomiten sind oft lange im Voraus ausgebucht, daher mindestens drei Monate vorher reservieren.
Hund: Problemlose Etappe für den Hund, Übernachtung in der Zsigmondy-Comici-Hütte möglich.

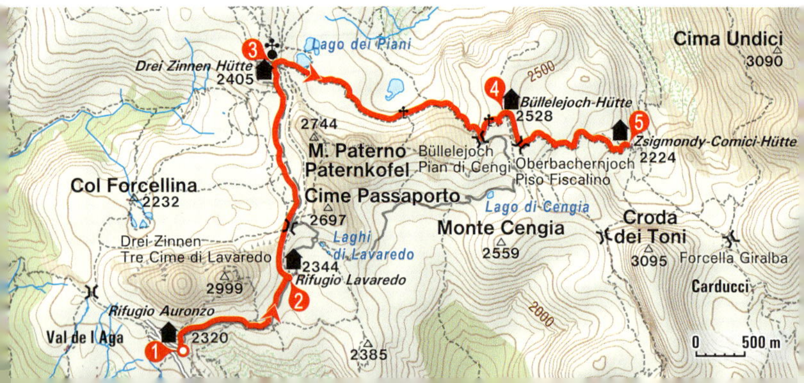

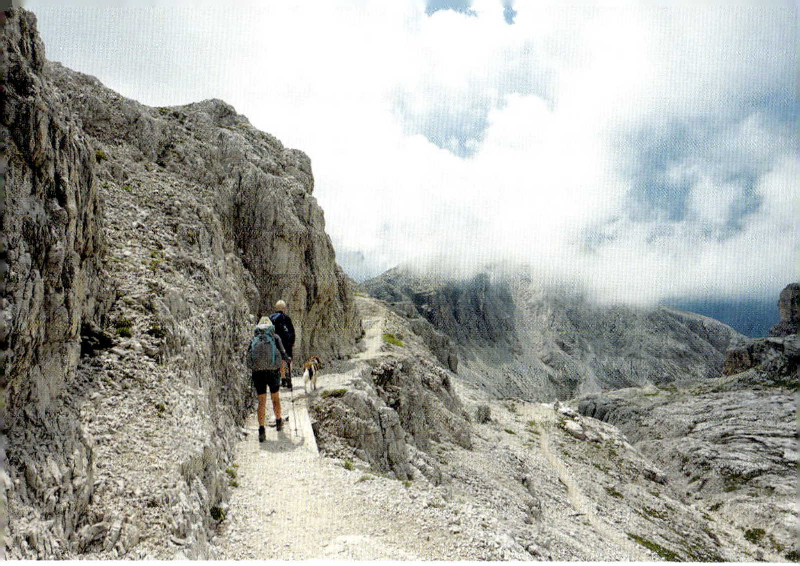

Oben: Auf alten Kriegspfaden durch die Dolomiten.
Nächste Doppelseite: Die Büllelejoch-Hütte, die erste Südtiroler Hütte nach dem Stilfser Joch.

An der Sonnenterrasse des **Rifugio Auronzo** ❶, 2320 m, wenden wir uns nach links und folgen der Schotterstraße in Richtung Kirche mit einem tollen Blick hinab ins Valon de Lavaredo bis zum **Rifugio Lavaredo** ❷, 2344 m. Wenige Meter vor der Hütte zweigen wir nach links oben auf den schmalen Pfad ab, der uns zum Paternsattel bringt. So nah wie hier kommen wir den Drei Zinnen, die beeindruckend so viele Hundert Meter in die Höhe ragen, nicht mehr.
Am Pass wenden wir uns nach rechts und folgen dem breiten Weg bis zur **Dreizinnenhütte** ❸, 2405 m. Von dort wurden wohl die meisten Bilder des Dolomiten-Wahrzeichens aufgenommen und es ist in der Tat eindrucksvoll, von hier auf die Zinnen zu blicken. Wir biegen auf Höhe der Hütte

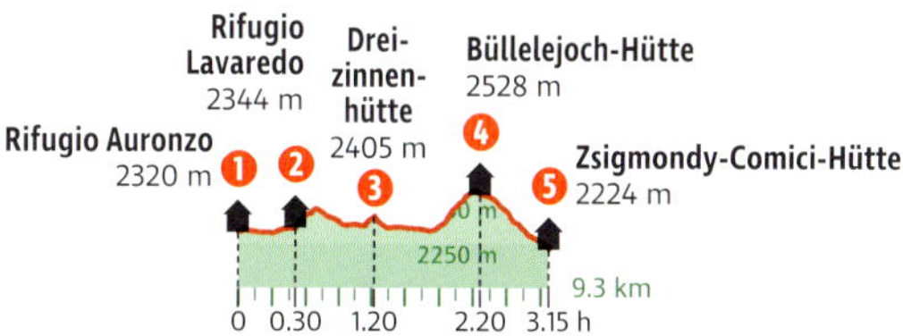

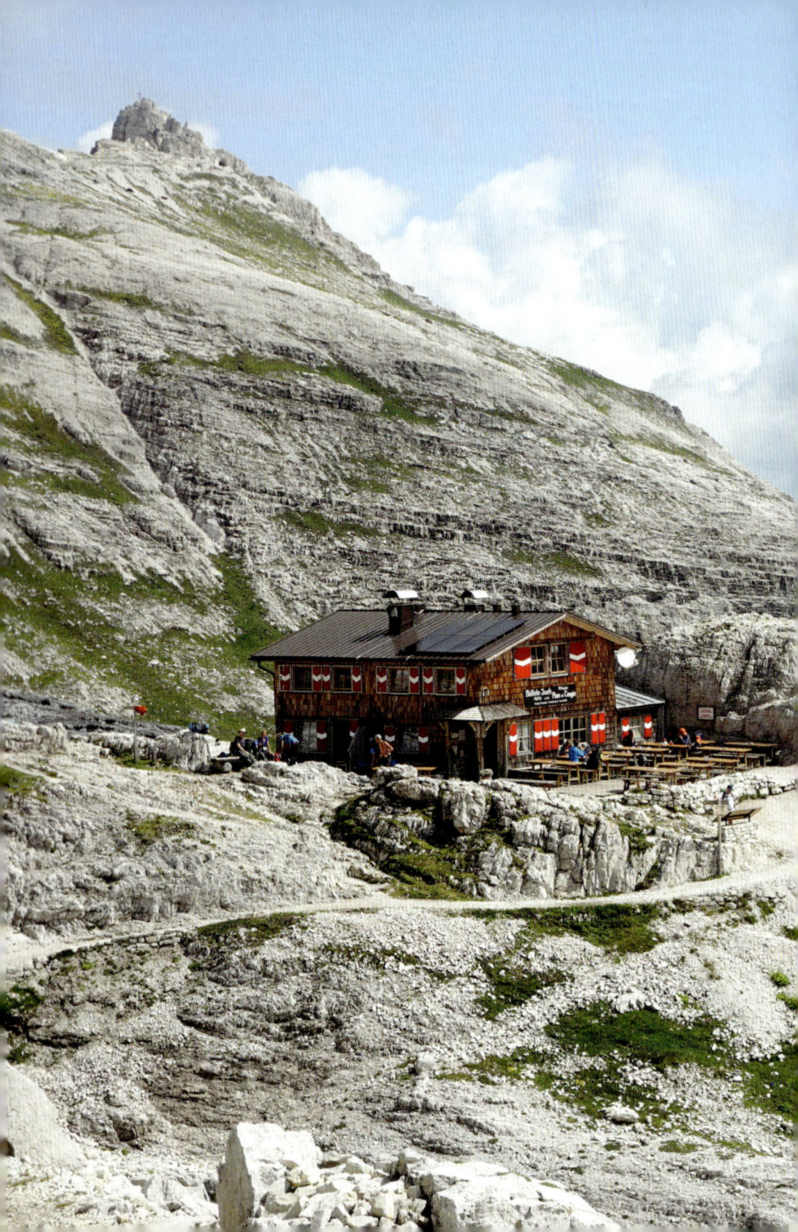

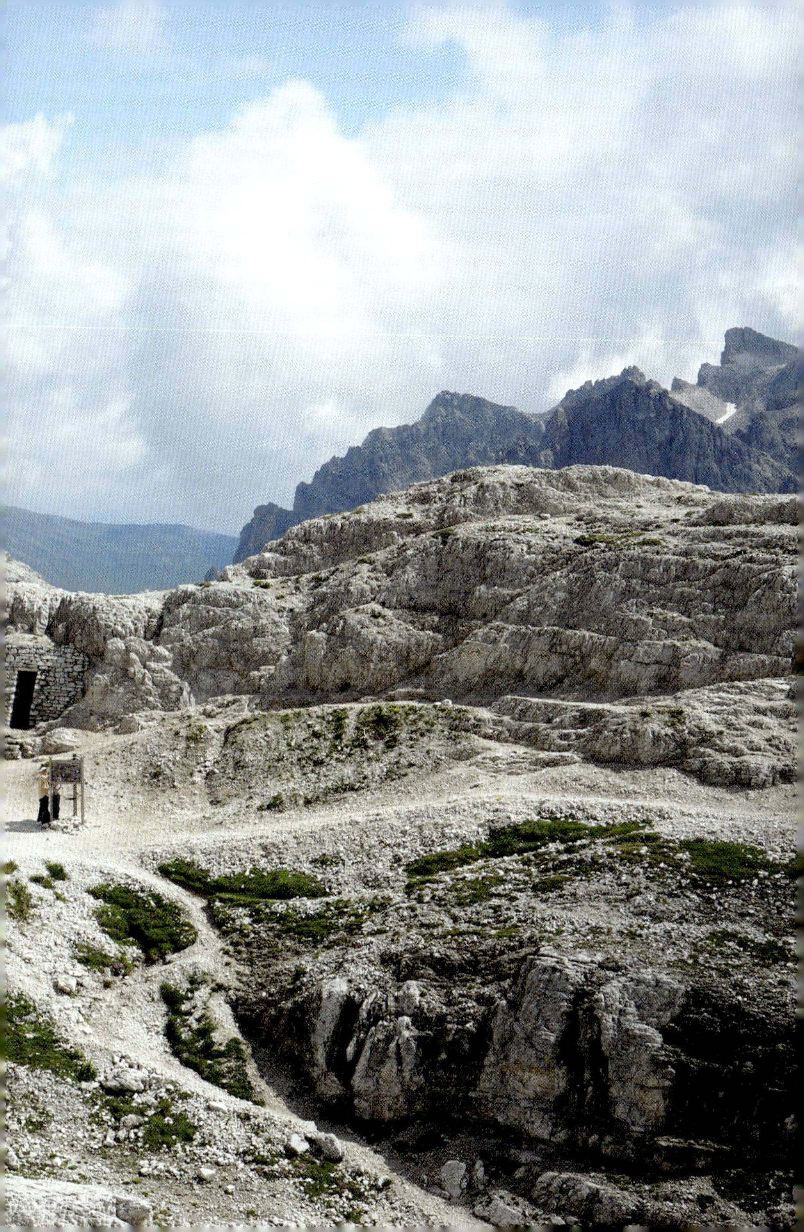

nach rechts (SAT-Weg 101) ab und folgen dem Hangweg, eingerahmt von bizarren Dolomitengipfeln mit Tiefblicken zunächst auf den Bödensee und später auf einen namenlosen See. Nach einer leichten Rechtskurve führt uns der Weg etwas steiler hinauf zum Büllelejoch. Zuvor lassen sich auf der rechten Seite noch Stellungsanlagen erkunden. Am Büllelejoch treffen wir zum ersten Mal in den Dolomiten auf einen Wegweiser zum SdP. Jedoch weist dieser nach rechts zum Klettersteig über den Paternkofel und zurück zur Dreizinnenhütte. Wir ignorieren also den Hinweis und laufen nach links, vorbei an weiteren Kriegsrelikten, auf einem tollen Bergweg bis zur wunderschönen **Büllelejoch-Hütte** ❹, 2528 m. Von hier dauert es noch knapp 1 Std. bis zum Ziel.

Um es zu erreichen, wenden wir uns an der Hütte nach rechts oben, dem in den Felsen gehauenen Weg leicht bergan folgend, bis zum Oberbachernjoch. Wer möchte, kann von hier einige Meter bis zum Einstieg des Klettersteiges geradeaus hinaufsteigen und nochmals einen Blick in Kriegsstellungen werfen. Ab dem Oberbachernjoch gehen wir nach links und steigen auf dem Weg 103 durch zunächst steinige, später auch grüne Flächen mit tollem Zwölferkogel-Blick hinab zur **Zsigmondy-Comici-Hütte** ❺, 2224 m.

***i* Sepp Innerkofler und die »fliegende Patrouille«**

Sepp Innerkofler ist in Sexten eine Berühmtheit. Lange vor Kriegsausbruch machte er sich einen Namen als außergewöhnlicher Alpinist, Bergführer und Hüttenwirt der Dreizinnenhütte ❸. Schon wenige Tage, bevor Italien in den Krieg eintrat, stellte er unter seinem Kommando eine Bergführerpatrouille auf – er hatte auf seinen Bergtouren die Vorbereitungen der Italiener bemerkt. Diese Patrouille und weitere Standschützen hatten in den ersten Kriegstagen eine gewaltige Aufgabe zu lösen: Die gesamte österreich-ungarische Armee stand weit weg an anderen Fronten, der Schutz des Alpenraums oblag allein den jungen, alten oder invaliden Männern. Innerkoflers »fliegender Patrouille« – allesamt ortskundige und erfahrene Bergführer – gelang dabei ein Glanzstück: Die Männer erklommen abwechselnd verschiedenste, alpinistisch oft anspruchsvolle Gipfel, nahmen die Italiener unter Beschuss und täuschten so die Besetzung all dieser Gipfel vor. Auch dadurch konnte ein Durchbruch lange Zeit verhindert werden. Innerkofler selbst verstarb am 4. Juli bei einem Rückeroberungsversuch des Paternkofels. Er selbst hatte, im Wissen um die strategische Bedeutung des markanten Dolomitenberges, im Mai angeregt, Stellung auf dem Gipfel zu beziehen, wurde aber abgewiesen. Nun sollte er den zwischenzeitlich von den Italienern besetzten Gipfel wieder einnehmen. »Unmöglich, da sind wir alle verloren«, meinte er zu einem Kameraden und wagte es dennoch. Sein Leichnam wurde von den italienischen Alpini geborgen und auf dem Paternkofel begraben, von wo er 1918 nach Sexten gebracht wurde.

3.00 h	10,6 km
↗ 50 m	↘ 950 m

Zsigmondy-Comici-Hütte – Sexten

Zieleinlauf in Sexten

Unsere Abschiedstour vom Friedensweg fordert uns aufgrund des überwiegend bergab führenden Pfades nicht mehr. Wir können daher mit dem Zwölferkofel im Rücken, mit einem Sonnenaufgang über der Sextner Rotwand und einem schönen Weitblick ins Fischleintal, Seitental des Sextentals, unsere letzten Meter auf diesem faszinierenden Weitwanderweg ausgiebig genießen. Rechts von uns befindet sich die beeindruckende Rotwand, einmal mehr ein grauenvoller Schauplatz im Gebirgskrieg. Die Ankunft im beschaulichen Südtiroler Ort Sexten fühlt sich nach dem langen Aufenthalt in der Lombardei, im Trentino und in Venetien ein bisschen wie Nach-Hause-Kommen an. Mit der Pfarrkirche in Sexten (zerstört im Ersten Weltkrieg, ab 1921 Wiederaufbau) bietet uns der SdP einen tollen Abschluss.

Ausgangspunkt: Zsigmondy-Comici-Hütte, 2224 m.
Endpunkt: Sexten, Pfarrkirche 1361 m.
Anforderungen: SdP-Beschilderungen fehlen, sonst keine besonderen Anforderungen.
Einkehr: Talschlusshütte (Mitte Mai–Mitte Oktober), Dolomitenhof und viele Möglichkeiten in Moos und Sexten.
Unterkunft: Zahlreiche Möglichkeiten in Sexten, z. B. Hotel Waldheim (29 Zimmer, HP ab 71 €, Tel. +39 0474 710 316, info@waldheim.it, www.waldheim.it); Gasthof Goldenes Kreuz (HP ab 56 €, Tel. +39 0474 710 247, gasthof@goldeneskreuz.info, www.goldeneskreuz.info/de). In Moos: Hotel Holzer (HP ab 68 €, Tel. +39 0474 710 340, info@hotelholzer.it, www.hotelholzer.it, sehr herzliche Gastgeber!).
Hund: Problemlose Etappe, Übernachtungsmöglichkeiten in Sexten z. B. im Hotel Holzer und Hotel Waldheim.
Variante: Der normale Wegverlauf des SdP führt berechtigterweise über den Alpini-Steig (Klettersteig) durch die Sextner Rotwand (Weg 101) und später zurück zur Talschlusshütte ❷. Der Alpini-Steig, von italienischen Alpini als Versorgungsweg angelegt, gilt als die besterhaltene Konstruktion des Ersten Weltkrieges. In der Zsigmondy-Comici-Hütte ❶ gibt es allerdings keine Klettersteigausrüstung zum Leihen. So bleibt nur, die Rotwand in einer Tagestour von Sexten aus zu besteigen, sofern kein Klettersteig-Equipment mitgeführt wird.

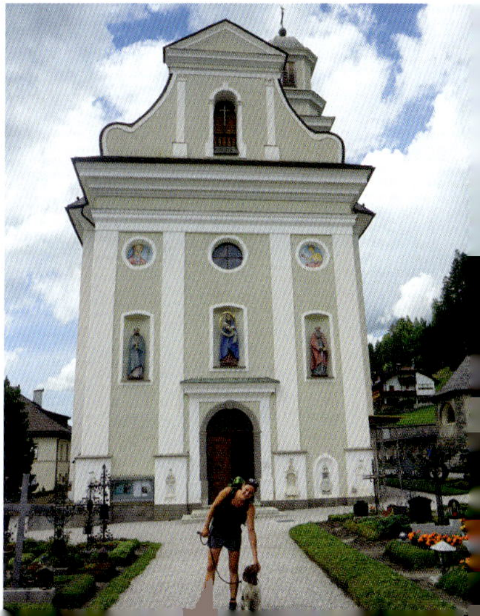

Ankunft am Endpunkt des SdP: die glückliche Autorin mit Wanderhund Lotte.

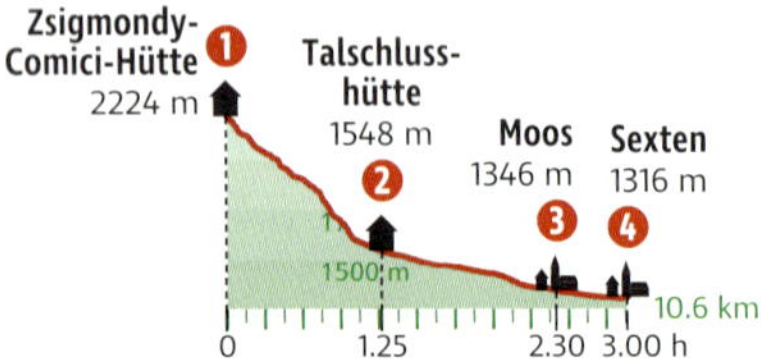

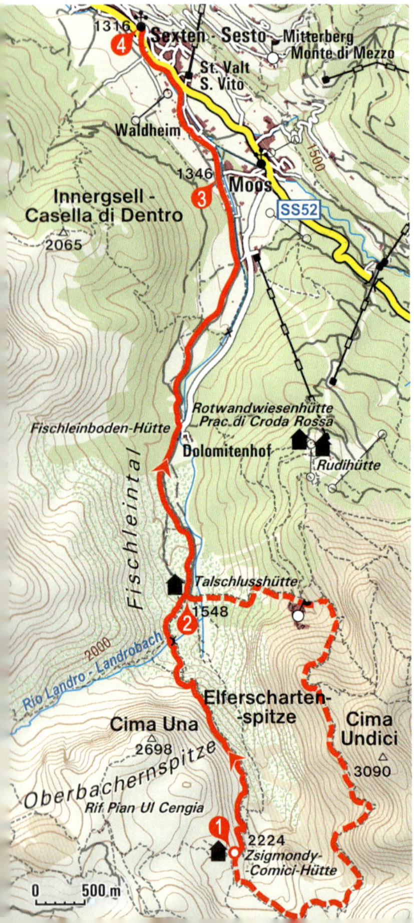

Freund oder Feind?

Ob am Monte Piano, am Paternkofel oder der Sextner Rotwand, in den Sextener Dolomiten oder anderswo an der Alpenfront – eines darf im gesamten Gebirgskrieg nie vergessen werden: Oftmals standen sich Bekannte, Freunde, manchmal gar Familienmitglieder gegenüber. Kaum einer dieser Männer auf beiden Seiten wollte diesen Krieg. Heute und damals haben die Dolomiten die Menschen von Sexten (Südtirol) und Auronzo (Venetien) nie getrennt. Vielmehr wurden in diesen Nachbartälern seit Jahrhunderten freundschaftliche Beziehungen gepflegt. Man kannte sich aus friedlichen Bergsteigerzeiten gut, hatte ethnische Gemeinsamkeiten und pflegte die gleichen Traditionen. Ein Tod wie der von Bergsteiger-Ikone Sepp Innerkofler (siehe Seite 238) berührte auch viele Italiener auf der anderen Seite der Berge.

Wir umrunden die **Zsigmondy-Comici-Hütte** ❶, 2224 m, und wenden uns dann auf dem Weg 103 links ins – rechter Hand durch die Rotwand begrenzte – Fischleintal hinab. Auf einem guten Bergweg, der zuweilen etwas steinig ist, wandern wir Meter für Meter hinunter. Nach etwa 1.30 Std. erreichen wir die **Talschlusshütte** ❷, 1548 m, wo wir auf einen breiten Fahrweg wechseln und weiter, nun durch grünere Landschaften, hinab bis zum Hotel Dolomitenhof laufen. Hier wandern wir links vorbei schräg über den Parkplatz und treffen am

i Pfarrkirche Petrus und Paulus

Sexten befand sich im Ersten Weltkrieg direkt an der Front und die Bevölkerung wurde 1915 – gewaltsam – evakuiert. Im selben Jahr zerstörten Granaten die 1825/26 erbaute Pfarrkirche Petrus und Paulus. 1917 zogen die italienischen Truppen aus den Dolomiten ab, die Bevölkerung kehrte in ihr zerstörtes Dorf zurück und baute es in den nachfolgenden Jahren wieder auf. Die Pfarrkirche, schwer beschädigt, wurde 1921 erneuert. Bis dahin übernahmen zwei Notkirchen ihren Dienst. Der bemerkenswerte Friedhof vor der Kirche ist besonderen Sextener Persönlichkeiten vorbehalten – unter anderem großen Bergsteigern wie Sepp Innerkofler. Zudem beeindruckt der Friedhof mit Skulpturen bekannter Südtiroler Künstler. Die Fresken im Eingangsbereich sind zugleich das berühmteste Kunstwerk von Sexten: »Der Totentanz« des Südtiroler Künstlers Rudolf Stolz.

Ende wieder auf Wanderwege. Wir nehmen den rechten Weg 102, der uns parallel zur Straße rasch durch saftig grüne Almwiesen und lichte Wälder nach **Moos** ❸, 1346 m, führt. Wir queren jedoch noch nicht das Flussbett, sondern wandern zunächst weiter auf der linken Flussseite. In Waldheim wechseln wir die Uferseite und wenden uns an der Hauptstraße (Dolomitenstraße) nach links. Einige Minuten dauert es, bis wir das Zentrum des Städtchens Sexten erreichen und nach rechts in den Kirchweg (Via della Chiesa) abbiegen. Noch einmal queren wir eine kleine Straße, bis wir an der Pfarrkirche in **Sexten** ❹, 1316 m, unser Ziel des Friedensweges erreichen.

Die Zsigmondy-Comici-Hütte vor dem Elferkofel.

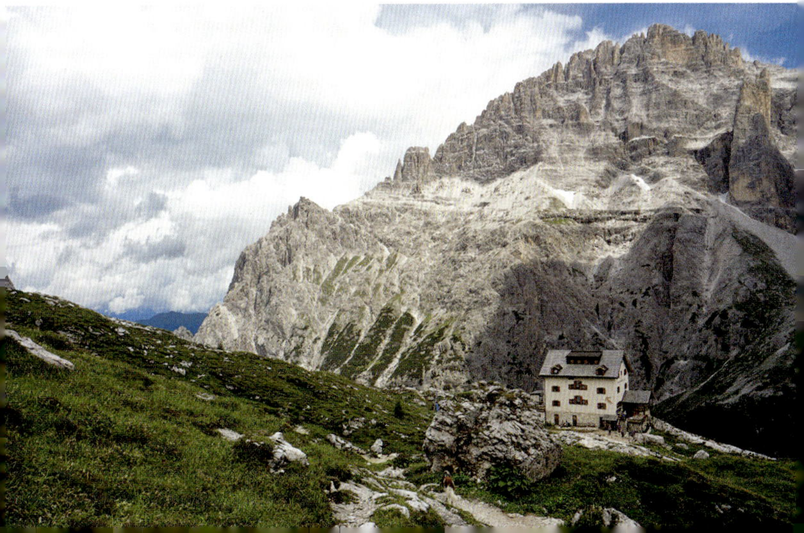

STICHWORTVERZEICHNIS

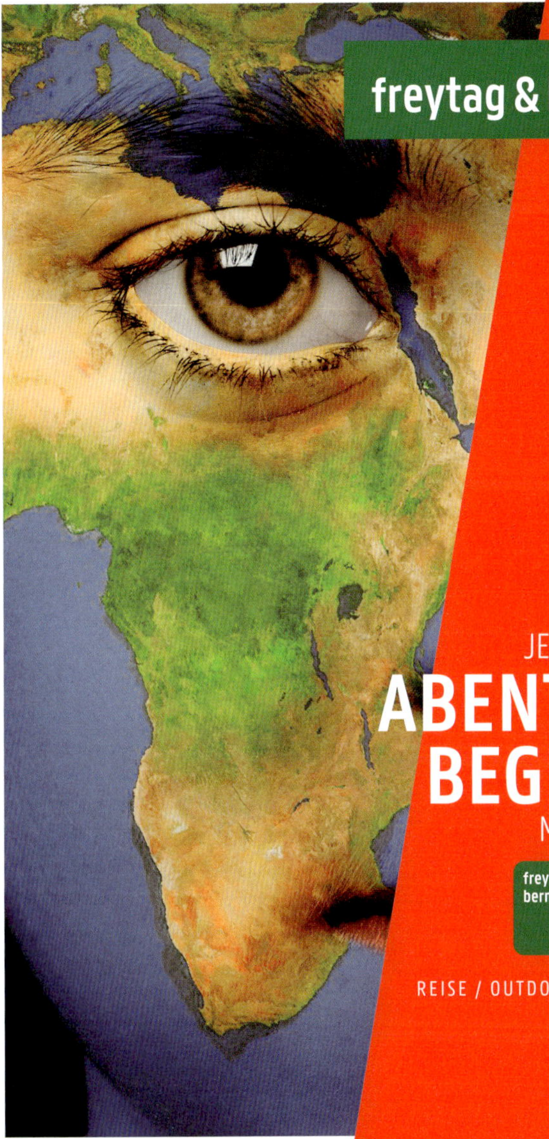

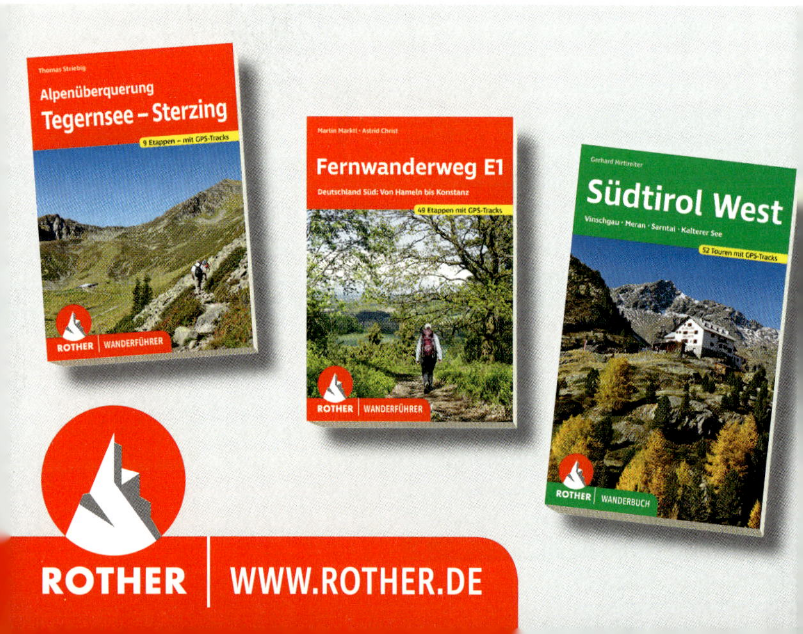
Alpenüberquerung
Tegernsee – Sterzing
ROTHER WANDERFÜHRER
Fernwanderweg E1
Deutschland Süd: Von Hameln bis Konstanz
49 Etappen mit GPS-Tracks
ROTHER WANDERFÜHRER
Südtirol West
Vinschgau · Meran · Sarntal · Kalterer See
52 Touren mit GPS-Tracks
ROTHER WANDERBUCH
ROTHER
WWW.ROTHER.DE

Umschlagbild: Fast am Ziel – der Friedensweg führt die letzten neun Tage durch die Dolomiten.

Bild im Innentitel: Lieblich und schroff, bedrückende Geschichte und lebendige Natur – der Sentiero della Pace ist ein Weg voller Gegensätze.

Doppelseite 70/71: Der Mandrone-Gletscher (rechts), wo noch immer eine 149G-Kanone steht.

Doppelseite 206/207: Auf dem Bocchekamm, im Hintergrund die Palagruppe und der Lago Juribrutto.

Seite 217: Auf 3343 m am Gipfelkreuz der Punta Penìa, des höchsten Gipfels der Marmolada.

Alle Fotos von der Autorin, mit Ausnahme des Titelbilds (Jesse Raith) und der Fotos auf Seite 29 (Martina Schrader) und 166 (Jesse Raith).

Kartografie:
51 Wanderkärtchen im Maßstab 1:75.000
Geodaten © OpenStreetMap und Mitwirkende, kartografisches Design: Freytag & Berndt Prag, www.freytagberndt.cz
sowie 2 Übersichtskärtchen im Maßstab 1:800.000 und 1:1.500.000
© Freytag & Berndt, Wien

2., aktualisierte Auflage 2022

ISBN 978-3-7633-4562-5

Wir freuen uns über jeden Korrekturhinweis zu diesem Wanderführer!
Bitte per E-Mail an: **leserzuschrift@rother.de**

ROTHER BERGVERLAG · Keltenring 17 · D-82041 Oberhaching
Tel. +49 89 608669-0 · www.rother.de